D1719808

D. Birnbacher/G. Brudermüller (Hrsg.)

—

Zukunftsverantwortung und Generationensolidarität

Schriften des Instituts für angewandte Ethik e.V.

Band 3

herausgegeben von Dieter Birnbacher und Gerd Brudermüller

Zukunftsverantwortung und Generationensolidarität

herausgegeben von

Dieter Birnbacher
und
Gerd Brudermüller

Königshausen & Neumann

Die Deutsche Bibliothek — CIP-Einheitsaufnahme

Ein Titeldatensatz für diese Publikation
ist bei der Deutschen Bibliothek erhältlich.

© Verlag Königshausen & Neumann GmbH, Würzburg 2001
Gedruckt auf säurefreiem, alterungsbeständigem Papier
Umschlag: Hummel / Lang, Würzburg
Bindung: Rimparer Industriebuchbinderei GmbH
Printed in Germany
ISBN 3-8260-1868-0
www.koenigshausen-neumann.de

Inhalt

Vorwort 7

I. Generationengerechtigkeit – ethische und rechtliche Grundlagen

Dieter Birnbacher/Christian Schicha
Vorsorge statt Nachhaltigkeit –
Ethische Grundlagen der Zukunftsverantwortung 17

Hans-Peter Weikard
Liberale Eigentumstheorie
und intergenerationelle Gerechtigkeit 35

Thomas Petersen/Malte Faber
Der Wille zur Nachhaltigkeit. Ist, wo ein Wille ist, auch ein Weg? 47

Johannes Caspar
Generationen-Gerechtigkeit und moderner Rechtsstaat.
Eine Analyse rechtlicher Beziehungen innerhalb der Zeit 73

Wolfram Höfling
Intergenerationelle Verantwortung und Verfassungsrecht 107

II. Das Problem der Zukunftsdiskontierung

Dieter Birnbacher
Läßt sich die Diskontierung der Zukunft rechtfertigen? 117

Carl Friedrich Gethmann/Georg Kamp
Gradierung und Diskontierung bei der Langzeitverpflichtung 137

III. Anwendungen

Angelika Krebs
Wieviel Natur schulden wir der Zukunft?
Eine Kritik am zukunftsethischen Egalitarismus 157

Christoph Lumer
Treibhauseffekt und Zukunftsverantwortung 185

Gerd Brudermüller
Elternunterhalt und Generationensolidarität 227

Wilhelm Beermann
Staatsverschuldung
als Instrument intergenerationell gerechten Ausgleichs 253

Autorenverzeichnis 265

Vorwort

Generationensolidarität und Generationengerechtigkeit sind seit einigen Jahren Dauerthemen der Wissenschaft, der öffentlichen Auseinandersetzung und der Politik. Auf allen Seiten wird die Notwendigkeit gesehen und bekräftigt, unsere auf kontinuierlichen wissenschaftlichen, technischen und ökonomischen Fortschritt angelegte Zivilisation in eine Richtung umzusteuern, die ihr eine solide Ressourcenbasis, weitgehende Freiheit von Großrisiken und hinreichende Entwicklungs- und Gestaltungsfreiheit sichert. „Nachhaltigkeit" ist im Zuge dieser Debatte zu einem umwelt, sozial- und finanzpolitischen Schlüsselbegriff geworden.

Der Begriff „Nachhaltigkeit" signalisiert dabei eine bemerkenswerte Akzentverschiebung: Die Vorzeichen der Forderung nach intergenerationeller Verantwortung haben sich im Zuge der „ökologischen Krise" und den „Grenzen des Wachstums" umgekehrt. Das Denken der fünfziger und sechziger Jahre ging wie selbstverständlich davon aus, daß es die zukünftigen Generationen besser haben würden als die lebenden und daß die Gesamtwohlfahrt der Gesellschaft mit dem Wachstum der Wirtschaft mitwachsen würde. Insbesondere in den Wirtschaftswissenschaften wurde diese Annahm nahezu allen Modellrechnungen zugrundegelegt. Noch die Diskussion der intergenerationellen Gerechtigkeit in John Rawls' ‚Theorie der Gerechtigkeit' aus den siebziger Jahren setzt das fortschrittsoptimistische Modell einer kontinuierlichen Wachstumsentwicklung voraus. Es fehlt bei Rawls jeder Hinweis darauf, daß die gegenwärtigen Generationen den zukünftigen neben Ressourcen auch Ressourcenprobleme, neben Gütern auch Ungüter, neben Kapitalien auch Hypotheken, etwa in der Gestalt von Umweltbelastungen und Langfristrisiken hinterlassen.

Mittlerweile ist das einseitige Bild von den zukünftigen Generationen als im Luxus schwelgenden Nutznießern der wirtschaftlichen, politischen und kulturellen Anstrengungen ihrer Vorfahren korrigiert worden. Kinder und Kindeskinder werden nicht mehr nur als reiche Erben gedacht, die von den Leistungen ihrer Vorfahren profitieren, sondern auch als unfreiwillige Opfer zeitlich früherer ökologischer, ökonomischer und sozialpolitischer Sünden, zu denen sie selbst nicht beigetragen haben und deren Folgelasten sie sich nicht (oder nur unter Inkaufnahme des Eingehens weiterer intergenerationeller Hypotheken) entziehen können. Der Begriff „Generationengerechtigkeit" hat damit an normativer Dringlichkeit gewonnen. Den Späteren eine Welt zu hinterlassen, in der sie sich wohlfühlen können, erscheint nicht mehr nur als Großzügigkeit, sondern als Pflicht und Schuldigkeit. Es geht nicht mehr darum, den Nachgeborenen Wohltaten zu erweisen, sondern ihnen Schädigungen, Freiheitsbeschränkungen und andere generationenübergreifende Belastungen zu ersparen.

Das Schwinden des Vertrauens in die Zukunft hat mehr als eine Ursache und betrifft nicht nur die Überlebenstauglichkeit unserer Zivilisation in ökologischer Hinsicht. Ein weiterer Faktor ist die Sorge um die Zukunft der Systeme der sozialen Sicherung und die Schuldenlast der öffentlichen Haushalte. Mit guten Gründen wird in Frage gestellt, ob sich der bisher vorherrschende Politikstil der generationellen Selbstbedienung den Herausforderungen der sich seit längerem abzeichnenden demographischen Entwicklung gewachsen zeigt. Den immer zahlreicher werdenden (weil immer länger lebenden und immer früher aus dem Arbeitsleben ausscheidenden) Älteren stehen immer weniger erwerbstätige Jüngere gegenüber, die für die gesetzlich verbürgten Rentenansprüche und die gesundheitliche Versorgung der Älteren aufkommen müssen. Das gegenwärtige Rentenniveau würde sich nur unter drastischer Erhöhung der Beiträge halten lassen, das gegenwärtige Beitragsniveau nur unter drastischer Senkung der Rentenzahlungen. Hier gilt es einen Kompromiß zu finden, der alle Generationen gleichermaßen in die Pflicht nimmt und die Lasten möglichst ausgeglichen verteilt. Zu einem politischen Thema ersten Ranges ist auch die öffentliche Schuldenlast geworden. Ein Großteil der vom Staat aufgenommenen Schulden wird längst nicht mehr nur auf die Finanzierung zukunftssichernder Investitionen, sondern auf die Befriedigung konsumtiver Gegenwartsbedürfnisse verwendet. Die Folgelasten sind eine weitgehende Festlegung späterer Steuereinnahmen auf Zinszahlung und Tilgung und problematische Verteilungseffekte. Denn die vom Staat gezahlten Zinsen fallen hauptsächlich den sparfähigen und sparfreudigen Bessergestellten und ihren in der Regel ebenfalls bessergestellten Kindern zu.

Man sollte die Aufzählung der drei konvergierenden krisenhaften Entwicklungen nicht als Gleichordnung verstehen. Die ökologische Problematik reicht nicht nur in zeitlicher, sondern auch in geographischer Hinsicht sehr viel weiter. Betroffen sind von ihr primär die heute schon schlechtergestellten Nationen. Zwar sind die ökologischen Risiken der zivilisatorischen Naturnutzung – die Klimaentwicklung, die sich abzeichnende Wasserknappheit, die fortschreitende Zerstörung von Böden und Wäldern, die Unsicherheiten der Energieversorgung – globaler Natur. Aber zu erwarten ist, daß es den bessergestellten Nationen bedeutend leichter fallen wird, sich diesen Bedrohungen zu entziehen. Von den erwarteten Klimaveränderungen, den Verknappungen an Wasser und Brennstoffen werden in erster Linie Länder betroffen sein, die ihre Produktion überwiegend in der Landwirtschaft erbringen und zum Teil bereits heute an Knappheiten laborieren.

Die Probleme einer gerechten Lastenverteilung in der Alters- und Gesundheitsvorsorge müssen aus der Perspektive der ärmeren Länder dagegen geradewegs als *quantité négligeable* erscheinen. Hier geht es ja nicht um Risiken, die den Wohlstand ganzer Regionen bedrohen, sondern um die Aufteilung eines bereits beachtlichen Wohlstands zwischen Alt und Jung. Nicht die Substanz des Wirtschaftens ist bedroht, sondern die Gerechtigkeit der Verteilung von Vorteilen und Lasten zwischen den Altersgruppen. Auch in den Zeithorizonten unterscheiden sich die konvergierenden Zukunftsprobleme signifikant. Die von den langfristigen ökologischen Bedrohungen Betroffenen sind meistenteils noch nicht geboren. Der Konflikt zwischen den Ansprüchen der Gegenwart und den Ansprüchen der Zukunft muß deshalb im wesentlich gedanklich – in der zukunftsethischen Reflexion und mit den Mitteln advokatorisch-stellvertretender Planung – ausgetragen werden. Dagegen zeichnet sich in der Frage der Lastenverteilung zwischen den Generationen in der Sozialpolitik durchaus auch ein realer Konflikt ab. In diesem steht das Interesse der Rentenbezieher an Teilhabe am wirtschaftlichen Wachstum gegen das Interesse der Beitragszahler an Aufrechterhaltung ihres Lebensstandards; das Interesse der älteren Arbeitnehmer an Sicherheit ihres Arbeitsplatzes gegen das Interesse der jüngeren, oft besser qualifizierten Arbeitsuchenden am Eintritt ins Erwerbsleben; das Interesse der Steuerzahler an einer Minderung der Lasten aus Sozialhilfezahlungen gegen das Interesse der Kinder von Sozialhilfeempfängern, vor Rückgriffen des Staates auf ihr eigenes Einkommen verschont zu bleiben.

„Generationengerechtigkeit" und „Generationensolidarität" sind wie „Zukunftsverantwortung" ethische Begriffe. Trotz ihrer Herkunft aus unterschiedlichen Fachdisziplinen nehmen die Beiträge des vorliegende Bandes deshalb durchweg eine normativ-ethische Perspektive ein. Es geht um die Klärung sowohl der normativen Grundlagen der intergenerationellen Verantwortung als auch ihrer spezifischen Verbindlichkeit, ihrer Reichweite und Grenzen. Die Anordnung der Beiträge entspricht dabei ihrer zunehmenden Anwendungsnähe.

Der Grundlagenteil wird eröffnet von einem Beitrag von *Dieter Birnbacher* und *Christian Schicha*, der die besondere Vordringlichkeit der Zukunftsverantwortung angesichts der Irreversibilität ökologischer Bedrohungen wie Klimawandel und Artensterben hervorhebt. Faktoren, die gemeinhin von Verantwortung entlasten, etwa Unwissenheit und Alternativlosigkeit, treffen auf die gegenwärtige Situation nicht zu: Über die globalen Trends (wenn auch nicht über ihr konkreten Verlauf) besteht ein hohes Maß an Sicherheit, und zumindest die reicheren Länder verfügen über ein hinreichendes Maß an Gestaltungsfreiheit, um ethische Überlegungen in ihre Entscheidungen einzubeziehen.

Hauptanliegen des Beitrags ist eine Klärung des politisch integrativen, aber inhaltlich weitgehend offenen Konzepts der „Nachhaltigkeit". Für die Autoren liegt die Attraktivität dieser politischen Formel u. a. darin, daß sie an das zukunftsrelevante Verhalten lediglich Minimalforderungen stellt, indem sie nicht mehr als die Aufrechterhaltung der jeweiligen Ressourcensituation verlangt. Dennoch stellt sich für eine „nachhaltige" Politik ein ähnliches Motivationsproblem wie für anspruchsvollere und normativ adäquatere Konzeptionen: Was kann die Gegenwärtigen zu einem nachhaltigen Umgang mit den natürlichen, ökonomischen und kulturellen Ressourcen motivieren? Abgesehen von der unmittelbar nachfolgenden Generation können die Zukünftigen ihre Ansprüche nicht selbst geltend machen. Unter Gesichtspunkten des Gebens und Nehmens („What has posterity done for me?") ist Zukunftsverantwortung notwendig einseitig und motivational instabil. Den Ansatz einer Lösung des Problems sehen die Autoren in Institutionen mit dem ausdrücklichen Auftrag der Wahrnehmung der Rechte zukünftiger Generationen, wie sie sich auf nationaler Ebene abzeichnen, aber auch auf globaler Ebene sinnvoll wären, etwa in Gestalt eines Weltgerichtshofs.

Während die Tendenz des ersten Beitrags dahin geht, „Nachhaltigkeit" als Leitbegriff der Zukunftsvorsorge in Frage zu stellen, unternimmt der Beitrag von *Hans-Peter Weikard* eine Rechtfertigung des Nachhaltigkeitsprinzips auf der Grundlage einer intergenerationellen Vertragstheorie. Ein hypothetischer Vertragsabschluß zwischen den Generationen würde nicht auf eine Maximierung (wie in utilitaristischen) oder Gleichverteilung der Wohlfahrt (wie in wohlfahrtsegalitaristischen Modellen) zielen, sondern auf eine dauerhafte Erhaltung von Chancengleichheit im Sinne der auf John Lockes Eigentumstheorie zurückgehenden „Lockeschen Bedingung", nach der eine Aneignung von Ressourcen nur legitim ist, wenn „genug und von gleicher Qualität" für andere übrigbleibt. Die Frage ist, wie diese Bedingung genauer zu interpretieren ist. Der Autor plädiert dafür, das „genug" bei Verteilungen zwischen den Generationen nicht auf Wohlfahrt, sondern auf Chancen zu beziehen. Nicht Gleichheit von Wohlfahrt oder Reichtum, sondern Gleichheit der Wahlmöglichkeiten ist Ziel und Gegenstand intergenerationeller Verantwortung.

Das im ersten Beitrag angesprochene Motivationsproblem steht im Mittelpunkt des nachfolgenden Beitrags von *Thomas Petersen* und *Malte Faber*. Die Zustimmung, auf die das Schlagwort „Nachhaltigkeit" stößt, besagt keineswegs, daß auch ein ernsthafter Wille besteht, nachhaltiges Wirtschaften zu praktizieren. Daß jemand einem ethisch-altruistischen Konzept zustimmt, heißt nicht, daß er sich auch in seinem konkreten Verhalten von diesem Konzept motivieren läßt. Ansatzpunkte für genuin moralische Motivationen weisen die Autoren allerdings bereits im Bereich gegenwartsbezogener politischer Entscheidungen auf. Schon hier geht es den Akteuren nicht um bloßen Eigennutz, sondern – psychologisch gestützt durch das Bedürfnis nach Würde, Selbstachtung und Sinnfindung – um Gerechtigkeit im Sinne eines moralisch angemessenen Interessenausgleichs. Von hier liegt die Analogie zu Motiven intergenerationeller Gerechtigkeit nahe: Nur indem das Individuum die Grenzen seiner partikulären Existenz überschreitet, kann es seine Glücks- und Sinnbedürfnisse erfüllen. Die Autoren verkennen allerdings nicht, daß damit nur eine notwendige, keine hinreichende Bedingung für eine Politik der Nachhaltigkeit aufgewiesen ist. Angesichts der Unkalkulierbarkeit der Zukunft, der Komplexität der Sachzusammenhänge und der Notwendigkeit eines breiten Konsenses läßt sich von der Politik nur eine sehr allmähliche Neuorientierung erwarten. Nach Auffassung der Autoren ist dies aber nicht nur ein Nachteil: Nur eine Politik, die für Überraschungen Raum läßt und sich nicht zu früh festlegt, wird der Offenheit der Zukunft gerecht.

Die folgenden Beiträge von *Johannes Caspar* und *Wolfram Höfling* bringen die Perspektive der Rechtswissenschaften ein. Ausgehend von einer Untersuchung des Verhältnisses zwischen Rechtsordnung und Zeitdimension arbeitet *Caspar* die besondere Zukunftsbezogenheit des modernen Vorsorgestaats gegenüber dem liberalistischen Ordnungsstaat heraus. Mit der Übernahme von Aufgaben der Verteilungsgerechtigkeit hat sich auch der Zeithorizont staatlicher Regelungsfunktionen ausgedehnt. Sobald sich der Staat die Aufgabe zuschreibt, für soziale Sicherheit zu sorgen, muß er sich auch die Aufgabe zuschreiben, die Funktionsfähigkeit der Sicherungssysteme langfristig zu erhalten.

Die im Beitrag von *Höfling* im einzelnen analysierten Verfassungsbestimmungen mit ausdrücklichem Zukunftsbezug (insbesondere Art. 115 I GG und der 1994 in die Verfassung zusätzlich eingefügte Art. 20a) haben sich nach Auffassung beider juristischer Autoren allerdings bisher als wenig wirksam erwiesen. *Caspar* fordert deshalb einen weitergehenden rechtlichen Schutz der Interessen zukünftiger Generationen durch neue Institutionen und prozedurale Vorgaben. Die Verbindlichkeit der Zukunftsverantwortung sieht Caspar dabei bereits in der elementaren Forderung nach Verallgemeinerbarkeit moralischer Normen begründet, wie sie etwa auch John Rawls' Rollentauschmodell zugrundeliegt. Andererseits, so der Autor, darf das Individuum nicht bedingungslos der intergenerationellen Maximierung geopfert werden. In allen dem Konzept der Menschenwürde verpflichteten Rechtsordnungen haben die Rechte der lebenden Individuen Vorrang vor den hypothetischen Rechten noch nicht gezeugter Menschen. In diesem – aber auch nur in diesem – Umfang läßt sich eine „Diskontierung" der Interessen der Zukünftigen gegenüber den Interessen der Lebenden rechtfertigen.

„Diskontierung" ist das Thema der Beiträge der zweiten Abteilung. Das Verfahren der Wertminderung zukünftigen Nutzens und Schadens proportional zu ihrer zeitlichen Entfernung hat wie kein anderes dem wissenschaftlichen Umgang mit Zukunftsproblemen den Vorwurf der „Zukunftsvergessenheit" eingetragen. Während dieses Verfahren von der Ethik überwiegend abgelehnt wird, ist es in den Wirtschaftswissenschaften (wenn auch zunehmend mit schlechtem Gewissen) weithin gebräuchlich. Ausgangspunkt des Beitrags von *Dieter Birnbacher* ist die These, daß „Diskontierung" weder pauschal akzeptiert noch pauschal verworfen werden kann. „Diskontierung" übernimmt vielmehr unterschiedliche Rollen, die jeweils für sich auf ihre ethische und pragmatische Berechtigung untersucht werden müssen. Eine differenzierte Analyse zeigt, daß selbst noch für einige von der Ethik herkömmlich abgelehnte Formen von Diskontierung pragmatische Gründe angeführt werden können, die ihr eine partielle und genau begrenzte Berechtigung zuerkennen.

Auf anderem Wege argumentieren auch *Carl Friedrich Gethmann* und *Georg Kamp* für eine abgestufte Gegenwartsbedeutung der Belange zukünftiger Generationen: Begründet ist die Abstufung („Gradierung") unserer Verpflichtungen gegenüber zukünftigen Generationen nicht in der unterschiedlichen Wichtigkeit ihres Wohls und Wehes für die Gegenwart, sondern in der abgestuften Verbindlichkeit unserer ihnen gegenüber bestehenden Pflichten. Eine direkte Gradierung von zukunftsethischen Pflichten – statt einer Diskontierung von Gütern – wird vor allem denjenigen intergenerationellen Pflichten besser gerecht, die sich ihrer Natur nach einem überpersönlichen Nutzen-Kosten-Kalkül entziehen, etwa

Verpflichtungen im Rahmen von Nahbeziehungen wie der Beziehung zwischen Eltern und Kind.

Die dritte Abteilung stellt Anwendungen zukunftsethischer Überlegungen auf Brennpunkte der öffentlichen und wissenschaftlichen Auseinandersetzung vor: die Erhaltung der Naturressourcen, die Vorsorge gegen Klimaveränderungen und die Problematik der Staatsverschuldung. In kritischer Absetzung vom gängigen Modell der Nachhaltigkeit schlägt *Angelika Krebs* eine Konzeption des Naturerhalts vor, der sich nicht am *status quo* der Ressourcensituation, sondern an einem absoluten, durch die absehbaren Bedürfnisse der zukünftigen Menschen und Tiere definierten Maßstab orientiert. Wieviel und welche Natur wir den Zukünftigen schulden, sollte der Autorin zufolge nicht von den Zufälligkeiten der historischen Situation abhängen. Hätte man etwa in den 60er Jahren den Grundsatz der Nachhaltigkeit auf den Umweltschutz angewandt, hätte paradoxerweise keine Verpflichtung zur Verbesserung der Umweltsituation bestanden. Man wäre lediglich zur Fortschreibung des *status quo* verpflichtet gewesen. Für die Autorin ist die Kritik am intergenerationellen Egalitarismus dabei eine Facette einer grundlegenden Kritik an der egalitaristischen Grundströmung der politischen Philosophie der Gegenwart.

Eine ungewöhnlich konkrete Anwendung zukunftsethischer Prinzipien auf ein zentrales Zukunftsproblem bietet der Beitrag von *Christoph Lumer*. Lumer fragt, welche Konsequenzen sich ganz konkret für das Problem der Treibhausgasemissionen aus den am häufigsten vertretenen zukunftsethischen Konzeptionen ergeben. Trotz der zwangsläufigen Unsicherheiten in den Schätzungen der relevanten Variablen erweist sich, daß die gegenwärtig verfolgten politischen Strategien zur Reduzierung der Treibhausgasemissionen weit hinter dem zurückbleiben, was die Standardtheorien der Zukunftsethik von einem verantwortungsbewußten Vorsorgehandeln verlangen. Dies gilt auch dann noch, wenn die zukunftsethischen Forderungen aus pragmatischen Gründen – zur Vermeidung normativer Überforderung – durch Diskontierung abgeschwächt werden.

Gegenstand des Beitrags von *Gerd Brudermüller* sind die zukunftsethischen Dimensionen der gegenwärtigen rechtspolitischen Debatte um das Unterhaltsrecht: Wieweit kann von den Eltern oder Kindern unterhaltsbedürftiger Personen erwartet werden, daß sie für die staatlichen Unterhaltszahlungen dieser Personen aufkommen? Kann Generationensolidarität in aufsteigender Linie (von den Kindern zu den Eltern) als Rechtspflicht eingefordert werden, oder kann sie angesichts der „Unfreiwilligkeit der Geburt" grundsätzlich nur freiwillig gewährt werden? Über die Analyse der gegenwärtigen Diskussionslage hinaus vermittelt der Beitrag einen Eindruck von der Komplexität, mit der Konzepte wie „Generationengerechtigkeit" konfrontiert sind, sobald ihre Umsetzung in die Praxis ansteht. „Gerechtigkeit" ist auch im intergenerationellen Kontext keine in sich einheitliche Idee, sondern eine „Familie" verwandter, aber wohlunterschiedener Leitvorstellungen, die in jedem einzelnen Anwendungskontext in ein (stabiles oder labiles) Überlegungsgleichgewicht gebracht werden müssen.

Die Komplexitäten einer Beurteilung konkreter politischer Strategien nach Kriterien intergenerationeller Gerechtigkeit wird auch in der zukunftsethischen Analyse der Staatsverschuldung von *Wilhelm Beermann* deutlich. Der Autor zeigt u. a., wie verfehlt es wäre, Staatsschulden *eo ipso* für ein zu vermeidendes moralisches Übel zu halten. Die Gerechtigkeit oder Ungerechtigkeit von Staatsverschuldung hängt vielmehr davon ab, zu welchen Zwecken die Schulden verwendet werden und welche inter- und intragenerationellen Verteilungseffekte zu erwarten sind. Staatsschulden können durchaus auch Funktionen eines ethisch legitimen oder sogar ethisch geforderten intergenerationellen Lastenausgleichs übernehmen, etwa zur zeitlich ausgeglicheneren Verteilung einmaliger Mehrbelastungen (wie der Anpassung an den demographischen Wandel in der Alterssicherung) oder zur Finanzierung von Arbeitsplätzen zur Minderung der individuellen und sozialen Lasten der Beschäftigungslosigkeit.

I.

Generationengerechtigkeit –
ethische und rechtliche Grundlagen

Dieter Birnbacher/Christian Schicha

Vorsorge statt Nachhaltigkeit – ethische Grundlagen der Zukunftsverantwortung*

1. Zukunftsverantwortung in einer bedrohten Welt

Fragen der Zukunftsverantwortung sind heute von besonderer Aktualität, und zwar aus mehreren Gründen:

1. Die technische Verfügungsmacht des Menschen nimmt immer größere Dimensionen an und reicht in immer weitere Zukunftshorizonte hinein. Ein Beispiel sind die möglichen globalen Wirkungen der Emission von Treibhausgasen wie CO_2 auf die großklimatischen Verhältnisse. Von den meteorologischen, ökonomischen und sozialen Auswirkungen der zu befürchtenden Klimaveränderungen werden voraussichtlich erst die Generationen unserer Enkel und Urenkel betroffen sein.

2. Wir wissen zunehmend mehr über die mit gegenwärtigem Handeln und Unterlassen verknüpften langfristigen Risiken und über mögliche Handlungsalternativen. Damit erhöht sich der moralische Druck auf menschlichem Tun und Unterlassen. Der Spielraum für Entlastungsargumente von der Art „Wir haben es nicht gewußt", „Wir konnten es nicht wissen", „Wir konnten es nicht ändern" schrumpft.

3. Wir sind dabei, der Nachwelt eine gewaltige Hypothek in Gestalt einer *übernutzten* Umwelt zu hinterlassen. Ursächlich dafür ist das ungebremste Wachstum der zivilisatorischen Inanspruchnahme der Natur, sowohl als *Quelle* von Naturgütern wie Boden, Wasser, Rohstoffen und Energie als auch als *Senke* für Rest- und Schadstoffe aus Produktion und Konsum wie Abfälle, Chemierückstände und Luft- und Wasserverunreinigungen. Dazu einige bekannte, aber leicht aus dem Bewußtsein verdrängte Tatsachen:

Die tropische Waldfläche schwindet jährlich um 11 Milliarden Hektar, primär durch Luftverschmutzung, Abholzung und „sauren" Regen.[1] Nach einer Studie des Worldwatch Institute werden jährlich rund 11,4 Millionen Hektar Tropenholz abgeholzt, wobei nur etwa 10% durch Wiederaufforstungsmaßnahmen wiederhergestellt werden.[2] Weltweit liegt der Bestand an Forstbrachen bei

* Erstveröffentlichung in: H. G. Kastenholz/K-H. Erdmann/M. Wolff (Hrsg.): Nachhaltige Entwicklung. Zukunftschancen für Mensch und Umwelt. Berlin: Springer 1996, 141-156.

[1] vgl. Brown/Flavin 1988, 16.
[2] vgl. Simonis 1990, 18.

5 Mill. km², wobei diese Fläche, die der Größenordnung Europas entspricht, un-wiederbringlich versteppt ist.[3] Der Waldbestand unseres Planeten nimmt pro Se-kunde um ca. 3000 m² ab. Pro Jahr entspricht dieser Schwund etwa dreimal der Fläche der Schweiz.[4] Allein in der Bundesrepublik sind mehr als die Hälfte aller Baumarten geschädigt.[5] An fruchtbaren Schichten landwirtschaftlicher Flächen gehen jährlich weit mehr Tonnen verloren, als neu gebildet werden, u. a. durch Versumpfung und Versalzung, Bodenerosion und Urbanisation (Siedlungsflächen und Straßenausbau). In China, Afrika, Indien und Nordamerika fällt der unterir-dische Wasserspiegel; inzwischen übersteigt der Bedarf den Vorrat an Trinkwas-ser.[6] Die weltweite Energienutzung ist in den letzten Jahrhunderten erheblich angestiegen. Während der Verbrauch der Weltbevölkerung um 1650 bei ca. 100 Millionen Tonnen Steinkohleeinheiten (SKE) lag, umfaßte der Anteil 100 Jahre später die doppelte Menge, um 1850 war der Verbrauch auf 500 Millionen Ton-nen angestiegen. Danach wurde die Verbrauchsrate in immer kürzeren Abstän-den verdoppelt, u. a. infolge des rapiden Anstiegs der Weltbevölkerung. Inzwi-schen verdoppelt sich der Energieverbrauch auf der Erde in weniger als 20 Jah-ren.

4. Viele der Schädigungen, die wir den künftigen Generationen hinterlassen, sind *irreversibel* und gefährden die Lebensqualität aller nachfolgender Generatio-nen: verödete Landschaften, Artenschwund, klimatische Veränderungen. Jedes Jahr sterben mehrere tausend Pflanzen und Tierarten aus.[7] Dem Zehn-Jahres-bericht des Umweltprogramms der Vereinten Nationen zufolge sind weltweit rund 25.000 Pflanzen- und mehr als 1.000 Tierarten vom Aussterben bedroht. In der Bundesrepublik drohen rund 50% aller Tierarten und 30% aller ein-heimischen Pflanzenarten auszusterben.[8] Hinzu kommen die irreversiblen *Risi-ken*, an die sich die späteren Generationen anpassen müssen, etwa die Risiken der radioaktiven Rückständen aus der Nutzung der Kernenergie.

Diese Hypothek geht bisher zum größeren Teil nicht auf das Konto des globalen Bevölkerungswachstums, sondern auf das Konto des Wachstums der Aktivitäten eines kleinen Teils der Weltbevölkerung, die ihre Austauschprozesse mit der Natur (in Produktion und Konsum) unbekümmert um die natürlichen Begrenzungen des „Raumschiffs Erde" enorm intensiviert haben. Mit dem Ein-tritt bevölkerungsreicher „Schwellenländer" wie Indien und China in den Kreis der Industrieländer könnte sich diese Situation ändern. Schon heute gehen die größten Gefahren etwa für die Ozonschicht der Atmosphäre nicht mehr von den Industrieländern, sondern den Schwellenländern aus, die nicht reich genug sind, um auf umweltgefährdende Naturnutzungen verzichten zu können.

[3] vgl. Schönwiese/Diekmann 1991, 84 f.
[4] vgl. von Weizsäcker 1990, 5.
[5] vgl. Walletschek/Graw 1990, 53.
[6] vgl. Brown/Flavin 1988, 16.
[7] vgl. Brown/Flavin 1988, 16.
[8] vgl. Brown/Flavin 1988, 16.

5. Das anhaltende exponentielle Bevölkerungswachstum nimmt eine immer dramatischere Qualität an. In den letzten beiden Jahrzehnten ist ein Anstieg der Weltbevölkerung um 1,6 Milliarden Menschen zu verzeichnen; das sind mehr Bewohner als insgesamt vor 90 Jahren auf unserem Planeten lebten.[9] Die Zahl der Bewohner der Erde hat sich seit 1950 von 2,5 Milliarden Menschen bis heute mehr als verdoppelt. Die gegenwärtigen Schätzungen rechnen bis zum Jahr 2050 mit einer Weltbevölkerung zwischen 7,5 und zehn Milliarden Menschen. Es ist noch gänzlich unklar, wie die Grundbedürfnisse so vieler Menschen mit den zur Verfügung stehenden Ressourcen gedeckt werden sollen. Selbst eine hypothetische radikale Egalisierung der Ressourcen zwischen den reichen, bevölkerungsarmen und den armen, bevölkerungsreichen Ländern könnte die Überlastung der Tragfähigkeit der Erde kaum verhindern, ganz abgesehen von der Unwahrscheinlichkeit, daß sich die reichen Ländern zu einer derartigen Umverteilung bereit finden werden. Auch wenn es uns in der industrialisierten Welt von Jahr zu Jahr besser zu gehen scheint: global sind die Aussichten fatal. Schon heute hungern mehr Menschen auf der Erde als in irgendeiner der vorangegangenen Phasen der Existenz der Menschheit.

Angesichts der globalen Entwicklungstrends bedarf es keiner weiteren Erklärung dafür, warum sich das Paradigma der Zukunftsethik (wie man es nennen könnte) in den beiden letzten Jahrzehnten vom *optimistischen* zum *pessimistischen* Pol verschoben hat. Das *optimistische* Paradigma sah Verantwortung für zukünftige Generationen primär als Verpflichtung zur Verlängerung eines verläßlichen, auch ohne die Befolgung spezifisch zukunftsethischer Normen eintretenden *Fortschrittsprozesses*. In diesem Paradigma sind die zukünftigen Generationen – u. a. wegen eines autonomen, d. h. von den gesellschaftlichen Bedingungen unabhängigen technischen Fortschritts – gegenüber der gegenwärtigen Generation grundsätzlich bessergestellt. Von dem optimistischen Paradigma, das den *mainstream* der Philosophie der Aufklärung (Condorcet, Kant), des Marxismus (Bloch), der „neoklassischen" ökonomischen Theorie und der liberalen politischen Philosophie einschließlich John Rawls' „Theorie der Gerechtigkeit" kennzeichnet, sind noch die globalen Entwicklungsmodelle bestimmt, die die Perspektive und die Erwartungen der Entwicklungsländer widerspiegeln, wie das Bariloche- oder das Leontief-Modell aus den 70er Jahren[10]. Im *pessimistischen* Paradigma sind die zukünftigen Generationen ohne die Beachtung spezifisch zukunftsethischer Normen gegenüber der gegenwärtigen Generation *schlechtergestellt*. Verantwortung für zukünftige Generationen ist deshalb *konservativer* Natur und beinhaltet primär die Verpflichtung zur Erhaltung des technisch, wirtschaftlich und kulturell Erreichten, zur Schadensvermeidung, zur Minimierung langfristiger Risiken und zur Vorsorge gegen zukünftige Katastrophen. Das pessimistische Paradigma liegt – wie schon dem Malthusianismus des 18. und der Eugenik-Bewegung des 19. Jahrhunderts – den meisten gegenwärtigen spezifisch

---

[9] vgl. Worldwatch Institute Report 1991, 10.
[10] Herrera/Scolnik 1977, Leontief 1977.

ökologischen zukunftsethischen Ansätzen sowie dem Projekt einer „ökologischen
Ökonomie"[11] zugrunde. Auf den Punkt gebracht wird es in der von Hans Jonas
geforderten „Heuristik der Furcht"[12], nach der das Schadensrisiko grundsätzlich
stärker zu gewichten ist als die Erfolgschancen und im Zweifelsfall auch auf be-
trächtliche technische Fortschritte zugunsten der Minimierung des Katastro-
phenrisikos verzichtet werden soll.

Die Unterscheidung zwischen *optimistischem* und *pessimistischem* Paradigma
ist hilfreich, kann allerdings nur idealtypisch gelten. Das zeigt sich u. a. daran,
daß sich bei den vielleicht wichtigsten impliziten Zukunftsethikern des 19. Jahrhunderts, *Marx*, *Engels* und *Mill*, beide Paradigmen vermischen. Der Fortschritt
technischer Naturbeherrschung ist selbst für die Vertreter eines ausgeprägten
technologischen Optimismus nicht in jeder Hinsicht ein Fortschritt: Derselbe
Marx, der sich die Befreiung des Proletariers von der „Entfesselung der Pro-
duktivkräfte" mittels fortschreitender technischer Naturbeherrschung erhoffte,
hatte gleichzeitig ein Gespür für die „Herabwürdigung" der Natur durch
menschliche Ausbeutung. Ein Standardvorwurf gegen den Kapitalismus bei *Engels* ist sein zerstörerischer „Raubbau" an den natürlichen Lebensgrundlagen
(den ein sozialistisches System seiner Meinung nach überwinden würde). Und
der Fortschrittsoptimist *Mill* trat nicht nur als einer der ersten politisch für die
Geburtenkontrolle ein (u. a. auch zugunsten der Befreiung der Frauen von ausschließlich familiären Aufgaben), sondern auch für ein Stagnieren des wirtschaftlichen Wachstums zugunsten der Erhaltung von Naturwerten bei gleichzeitiger
Fortsetzung der kulturellen und moralischen Höherentwicklung.

2. Grundfragen der Zukunftsethik

Alle theoretischen Grundfragen der Zukunftsethik sind auch von großer praktischer Bedeutung: 1. die Frage nach der *zeitlichen Reichweite* der Zukunftsverantwortung, 2. die Frage nach der *ontologischen Reichweite*, den *Objekten* der Zukunftsverantwortung, 3. die Frage nach den *Inhalten* der Zukunftsverantwortung, 4. die Frage nach dem *Gewicht* der Zukunftsverantwortung im Verhältnis
zur Gegenwartsverantwortung und 5. das Problem der *Motivation* zur Akzeptie-
rung und praktischen Übernahme von Zukunftsverantwortung.

Hinsichtlich der *zeitlichen Reichweite* der Zukunftsverantwortung besteht
unter den Ethikern nahezu Einigkeit darüber, daß sie die gesamte für uns heute
überblickbare Zukunft einschließt und lediglich durch die Grenzen des prognostischen Wissens begrenzt wird. Einige Ethiker erheben jedoch *normative* Bedenken und bestreiten, daß wir zur Vorsorge für mehr als die beiden nächsten
Generationen verpflichtet sein können, da uns nur die Vertreter der unmittelbar

---

[11] Costanza 1991.
[12] Jonas 1979, 63 ff.

nachfolgenden Generationen konkret bekannt sind. (Eine solche einschneidende *Begrenzung* der Zukunftsverantwortung vertritt bemerkenswerterweise auch Rawls – kontrapunktisch zur ansonsten universalistischen Tendenz seiner Gerechtigkeitstheorie.[13])

Die Schwierigkeit, mit denen diese Ansätze konfrontiert sind, besteht darin, zu begründen, warum die intergenerationelle moralische Verantwortung an *face-to-face*-Kontakte oder spontane Sympathiegefühle gebunden sein soll, während doch auch sonst moralische Pflichten gegenüber abstrakten (oder statistischen) Betroffenen bestehen, etwa zur Vermeidung von Gefährdungen, deren mögliche Opfer wir ex ante nicht kennen. Eine der wesentlichen gesellschaftlichen Funktionen moralischer Pflichten besteht darin, fehlende *persönliche* Verpflichtungsbeziehungen zu ersetzen und den Horizont der Verantwortung über den Kreis emotionaler Nahbeziehungen hinaus zu erweitern. Das u. a. von Hans Jonas und von John Passmore herangezogene Leitbild der Elternverantwortung darf also nicht zu eng interpretiert werden. Daß „Nächstenliebe" im Sinne ausschließlicher Solidarität mit den „Nächsten" keine hinreichende Basis für zukunftsethische Normen sein kann, ist bereits in *Nietzsches* polemischer Wendung von der Notwendigkeit der „Fernstenliebe" angedeutet.

In der Frage, für *wen* Verantwortung zu übernehmen ist, besteht bedeutend weniger Konsens. *Anthropozentrische* Konzeptionen postulieren eine Pflicht zur Zukunftsvorsorge lediglich für die zukünftigen Angehörigen der Gattung Mensch. Eine Pflicht zur Erhaltung der Natur und ihrer Teilsysteme (Ökosysteme, Biotope, Arten) besteht danach nur insoweit, als sie für zukünftige Menschen von Bedeutung sein können, sei es als Ressource einer praktisch-technischen Verfügung (*instrumenteller* Wert), sei es als Gegenstand kontemplativer (theoretischer, religiöser oder ästhetischer) Einstellungen (*inhärenter* Wert). Soweit angesichts des traditionellen Vorherrschens des humanistisch-anthropozentrischen Standpunkts für diese Position überhaupt eine Begründung für nötig gehalten wird, wird sie zumeist in der Sonderstellung des Menschen als Geistwesen, als zwecksetzendes Wesen (*Jonas*) oder – in der Tradition Kants – als Vernunft- und Moralwesen gesehen. *Pathozentrische* Konzeptionen beziehen die empfindungsfähigen Tiere in den Kreis der moralisch berücksichtigenswürdigen Wesen ein, beschränken sich aber überwiegend auf die Forderung, Vorsorge gegen ein Leiden der Tiere zu treffen, ohne für diese auch ein Existenzrecht geltend zu machen. Sehr viel weiter in ihren Vorsorgenormen gehen *biozentrische* Konzeptionen, die zumeist nicht nur individuellen Tieren und Pflanzen[14], sondern auch generationenübergreifend existierenden ökologischen Systemen und biologischen Arten ein Existenzrecht zuschreiben. Danach besteht für die gegenwärtige Generation eine *direkte* Verpflichtung zur langfristigen Erhaltung der Integrität der natürlichen Systeme und Arten unabhängig von deren Funktionen für den Menschen, wobei im Konfliktfall – außer von den strengen Gattungs-

---

[13] vgl. Rawls 1971, 392.
[14] so aber z. B. Taylor 1986.

egalitaristen (wie z. B. Taylor) – Abwägungen zugunsten des Menschen zugelassen werden: Auch irreversible Verluste eines Ökosystemtyps oder einer biologischen Art sollen in Kauf genommen werden dürfen, wenn andernfalls für den Menschen prohibitive Kosten oder Opportunitätskosten (Nutzungsverzichte) anfallen würden. Vertreter der *physiozentrischen* Position sind der Auffassung, daß auch der unbelebten Natur Wert zukommt und diese um ihrer selbst willen zu schützen ist.

So ehrenwert die Motive der letzten beiden Ansätze sind, um so weniger scheinen sie uns als praktische Entscheidungshilfe geeignet zu sein. Sofern der Bereich der Rechte auf Pflanzen und unbelebte Materie ausgedehnt wird, ist es problematisch, Maßstäbe des Verantwortlichkeitsbereiches zu definieren. Folgt man etwa der Maxime „Jeder nimmt auf alles Rücksicht" die von Meyer-Abich[15] als einem Vertreter der physiozentrischen Position formuliert wird, bewegt man sich auf der Ebene einer „idealen" Norm, die jedoch keine Hilfestellung für die Abwägungsnotwendigkeiten in der Praxis liefert. Wenn alles schützenswert ist, gibt es keine Maßstäbe, die Eingriffe in die Natur rechtfertigen können.

3. Wofür sind wir verantwortlich?

Mehr noch als in der Bestimmung der ontologischen Reichweite der Zukunftsverantwortung spiegelt sich in der Bestimmung ihres *Inhalts* die ganze Vielfalt der gegenwärtig in der philosophischen Ethik vertretenen normativen Positionen:

1. Besteht eine Verpflichtung zur Vorsorge für das *Wohlergehen* zukünftig existierender Menschen oder auch für deren *Existenz*? Die eine Extremantwort ist die, daß wir lediglich verpflichtet sind, die Befriedigung der Bedürfnisse der – ohnehin lebenden – Zukünftigen sicherzustellen, nicht aber, das Überleben der Menschheit sicherzustellen.[16] Sollte die Menschheit plötzlich steril werden, wäre das zwar zu bedauern, aber – vorausgesetzt, niemandem würde geschadet – nicht eigentlich moralisch bedenklich. Die andere Extremantwort ist die einiger katholischer Moraltheologen, nach der die Menschheit selbst unter Bedingungen, die kein lebenswertes Leben mehr gestatten, zur Nachkommenschaft verpflichtet ist. Wahrscheinlich liegt die richtige Antwort in der Mitte: Nicht auf das Überleben der Menschheit um jeden Preis kommt es an, sondern auf die Ermöglichung der größten Summe an Wohlfahrt über alle Generationen. Solange die Menschen überwiegend ihr Leben als lebenswert empfinden, ist die Fortexistenz des Menschen (bzw. des gesamten bewußtseinsbegabten Lebens) auf der Erde ein hoher Wert. Ein Ende der Existenz bewußten Lebens auf der Erde wäre eine moralische Katastrophe auch dann, wenn es auf „sanftem" Wege käme und kein zusätzliches

---

[15] vgl. Meyer-Abich 1986, 33.
[16] vgl. Patzig 1983, 16 f.

Leiden bedeutete. Eine entsprechend hohe Bedeutung muß der dauerhaften Erhaltung der menschlichen Lebensgrundlagen beigemessen werden.

2. Von welcher Axiologie soll ausgegangen werden, d. h. was soll als um seiner selbst willen wertvoll angenommen werden? Einer rein *bedürfnisorientierten* Axiologie zufolge sind wir zu Vorsorgeleistungen lediglich insoweit verpflichtet, als diese die (wahrscheinlichen) Präferenzen der Zukünftigen befriedigen. Falls wir sicher wären, daß die Angehörigen zukünftiger Generationen an den heute aussterbenden biologischen Arten kein wie immer geartetes direktes und indirektes Interesse haben, wären wir danach nicht verpflichtet (vielleicht sogar nicht einmal berechtigt), irgend etwas zur Erhaltung dieser Arten zu tun. Eine *idealorientierte* Axiologie fordert darüber hinaus Vorsorge auch dafür, daß sich die Präferenzen des Menschen selbst fortentwickeln, kulturell anreichern, zumindest nicht auf ein primitiveres Niveau zurückfallen. Nicht nur die Sicherung der (jeweils subjektiv beurteilten) Qualität des Lebens ist das Ziel, sondern auch die Qualität des Menschen selbst.

Das *Problem* aller ideal-orientierten Ansätze ist ihre geringe Verallgemeinerbarkeit: Ideale Menschenbilder und Tugendkataloge sind kulturabhängig und erfüllen nicht die im Allgemeingültigkeitsanspruch der Moral enthaltene Bedingung, im Prinzip für jedermann verständlich, nachvollziehbar und akzeptabel zu sein. Diese Bedingung scheint in der Tat nur durch einen einzigen (außermoralischen) Wert erfüllt zu werden, nämlich den des subjektiven Wohlbefindens bzw. des Erlebens von subjektiv als positiv bewerteten Bewußtseinszuständen. Die Annahme, daß das, was ein Subjekt an sich selbst und unabhängig von den Folgen als positiven Bewußtseinszustand empfindet, deshalb auch objektiv etwas Positives ist, scheint ein gemeinsamer Besitz aller jemals vorgeschlagener Wertlehren.

Das läßt offen, in welchem *Ausmaß* die gegenwärtige Generation durch eine Zukunftsethik zu Vorsorgeleistungen für das Wohlergehen künftiger Generationen bewußtseinsfähiger Wesen (einschließlich der bewußtseinsfähigen Tiere) verpflichtet wird. Am weitesten geht in dieser Hinsicht der *Utilitarismus*, der Vorsorgeleistungen genau in dem Ausmaß fordert, in dem die Wohlfahrt späterer Generationen aus heutiger Sicht erhöht werden kann. Solange heutige Investitionen bzw. Nutzungsverzichte einen Nutzen für Spätere versprechen, sind wir zu diesen Investitionen und Nutzungsverzichten auch verpflichtet. Ressourcen, die durch heutigen Verbrauch späteren Generationen nicht mehr zur Verfügung stehen, müssen danach so bewertet werden, wie sie auf einem *hypothetischen intergenerationellen Zukunftsmarkt* bewertet würden, auf dem als Nachfrager nicht nur die gegenwärtigen, sondern auch die zukünftigen Nutzer auftreten und auf dem die Preise nicht nur die gegenwärtigen und für die nahe Zukunft erwarteten, sondern *alle* späteren Knappheiten widerspiegeln.

Es liegt in der Konsequenz des utilitaristischen Modells, daß die Verteilung der Wohlfahrt über die Generationen extrem *ungleich* wird. Unter nicht ganz unrealistischen Bedingungen müssen gerade die ärmsten Generationen (etwa die „Aufbaugenerationen" nach krisenhaften Einbrüchen wie Kriegen) sehr viel sparen, sofern sie erwarten können, durch Sparen nachfolgende Generationen besserzustellen. Erst dann entfiele die Verpflichtung zur Zukunftsvorsorge, wenn der erwartete Grenznutzen zusätzlicher Vorsorgeleistungen so stark absinkt, daß er den investiven Aufwand nicht mehr aufwiegt.

Die häufigste Kritik an utilitaristischen Modellen intergenerationeller Gerechtigkeit richtet sich gegen die Zumutung an die früheren Generationen, für die Verbesserung der Wohlfahrt späterer Generationen auch dann Opfer bringen zu sollen, wenn anzunehmen ist, daß sich diese (etwa aufgrund des technischen Fortschritts) ohnehin auf einem sehr viel höheren Niveau befinden werden: Wird dadurch nicht eine unerträgliche *Unfairness* der intergenerationellen Verteilung in Kauf genommen, ein grobes Mißverhältnis von Aufwand und Ertrag? Unter praktischen Gesichtspunkten dürfte diese – nicht zu leugnende – Unfairness dadurch gemindert werden, daß die Vorsorgepflichten für die früheren Generationen bestimmte Grenzen der *Zumutbarkeit* nicht überschreiten dürfen, wenn sie für diese akzeptabel sein sollen. Das unter axiologischen Gesichtspunkten *optimale* Szenario ist nicht automatisch auch dasjenige, zu dessen Verwirklichung wir moralisch verpflichtet sind. So wird man etwa von den heute ärmsten Ländern nicht verlangen können, daß sie auf dem Hintergrund der gegenwärtig bestehenden Versorgungsprobleme zusätzliche Nutzungsverzichte zugunsten ihrer Nachkommen leisten.

Angesichts der prognostischen Unsicherheiten über die Bedürfnisse zukünftiger Generationen kann eine utilitaristische Zukunftsethik (ähnlich wie auch Hans Jonas in seinem zukunftsethischen Entwurf) im wesentlichen nur die *Offenhaltung bzw. Eröffnung von Wahlmöglichkeiten* fordern. Uneingeschränkte Verbote lassen sich lediglich für die Zerstörung der biologischen Lebensgrundlagen (Luft, Wasser, Boden, Energiequellen) und für die Erzeugung schwerwiegender irreversibler Langfristrisiken aussprechen.[17]

Das Extrem auf der anderen Seite sind *minimalistische* Lösungen des intergenerationellen Verteilungsproblems, bei denen die gegenwärtige Generation zur *Erhaltung* des vorgefundenen Ressourcenbestandes, aber zu keiner weitergehenden Vorsorge verpflichtet ist. Ein minimalistisches Modell folgt aus einer *intergenerationellen* Anwendung des von *Rawls* für *intragenerationelle* Verteilungen vorgeschlagenen *Untershiedsprinzip*. Unter optimistischen Annahmen unerschöpflicher Ressourcen, konstanter Bevölkerung und eines autonomen (von der Kapitalbildung unabhängigen) technischen Fortschritts erlaubt dieses Prinzip der relativ früheren Generation sogar, der folgenden Generationen *weniger* zu hinterlassen, als sie selbst vorgefunden hat, da sie darauf vertrauen kann, daß die nächste Generationen dank des von ihr nicht zu beeinflussenden technischen Fortschritts mit weniger Ressourcen dasselbe Wohlfahrtsniveau erreichen wird. In diesem minimalistischen Sinn wird herkömmlich auch das Prinzip der *Nachhaltigkeit* (bzw. der *sustainability*) verstanden, das seit dem *Brundlandt Report* der

---

[17] vgl. Birnbacher 1988, Kap. 6.

Vereinten Nationen[18] zu so etwas wie einem umwelt- und entwicklungs-
politischen Schlüsselbegriff geworden ist.

4. Was heißt „Nachhaltigkeit"?

Die Wurzeln des Nachhaltigkeitsprinzips liegen im Jagdwesen. Jäger und Samm-
ler bemühten sich in der Regel, ihre Lebensgrundlagen über einen längeren Zeitraum aufrechtzuerhalten, indem ein Grundstock an Wildbeständen gewahrt wurde.[19] Als Prinzip der Jäger galt die „[...] bestmögliche Nutzung des Zuwachses
bei voller Erhaltung des Grundbestandes als Produktionsmittel."[20] Die Verbrei-
tung der Idee der nachhaltigen Nutzung ist dagegen nicht im Jagdwesen, sondern in der Tradition der europäischen Wald- und Forstwirtschaft anzusiedeln.
Das Ziel bestand darin, nicht mehr zu ernten, als nachwächst. Den Hintergrund
dazu bildet die Geschichte der menschlichen Waldnutzung: Gegen Ende des
Mittelalters hatte die Holzverarbeitung, Metallverhüttung und Salzgewinnung
dazu geführt, daß die Waldbestände in weiten Teilen Deutschlands gelichtet waren. Infolge des akuten Holznotstands im 16. Jahrhundert wurden Verordnun-
gen geschaffen, die den Nutznießern der Baumbestände die Pflicht auferlegten,
nach Abholzung eines Baumes neue Bäume zu pflanzen.[21] Bereits 1713 verlangte
Carlowitz, daß die Nutzung eines Waldes nur dann zulässig sei, wenn seine Pro-
duktionsfähigkeit nicht beeinträchtigt würde. Hartwig stellte 1795 die Forderung
auf, daß Wälder nur soweit genutzt werden dürfen, daß den Nachkommen die
Option offensteht, einen ebenso großen Nutzen aus dem Wald ziehen zu können wie die bereits vorhandenen Generationen. Dieses Postulat kann als „Generationenvertrag" bezeichnet werden, der zur grundlegenden Maxime des Forst-
wesens avancierte.[22] Um die Wende vom 18. zum 19. Jahrhundert, als Bergwerke
und frühindustrielle Anlagen die Holzvorräte mit der beginnenden Industriali-
sierung ausbeuterisch zu übernutzen begannen, setzte sich das Nachhaltigkeit-
sprinzip schließlich innerhalb der Forstordnung durch und wurde als Grundgesetz einer geordneten Waldwirtschaft von Deutschland aus in alle Teile der Welt
exportiert.[23]
Inzwischen nimmt die Verwendung des Begriffs der Nachhaltigkeit allerdings inflationäre Züge an. Sogar die Chemieindustrie wirbt inzwischen mit
ganzseitigen Anzeigen „für eine neue Qualität des Wachstums" durch „Sus-

[18] Hauff 1987.
[19] vgl. Henning 1991, 11.
[20] vgl. ebd., 28.
[21] vgl. Bosselmann 1992, 101.
[22] vgl. Mai 1993, 98.
[23] vgl. Vorholz 1994, 16.

tainable Development"[24], und für den Chef von Hoechst ist diese Aufgabe gar ein „Schlüsselthema" seiner Unternehmensstrategie.[25] Das mit dem Nachhaltig-keitspostulat verknüpfte Themenspektrum ist sukzessiv ausgeweitet worden. Neben der Ressourcenschonung werden u.a. soziale Fragen sowie globale Um-weltprobleme diskutiert. Dabei trifft „Nachhaltigkeit" und „sustainability" ein gewisser Anfangsverdacht, als Leerformeln die unübersehbaren Divergenzen in den wirtschaftspolitischen Zielen internationaler Akteure zu überdecken und drohende internationale Verteilungsprobleme schon im Vorfeld rhetorisch abzu-mildern. Dieser Verdacht wird u. a. durch die Überlegung genährt, daß nicht klar ist, ob eine weitere wirtschaftliche Entwicklung ohne den irreversiblen Verbrauch vitaler und nicht substituierbarer Ressourcen überhaupt denkbar – oder sogar vertretbar – ist, vor allem bei Berücksichtigung des Grundbedarfs der zahlenmä-ßig sehr viel stärkeren nächsten und übernächsten Generation. Als politische Leitbegriffe können „Nachhaltigkeit" und „sustainablity" insofern dazu dienen, Illusionen über die langfristige Vereinbarkeit von wirtschaftlichem Wachstum, ökologischer Stabilität und globaler Umverteilung (Nord-Süd-Egalisierung) auf-rechtzuerhalten und gegen wissenschaftliche Plausibilitäten abzuschirmen. Im übrigen ist offensichtlich, daß sich die Begrifflichkeit des „nachhaltigem Wachs-tums" bzw. der „nachhaltigen Entwicklung" der politisch-rhetorischen Manipu-lation förmlich anbietet: Wer durch die Wahrnehmung von Entwicklungschancen etwas zu gewinnen hat (wie die sogenannten Schwellenländer), wird sich zur Le-gitimation seiner Politik auf die Wachstums- und Entwicklungskomponente, wer dadurch etwas zu verlieren hat (wie einige Industrieländer), auf die Bestands-erhaltungskomponente berufen.

5. Nachhaltigkeit: vier Interpretationen

Der *Begriff* der Nachhaltigkeit ist noch kein *Konzept*, und es ist zu befürchten, daß der Begriff ebenso unbestimmt bleibt wie der des „qualitativen Wachstums", der vor zwanzig Jahren die umwelt- und wirtschaftspolitische Debatte bestimm-te, jedoch praktisch wenig bewirken konnte. Wollte man ernsthaft daran gehen, den Begriff zu operationalisieren, muß man sich zwischen den folgenden – grundverschiedenen – Interpretationen entscheiden:

1. Nachhaltigkeit als Forderung nach einer Erhaltung des *physischen* Natur-bestands,

2. Nachhaltigkeit als Forderung nach einer Erhaltung der *Funktionen* des ge-genwärtigen Naturbestands,

3. Nachhaltigkeit als Forderung nach einer Sicherung der *Grundbedürfnisse* zukünftiger Generationen,

---

[24] vgl. Frankfurter Rundschau vom 8.10.1994.

[25] vgl. Daniels/Eglau/Vorholz 1994, 17.

4. Nachhaltigkeit als Forderung nach einer aktiven Vorsorge für die *Bedürfnisse* zukünftiger Generationen.

In der ersten Interpretation würde Nachhaltigkeit besagen, daß sich jedes Land soweit wirtschaftlich entwickeln darf, wie der Gesamtbestand an globalen Ressourcen dadurch nicht vermindert wird. Ähnlich wie in John Lockes Eigentumstheorie die ursprüngliche Aneignung von Land lediglich in dem Maße gerechtfertigt ist, als anderen „enough, and as good" verbleibt, soll jede Generation die vorhandenen Ressourcen nur in dem Maße nutzen dürfen, als der nächsten Generation Ressourcen derselben Quantität und Qualität verbleiben. Das bedeutet konkret, daß *regenerierbare* Ressourcen mit keiner höheren Rate genutzt werden, als sie nachwachsen (jeder geschlagene Baum wird durch einen neu gepflanzten ersetzt), daß *nicht regenerierbare* Ressourcen durch regenerierbare Ressourcen ersetzt werden (für jedes verbrauchte Barrel Rohöl werden 1000 Bäume neu gepflanzt) bzw. durch Wissenszuwächse und technische Verbesserungen, die die Substitution oder vermehrte Ausbeute und Nutzung nicht-regenerierbarer Ressourcen erlauben, und daß die ökologischen Spielräume für die Absorption von Schadstoffen und Abfällen erhalten bleiben.

Einer der Gründe, weswegen sich viele Theoretiker der nachhaltigen Entwicklung von dieser Interpretation angezogen fühlen, ist darin zu sehen, daß sie keinerlei *Bewertung* des zu erhaltenden Naturkapitals erfordert und damit die mit einer Bewertung verbundenen Informationsprobleme zu umgehen erlaubt.

Sieht man von diesem eher technischen Aspekt ab, erscheint die *zweite* Interpretation, die sich statt auf *materiale* auf die *funktionale* Größen bezieht, allerdings vorzugswürdig. Denn anders als die ersten Interpretation läßt sie eine *Substitution* verlorengegangener Naturbestandteile durch funktionale Äquivalente zu. Es kann ja nicht darauf ankommen, daß eine bestimmte Menge eines Naturstoffs oder jede einzelne biologische Art erhalten bleibt, sondern daß die *Funktionen* dieser Naturbestandteile erhalten bleiben, einschließlich der ökologischen, ästhetischen und kulturellen Funktionen. Unterscheiden sich zwei verschiedene Stoffmengen oder biologische Arten in *keiner* ihrer Funktionen (einschließlich ihrer kulturell definierten, etwa ästhetischen oder pädagogischen Funktionen), ist nicht ersichtlich, warum *beide* um den Preis anderweitiger Nutzungsverzichte erhalten bleiben müssen. Man könnte allerdings – im Anschluß an Pearce, Barbier und Markandya[26] – argumentieren, daß angesichts der Unkenntnis über spätere *mögliche* Funktionen biologischer Arten und anderer Naturbestandteile und angesichts der sicheren oder möglichen *Irreversibilität* des Verlusts eine *risikoaversive* Strategie angezeigt ist und man deshalb etwa die Zerstörung auch nur einer einzigen biologischen Art nicht zulassen sollte. Aber selbst wenn man dies im Prinzip zugeben muß, müßte doch zugestanden werden (was auch die Vertreter eines ansonsten rigiden *safe minimum standard* zugestehen[27]), daß zumin-

---

[26] Pearce/Barbier/Markandya 1990, 16.
[27] vgl. Bishop 1980, 210.

dest die Zerstörung einer Art immer dann zugelassen werden sollte, wenn sie andernfalls nur mit einem prohibitiv hohen Aufwand zu schützen wäre.

Auch im Verständnis der Forstwirtschaft beginnt sich eine *funktionale* Interpretation von Nachhaltigkeit durchzusetzen. Der Wald soll nicht mehr nur als Holzbestand, sondern als multifunktionales Naturgut erhalten werden.[28] Innerhalb der aktuellen Diskussion beinhaltet die Definition der Nachhaltigkeit deshalb neben einer Bestands- eine Flußkomponente. Die „dauerhafte Erhaltung der Waldfläche" als Bestandsgröße ist lediglich eine wesentliche Bedingung für die „Fortdauer des Walddienstes" als Flußgröße. Darüber hinaus rücken die diversen „immateriellen Waldleistungen" in Form von Schutzdiensten (Schutz vor Steinschlag, Lawinen und Überschwemmungen) stärker ins Blickfeld. Es geht heute um die „[...] notwendige Erhaltung und Gesunderhaltung der Biosysteme als Voraussetzung für eine nachhaltige Bewirtschaftung der Naturgüter."[29] Neben dem reinen Holzertrag entfaltet der Wald eine „Wohlfahrtswirkung" in Gestalt von positiven Auswirkungen auf das Klima, den Wasserhaushalt, die Reinerhaltung der Luft und als Lebensraum für Pflanzen und Tieren, schließlich auch als Erholungsoption für den Menschen.[30]

Sowohl in der Bestands- als auch in der funktionalen Interpretation dürfte der minimalistische Standard der Nachhaltigkeit politisch nur mit größter Mühe durchzusetzen sein. Unter ethischen Gesichtspunkten scheint er jedoch in beiden Interpretationen *allzu* minimalistisch. Das dürfte aus den folgenden Überlegungen klarwerden:

Erstens erlaubt dieser Standard, auch dann auf mögliche *Verbesserungen* der Lage der späteren Generationen zu verzichten, wenn sich relativ große Wohlfahrtsverbesserungen für spätere Generationen mit relativ geringfügigen Investitionen oder Nutzungsverzichten erreichen lassen. Das ist etwa dann der Fall, wenn damit zu rechnen ist, daß die späteren Generationen die ihr überlassenen Ressourcen sehr viel effektiver nutzen können als die gegenwärtige. So könnte es sich aus Sicht der späteren Generationen als eine grandiose Verschwendung darstellen, daß die begrenzten Vorräte an Erdöl gegenwärtig überwiegend als Treibstoff genutzt werden, statt daß das Erdöl ausschließlich als chemischen Rohstoff genutzt und die begrenzten Vorräte damit über die Folge der kommenden Generationen „gestreckt" würden.

Zweitens berücksichtigt der minimalistische Standard die absehbare – und kurzfristig nicht zu verhindernde – globale Zunahme der Bevölkerung nicht. Wenn die nächste Generation über denselben Ressourcenbestand wie die gegenwärtige verfügt, aber eine um die Hälfte größere Bevölkerung (und die darauffolgende eine zweimal so große Bevölkerung), sind bei Befolgung der minimalistischen Strategie die Angehörigen der nächsten Generationen vor Katastrophen

---

[28] vgl. Dürr 1992, S. 61, Minsch 1993, 11 f.

[29] vgl. Henning 1991, 40.

[30] vgl. ebd., 19.

keineswegs sicher. Gregory Kavka[31] hat deshalb vorgeschlagen, den *Lockean Standard* so zu formulieren, daß nicht die *Generationen*, sondern die *Angehörigen* von Generationen über jeweils dieselben Ressourcen verfügen. In dieser Interpretation fordert der Standard der Nachhaltigkeit unter den bestehenden Bedingungen sehr viel höhere Vorsorgeleistungen als in den ersten beiden Interpretationen.

Man kann dabei wiederum unterscheiden zwischen der schwächeren Interpretation 3, die eine Vorsorge lediglich für die Grundbedürfnisse der Angehörigen späterer Generationen fordert, und der stärkeren Interpretation 4, die mehr oder weniger mit dem utilitaristischen Standard zusammenfällt. Die Interpretation 3 läßt sich rekonstruieren als eine intergenerationelle Version des sogenannten *negativen Utilitarismus*[32], der eine Verpflichtung zur Befriedigung der Bedürfnisse anderer lediglich bis zur Schwelle der Vermeidung und Linderung ausgesprochener *Notlagen* fordert. Diese Interpretation dürfte dem Begriff der Nachhaltigen Entwicklung, wie sie sich im Brundtland-Bericht findet, semantisch am nächsten kommen. Die grundlegende Definition des Berichts lautet: „Dauerhafte Entwicklung ist eine Entwicklung, die die Bedürfnisse der Gegenwart befriedigt, ohne zu riskieren, daß künftige Generationen ihre eigenen Bedürfnisse nicht befriedigen dürfen.[33]"

Wie dieses Ziel politisch umgesetzt werden kann, ist noch weitgehend unklar. Den Durchbruch zu einer nachhaltigen Entwicklung soll dem Brundtland-Bericht zufolge eine Wachstumsstrategie bringen, die durch Energieeinsparung, Substitutions- und Umweltschutztechnologien dafür sorgt, daß die Entwicklungsländer einen adäquaten Lebensstandard erreichen, ohne daß die globale Umweltzerstörung zunimmt: „Diese Wachstumsraten können dauerhaft in bezug auf die Umwelt sein, wenn die Industrienationen weiterhin wie kürzlich ihr Wachstum derart verändern, daß weniger material- und energieintensiv gearbeitet wird und daß die effiziente Nutzung von Materialien und Energien verbessert wird."[34] Bei Experten wie Daly, Goodland und von Weizsäcker überwiegt jedoch vorerst die Skepsis, daß wirtschaftliches Wachstum mit einem Verzicht auf zunehmende Ressourcennutzung und Umweltbelastung verbunden werden kann.[35] Anstatt zur ökologischen Gesundung zu führen, würde eine Beibehaltung der Orientierung am Lebensstandard der Industrienationen, wie sie in zahlreichen Dritte-Welt-Staaten besteht, eher den sicheren ökologischen Untergang der Menschheit nach sich ziehen.[36]

Bisher weitgehend ungelöst ist das *Motivationsproblem*. Psychologisch spricht alles *gegen* eine Praktikabilität von Zukunftsverantwortung, vor allem die

---

[31] Kavka 1978.

[32] vgl. Griffin 1979.

[33] Hauff 1987, 46.

[34] ebd., 55.

[35] vgl. Daly 1992, 1 ff.; Goodland/Daly/Serafy/Droste 1992, 12; von Weizsäcker 1990, 3 ff.

[36] vgl. Harborth 1992, 40.

Unmöglichkeit einer *Vergeltung* ethisch motivierter Vorleistungen durch entsprechende Gegenleistungen, die *Anonymität* der Zukünftigen und die *Unsicherheiten* des prognostischen Wissens. Wie könnte die Motivation zur Zukunftsvorsorge dennoch gefördert werden? Wichtig scheint, ein Bewußtsein der eigenen *zeitlichen Position in der Kette der Generationen* zu entwickeln und ein *generationenübergreifendes Gefühl der Gemeinschaft* wenn nicht mit der ganzen Menschheit, so doch mit einer begrenzten kulturellen, nationalen oder regionalen Gruppe auszubilden, um daraus eine Einstellung der Dankbarkeit in rückwärtiger und der Anerkennung von Vorsorgeverpflichtungen in zukünftiger Richtung zu gewinnen. Bewußtseinsveränderungen reichen aber sicher nicht aus. Politisch wäre die Repräsentation der (wahrscheinlichen) Bedürfnisse und Interessen zukünftiger Generation in gegenwärtigen Entscheidungen durch die Institution eines *Ombudsman* für zukünftige Generationen auf lokaler, regionaler nationaler und internationaler Ebene ein Schritt in die richtige Richtung. Auch könnte die Institution der *Verbandsklage* über die Belange der Natur hinaus auf die Belange zukünftiger Generationen ausgedehnt und dadurch auch staatliches Handeln auf seine „Zukunftsverträglichkeit" hin überprüft werden. Zur Kontrolle und Sanktionierung der „Zukunftsvergessenheit" nationalstaatlichen Handelns wäre darüber hinaus ein Weltgerichtshof[37] die beste Option. Aber auch bereits eine Kommission, vergleichbar den Menschenrechtskommission der Vereinten Nationen, die über keine Sanktionsmacht verfügt, wäre hilfreich, indem sie Verletzungen der Interessen Zukünftiger (wie die Rodung großer Teile des tropischen Regenwalds, die Desertifikation oder die Emission von Treibhausgasen) zumindest publik machen und Vertragsverstöße anprangern könnte.

Literatur

Birnbacher, Dieter: Rawls' Theorie der Gerechtigkeit und das Problem der Gerechtigkeit zwischen den Generationen. Zeitschrift für philosophische Forschung 31 (1977), 385-401.

Birnbacher, Dieter: Verantwortung für zukünftige Generationen. Stuttgart 1988.

Bishop, Richard C.: Endangered species: an economic perspective. In: Transactions of the Forty-fifth American Wildlife Conference. Washington D. C. 1980, 208-218.

Bosselmann, Klaus: Im Namen der Natur, Der Weg zum ökologischen Rechtsstaat. München 1992.

Brown, Lester/Flavin, Christopher: Lebenszeichen: Die Gefährdungen nehmen zu. In: *Worldwatch Institute Report 1988*, 13-46.

---

[37] vgl. Brown-Weiss 1989, 121.

Brown-Weiss, Edith: In fairness to future generations: International law, common patrimony, and intergenerational equity. Tokio/Dobbsferry, N. Y. 1989.

Busch-Lüthy, Christiane/Dürr, Hans-Peter/Langer, Hanns (Hrsg.): Die Zukunft der Ökonomie: Nachhaltiges Wirtschaften, Beiträge, Berichte und Anstöße aus der Tutzinger Tagung „Ökonomie und Natur" 1990, Politische Ökologie, Sonderheft 1, September 1990.

Busch-Lüthy, Christiane/Dürr, Hans-Peter/Langer, Hanns (Hrsg.): Ökologisch nachhaltige Entwicklung von Regionen. Beiträge, Reflexionen und Nachträge, Tutzinger Tagung 1992, „Sustainable Development – aber wie?" Politische Ökologie, Sonderheft 4, September 1992.

Costanza, Robert (Hrsg.): Ecological Economics. New York 1991.

Daly, Herman E.: Vom Wirtschaften in einer leeren Welt zum Wirtschaften in einer vollen Welt. Wir haben einen historischen Wendepunkt in der Wirtschaftsentwicklung erreicht. In: *Goodland/Daly/El Serafy/Droste 1992*, 29-40.

Daly, Herman E.: Sustainable Development, Grundzüge einer nachhaltigen Wirtschaftsentwicklung. In: *Oikos 1992*, 1-4.

Daniels, Arne/Eglau, Hans Otto/Vorholz, Fritz: „Wir waren zu patriotisch", Zeit-Gespräch mit Jürgen Dormann. Die Zeit Nr. 30 vom 22.7.1994, 17.

Dürr, Hans-Peter: Ökologische Kultivierung der Ökonomie. In: *Busch-Lüthy/Dürr/Langer 1992*, 57-62.

Goodland, Robert/Daly, Hermann/El Serafy, Salah/von Droste, Bernd (Hrsg.): Nach dem Brundtland-Bericht: Umweltverträgliche Wirtschaftliche Entwicklung, Bonn 1992.

Griffin, James: Is unhappiness morally more important than happiness? Philosophical Quarterly 29 (1979), 47-55.

Hampicke, Ulrich: Neoklassik und Zeitpräferenz – der Diskontierungsnebel. In: Beckenbach, Frank (Hrsg.): Die ökologische Herausforderung für die ökonomische Theorie. Marburg 1991, 127-149.

Hampicke, Ulrich: Ökologische Ökonomie. Opladen 1992.

Harborth, Hans-Jürgen: Dauerhafte Entwicklung statt globaler Selbstzerstörung – eine Einführung in das Konzept des „sustainable development". Berlin 1991.

Harborth, Hans-Jürgen: Die Diskussion um dauerhafte Entwicklung (Sustainable Development): Basis für eine umweltorientierte Entwicklungspolitik? In: *Hein 1992*, 37-65.

Hauff, Volker (Hrsg.): Unsere gemeinsame Zukunft. Der Brundtland-Bericht der Weltkommission für Umwelt und Entwicklung. Greven 1987.

Hein, Wolfgang (Hrsg.): Umweltorientierte Entwicklungspolitik. Hamburg 1992[2].

Henning, Rolf : Nachhaltswirtschaft. Der Schlüssel für Naturerhaltung und menschliches Überleben. Quickborn 1991.

Herrera, Amilcar O./Scolnik, Hugo D. u. a.: Grenzen des Elends. Das Bariloche-Modell. So kann die Menschheit überleben. Frankfurt/M. 1977.

Kasthofer, Karl: Bemerkungen über Wälder und Auen des Bernischen Hochgebirges. Aarau 1818.

Kavka, Gregory S.: The futurity problem. In: *Partridge 1980*, 109-122.

Leontief, Wassily u. a.: Die Zukunft der Weltwirtschaft. Stuttgart 1977.

Mai, Diethard: Nachhaltigkeit und Ressourcennutzung. In: *Stockmann/Gaebe 1993*, 97-122.

Meyer-Abich, Klaus Michael: Wege zum Frieden mit der Natur. München 1986.

Minsch, Jürg: Nachhaltige Entwicklung, Idee – Kernpostulate. Ein ökologisch-ökonomisches Referenzsystem für eine Politik des ökologischen Strukturwandels in der Schweiz. IÖW-Diskussionsbeitrag Nr. 14, St. Gallen 1993.

Oikos (Hrsg.): „Sustainable Delelopment". Nachhaltiges Wirtschaften in Markt und Demokratie. Tagungsband der 5. Oikos-Konferenz vom 25.-27. 6. 1992 in St. Gallen.

Parfit, Derek: Reasons and persons, Oxford 1984.

Partridge, Ernest (Hrsg.): Responsibilities to future generations, Buffalo, N. Y. 1980.

Passmore, John: Man's responsibility for nature. Ecological problems and western traditions. London 1980[2].

Patzig, Günther: Ökologische Ethik – innerhalb der Grenzen der bloßen Vernunft. Göttingen 1983.

Pearce, David/Barbier, Edward/Markandya, Anil: Sustainable development, economics and environment in the Third World. Worcester 1990.

Rawls, John: A theory of justice. Cambridge, Mass. 1971.

Schönwiese, Christian-Dietrich/Diekmann, Bernd: Der Treibhaus-Effekt. Der Mensch ändert das Klima. Reinbek 1991

Schweizerische Vereinigung für ökologisch bewußte Unternehmensführung (Hrsg.): Jahrestagung 1990. Schritenreihe Ö.B.U./A.S.I.E.G.E. 3/1990. St. Gallen 1990.

Simonis, Udo Ernst (Hrsg.): Basiswissen Umweltpolitik, Berlin 1990[2].

Stockmann, Reinhard/Gaebe, Wolfgang: Hilft die Entwicklungshilfe langfristig? Bestandsaufnahme zur Nachhaltigkeit von Entwicklungshilfeprojekten. Opladen 1993.

Taylor, Paul W.: Respect for nature. A theory of environmental ethics. Princeton, N. J. 1986.

Vorholz, Fritz: Die Last der Hedonisten. DIE ZEIT vom 22.7.1994, 15-16.

Waldstein, Clemens Graf: Optimale Wertschöpfung im Wald. Nachhaltigkeit der Produktionsgrundlage am Beispiel der Forstwirtschaft, in: *Busch-Lüty/ Dürr/Langer 1990,* 50.

Walletschek, Hartwig/Graw, Jochen (Hrsg.): Öko-Lexikon. Stichworte und Zusammenhänge. München 1990².

Weizsäcker, Ernst Ulrich von: Entwicklung der Umweltpolitik in EG und Osteuropa- Schritte zu einer ökologischen Marktwirtschaft. In: *Schweizerische Vereinigung für ökologisch bewußte Unternehmensführung 1990,* 3-11.

Worldwatch Institute Report: Zur Lage in der Welt 1991/92. Frankfurt/M. 1991.

Hans-Peter Weikard

Liberale Eigentumstheorie und intergenerationelle Gerechtigkeit

1. Einleitung

Die Frage, ob wir Verpflichtungen gegenüber zukünftig lebenden Individuen[1] haben und welche Verpflichtungen dies sind, kann nicht unabhängig davon sein, ob und welche Verpflichtungen gegenüber den gegenwärtig Lebenden bestehen. Dies gilt in zweierlei Hinsicht: Erstens erscheint es unbefriedigend, Fragen nach dem richtigen Handeln von Fall zu Fall nach unterschiedlichen normativen Prämissen zu behandeln. Wir suchen nach einheitlichen Grundsätzen, so dass sich unser Handeln in verschiedenen Lebensbereichen zu einem kohärenten Ganzen zusammenfügt. Eine Zukunftsethik sollte also als ein Zweig einer allgemeinen ethischen Theorie entwickelt werden. Zweitens existieren auf der Ebene der Praxis konkurrierende Ansprüche, die gegeneinander abgewogen werden müssen. Wenn Verpflichtungen gegenüber zukünftigen Generationen nur auf Kosten der Gegenwärtigen eingelöst werden können, dann ist natürlich zu prüfen, welche Verpflichtungen gegenüber den Gegenwärtigen bestehen. Dieser Konflikt wird beispielsweise in der Definition von „nachhaltiger Entwicklung" der World Commission on Environment and Development (1987, 43) angesprochen. Dort heißt es: „Sustainable development is the development that meets the needs of the present without compromising the ability of future generations to meet their own needs".

Soll eine Zukunftsethik aus einer allgemeinen ethischen Theorie entwickelt werden, dann können die Überlegungen von sehr verschiedenen Ausgangspunkten ausgehen. Man kann unsere Verpflichtungen gegenüber zukünftigen Generationen aus einer utilitaristischen oder einer kantischen Perspektive entwickeln, aus der Perspektive der Diskursethik oder der *moral sense* Philosophie.[2]

*Diese Arbeit wurde von der Deutschen Forschungsgemeinschaft (DFG) finanziell unterstützt. Das Institut für angewandte Ethik e.V. hat mir die Gelegenheit gegeben, diese Gedanken im Rahmen eines Symposiums vorzustellen.

[1] Zu diesen Individuen können nicht nur Menschen, sondern auch Tiere gehören. Die folgenden Überlegungen beziehen sich aber, um die Problemlage nicht zu unübersichtlich werden zu lassen, nur auf Menschen.

[2] Am weitesten ausgearbeitet ist sicherlich die utilitaristische Zukunftsethik; vgl. z.B. Parfit (1984, Part IV) oder Birnbacher (1988).

Diese und andere denkbare Ansätze hier zu entwickeln oder vorzustellen, um sie anschließend zu vergleichen, oder auch nur, um ein einigermaßen vollständiges Bild zukunftsethischer Ansätze zu geben, würde den gegebenen Rahmen sprengen. Ich möchte daher die folgenden Überlegungen auf einen einzigen Begründungsansatz beschränken und nur die Theorie des Gesellschaftsvertrages betrachten. Auch von den verschiedenen Varianten der Vertragstheorie wird nur eine betrachtet, nämlich die auf John Locke (1690) zurückgehende Eigentumstheorie.[3] Locke geht von der Prämisse aus, dass alle Menschen gleiche Grundrechte besitzen. Weitere Rechte, insbesondere die Verfügungsrechte über Ressourcen werden in einem Gesellschaftsvertrag festgelegt. Der Vertrag muss nach der von Robert Nozick (1974) skizzierten moderenen Variante der Locke'schen Theorie drei Konfliktfelder regeln: die Erstzuteilung von Verfügungsrechten, die Frage der Tauschgerechtigkeit und den Ausgleich für vergangene Ungerechtigkeiten. Diese drei Vertragsbestandteile werden im folgenden im Kontext eines Generationenvertrages diskutiert (Abschnitte 3-5). Zuvor sind allerdings einige Vorklärungen zu den Begriffen „Vertrag", „Generation" und „Generationenvertrag" notwendig.

2. Vorklärungen

In der staatsphilosophischen Konzeption von Locke und Nozick werden Eigentums- bzw. Handlungsrechte des Einzelnen durch einen Gesellschaftsvertrag begründet. Es ist ein hypothetischer Vertrag, dem zwar niemand faktisch zugestimmt hat, dem aber jeder zustimmen könnte. Daraus, dass der Vertrag allgemein zustimmungsfähig ist, leiten sich seine wesentlichen Merkmale ab. Die Theorie des Gesellschaftsvertrages versucht, Struktur und Inhalt des Vertrages konkret zu bestimmen. Dazu muss die (hypothetische) Verhandlungssituation, aus der sich der Vertrag ergibt, genauer beschrieben werden. Es sind drei Fragen zu klären: (i) Wer sind die Verhandlungsteilnehmer? (ii) Welche Informationen stehen ihnen zur Verfügung? (iii) Was sind die Bedingungen ihrer Zustimmung?

In Bezug auf letztere Frage (iii) kann man zunächst eine Minimalbedingung der Zustimmung formulieren. Der Vertrag darf niemanden schlechter stellen als er in einer Situation ohne Vertrag, dem Naturzustand, gestellt wäre. Die Machtverteilung im Naturzustand bestimmt naturgemäß das Verhandlungsergebnis des Gesellschaftsvertrags. Durch den Vertragsschluss ergeben sich dann Kooperationsgewinne. Diese Gewinne werden unter den Vertragsteilnehmern verteilt. Da im Ausgangszustand Ungleichheiten bestehen können, kann nicht ohne weitere Voraussetzungen von einer Gleichverteilung ausgegangen werden. Auf die wichtige Frage der Verteilung wird noch zurückzukommen sein.

---

[3] An anderer Stelle habe ich drei verschiedene Varianten der Vertragstheorie betrachtet; vgl. Weikard (1998).

In Bezug auf Frage (ii) – die Frage der Information – soll hier von einer Situation mit vollständiger Information ausgegangen werden. Die Betrachtungen vereinfachen sich erheblich, wenn man annimmt, dass keine der Vertragsparteien einen Informationsvorsprung besitzt, der bei den Verhandlungen von strategischem Nutzen wäre. Kurz gesagt, das Informationsproblem wird bei den folgenden Überlegungen ausgeblendet.

Im Vordergrund der Betrachtungen steht vielmehr zunächst Frage (i): Wer sind die Verhandlungsteilnehmer? In der vertragstheoretischen Diskussion, die ja im allgemeinen nicht speziell auf eine Zukunftsethik zielt, wird ein Vertrag zwischen Zeitgenossen diskutiert. Die Verfügungsrechte werden zwischen den gleichzeitig Lebenden aufgeteilt. Im Kontext einer Zukunftsethik gilt es, die Vertragskonstruktion auszuweiten und die Mitglieder der zukünftigen Generationen miteinzubeziehen. Dies kann grundsätzlich auf zwei Weisen geschehen. Da wir ohnehin eine hypothetische Situation betrachten, könnte man den Zukünftigen – so scheint es zunächst – ohne größere Probleme Zutritt zu den Vertragsverhandlungen gewähren und prüfen, ob sie einer bestimmten Vertragsgestaltung zustimmen würden. Bei genauerer Betrachtung ergeben sich jedoch Probleme mit dieser Vorgehensweise. Wenn wir von einer unendlichen Kette aufeinander folgender Generationen ausgehen, mithin also unendlich viele Vertragsteilnehmer betrachten, wie kann dann der Ressourcenvorrat aufgeteilt werden? Aber selbst bei einer endlichen Zahl von Generationen erscheint eine Prognose der Bevölkerungsentwicklung über einen Zeitraum von mehr als 30 oder 50 Jahren recht willkürlich. Wir wissen daher nicht, wieviele Menschen bei den Vertragsverhandlungen einen Anteil an den Ressourcen der Erde fordern werden. Da es außerdem nicht nur um die Verteilung der vorhandenen Ressourcen geht, sondern auch um die Erzielung und Verteilung von Kooperationsgewinnen, ist eine zweite Sichtweise des Generationenvertrags von Bedeutung. Es ist nämlich ein Vertrag zu betrachten, der zwischen zwei aufeinander folgenden Generationen geschlossen wird, die einen Teil ihrer Lebenszeit miteinander teilen. Genauer: wir betrachten eine Kette von Verträgen von je zwei aufeinander folgenden Generationen.

Überlegungen zum Generationenvertrag beruhen auf einer spezifischen Interpretation des Begriffs der Generation. Die kontinuierlich verstreichende Zeit wird gedanklich in Perioden eingeteilt. Alle in einer Periode geborenen, werden zur selben Generation gerechnet. Diese Abstraktion erleichtert die Betrachtungen; eine Generation wird von einer festen Gruppe von Individuen gebildet. Die Länge der Periode, die eine Generation konstituiert, orientiert sich dabei pragmatisch an der betrachteten Fragestellung. Hier soll davon ausgegangen werden, dass jeweils zwei Generationen gleichzeitig leben. Die Generationen überlappen also auf die folgende einfache, in Abbildung 1 dargestellte Art. Denkbar ist aber auch eine „feinere" Struktuierung der Generationen für andere Zwecke der Betrachtung.

Abbildung 1: Überlappende Generationen:

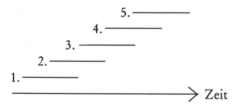

Die im folgenden zu betrachtenden bilateralen Verträge zwischen den Generationen sind nicht zu verwechseln mit einem ebenfalls als „Generationenvertrag" bezeichneten System einer umlagefinanzierten Rentenversicherung. In einem solchen System erhält die ältere Generation von ihren Kindern eine Rentenzahlung. Die Generation der Kinder erhält die Gegenleistung für ihre Zahlungen aber nicht von den Zahlungsempfängern (wie bei einem bilateralen Vertrag), sondern von ihren eigenen Kindern, die wiederum von ihren Kindern entschädigt werden, usf. Der Vertrag wird dabei zwischen allen Generationen geschlossen, nicht nur zwischen zweien, oder, wie manchmal behauptet wird, zwischen drei Genrationen. Dies ist leicht einzusehen, wenn man sich vorstellt, dass in ferner Zukunft eine Generation t den Vertrag gegenüber ihren Vorgängern nicht einhalten wollte. Die Vorgängergeneration $t-1$ würde aber keine Leistung ohne Gegenleistung erbringen wollen und daher keine Zahlungen an Generation $t-2$ leisten, woraufhin auch $t-2$ die Zahlungen verweigert usf. In einer umlagefinanzierten Rentenversicherung sind alle Generationen in einem einzigen Vertrag miteinander verkettet.

In den folgenden Abschnitten wird nun versucht, eine Theorie intergenerationeller Gerechtigkeit auf der Grundlage der Locke'schen Eigentumstheorie zu entwickeln. Unsere Handlungen sind stets an die Verwendung von Ressourcen gebunden. Essen, Trinken und die Atemluft sind essentielle Ressourcen und unser bloßes Dasein erfordert einen Platz auf der Oberfläche der Erde. Eine Eigentumstheorie regelt den Zugriff der Einzelnen auf die verfügbaren Ressourcen. Sie ist in diesem Sinne eine normative Handlungstheorie. Sie bestimmt, welche Handlungs- und Verfügungsrechte – d.h.: welche Eigentumsrechte – als gerechtfertigt gelten können.

Nozicks (1974, 151) Rekonstruktion der Locke'schen Eigentumstheorie bestimmt,

(i) dass rechtmäßiger Besitz (Eigentum) durch eine gerechte Erstaneignung begründet wird,

(ii) dass Eigentum durch einen Transfer erworben wird, wenn die übertragenen Gegenstände (oder besser: Rechte) von ihrem rechtmäßigen Besitzer über tragen werden und die Bedingungen des Transfers gerecht sind, und

(iii) dass sich jedes Eigentum aus einer Kette gerechter Transfers begründet, an deren Beginn eine gerechte Erstaneignung steht.

Ist die Kette des gerechten Transfers eines Gegenstandes einmal unterbrochen, könnte es in der Folge keinen gerechtfertigten Besitz dieses Gegenstandes mehr geben, solange die Ungerechtigkeit nicht durch eine Kompensation beseitigt wird. In den folgenden drei Abschnitten werden nun die Bedingungen für gerechte Erstaneignungen und gerechte Transfers im Kontext intergenerationeller Gerechtigkeit betrachtet. Am Schluss stehen einige kurze Überlegungen zur Kompensation von Ungerechtigkeiten.

3. Gerechter Ressourcenzugang

John Locke entwickelt seine Eigentumstheorie im *Second Treatise of Government*.[4] Locke geht von einem Naturzustand aus, in dem es kein privates Eigentum gibt. Alle Ressourcen befinden sich im gemeinsamen Eigentum aller (ST, § 25). Um das Überleben der Menschen zu gewährleisten, muss es aber eine private Aneignung der Ressourcen der Natur geben können. Der Eigentumswechsel von Gemein- in Privateigentum ist streng genommen an die Zustimmung aller gebunden. Locke weist aber auf den Aufwand hin, eine solche Zustimmung einzuholen. Die Menschen wären des Hungers gestorben, bevor die Zustimmung erreicht wäre (ST, § 28). Aus diesem Grunde erlaubt Locke grundsätzlich die private Aneignung des Gemeineigentums, allerdings nur dann, wenn (i) für andere genug von gleicher Qualität übrig bleibt (ST, § 27 und § 37) und (ii) wenn nichts verdirbt oder vernichtet wird (ST, § 31). Der Verzicht auf eine ausdrückliche Zustimmung beruht auf zwei Prämissen. Erstens geht Locke davon aus, dass die Ressourcen der Natur so reichlich vorhanden sind, dass alle davon leben können (ST, § 31). Es gibt also keine essentielle Knappheit. Die zweite Voraussetzung ist die Produktivität des Privateigentums. Ein Stück urbar gemachtes Land, so Locke (ST, § 37), bringt den zehnfachen Ertrag des brachliegenden Gemeineigentums. Dadurch wird das Problem der Knappheit weiter gemildert. Die erste Prämisse ist unter Geltung von Bedingung (i) Voraussetzung dafür, dass es überhaupt Aneignungen geben kann; denn unterstellen wir eine essentielle Knappheit, dann würde nach einer Aneignung nicht genug für andere übrigbleiben – eine Aneignung wäre mithin ausgeschlossen.[5] Die zweite Prämisse, die Produktivität einer Aneignung, wird von Bedingung (ii), der Nicht-Verschwendungs-bedingung, impliziert. Wäre eine Aneignung unproduktiv und brächte weniger Ertrag als die im Gemeineigentum belassene Ressource, dann bedeutet diese Aneignung eine Verschwendung.

Für die Betrachtung des Generationenverhältnisses bietet die Locke'sche Theorie einen beinahe idealen Ausgangspunkt, da die Aneignung von Ressourcen

---

[4] Locke (1690); im folgenden zitiert als „ST".

[5] Nozick (1974, 176) diskutiert diesen Fall. Die Anwendbarkeit der Locke'schen Theorie ist somit – ebenso wie die Rawls'sche Theorie – auf eine mit Welt moderater Knappheit beschränkt.

ohne ausdrückliche Zustimmung der anderen erfolgen kann. Damit entfällt das
zu Beginn erwähnte Problem, zu bestimmen, wieviele Mitglieder von wievielen
Generationen am Gesellschaftsvertrag beteiligt werden müssen. Allerdings muss
jede Erstaneignung von Ressourcen der Natur die beiden Locke'schen Bedingungen erfüllen. Eine Aneignung ist dann gerechtfertigt, wenn für andere genug
von gleicher Qualität übrig bleibt und wenn nichts verschwendet wird. Für das
folgende soll angenommen werden, dass die Verwendung der Ressourcen stets
produktiv ist und somit die Nicht-Verschwendungsbedingung als erfüllt gelten
kann und nicht weiter betrachtet zu werden braucht.

In einer Welt moderater Knappheit ist die erste Bedingung erfüllbar. Sie soll
im folgenden, wie in der Literatur üblich, kurz als die Locke'sche Bedingung bezeichnet werden. Um die praktischen Implikationen der Locke'schen Bedingung
zu bestimmen, muss nun näher erläutert werden, was „genug von gleicher Qualität" bedeutet. Zwei Begriffe müssen genauer betrachtet werden: „genug" und
„Qualität". Wie kann beurteilt werden, dass etwas für jemanden genug ist? Die
gegenwärtige Generation muss genug für ihre Nachfolger hinterlassen. „Genug"
könnte heißen, dass die Existenzgrundlage der Zukünftigen nicht gefährdet werden darf. Dies würde aber erlauben, dass sich eine Generation Ressourcen in einem Umfang aneignet, der ihnen selbst ein Leben im Wohlstand garantiert, während die Nachfolger gerade noch ihre Grundbedürfnisse decken können. Bezogen auf einen Grundbedarf hätten die späteren Generationen dann zwar genug,
sie hätten aber sicherlich nicht genug von gleicher Qualität. Den Zukünftigen
genug von gleicher Qualität zu überlassen, bedeutet, dass sie gleich gut gestellt
sein sollen wie diejenigen, die sich zuerst eine Ressource aneignen. Man kann die
Locke'sche Bedingung daher als ein Gleichheitspostulat interpretieren.[6] Locke
stellt fest, dass eine Aneignung, die niemandem schadet, gerechtfertigt sei (ST,
§ 33 und § 37); denn jeder könne sich durch gleichen Fleiß in eine gleich gute
Position bringen (ST, § 37). Das Gleichheitspostulat bezieht sich also auf die
Ausgangssituation. Die Aufgabe, die sich nun stellt, ist, den Qualitätsbegriff inhaltlich zu füllen. In Bezug auf was sollen die Mitglieder der einzelnen Generationen gleich gut gestellt sein? Ist die Wohlfahrt gleich zu verteilen? Oder sind
vielmehr Grundgüter zu betrachten, wie Rawls (1971) meint? Dworkin (1981)
argumentiert für eine Gleichverteilung der Ressourcen und Sen (1985) für eine
Gleichverteilung der Befähigungen, das heißt für eine Gleichverteilung dessen,
was die Individuen mit ihrer Ausstattung erreichen können.[7] Wie immer die Position, die man hier beziehen kann, im einzelnen zu charakterisieren ist, die neuere philosophische Debatte um den Gegenstand der Gleichheit hat gezeigt, dass
der Wohlfahrtsbegriff nicht ohne Modifikation als Wertbegriff einer Gerechtigkeitstheorie dienen kann. Der entscheidende Einwand besagt, dass jeder Einzelne
Verantwortung für sein Handeln übernehmen muss. Eine Gesellschaft, die jedem

---

[6] Ein ähnliches Argument findet sich bei Wolf (1995).

[7] Sen (1980) vergleicht verschiedene egalitaristische Theorien. Vgl. Roemer (1996, 237ff)
für einen Überblick über die Debatte.

ein gleiches Wohlfahrtsniveau garantiert, entbindet die Individuen von ihrer Verantwortung und sie beschneidet überdies ihre Freiheit. Freiheit und Verantwortung sind stets miteinander verkoppelt.[8]

Die Locke'sche Bedingung soll, wie ich zuvor argumentiert habe, als ein Gleichheitsgrundsatz verstanden werden. Sie beinhaltet aber nicht eine Gleichheit der Wohlfahrt über die Generationen hinweg. Wir sind nicht für die Wohlfahrt der Zukünftigen verantwortlich sondern für ihre Chancen. Wir müssen ihnen eine Welt hinterlassen, die ihnen Raum bietet, ihre eigenen Entscheidungen zu treffen. Zum Vergleich: Im Kontext der Diskussion um Zukunftsverantwortung wird ein nachhaltiges Wirtschaften gefordert. Der Begriff der Nachhaltigkeit wird dabei aber zumeist auf Wohlfahrt oder Konsummöglichkeiten bezogen.[9] Die hier vertretene Konzeption setzt sich von dieser Position ab: Intergenerationelle Gerechtigkeit bedeutet nicht gleiche Wohlfahrt, sondern gleich gute Wahlmöglichkeiten als Ausgangspunkte für die verschiedenen Generationen.

Aus diesen Betrachtungen ergibt sich eine Beschränkung unseres Zugangs zu den Ressourcen der Natur. Wir dürfen uns Ressourcen aneignen, das heißt Rohstoffe verbrauchen, Abfälle ablagern, die Landschaft oder das Klima verändern, solange wir den Zukünftigen ebenso gute Wahlmöglichkeiten einräumen, wie wir selbst sie haben. Der Begriff der Wahlmöglichkeiten betont, anders als der Wohlfahrtsbegriff, die qualitativen Aspekte der Lebensumwelt. Es kann nicht allein darum gehen, den Zukünftigen in einem bestimmten Umfang Konsummöglichkeiten zu erhalten. Vielmehr ist auch der Vielfalt von Natur und Kultur ein Wert zuzumessen. Das Ressourceneigentum einer Generation ist nie ein unbeschränktes Eigentumsrecht. Es trägt vielmehr den Charakter des *usus fructus*, eines Rechts, sich die Erträge der Natur anzueignen, solange die Ertragskraft als solche erhalten bleibt. Dabei können menschliche Kreativität und menschliche Fähigkeiten als Bestandteil der Ertragskraft der Erde angesehen werden; d.h. ein Verbrauch nicht erneuerbarer Ressourcen kann gerechtfertigt sein, wenn in entsprechendem Maße dauerhaft tragfähige Technologien entwickelt werden.

Die letzte Bemerkung dieses Abschnitts betrifft den zeitlichen Horizont unserer Verantwortung. Da wir Zahl und Größe der in ferner Zukunft lebenden Generationen nicht kennen, können wir auch unsere Verpflichtungen ihnen gegenüber nur schwer abschätzen. Wir kennen aber die nächste Generation, mit der wir Lebenszeit teilen. Ihnen allein müssen wir gleich gute Wahlmöglichkeiten hinterlassen und darüber hinaus die Möglichkeit, dass sie ihren Verpflichtungen gegenüber der dann folgenden Generation nachkommen. Die Verpflichtungen der nachfolgenden Generationen bestimmen sich genau wie die unsrigen. Dies setzt sich als eine Kette der Verantwortung durch die Generationen fort. Dadurch können wir indirekt auch unserer Verantwortung für die fernere Zukunft gerecht werden.

---

[8] Dazu ausführlicher Weikard (1999, Kap. 8.2).
[9] Vgl. z.B. die Übersicht bei Pezzey (1992).

4. Intergenerationell gerechter Transfer

Die soeben vorgestellte Theorie der Aneignung ist nur einer von drei Bestand-
teilen einer Eigentumstheorie; denn die Ressourcen verbleiben nicht dauerhaft
im Besitz des Ersteigentümers. Vielmehr können die Ressourcen und die daraus
hergestellten Produkte gegen andere Ressourcen und Produkte eingetauscht
werden. Die Institution des Tausches ermöglicht einen arbeitsteiligen Wirt-
schaftsprozess, in dem die Produktivität des Ressourceneinsatzes erhöht werden
kann. Durch einen Tausch entsteht eine neue Verteilung der Eigentumsrechte.
Um die Legitimität des Besitzes aufzuweisen, muss erstens der Tauschprozess
selbst bestimmte Bedingungen erfüllen. Zweitens müssen aber die Besitzrechte
vor dem Tausch legitimiert sein, beispielsweise durch eine gerechte Aneignung.
Niemand darf zum Tausch anbieten, was ihm nicht selbst gehört. Wer einen Gegenstand von einem unrechtmäßigen Besitzer eintauscht, erwirbt damit kein Eigentumsrecht.

Erstaneignungen unter den Locke'schen Bedingungen schaffen Eigentum
und damit auch die Möglichkeit, die Eigentumstitel an andere zu übertragen.[10]
Die wichtigste Anforderung an die gerechte Übertragung von Eigentum ist die
Freiwilligkeit. Ein erzwungener Tausch begründet keine legitimen Besitzrechte.
Weitere Bedingungen sind, dass keiner der Tauschpartner in Bezug auf die Eigenschaften der getauschten Güter getäuscht wird. Die Güter müssen die – manchmal implizit – zugesagten Eigenschaften auch tatsächlich besitzen. Im Zivilrecht
sichern Gewährleistung und Rückgaberechte diese Bedingungen. Diese Anforderungen an einen gerechten Transfer sollen den Einfluss von Macht- und Infor-
mationsasymmetrien begrenzen. Wenn jemand mit der Pistole bedroht wird und
Geld gegen Leben zu tauschen bereit ist, dann beruht der Transfer des Geldes auf
einer Machtasymmetrie und begründet daher kein Eigentumsrecht des Erpres-
sers.

Auch das Wettbewerbsrecht soll den Einfluss einzelner Anbieter oder Nachfrager begrenzen, so dass keiner der Tauschpartner einen strategischen Vorteil
erlangen kann. Das Prinzip der Vertragsfreiheit findet seine Grenze, wenn sich
beispielsweise die Anbieter eines Produkts zu einem Kartell zusammenschließen
wollten. Dies macht deutlich, dass das Prinzip der Vertragsfreiheit, grundsätzlich
nicht allein die Vertragsparteien betrifft, sondern alle Gesellschaftsmitglieder;
dies gilt zumindest dann, wenn Dritte von den Auswirkungen eines Vertragsschlusses betroffen sind, und dies gilt, insofern Verträge rechtlich durchsetzbar,
d.h. gesellschaftlich sanktioniert sein müssen. Ein Vertrag, der nicht durchgesetzt
werden kann, kann auch keine Wirkung entfalten.

---

[10] Allerdings sind nicht alle Eigentumstitel zum Austausch freigegeben. Niemand darf
sich selbst in die Sklaverei verkaufen oder seine Nieren auf dem Markt für Organe anbieten;
vgl. dazu Munzer (1994).

Diese allgemeinen Überlegungen sind auf den Fall intergenerationellen Tausches anwendbar. Nach dem Prinzip gerechter Aneignung kann sich die erste Generation einen Teil der Ressourcen für ihre eigenen Zwecke aneignen. Gleichzeitig ist die Aneignung begrenzt, so dass es zumindest nicht durch die Ressourcenausstattung zu einem Machtungleichgewicht zwischen den Generationen kommt. Allerdings können wir annehmen, dass die erste Generation der zweiten zunächst durch Lernen und Erfahrung überlegen ist. Sie haben über die Zeit hinweg ihre Fähigkeiten und ihren Kapitalbestand vermehrt. Die dadurch entstandenen Unterschiede der Ausstattung können aber von den Älteren nicht ausgenutzt werden, wenn der Tausch auf Wettbewerbsmärkten stattfindet. In diesem Fall spiegeln die Preise (d.h. die Tauschquoten) die tatsächliche Knappheit der Güter wider. Solange für Wettbewerb gesorgt ist, kann keine Generation eine Ungleichheit auf Kosten der anderen ausnutzen. Nur wenn sich beispielsweise die ältere Generationen zusammenschließt und ein Kartell bilden würde, könnte ihre Marktmacht das Ergebniss des Tauschs zu ihren Gunsten und auf Kosten der nachfolgenden Generation beeinflussen.[11]

Der Austausch zwischen den Generationen ermöglicht spezifische Formen der Arbeitsteilung, die innerhalb einer Generation nicht möglich sind. Daraus ergibt sich ein Kooperationsgewinn, der an die Beteiligten verteilt werden kann. Zwei Fälle sollen hier exemplarisch betrachtet werden. Wenn im Alter die Arbeitsfähigkeit eingeschränkt ist oder Pflegebedürftigkeit besteht, können die Jüngeren Produktionsarbeit und Pflege im Tausch für das von den Älteren angesparte Kapital übernehmen. Diesem Muster des Austauschs folgt etwa die Hofübergabe in der Landwirtschaft oder eine Rentenversicherung nach dem Kapitaldeckungsverfahren. Am Beispiel der Hofübergabe kann der Austausch noch genauer erläutert werden. Das von der älteren Generation angesparte Kapital in Form von Maschinen, Vieh oder urbar gemachten Feldern wird wertlos wenn es wegen Alter und Krankheit nicht mehr bewirtschaftet werden kann. Einen Wert erhält es in Verbindung mit der eingesetzten Arbeit. Durch die Kooperation der Kapitaleigner (die Älteren) mit den Arbeitern (die Jüngeren) entsteht ein Kooperationsgewinn; denn das Kapital bleibt ohne Arbeit und die Arbeit bleibt ohne das Kapital unproduktiv. Der Kooperationsgewinn kann zwischen den Vertragsparteien verteilt werden. Wie er aufgeteilt wird, ergibt sich aus der relativen Knappheit von Arbeit und Kapital. Ist z.B. die Ersparnis und damit die Kapitalbidung der älteren Generation gering gewesen und ist die jüngere Generation zahlenmäßig groß, dann können die Älteren je Kapitaleinheit einen höheren Preis erzielen; sie erhalten einen größeren Anteil der Gesamtproduktion. Allerdings mildert die Aussicht auf eine gute Rendite die Knappheit des weiterzugebenden Kapitals.

---

[11] In der Praxis geschieht dies in manchen Berufsverbänden. So müssen beispielsweise junge Mediziner zunächst als „Arzt im Praktikum" arbeiten, bevor sie sich mit eigener Praxis niederlassen dürfen. Auf diese Weise schützen die Älteren ihren Markt vor der Konkurrenz der nachfolgenden Generation.

Ein intergenerationeller Kooperationsgewinn kann sich aber auch dann ergeben, wenn es Investitionen mit nur langfristig erzielbaren Gewinnen gibt. Die Entwicklung bestimmter neuer Technologien kann langfristig produktiv sein, auch wenn in einem kürzeren Zeitraum die Kosten zunächst nicht gedeckt werden. Gäbe es keinen Austausch zwischen den Generationen, würden all die Investitionen unterbleiben, die erst in langer Frist ihre produktive Wirkung entfalten. Beispiele wären hier das Pflanzen eines Waldes oder die Grundlagenforschung. Ein Wald, dessen Bäume noch zu jung sind, um Verwendung finden zu können, ist nicht wertlos. Durch Weitergabe an die nächste Generation können die Erträge von diesen oder vielleicht von der darauf folgenden Generation realisiert werden.

Bei dieser Erörterung intergenerationell gerechten Tausches darf nun allerdings nicht der Eindruck entstehen, dass die neu hinzutretende Generation alle Ressourcen von ihren Vorgängern erwerben muss. Die Ausgangssituation der späteren Generation muss gemäß der Locke'schen Bedingung in Bezug auf ihre Wahlmöglichkeiten ebenso gut sein wie die Ausgangssituation der vorangegangenen Generation. Gleich gute Wahlmöglichkeiten können allerdings nicht nur durch Ressourcennutzungsrechte im engeren Sinne gewährleistet werden. Auch die Bereitstellung von Arbeitsplätzen mit entsprechender Entlohnung gehört zu den Chancen der Zukünftigen. Sie erhalten dabei ihren Anteil aus den Erträgen des technischen Fortschritts. Statt noch urbar zu machendes Land für die Zukünftigen aufzusparen, kann auch ein Arbeitsplatz in der Landwirtschaft bereitgestellt werden, um die Locke'sche Bedingung zu erfüllen. Das, was man gemeinhin das Erbe nennt, das die nächste Generation übernimmt, ist zum geringeren Teil eine Schenkung. Der größere Teil sind die ihnen zustehenden Nutzungsrechte im Sinne eines *usus fructus*, die sie ihrerseits am Ende ihres Lebens weitergeben müssen.

5. Kompensation für vergangene Ungerechtigkeiten

Im Verlauf der Geschichte mag es Aneignungen und Transfers geben, die nicht gerechtfertigt sind. Der sich durch weiteren Tausch ergebende Besitz kann dann wiederum kein rechtmäßiger Besitz sein, auch wenn der Tausch selbst gerecht ist. Eine Eigentumstheorie ist daher unvollständig, solange nicht bestimmt ist, wie aus einem ungerechten Transfer oder einer ungerechten Aneignung wieder legitimierte Verfügungsrechte hergestellt werden können. In manchen Fällen läßt sich die Ungerechtigkeit vielleicht durch einen Rücktransfer wiedergutmachen. In vielen Fällen sind die Ungerechtigkeiten als solche jedoch nicht einfach aufhebbar; vielmehr besteht nur die Möglichkeit einer nachträglichen Berichtigung der Eigentumsverteilung durch eine Kompensation der Geschädigten durch die Begünstigten. Kompensationsansprüche werden zumeist als Frage des intragenerationellen Ausgleichs diskutiert. Im Mittelpunkt der Diskussion stehen Entschädigungsforderungen beispielsweise der amerikanischen oder australischen Ureinwohner.[12] Ein intergenerationeller Bezug besteht hier nur insofern die Ungerechtigkeiten lange zurück liegen. Die ungerechten Aneignungen – beispielsweise der europäischen Einwanderer auf Kosten der amerikanischen Ureinwohner – betreffen aber zunächst Angehörige der selben Generation.

Im hier zu betrachtenden Fall wollen wir aber davon ausgehen, dass nicht eine einzelne Person, sondern eine ganze Generation t sich mehr von den Ressourcen angeeignet hat als ihr gemäß der Locke'schen Bedingung zustand. Diese Aneignung erfolgt entweder direkt auf Kosten der folgenden Generation $t+1$ oder beschneidet deren Möglichkeit, ihren Verpflichtungen nachzukommen. Ist Generation $t+1$ direkt betroffen kann sie eine Kompensation von ihren Vorgängern verlangen; denn sie teilt ja mit dieser Generation einen Teil ihrer Lebenszeit. Wie kann aber eine spätere Generation, sagen wir $t+3$, die durch das Verhalten der Generation t geschädigt wird, eine Kompensation erreichen? Die Generationen t und $t+3$ haben keine gemeinsame Lebenszeit. Auf den ersten Blick scheint es als könne Generation t ungestraft die Kosten ihres Wirtschaftens in die fernere Zukunft verlagern. Dennoch gibt es einen Mechanismus, mit dem die Forderungen der Zukunftsverantwortung durchgesetzt werden können. Generation $t+3$ kann sich an ihre Vorgänger $t+2$ halten und ihnen gegenüber eine Kompensationsforderung vertreten. Da nun $t+2$ voraussieht, dass sie mit dieser Forderung konfrontiert werden wird, wird sie von Generation $t+1$ eine entsprechende Kompensation verlangen, die Generation $t+1$ schließlich bei Generation t durchsetzen muss. So muss jede Generation außer für ihre eigenen Ansprüche zugleich als Anwalt für die Sache der nachfolgenden Generation eintreten.

Literatur

Birnbacher, Dieter: Verantwortung für zukünftige Generationen. Stuttgart 1988.

Cowen, Tyler: Discounting and Restitution. Philosophy and Public Affairs 26, 1997, 168-185.

Dworkin, Ronald: What is Equality? Part 1: Equality of Welfare; Part 2: Equality of Resources. Philosophy and Public Affairs 10 (1981), 185-246; 283-345.

Locke, John: Two Treatises of Government. Edited by Peter Laslett, 1690. 2nd ed. Cambridge 1967.

Munzer, Stephen R.: The Uneasy Case Against Property Rights in Body Parts. Social Philosophy and Policy 11(2), (1990), 259-286.

Nozick, Robert (1974) Anarchy, State, and Utopia. Reprint Oxford 1980.

Parfit, Derek: Reasons and Persons. Reprint with Corrections. Oxford 1984.

[12] Vgl. z.B. Sher (1992), Tully (1994) und Cowen (1997).

Pezzey, John: Sustainable Development Concepts: An Economic Analysis. World Bank Environment Paper No. 2. Washington, D.C. 1992.

Rawls, John: A Theory of Justice. Cambridge, Mass. 1971.

Roemer, John E.: Theories of Distributive Justice. Cambridge, Mass. 1996.

Sen, Amartya: Equality of What? In: McMurrin, Sterling M. The Tanner Lecture on Human Values I. Cambridge 1980, 195-220.

Sen, Amartya: Commodities and Capabilities. Amsterdam 1985.

Sher, George: Ancient Wrongs and Modern Rights. In: Laslett, Peter/Fishkin, James (Hrsg.): Philosophy, Politics and Society: Series VI, Future Generations. New Haven 1992, 48-61.

Tully, James: Aboriginal Property and Western Theory: Recovering a Middle Ground. Social Philosophy and Policy 11(2), (1994), 153-180.

Weikard, Hans-Peter: Wie können Verpflichtungen gegenüber zukünftigen Generationen vertragstheoretisch begründet werden? In: Gaertner, Wulf (Hrsg.): Wirtschaftsethische Perspektiven IV. Berlin 1998. 195-211.

Weikard, Hans-Peter: Wahlfreiheit für zukünftige Generationen. Neue Grundlagen für eine Ressourcenökonomik. Marburg 1999.

Wolf, Clark: Contemporary Property Rights, Lockean Provisos, and the Interests of Future Generations. Ethics 105 (1995) 791-818.

World Commission on Environment and Development: Our Common Future – the ‚Brundtland Report'. Oxford 1987.

Thomas Petersen/Malte Faber

Der Wille zur Nachhaltigkeit.
Ist, wo ein Wille ist, auch ein Weg?[1]

Darum sorgt nicht für morgen, denn der morgige Tag wird für das Seine sorgen.
Es ist genug, daß jeder Tag seine eigene Plage hat.

Mt. 6, 34

Gegenwärtig herrscht ein weitgehender Konsens, dass eine nachhaltige Entwicklung das Ziel jeder Politik, insbesondere der Umweltpolitik, moderner Staaten sein müsse. „Nachhaltigkeit" und „nachhaltige Entwicklung" sind Begriffe, die durch den Bericht der „Brundtland-Kommission" in die umweltpolitische Diskussion eingeführt wurden. Deren Definition von „nachhaltiger Entwicklung" ist gegenwärtig „weitgehend akzeptiert" (Kirchgässner 1997: 5); sie bezeichnet die Entwicklung einer Volkswirtschaft als nachhaltig, wenn sie „die Bedürfnisse der gegenwärtigen Generation befriedigt, ohne die Möglichkeit zukünftiger Generationen zu beeinträchtigen, ihre eigenen Bedürfnisse zu befriedigen" (Brundtland-Kommission 1987, zit. nach Kirchgässner 1997: 5). In dieser Definition ist die Erhaltung der natürlichen Lebensgrundlagen als eine zentrale Aufgabe der Umweltpolitik angesprochen. Doch geht der Sinn von „Nachhaltigkeit" über diese umweltpolitische Dimension offenbar hinaus. Nachhaltigkeit bedeutet auch soziale und politische Stabilität und berührt damit Fragen der Gerechtigkeit – nicht nur die intergenerationelle Gerechtigkeit zwischen den heute und den zukünftig Lebenden, sondern auch die intragenerationelle Gerechtigkeit zwischen reichen und armen Staaten heute sowie zwischen den unterschiedlichen sozialen Schichten oder Klassen innerhalb einzelner Gesellschaften.[2] Wir werden uns in diesem Aufsatz auf die umweltpolitische Seite der Nachhaltigkeit konzentrieren.

Herrscht also auf der einen Seite ein Konsens über das Erfordernis, eine nachhaltige Umweltpolitik zu betreiben, so gibt es andererseits zugleich eine breite Übereinstimmung in der öffentlichen Meinung darüber, dass die Politik dieses Ziel keineswegs erreicht hat, dass also die Entwicklung der Wirtschaft – national wie international – nicht nachhaltig ist. Und überhaupt keine Einigkeit

[1] Dieser Artikel entstand im Rahmen eines von der Volkswagen-Stiftung geförderten Forschungsprojekts zu den „Bedingungen erfolgreicher Umweltpolitik". Wir danken Christian Becker, Bernd Klauer und Reiner Manstetten für kritische und konstruktive Hinweise.
[2] Einen guten Überblick über die Literatur zur Nachhaltigkeit gibt Klauer (1998).

besteht darüber, mit welchen Schritten denn Nachhaltigkeit zu erreichen ist. So scheint der Konsens über die Erforderlichkeit einer nachhaltigen Entwicklung ein oberflächlicher Konsens zu sein. Deshalb ist der Streit um die Nachhaltigkeit für die Autoren der Studie „Nachhaltiges Deutschland" des Umweltbundesamtes „Ausdruck der Tatsache, daß mit dem Begriff der nachhaltigen Entwicklung vor allem die Zustimmungsfähigkeit optimiert worden ist, und daß dabei die ‚unter den Teppich gekehrten' Konflikte bei jedem Ansatz zu einer Operationalisierung wieder hervorbrechen" (UBA 1997: 29).

In diesem Aufsatz wollen wir uns mit der Frage beschäftigen, ob und wie wir Nachhaltigkeit erreichen können. Man steht hier offenbar vor der folgenden Alternative: Kann eine nachhaltige Entwicklung moderner Gesellschaften allein durch neue Instrumente und effiziente Maßnahmen der Umweltpolitik und Innovationen der Wirtschaft realisiert werden, wie dies die Studie „Faktor vier" von Lovins und Weizsäcker suggeriert? Oder verlangt diese nachhaltige Entwicklung einen Wandel des Lebensstils mit deutlichem Konsumverzicht – diese These vertreten einige Umweltverbände und die Studie „Zukunftsfähiges Deutschland", die BUND und MISEREOR in Auftrag gegeben haben?

Wir wollen hier jedoch nicht diese Alternative diskutieren und es zunächst einmal dahingestellt sein lassen, was Nachhaltigkeit im einzelnen erfordert. Wir setzen lediglich voraus, dass eine nachhaltige Entwicklung eine Änderung unserer Handlungs- und Verhaltensweise und dabei auch Verzichte erfordert. Was ist aber nun ein Wille zur Nachhaltigkeit? Es ist dies offenbar ein Wille, der eine Verantwortung für die künftige Existenz des Menschengeschlechts akzeptiert und daraus Pflichten für sich selbst herleitet. Diese Pflichten sind zunächst ethischer Natur, und der Wille zur Nachhaltigkeit ein Problem der Ethik. Im ersten Teil unseres Aufsatzes (Abschnitte I bis III) werden wir uns mit der Frage beschäftigen, wie ein solcher Wille gedacht werden kann. Der zweite Teil (Abschnitte IV bis VII) handelt von den Bedingungen nachhaltigen Handelns sowie davon, was die Wissenschaft zur Erkenntnis dieser Bedingungen beitragen kann. Schließlich wollen wir in diesem Teil zeigen, wie ein solcher Wille wirksam werden kann und welche Chancen er hat.

Teil 1: Der Wille

I. Gegenwärtige Ethik der Nachhaltigkeit

Wir haben oben darauf hingewiesen, dass nach einer weitverbreiteten Auffassung die Forderung der nachhaltigen Entwicklung als eine Forderung zum Verzicht zu verstehen ist. Diese Auffassung hat ihren Grund darin, wie wir unser eigenes Leben zu verstehen geneigt sind. Die Neuzeit und die Moderne sehen den Menschen als ein Bedürfniswesen, dem es vor allem um die Befriedigung seiner jeweiligen Bedürfnisse geht. Das Glück des Menschen, nach dem er aus seiner Natur heraus strebt, wird daher in der größtmöglichen oder optimalen Befriedigung der jeweiligen Bedürfnisse des Menschen gesehen. Der Mensch gilt als ein Wesen, das zuerst immer nur für sich selbst sorgt und nie genug an Mitteln zur Bedürfnisbefriedigung haben kann. Zwar ist jedes augenblickliche elementare Bedürfnis, wie Essen, Trinken, Schlafen etc. durch einen begrenzten Umfang von Mitteln zu befriedigen. Sobald jedoch der Gedanke an die zukünftige Versorgung ins Spiel kommt, kann es an Mitteln zur Befriedigung elementarer und nichtelementarer Bedürfnisse nicht genug geben; mehr ist hier immer auch besser. Diese Sicht des Menschen hat zum ersten Mal Thomas Hobbes (1976: 75 ff.) in seiner politischen Anthropologie entwickelt.

Diese neuzeitliche Anthropologie hat ihren Niederschlag in einem wissenschaftlichen Modell gefunden, das die neoklassische Wirtschaftswissenschaft entwickelt hat: dem Modell des Menschen als eines *homo oeconomicus* (vgl. allgemein dazu Kirchgässner 1991). Der homo oeconomicus ist ein rationaler Egoist (vgl. Birnbacher 1988: 35-48), der seinen eigenen Nutzen maximiert. Insofern der homo oeconomicus ein formales Modell ist, hat er keine Bedürfnisse, sondern Präferenzen bzw. eine Präferenzordnung. Seinen Nutzen maximiert der *homo oeconomicus*, indem er stets diejenige der ihm zur Verfügung stehenden Wahlmöglichkeiten realisiert, die er allen anderen Alternativen vorzieht.

Der homo oeconomicus ist ein sehr erfolgreiches wissenschaftliches Modell. Er hat nicht nur in der Wirtschaftswissenschaft eine dominante Stellung, sondern er hat ebenso in anderen Sozial- und Verhaltenswissenschaften wie Psychologie, Soziologie, Politikwissenschaft Eingang gefunden.[3] Der Erfolg dieses Konzeptes hat seinen Grund nicht nur in methodischen und formalen Vorzügen. Seine Attraktivität beruht vor allem darauf, dass er eine heute besonders einleuchtende Sicht des Menschen auf einen wissenschaftlichen Begriff bringt (vgl. dazu Manstetten 1999).

Das Konzept des homo oeconomicus ist nun geeignet zu zeigen, warum Nachhaltigkeit vor allem Verzichtsforderungen zu stellen scheint und warum eine nachhaltige Entwicklung so schwer zu erreichen ist. Eine in den fünfziger Jahren gegründete Teildisziplin der Wirtschaftswissenschaften, die Neue Politische Ökonomie (Public Choice), legt das Modell des *homo oeconomicus* der Analyse politischer Prozesse zugrunde. Ihr zufolge hat politisches oder kollektives Handeln seinen Grund darin, dass den Einzelnen aus ihm Vorteile erwachsen und diese Nutzengewinne machen. Anstrengungen im Umweltschutz und eine nachhaltige Entwicklung verursachen dem homo oeconomicus Kosten. Kollektives Handeln wird Umweltschutz und Nachhaltigkeit nur insofern verfolgen, als der daraus resultierende Nutzen die Kosten übersteigt. Daraus folgt, dass Umweltschutz nur insoweit betrieben wird, als die gegenwärtig Handelnden und Betroffenen davon profitieren. Den möglichen Nutzen einer nachhaltigen Entwicklung dagegen ziehen aber vor allem Generationen, die heute noch gar nicht

---

[3] Eine kritische Würdigung der Rolle des *homo oeconomicus* in den politischen Wissenschaften geben Green und Shapiro (1999).

existieren. Politische Durchsetzungschancen hat die Forderung nach Nachhaltigkeit nur dann, wenn die Einzelnen altruistische Präferenzen haben, die aber dem homo oeconomicus allenfalls zufälligerweise zukommen.[4]

Die Forderung einer nachhaltigen Entwicklung läuft der Nutzenmaximierung des homo oeconomicus entgegen. Anders gesagt, diese Forderung widerstrebt dem, was die Moderne als die Suche nach dem Glück des Menschen versteht.

Die Forderung nach Nachhaltigkeit verlangt, dass der Mensch sein Handeln und Verhalten, zu dem er nach der Sicht der Moderne durch seine Natur neigt, korrigiert. Er muss Handeln und Verhalten an einer Norm ausrichten, die ihm Beschränkungen auferlegt. Nachhaltigkeit begründet für den Menschen Pflichten. Diese Pflichten sind zunächst einmal ethische Anforderungen. Nachhaltigkeit ist demnach ein moralisches Prinzip und begründet eine spezifische Ethik. Zwei herausragende und in ihrer Weise jeweils typische Entwürfe einer Nachhaltigkeitsethik stammen von Hans Jonas („Das Prinzip Verantwortung", 1979) und von Dieter Birnbacher, der die Forderung der Nachhaltigkeit in seinem Buch „Verantwortung für zukünftige Generationen" (1988) zum Thema macht. In diesen Entwürfen kommt zwar der Begriff „Nachhaltigkeit" nicht vor, jedoch die Sache, die damit gemeint ist: Nachhaltigkeit anzustreben bedeutet nämlich Verantwortung für zukünftige Generationen oder für die Erhaltung der Menschengattung zu übernehmen.

In der modernen Ethikdiskussion unterscheidet man deontologische und teleologische Theorien.[5] Während deontologische Ethikkonzeptionen versuchen, eine Pflicht zu ganz bestimmten Handlungen unmittelbar zu begründen, gehen teleologische Ethikkonzeptionen von einem erwünschten oder geforderten Handlungsresultat aus und machen diejenigen ethischen Handlungen zur Pflicht, die geeignet sind, dieses Resultat herbeizuführen. Jonas vertritt eine deontologische Theorie. Er gründet seine „Ethik für die technologische Zivilisation", wie der Untertitel seines Buches lautet, auf einen kategorischen Imperativ, alle Handlungen zu unterlassen, die geeignet sind, die Existenz der Menschengattung zu gefährden. Eine teleologische Ethik der Nachhaltigkeit entwirft dagegen Birnbacher. Seine Überlegungen basieren auf der ethischen Theorie des Utilitarismus. Der Utilitarismus macht es zur Pflicht, das größtmögliche Glück der größtmöglichen Zahl zu befördern, und Birnbacher erweitert diesen utilitaristischen Ansatz zu einem „raumzeitlichen Universalismus" (1988: 58). Birnbacher vertritt einen „intergenerationellen Nutzensummenutilitarismus" (1988: 101). Ziel des ethischen Handelns ist es danach, die Summe des Nutzens der jetzigen und aller künftigen Generationen zu maximieren.

Die Schwierigkeit beider ethischen Konzepte ist indessen folgende: Jonas und Birnbacher stellen Forderungen auf, sie formulieren also ein Sollen. Die

---

[4] Vgl. Söllner (1998: 420): „Insofar long-term sustainability and the preservation of nature for future generations are involved, unselfish preferences are necessary".

[5] Zu dieser Unterscheidung vgl. z. B. Wieland (1999: 74 f.).

Menschen sollen etwas ganz Bestimmtes tun oder unterlassen, um ihrer Verantwortung gegenüber der Menschengattung oder gegenüber künftigen Generationen gerecht zu werden. Beide sagen jedoch nicht, wie dieses Sollen zu einem
Wollen wird, wobei Jonas (1979: 163) dieses Problem deutlicher zu sehen scheint
als Birnbacher. Die Frage ist nämlich, warum sollten Menschen, die ihrer Natur
gemäß ihr eigenes Glück verfolgen, ethischen Normen gehorchen, die dem Streben nach Glück Schranken setzen?

Hierin tritt ein Problem hervor, das Wieland (1999: 96) als Charakteristikum einer jeden „Verantwortungsethik" aufzeigt. Derartige Ethiken sind eine
„Ethik der zweiten Linie" (ibid.), sie setzen die Legitimität eines bestimmten an-
zustrebenden Ziels voraus und begründen sie nicht. Die Frage „Warum sollten
Menschen sich zugunsten des Ziels der Nachhaltigkeit Einschränkungen unterwerfen?" hat insofern einen Doppelsinn. Sie fragt einmal nach dem vernünftig
einsehbaren Grund dieses Verlangens, nach seiner Legitimität, zweitens aber nach
dem Motiv, das Menschen haben könnten, dieses Verlangen zu erfüllen. Verant-
wortungsethiken geben keinen Grund an, der ihren Geboten unbedingte Gültigkeit verleiht, sie entziehen sich also dem, was Wieland (1999: 85) die „Pflicht zur
Letztbegründung" nennt. Die Suche nach einer Letztbegründung der Ethik will
das Wesensmerkmal ethischer Normen, unbedingte Geltung zu beanspruchen,
denkbar machen. Denn unbedingte Geltung kann nur dem zukommen, was in
sich selbst und nicht in einem anderen begründet, von ihm als einer Bedingung
abhängig ist. Wir stimmen daher Wieland in sofern zu, als auch wir eine Pflicht
zur *Suche* nach einer Letztbegründung in der philosophischen Ethik sehen. Wenn
es im philosophischen Bedenken um ein „Retten der Phänomene" (σωζειν
τα φαινομενα) geht, dann kann ethische Pflicht nur aus einer Letztbegründung
heraus gedacht werden.

Eine Letztbegründung der Ethik wird heute in der Regel in der Vernunft gesucht; Kant hatte dies schon getan. Will man auf eine Letztbegründung verzichten, dann bleibt als Grund der Ethik in der Regel nur noch ein außerethisches,
kontingentes Motiv.[6] Im Rahmen der Anthropologie des *homo oeconomicus* gibt
es indes für eine Nachhaltigkeitsethik nicht nur keinen unbedingten *Grund* son-

---

[6] Der Verzicht auf eine Letztbegründung ist keineswegs eine Eigenheit des Utilitarismus
oder der Verantwortungsethik. So stimmen die in jüngster Zeit vorgelegten und ansonsten
ganz gegensätzlichen ethischen Entwürfe von Alasdair MacIntyre (1984) und Ernst Tugendhat
(1993) darin überein, dass sie Ethik von einer kontingenten Bedingung abhängig machen.
Während Tugendhat eine modifizierte Version des Kontraktualismus entwickelt, lehnt sich die
Ethik MacIntyres an Aristoteles und dessen Verständnis von Tugend an. Grund und Motiv
ethischen Handelns sieht Tugendhat in dem elementaren Wunsch des Menschen, zu einer
Gemeinschaft mit anderen Menschen „dazuzugehören". Für MacIntyre dagegen hat die Ethik
ihren Grund darin, dass Menschen in Praxiszusammenhänge (practises) involviert sind, die
ohne beständige Verhaltensweisen (Tugenden) ihrer Mitglieder nicht bestehen können. Beide
aber haben Menschen nichts zu sagen, die nicht „dazugehören" oder sich nicht an einer Praxis
beteiligen wollen. Für diese nämlich gelten nach Tugendhat und MacIntyre keine ethischen
Normen in ihrem Sinne.

dern auch kein *Motiv*. Das bedeutet: i) Betrachtet man den Menschen als *homo oeconomicus*, dann lässt sich an ihn die Forderung, eine nachhaltige Entwicklung anzustreben, vernünftigerweise gar nicht stellen. Wir können ihm keinen *Grund* geben, aus dem er der Ethik der Nachhaltigkeit folgen sollte. Ebenso wenig hat der *homo oeconomicus* überhaupt ein *Motiv*, das ihn dazu veranlassen könnte, tatsächlich nachhaltig zu handeln. Lässt sich nun ein Grund denken, der die Nachhaltigkeitsethik legitimiert und zugleich ein Motiv darstellt, nach deren Geboten zu handeln?

Ein legitimierender Grund der ethischen Verpflichtung muss nicht unbedingt auch schon ein Motiv sein. Das zeigt die praktische Philosophie Kants in besonderer Schärfe. Kant hatte die ethische und moralische Pflicht, welche durch die Vernunft begründet wird, der Neigung entgegengesetzt, der der Mensch folgt, wenn er sein Glück erreichen will. Die Frage nach der „Triebfeder" des ethischen Handelns ist bei Kant ein letztlich ungelöstes Problem geblieben. Das Motiv ethischen Handelns sah Kants „Kritik der praktischen Vernunft" (1960.IV: 196) in der „Achtung vor dem Sittengesetz". Begründet werden kann dieses Motiv aus der Tatsache, dass der Mensch ein Vernunftwesen ist. Vernunft strebt danach, in Denken und Handeln mit sich selbst übereinzustimmen, und Kant versucht zu zeigen, dass ein Verstoß gegen ethische und moralische Normen den Menschen in einen Selbstwiderspruch treibt, also seinem Vernunftstreben nach Übereinstimmung mit sich selbst widerstreitet.

Auf eine mit sich selbst übereinstimmende Vernunft wollen indessen Jonas und Birnbacher nicht mehr zurückgreifen. Das bedeutet aber, dass sich die Frage nach dem Motiv zur Befolgung ethischer Normen, zu einem ethischen Wollen also, noch schärfer stellt als bei Kant. Will man insbesondere eine Antwort auf die Frage finden, wie Menschen Nachhaltigkeit wollen können, muss man nach Alternativen zu jenem Verständnis des Menschen suchen, das wir anfangs als jenes der Neuzeit und der Moderne dargestellt haben.

II. Alternative Überlegungen

Wir wollen zunächst das Dilemma der im vorigen Abschnitt dargestellten Ethik der Nachhaltigkeit noch einmal schärfer fassen. Es gibt in dieser Ethik einen Gegensatz zwischen der Natur des Menschen, der gemäß er nur auf die Befriedigung der eigenen Wünsche und Bedürfnisse aus ist, und einer Instanz – bei Kant ist dies die Vernunft –, die an den Menschen ethische Forderungen stellt. Von diesen Forderungen ist zunächst nicht zu sehen, warum der Mensch sie erfüllen soll. Ja, man kann sogar, wie es einige Vertreter der Ökonomik und eines radikalen Utilitarismus getan haben und tun, die Frage stellen, ob derartige Forderungen überhaupt sinnvoll sind, wenn sie sich nicht zuletzt auf ein eng begrenztes Eigeninteresse zurückführen lassen. So zeigt sich, dass man nicht nur nicht erwarten kann, dass Forderungen einer Nachhaltigkeitsethik faktisch erfüllt werden – man kann ein wirksames Motiv dafür nicht erkennen; darüber hinaus stellt sich auch die Frage, wie sich solche Forderungen überhaupt vernünftig begründen lassen. Verlangt man, die Menschheit müsse als Ganze erhalten bleiben, so provoziert man die bereits von Kant gestellte Gegenfrage: Wozu müssen Menschen überhaupt existieren? (Kant 1960.V: 491, 559)

Wir selbst haben Überlegungen, die einen Ausweg aus dem dargestellten Dilemma der Ethik weisen können, im Bereich der Politik entwickelt. Die Politik ist die Sphäre, in der die Menschen das Zusammenleben untereinander regeln und gestalten. Wir haben nun in Auseinandersetzung mit dem eingangs dargestellten Konzept des homo oeconomicus dargelegt, dass die Politik als Etablierung und Erhaltung einer stabilen rechtlichen Ordnung unter Menschen nicht auf das Handeln und die Interessen des homo oeconomicus zurückgeführt werden kann (Faber, Manstetten, Petersen 1997). Gerade führende Vertreter der Politischen Ökonomie, die den Versuch machen die Politik umfassend mit dem homo oeconomicus zu erklären (Buchanan 1975)[7], zeigen wider Willen, dass die Politik in Wirklichkeit auf ein Interesse angewiesen ist, das das Eigeninteresse des homo oeconomicus übersteigt. Dieses Interesse wird etwa von Buchanan als das Interesse ebenso an der eigenen Freiheit wie an der Freiheit der anderen bestimmt. Wir haben dieses Interesse als Interesse an politischer Gerechtigkeit gefasst, und den Menschen, insofern er dieses Interesse hat und aktiv verfolgt, den homo politicus genannt. In empirischen Untersuchungen haben wir das Konzept des homo politicus fruchtbar machen können.[8] Politikbereiche wie etwa die Umweltpolitik sind entscheidend auch davon bestimmt, dass Menschen darin nicht einfach ihre Eigeninteressen verfolgen, sondern politisch handeln wollen und darin nach gerechten Lösungen politischer Probleme suchen.

Mit dem Begriff homo politicus wollen wir nicht eine bestimmte Gruppe von Menschen vor anderen auszeichnen, die wir als eigennützige Vertreter des homo oeconomicus zu betrachten hätten. Wir sehen vielmehr den homo oeconomicus wie den homo politicus, d. h. das Verfolgen des eigenen Vorteils und das Streben nach Gerechtigkeit in öffentlichem und politischem Handeln, als Seiten oder Dimensionen des Menschseins an, an denen jeder Mensch in jeweils unterschiedlichem Maße teilhat (Manstetten, Hottinger, Faber 1998). Der homo politicus ist für uns deshalb eine interessante Figur, weil er offenbar aus eigenem Antrieb ethische Ziele verfolgt. Der homo politicus ist nicht einfach ein Altruist. Auch ihm geht es um sich selbst, aber nicht in der Weise des auf seine Bedürfnisse und Präferenzen fixierten homo oeconomicus. Der homo politicus gewinnt, indem er nach Gerechtigkeit strebt und politisch handelt, Würde und Selbstach-

---

[7] James McGill Buchanan ist einer der Pioniere der Neuen Politischen Ökonomie und erhielt für seine Leistungen auf diesem Gebiet 1986 den Nobelpreis für Wirtschaftswissenschaften.

[8] Im Bereich der Umweltpolitik konnten wir die Wirksamkeit eines nichteigennützigen, und kompetent wahrgenommenen Interesses am Gemeinwohl aufzeigen, und zwar an Akteuren wie den Mitgliedern der Ministerialverwaltung (Petersen, Faber 2000).

tung. Dem homo politicus geht es also gerade darin um sich selbst, indem er etwas nicht nur für sich, sondern für das Ganze tut.

Der homo politicus findet also seine Erfüllung oder Befriedigung in der Sorge um Ziele, die über seine partikulare Existenz hinausgehen. Er will die Welt, in der er lebt und die ihn überdauert, erhalten. Dies hat beispielsweise Hannah Arendt (1981: 54) mit ihrer Bemerkung im Blick, dass es ohne ein „Übersteigen in eine mögliche irdische Unsterblichkeit [...] weder Politik noch eine gemeinsame Welt noch eine Öffentlichkeit geben" könne.

Inwiefern gibt nun das Konzept des homo politicus eine Antwort auf die Fragen einerseits nach einem Motiv, andererseits nach einem (Legitimitäts-)Grund nachhaltigen Handelns? Wird erstens der Mensch als homo politicus sich für eine nachhaltige Entwicklung engagieren, und können wir zweitens sagen, dass der Mensch, insofern er die Dimension des homo politicus in sich hat, als ein an sich erhaltenswertes Wesen anzusehen ist? Die Antwort auf die erste Frage scheint klar: Wenn der Mensch sich um die Erhaltung der Welt, in der er lebt, über seine partikulare Existenz hinaus sorgt, wird er auch ein Interesse an Nachhaltigkeit haben. Denn die Sorge um die Erhaltung der Welt verlangt, dass man alles unterlässt, was dieses Ziel gefährden könnte. Der homo politicus gibt jedoch auch auf die zweite Frage eine Antwort: In seiner Sorge um Gerechtigkeit und um die Welt findet er seine Würde, d. h. etwas, was seine eigene Existenz zu etwas unbedingt Erhaltenswertem werden lässt. Als *homo politicus* hat der Mensch also nicht nur ein Motiv, sondern auch einen vernünftigen Grund, die Nachhaltigkeit zu seinem Ziel zu machen, der keineswegs aus seinem zufälligen Willen bzw. seiner Präferenz folgt.

Der homo politicus steht exemplarisch für die Möglichkeit, dass der Mensch seine Erfüllung und Befriedigung nur darin finden kann, dass er seine eigene Bedürfnisnatur überschreitet. Er findet diese Erfüllung gerade darin, dass er sich für die Gerechtigkeit und damit immer auch für die Interessen anderer einsetzt. Der Mensch handelt also ethisch aus einem *inneren* Antrieb. Gerade indem er nicht nur auf das eigene Wohl achtet, findet er sein Glück, also das, wonach er nach seiner Neigung strebt. Die „Gründerväter" der Vereinigten Staaten von Amerika haben mit Bezug darauf vom öffentlichen Glück, der public happiness, gesprochen, die der Mensch nur im Engagement für Gerechtigkeit und Gemeinwohl finden könne.

III. Ethik und Umgang mit der Natur

Wir wollen nun fragen, ob wir für das Konzept des homo politicus eine allgemeinere Basis in der philosophischen Ethik finden können. Ein Vorbild einer solchen Basis findet sich vor allem bei Aristoteles (1972), bei dem Ethik nichts anderes als die Lehre vom guten oder glückseligen Leben ist. Die Ethik der Neuzeit hat allerdings in ihrer vorherrschenden Tendenz, wie wir schon bemerkt hatten, diese aristotelische Einheit von gutem Leben und gutem Handeln aufgelöst. Das kommt in der Kantischen Unterscheidung von Glückseligkeit und Moralität sehr deutlich zum Ausdruck, die erst in der Idee eines höchsten Gutes zusammenge- dacht werden können. Darin bringt Gott als „eine oberste Ursache" von außen Moralität und Glück des Menschen im rechten Verhältnis zusammen (Kritik der praktischen Vernunft; Kant 1960. IV: 255). Eine ethische Position, die für unsere Frage indessen interessant ist und die von Kant formulierte Trennung relativiert, hat Robert Spaemann (1989) entwickelt. Spaemann (1989: 110) greift die mittel- alterliche Bestimmung des Menschen als *animal rationale* auf. Er macht auf eine innere Spannung in diesem Begriff aufmerksam: Das Leben in „animal" und die Vernunft (ratio) „verhalten sich nämlich antagonistisch zueinander". Diesen Antagonismus denkt Spaemann analog zu Kant. Das bloß Lebendige sieht alles außer ihm als seine Umwelt und beurteilt es nur danach, inwiefern es Bedeutung für es selbst und seine Triebe hat[9]. Es kann nicht anders, als sich selbst immer im Zentrum der Welt zu sehen. Für die Vernunft dagegen kehrt sich diese Fixierung auf die eigene Zentralität um. „Vernunft beginnt mit dem Wissen, dass etwas exi- stiert, wovon man selbst nichts weiß oder das man nicht versteht." (111) Das vernünftige Lebewesen überwindet also die Fixierung auf sich selbst als Zentrum und erkennt, dass es anderes gibt, das ebenfalls für sich ein Zentrum ist und dem also *Selbstsein* zukommt. Darin aber ist Vernunft nicht einfach der Gegensatz zum Leben, sondern vielmehr das Leben, das ganz „zu sich gekommen" (116) ist.

Vernunft fragt also nach dem Sein oder danach, was in Wahrheit ist. Dieses Sein oder Selbstsein anderer Dinge, Lebewesen und Menschen, das zunächst nur gedacht wird, erhält nun Evidenz in einer bestimmten Haltung des vernünftigen Lebewesens, nämlich dem „Wohlwollen" (123-140) oder der Liebe. Im Wohl- wollen, d. h. in meiner Bereitschaft, das Sein des anderen und gegebenenfalls sei- ne Interessen zu fördern, wird mir das andere erst wirklich. Am Anfang der Ethik steht für Spaemann (149) „eine Wahrnehmung der Wirklichkeit" und nicht „Gesetze oder Normen". Wohlwollen sucht dem anderen das zu geben, was ihm gebührt. Die elementare Form dieses Wohlwollens ist die Gerechtigkeit (122), wie wir sie bereits beim homo politicus gesehen haben. In seiner höchsten Form ist das Wohlwollen Liebe.

Weil dem Wohlwollen sich die Wirklichkeit des Seins erschließt, identifiziert es Spaemann mit dem Vernünftigen, das er als „Selbsttranszendenz des Lebens" (122) bezeichnet. Was bedeutet das? Es heißt, dass die durch die Vernunft ge- setzten ethischen Gebote dem Leben und seinen Interessen nicht von außen kommen. Das Leben drängt selbst in die Vernunft und sucht seine Erfüllung in der Ethik. Das kann man sich gerade am Phänomen der Liebe plausibel machen. Die Liebe ist eine Neigung des lebendigen Wesens[10]. In der Liebe findet also die-

---

[9] Diese Struktur entspricht genau der Anthropologie bei Thomas Hobbes (1976).

[10] Weil die Neigung etwas ist, was nicht aus der freien Entscheidung der Vernunft stammt, sondern etwas, was das Lebewesen erleidet, spricht Kant in diesem Zusammenhang von „pathologischer Liebe" (Kant 1960.IV: 25 f.).

ses Wesen das eigene Glück. Doch dieses Glück findet es gerade darin, dass es das Wohl oder sogar das Heil eines anderen Wesens sucht und fördert. Das unterscheidet die Liebe vom bloßen Verliebtsein, bei dem der eigene Affekt im Vordergrund steht.

Dieser Ansatz der Ethik zeigt einen Weg, die Spaltung zwischen dem Glücksstreben oder der Neigung des Menschen und dem Befolgen ethischer Gebote aufzuheben. Was aber hilft uns das in der Frage der Nachhaltigkeit? Können wir künftigen Generationen Wohlwollen oder gar Liebe entgegenbringen? Das wohl kaum, und gerade die Art, in der Spaemann Ethik, Wohlwollen und Wirklichkeit miteinander verknüpft, legt eine negative Antwort auf diese Frage nahe. Denn „Sein" oder Wirklichkeit ist ja gerade das, was diesen künftigen Generationen fehlt. Gleichwohl, so unsere These, ist Spaemanns Ansatz für das Thema der Nachhaltigkeit fruchtbar zu machen. Wir wollen sogar behaupten, dass sich mit diesem Ansatz der Zusammenhang von Nachhaltigkeit und Ethik auf einer besseren Grundlage behandeln lässt. Spaemann weist ausdrücklich darauf hin, dass Wohlwollen sich nicht auf andere Menschen, nicht einmal auf andere Lebewesen beschränken muss. Wohlwollen können wir auch gegenüber unbelebten Dingen entwickeln, weil wir auch diese in ihrem Sein oder in ihrem Selbstsein wahrnehmen können[11]. Das Wohlwollen gegenüber diesen Dingen drückt sich in einer bestimmten Art des Umganges mit ihnen aus, nämlich der Schonung (224).

Dinge zu schonen bedeutet, sie zu verschonen, nämlich zu verschonen vor Handlungen, die sie zerstören und vernichten. Indem wir Dinge schonen, achten wir ihr Selbstsein. Wir nehmen sie dann möglichst wenig in Anspruch und vernutzen sie nicht wie ein bloßes Konsumgut. Hierin liegt, wie Spaemann zeigt, genau das Problem der gegenwärtigen Umweltprobleme. Die moderne Wirtschaft hat auf eine Schonung der Natur weitgehend zu verzichten können geglaubt. „Die moderne Zivilisation hat erstmals auch die Erde selbst, den Boden, ganz auf seine Mittelfunktion zu reduzieren versucht und ihn strikt dem Gesichtspunkt der Ertragssteigerung unterworfen." (224) Gerade unsere heutigen technischen Möglichkeiten, die Natur in noch nie dagewesenem Umfang unseren Zwecken zu unterwerfen, zeigen uns, dass wir nicht nur einzelne Dinge, sondern die uns umgebende Natur als ganze schonen können und als vernünftige Wesen schonen sollen.

Spaemanns Ethikkonzeption gibt uns also ein Argument in die Hand, warum Menschen pfleglich und schonend mit der Natur umgehen sollten, nicht weil es ihnen von außen vorgeschrieben wird, sondern weil sich solcher schonender Umgang einfach aus der Wahrnehmung ihres Menschseins ergibt. Freilich kann man fragen: Selbst wenn man dieser Argumentation folgt, hat man damit einen Grund, warum Menschen Nachhaltigkeit zu ihrem Ziel machen sollten? Scho-

---

[11] Eine Weise solcher Wahrnehmung der Dinge in ihrem Selbstsein, die uns allen bekannt ist, ist die Kunst. Diesen Aspekt der Kunst stellt Martin Heidegger in „Der Ursprung des Kunstwerks" an van Goghs Bild „Bauernschuhe" besonders eindrücklich dar, das ein Paar Bauernschuhe „zum Leuchten" bringt.

nung der Natur ist ja ein Handeln und Verhalten, das ganz der Gegenwart angehört. Auf die Zukunft hat es nur einen negativen Bezug, indem es vermeidet, zu einer baldigen Vernichtung des geschonten Gegenstandes beizutragen. Schonender Umgang mit der Natur plant nicht, bestimmte Entwicklungen der Natur herbeizuführen. Also gehört auch eine nachhaltige Entwicklung nicht – jedenfalls nicht unmittelbar – zur Absicht dieses schonenden Umgangs.

Aber deshalb ist der Gedanke der Schonung für die Frage der Nachhaltigkeit keineswegs bedeutungslos. Ein schonender Umgang mit der Natur ist sicher der Kern dessen, was heute unter dem Begriff „nachhaltige Konsummuster" diskutiert wird. Andererseits ist zu bedenken: Eine nachhaltige Entwicklung können wir auch nicht sicherstellen, wenn wir am Selbstsein der Natur gar kein Interesse nehmen und nur einen bestimmten Zustand dieser Natur in bestimmten Zeiträumen herstellen wollen. Wir stoßen hier auf ein Problem jeder Ethik der Nachhaltigkeit, die sich ganz an den Folgen des Handelns orientiert und Verantwortung für künftige Zustände übernehmen will. Denn eine solche Verantwortung können wir nicht übernehmen, weil wir gar nicht wissen können (s. u. Teil 2), welche Folgen in der Zukunft unsere Handlungen in der Gegenwart haben werden.[12] Nachhaltigkeit ist daher letztlich ein hybrides Konzept, denn es stellt an unser Wissen und Handeln Erwartungen, die wir gar nicht erfüllen können. Wir werden im zweiten Teil dieses Aufsatzes darauf zu sprechen kommen, dass gerade die Wissenschaft dazu beitragen kann, dass wir unsere Möglichkeiten in dieser Hinsicht falsch einschätzen. Eine nachhaltige Entwicklung können wir nicht aus eigener Kraft sicherstellen und deshalb auch nicht für sie einstehen. Nachhaltigkeit anzustreben kann sinnvollerweise nur heißen, nicht wissentlich etwas zu tun, was eine solche Entwicklung gefährdet oder verhindert, und klar erkennbaren Gefährdungen einer nachhaltigen Entwicklung nach bestem Wissen entgegenzutreten. Das aber sind Gebote, die sich ebenso aus dem Gesichtspunkt des schonenden Umgangs mit der Natur ergeben, und sie entsprechen im übrigen auch den „Praxisnormen", die Dieter Birnbacher aus seinem Konzept der „Verantwortung für künftige Generationen" gewinnt (1988: 197-240).

Der Wille zur Schonung der Natur ist die Basis dessen, was wir zu einer nachhaltigen Entwicklung beitragen können. Doch in der Gegenwart ist dieser Wille schwach. Schonender Umgang mit der Natur ist etwas, was die Religionen verlangen und dem Menschen nahelegen[13]. Deren Einfluss auf unser Verhalten und Handeln ist jedoch gegenwärtig gering. Ein wirklich schonender Umgang mit der Natur verlangte umfassende Änderungen unserer gegenwärtigen Pro-

---

[12] Dieses Problem wird ausführlich von Wieland (1999: 64-73) diskutiert. Vgl. auch Spaemann (1989: 157-171).

[13] Die jüdisch-christliche Religion wird manchmal für die moderne Naturzerstörung verantwortlich gemacht, und zwar wegen des an Adam und Eva ergangenen Gebotes Gottes „Macht euch die Erde untertan". Doch Untertanmachen heißt auch, das untertan Gemachte pflegen, und nicht, es vernichten oder zum bloßen Moment in einem Konsumtionsprozess herabsetzen.

duktions-, Konsum- und Lebensweise. Doch nur Einzelne scheinen gegenwärtig zu solchen Änderungen bereit.

Teil 2: Der Wille zur Nachhaltigkeit und seine Verwirklichung

IV. Was können wir tun?

Unsere Überlegungen zur Ethik der Nachhaltigkeit haben offenbar in ein Dilemma geführt. Wir haben zunächst gesehen, dass die Nachhaltigkeitsethik, indem sie eine Verantwortung für künftige Generationen oder die Erhaltung des Menschengeschlechts zu übernehmen fordert, bei dieser Forderung stehen bleibt, ohne dafür eine Begründung und ein Motiv anzugeben, aus dem Menschen diese Forderung befolgen sollten. Wir haben an Robert Spaemanns Entwurf der Ethik zu zeigen versucht, wie sich Begründung und Motiv nachhaltigen Handelns denken lassen. Trotzdem mussten wir feststellen, dass der Wille zu nachhaltigem Verhalten schwach ist. Er steht erstens in Konkurrenz mit anderen Handlungsmotiven, für deren Macht die Dominanz des homo-oeconomicus-Modells ein Indiz ist. Zweitens ist dieser Wille mit Strukturen des modernen Lebens konfrontiert, die ihm offenbar nur wenig Spielraum zur Entfaltung lassen. Wir müssen hier nur an die Mobilitätsanforderungen denken, denen uns das Berufsleben unterwirft und denen wir uns nur um den Preis der Aufgabe der beruflichen Tätigkeit entziehen können.

Aus diesem Grund halten wir es nicht für sinnvoll, einen moralischen Heroismus der Nachhaltigkeit zu fordern. Vielmehr wollen wir an unserer Beobachtung ansetzen, dass der Wille zu nachhaltigem Verhalten zwar schwach, aber doch immerhin vorhanden ist. Unsere Überlegungen zu diesem Willen und seinem vernünftigen Motiv wollen wir als Wegweiser benutzen, um den folgenden Fragen nachzugehen.

1. Welche Strukturen sind für nachhaltiges Handeln von Bedeutung und wie können wir sie erkennen?

2. Welche Strukturen sind nachhaltigem Handeln abträglich und welche förderlich?

3. Was kann ein Wille zur Nachhaltigkeit bewirken und durch welche strukturellen Änderungen können wir ihn fördern?

Diese Fragen können nicht mehr in einer rein philosophischen Untersuchung behandelt werden. Denn hier fragen wir nach den Möglichkeiten, die ein Wille zur Nachhaltigkeit in der Realität hat. Dazu ist es unumgänglich, sich den einschlägigen Wissenschaften und ihren Ergebnissen zuzuwenden.

V. Bedingungen nachhaltigen Handelns

Wir hatten oben die Nachhaltigkeit ein hybrides Konzept genannt, insofern sie uns für die Gewährleistung einer nachhaltigen Entwicklung verantwortlich macht. Gegen dieses Verständnis von Nachhaltigkeit hatten wir mit der These argumentiert, dass wir eine derartige Verantwortung gar nicht übernehmen können. Diese These wollen wir nun begründen, indem wir darlegen, dass unser Handeln naturwissenschaftlich erkennbaren Restriktionen unterliegt und wir angesichts zukünftiger Entwicklungen mit unaufhebbarem Unwissen konfrontiert sind. Das generell gegen die Verantwortungsethik vorgebrachte Argument, dass wir gar nicht alle Folgen unseres Tuns kontrollieren können und deshalb diese Folgen nicht zum Maß unseres Handelns machen können, gilt im Besonderen im Falle der Nachhaltigkeit: Die Ethik der Nachhaltigkeit kann keine Verantwortungsethik sein.

Der Begriff „Verantwortungsethik" geht auf Max Weber zurück. Die Verantwortungsethik, die sich allein an den Folgen des Handelns orientiert und bei der der Zweck die Mittel heiligt (Weber 1988: 552-554), bezeichnet Weber als das eigentliche Ethos der Politik (548).[14] Wenn nun aber – einmal von den bedenklichen Implikationen dieses Ansatzes, was den Einsatz „sittlich gefährlicher Mittel" betrifft, abgesehen – nachhaltiges Handeln nicht nach seinen Folgen beurteilt werden kann, ist dann etwa eine Ethik der Nachhaltigkeit nur als „Gesinnungsethik" möglich, die Weber der „Verantwortungsethik" als einzige Alternative entgegenstellt? Die Gesinnungsethik achtet nur auf das rechte Handeln und vernachlässigt die Folgen ihres Handelns allesamt, ebenso wie die Verantwortungsethik diese Folgen insgesamt zum Maßstab des Handelns macht. Die Gesinnungsethik Webers, der es nur ums Prinzip zu tun ist, ist „natürlich [...] eine Karikatur" (Wieland 1999: 17), aber haben wir bei der Nachhaltigkeit zu einer derartigen Ethik, die „recht handelt" und den „Erfolg Gott anheim" stellt (Weber 1988: 551) überhaupt eine Alternative? Eine solche Alternative haben wir, denn selbst ein schwacher Wille zur Nachhaltigkeit kann langfristig bedeutende Wirkungen haben. Dies wollen wir an der zeitlichen Struktur menschlichen Handelns und natürlicher Entwicklungen zeigen.

---

[14] Das Prinzip der Verantwortungsethik, „daß man für die (voraussehbaren) Folgen seines Handelns aufzukommen hat" (Weber 1988: 552), reflektiert den Sachverhalt, dass Staat und Politik anders als Einzelpersonen für *alle* Folgen ihres Handelns verantwortlich sind und Rechenschaft geben müssen (vgl. Spaemann 1977: 180). Aber daraus folgt für eine Ethik der Politik keineswegs, dass sie zur Anwendung „sittlich bedenklicher oder wenigstens gefährlicher Mittel" (ibid.) berechtigt ist, wie Weber es nahelegt. Auch die Politik ist keineswegs nur an ihren Folgen, sondern auch an der Beachtung bestimmter Prinzipien wie etwa der Menschenrechte zu messen (vgl. Faber, Manstetten, Petersen 1997).

V. 1 Die Grenzen nachhaltigen Handelns und die Grenzen
unserer Verantwortung

a) Entropie und Kuppelproduktion

Unserer Verantwortung und unserer Möglichkeit, für Nachhaltigkeit zu sorgen, sind Grenzen gezogen durch Folgen, die all unser Handeln unausweichlich nach sich zieht. Alle Prozesse in der Natur und in der Wirtschaft benötigen Energie, und so findet auf sie der zweite Hauptsatz der Thermodynamik Anwendung. Er besagt, dass bei all diesen energetischen Prozessen gleichzeitig Entropie erzeugt wird. Dieses fundamentale Naturgesetz lautet in seiner allgemeinsten Form: In einem abgeschlossenen System kann die Entropie nicht verringert werden.[15] Dabei handelt es sich um einen irreversiblen Prozess. Entropie kann als Maß für die Unordnung in einem System interpretiert werden. Nach dem ersten Hauptsatz der Thermodynamik kann zwar Energie in einem abgeschlossenen System nicht verringert werden. Aufgrund des zweiten Hauptsatzes jedoch wird die Form der Energie bei jedem Produktionsprozess verändert: Freie Energie, das heißt nützliche Energie, wird in gebundene und damit weniger nützliche Energie umgewandelt. Insbesondere gilt, dass bei jedem energetischen Prozess zusätzlich Wärme erzeugt wird. So wird beim Autofahren der Motor warm und diese Wärme an die Umgebung abgegeben.

Die beiden Hauptsätze der Thermodynamik sagen also, dass mit jedem intendierten Produkt oder Resultat eines wirtschaftlichen Prozesses nicht intendierte Produkte und Resultate entstehen. So wurde z. B. in der Bundesrepublik Deutschland im Jahre 1990 (Institut der Deutschen Wirtschaft 1995) für je 1000 DM Sozialprodukt 300 kg CO_2, 0,4 kg SO_2 und 1,1 kg NO_x sowie 97,2 kg fester Abfall produziert. Es ist offensichtlich, dass es sich bei diesen zusätzlichen Produkten um unerwünschte Ergebnisse des Wirtschaftsprozesses handelt. In wirtschaftswissenschaftlicher Terminologie werden diese nicht intendierten Produkte als Kuppelprodukte bezeichnet. So lässt sich zeigen: Jede Produktion ist aufgrund thermodynamischer Zusammenhänge Kuppelproduktion (Faber, Proops, Baumgärtner 1998, Baumgärtner 2000). Wie das Beispiel des Autofahrens illustriert, trifft dies auch für den Verbrauch von Gütern zu.

Pointiert gesagt liegt das Phänomen der Kuppelproduktion allen Umweltproblemen zugrunde. Denn die nicht erwünschten Kuppelprodukte aus Produktion und Konsumtion diffundieren in die Umwelt in Form von Emissionen und sammeln sich als Immissionsbestände in der Umwelt an. Erreichen sie eine kritische Größe, so werden sie als Umweltprobleme von der Öffentlichkeit wahrgenommen.

---

[15] Vielen Lesern dürfte dagegen eine spezielle Form dieses Gesetzes geläufig sein: Es kann kein Perpetuum mobile existieren.

b) Unsicherheit und Unwissen

Die Kuppelproduktion ist nun auch eine wesentliche Quelle von Unwissen. Wir wissen häufig nicht, welche nicht intendierten Kuppelprodukte neben den gewünschten Produkten entstehen und welche Umweltprobleme sie verursachen. Unwissen ist eine Art der Ungewissheit, und mit deren verschiedenen Formen haben sich die Wirtschaftswissenschaften intensiv befasst. Vorwiegend tut sie das allerdings mit der des *Risikos*. Beim Risiko sind die Ausprägungen, die ein Ereignis einnehmen kann, und die Wahrscheinlichkeiten ihres Auftretens bekannt. So sind die Ausprägungen eines Würfelwurfes die Zahlen eins bis sechs, und ihre jeweiligen Wahrscheinlichkeiten 1/6. Sind die Nutzenfunktionen der Haushalte oder die Gewinnfunktionen der Firmen sowie die Häufigkeitsverteilung von Ereignissen, mit denen die Wirtschaftenden konfrontiert sind, bekannt, so lassen sich mit wirtschaftswissenschaftlichen Methoden optimale Verhaltensstrategien entwickeln. In vielen Fällen sind jedoch die Häufigkeitsverteilungen nicht bekannt, sondern nur die Ausprägungen. In diesem Fall sprechen die Wirtschaftswissenschaftler von *Unsicherheit* (Knight 1921). Hier ist es wesentlich schwieriger, eine optimale Strategie zu finden. Verwendet man z. B. die Minimax-Strategie[16], so ist man zwar auf der sicheren Seite, verhält sich dabei jedoch extrem vorsichtig oder „risikoavers".

Die in der wirtschaftswissenschaftlichen Literatur am wenigsten behandelte und schwierigste Form der Ungewissheit ist die des *Unwissens*. Dies ist auch nicht überraschend, denn Unwissenheit lässt sich nicht mit dem Instrumentarium der Wirtschaftswissenschaften behandeln. In unserer bisher verwendeten Terminologie sind bei Unwissenheit nicht einmal alle möglichen Ausprägungen eines Ereignisses bekannt, ja noch nicht einmal das Ereignis selbst ist im Bereich des Wissens. Das ist bei jeder echten Erfindung der Fall. Unwissen lässt sich in reduzierbares und nichtreduzierbares Unwissen (Faber, Manstetten, Proops 1996: 214-221) unterteilen. Ersteres kann, z. B. durch wissenschaftliche Anstrengungen, beseitigt werden, letzteres nicht. Beide Arten von Unwissen stellen ein großes Problem für den Willen zur Nachhaltigkeit dar. Unwissend sind wir bezüglich der Auswirkungen, die wirtschaftliches Handeln auf die Umwelt hat. Dieses Unwissen ist zwar in bestimmtem Ausmaß reduzierbar, und wir kennen viele dieser Auswirkungen heute sehr viel besser als noch vor einigen Jahrzehnten. Wir kennen jedoch keinesfalls alle und müssen damit rechnen, immer wieder mit neuen, unerwarteten Umweltfolgen unseres Handelns konfrontiert zu werden. Wie die letzten drei Jahrzehnte gezeigt haben, ist das Ausmaß des Unwissens im Umweltbereich wesentlich größer als allgemein angenommen wurde.

Entropie, Kuppelproduktion und Unwissen setzen unserer Möglichkeit, Verantwortung für künftige Entwicklungen zu übernehmen, enge Grenzen: Die Erkenntnis von Entropie und Kuppelproduktion verhilft uns zu dem Wissen,

---

[16] Die Minimax-Strategie (Wald 1950) versucht prioritär, den maximal möglichen Schaden zu minimieren.

dass wir vieles nicht können, und was wir können und vermögen, das können wir nicht wissen. Doch bei diesem resignativen Schluss muss man nicht stehen bleiben.

V. 2 Die Möglichkeiten unseres Handelns und der Raum
unserer Verantwortung

Eine nachhaltige Entwicklung zu garantieren liegt jenseits unserer Möglichkeiten. Jedoch vermag auch ein schwacher Wille zur Nachhaltigkeit, wenn er nur weniges, dies aber beständig tut, langfristig entscheidend zu einer nachhaltigen Entwicklung beizutragen. Das kann ein Blick auf die zeitliche Dimension sowohl unseres Handelns wie der Veränderungen in der Natur zeigen.

a) Zeit im Handeln: Ziele, Folgen und Zeithorizonte

Alles menschliche Handeln und jede Entwicklung in der Natur vollzieht sich in der Zeit. Das gilt in besonderer Weise für die Folgen des Handelns. Die Ziele, also die beabsichtigten Folgen des Handelns, realisieren sich ebenso wie die unbeabsichtigten in unterschiedlichen Zeiträumen. In vielen Fällen werden die wirtschaftlichen Ziele schneller erreicht, als die von der wirtschaftlichen Tätigkeit hervorgerufenen Umweltprobleme auftreten. Umweltprobleme sind häufig langfristige Folgen von Produktion und Konsum und ebenso langfristig ist auch ihre Lösung. Werden also wirtschaftliche Ziele meist kurzfristig erreicht und sind Entstehung sowie Lösung von Umweltproblemen eine langfristige Angelegenheit, so liegt die Nutzungsdauer von Kapitalgütern[17] zwischen beiden.

Anders als die wirtschaftlichen Akteure erreicht die Politik ihre Ziele nicht in kurzer Frist. Viel Zeit nimmt in der Regel der Prozess der politischen Entscheidung in Anspruch. Und noch mehr Zeit vergeht, bis beschlossene Maßnahmen umgesetzt werden und schließlich Wirkung zeigen.

Die Akteure in Wirtschaft und Politik sind mit unterschiedlichen Zeiträumen konfrontiert, innerhalb derer sie einerseits ihre jeweiligen Ziele erreichen können oder andererseits nicht beabsichtigte Folgen des zielgerichteten Handelns eintreten. Abhängig von diesen unterschiedlichen Zeiträumen und abhängig davon, welche Folgen des Handelns sie berücksichtigen, haben die Akteure verschiedene *Zeithorizonte* (vgl. Faber und Proops 1996). So hat ein Unternehmer für die Herstellung eines Gutes, z. B. eines Hauses, einen bestimmten Produktionshorizont, nämlich die Produktionsdauer. Weiter hat er für die Durchführung bestimmter Investitionen entsprechende mittelfristige Investitionshorizonte. Schließlich hat er für die Erreichung eines bestimmten Marktanteiles ei-

---

[17] Unter Kapitalgütern sind hier nicht Geld- oder Finanzmittel, sondern Produktionsmittel wie Maschinen, Fabrikgebäude, Transportmittel etc. zu verstehen.

nen langfristigen Unternehmenshorizont. Je länger der Zeithorizont, desto ungewisser sind die Nebeneffekte der Produktion und des Konsums auf die Umwelt zum Zeitpunkt der Entscheidung. Um Entwicklungen besser vorhersagen und kontrollieren zu können, bevorzugt die Wirtschaft daher kürzere Zeithorizonte. So war der Zeithorizont für die Amortisierung einer Investition zu Beginn der neunziger Jahre in der chemischen Industrie in der Bundesrepublik ca. fünf Jahre: Innerhalb dieser Zeit sollte sich eine Investition bezahlt machen.

Ein Begriff wie Nachhaltigkeit eröffnet dagegen einen prinzipiell offenen oder unbegrenzten Zeithorizont (Klauer und Baumgärtner 1998). Im Gegensatz zu den begrenzten Zeiträumen der Wirtschaftssubjekte verlangt die Idee der Nachhaltigkeit, dass keine der Folgen unseres Handelns vernachlässigt wird. Verantwortung in dieser Hinsicht muten wir der Politik zu. Auch die Politik muss aus diesem Grunde einen im Prinzip unabgeschlossenen Horizont haben. Wir verlangen von ihr, dass jedes Problem, das sich in der Zukunft bereits abzeichnet, von ihr berücksichtigt werden muss. Eine nachhaltige Politik verlangt deshalb den prinzipiell unbegrenzten Zeithorizont des *homo politicus* (s. o.).

b) Zeit in objektiven Strukturen: Bestände und Bestandsänderungen

Der zuletzt genannte Zusammenhang weist auf eine wichtige zeitliche Struktur in Umwelt und Wirtschaft hin. So bilden sich die Bestände von Immissionen aufgrund kontinuierlicher Emissionen, falls die natürliche Degeneration der Immissionen kleiner ist als die Emissionen. Das führt in bestimmten Fällen dazu, dass trotz deutlich fallender Emissionen die Immissionsbestände weiter zunehmen. Wir können daraus schließen, dass sich häufig zwar Emissionen kurzfristig verringern lassen, die entsprechenden Immissionen aber nur langfristig. Sind also die Bestände in Relation zu den Bestandsänderungen durch Emission und natürliche Degeneration sehr groß, so sind *rasche* Änderungen nicht möglich.

Diese Überlegungen zu Emission und Immissionsbeständen lassen sich für die Wirtschaft als ganze verallgemeinern. Hier setzen die Bestände sich aus Kapitalgütern wie Maschinen, Gebäuden, Verkehrswegen, dauerhaften Konsumgütern, wie Waschmaschinen, Telefonen, Computern, Möbeln zusammen. Die positiven Änderungen an Kapitalgütern kommen durch Investitionen zustande, die negativen Änderungen in physikalischer Hinsicht durch Abnutzungen und in wirtschaftlicher, d. h. wertmäßiger, Hinsicht durch Abschreibungen. Wir erkennen, dass die positiven Bestandsänderungen bei Kapitalgütern erwünscht sind, während sie bei Beständen an Immissionen unerwünscht sind. Beide Arten von Bestandsänderungen haben die gleiche zeitliche Struktur und können mit demselben methodischen Instrumentarium behandelt werden (Faber, Proops, Speck 1999).

Wirtschaftliche Bestände sind aber auch die Strukturen einer Wirtschaft, wie ihre Sektoren und Branchen, ihre räumliche Struktur, die Organisationsstruktur der Unternehmen, die Marktstrukturen und das Konsumverhalten sowie die wirtschaftlich relevanten Gesetze. Auch hier gilt, dass diese Bestände nur langsam geändert werden können, wenn man keine großen Friktionen in Kauf nehmen will. Betrachten wir z. B. die Forderung, den Straßenverkehr auf die Schienen zu verlagern. Eine Verdoppelung des Schienenverkehrs setzte Investitionen riesigen Ausmaßes voraus. Dennoch könnte dadurch der Schienenverkehr den Straßenverkehr nur um etwa 10 % verringern. Umgekehrt kann eine geringe, aber langfristige und dauerhafte Änderung des Produktions- und Konsumverhaltens zu großen Änderungen der Lebensdauer von erschöpflichen Rohstoffen führen. Nach Berechnungen von Binswanger (2000) würde die Verringerung des Ressourcenverbrauchs um jährlich 0,1 % dazu führen, dass eine Ressource, die bei gleichbleibendem Verbrauch eine Lebensdauer von 1000 Jahren hätte, nie ganz verbraucht würde. Wächst der Verbrauch dagegen um 5 % pro Jahr, so ist diese Ressource schon nach 100 Jahren verbraucht.

VI. Handlungsfelder: Wirtschaft und Politik

Was die grundsätzlichen Überlegungen zu den Möglichkeiten und Grenzen menschlichen Handelns im Konkreten bedeuten, wollen wir an zwei Handlungsfeldern verdeutlichen, die bei einer nachhaltigen Entwicklung eine besondere Rolle spielen.

a) Wirtschaft

Die Wirtschaft ist die Sphäre der Knappheit. Die Menschen wollen über viele Güter verfügen, haben in Relation zu diesem ihrem Ziel aber nur wenig Mittel. In einer Marktwirtschaft wird das wirtschaftliche Handeln der Haushalte und Unternehmen auf den Märkten durch das System der Preise koordiniert. In der idealen Marktwirtschaft ist die Summe der volkswirtschaftlichen Kosten gleich der Summe der volkswirtschaftlichen Erträge. In der Realität dagegen werden nicht alle volkswirtschaftlichen Kosten erfasst, sondern nur die durch den Markt mit Preisen bewerteten. Wie oben erläutert wird zum Beispiel bei der Verwendung fossiler Energie CO_2 als Kuppelprodukt hergestellt. Die negativen Folgen der CO_2-Produktion werden durch das Preissystem nicht erfasst. Diese Problematik hat Arthur Pigou bereits 1920 erkannt und vorgeschlagen, diese negativen Folgen zu bewerten und mit einer Steuer oder Abgabe in entsprechender Höhe zu belegen. Durch diese Vorgehensweise wird das sich auf den Märkten bildende Preissystem durch staatliche Eingriffe abgeändert. Die Haushalte und Unternehmen erhalten so einen Anreiz, sich umweltfreundlicher zu verhalten; denn dadurch erhöhen sie ihren Nutzen oder ihren Gewinn.

Was bedeutet dieser Ansatz für die Möglichkeit nachhaltigen Verhaltens in der Wirtschaft? Umweltprobleme werden erst in Angriff genommen, nachdem sie entstanden und erkannt worden sind, und nachdem sie ein solches Ausmaß angenommen haben, dass die Politik darauf reagiert. Das ist in den Grundzügen der Ansatz konventioneller Umweltökonomik (Weimann 1995). Inwieweit die Wirtschaftssubjekte sich umweltfreundlich verhalten, hängt nach diesem Ansatz von den entsprechenden Änderungen des Preissystems durch den politischen Prozess ab.

Dieser Ansatz ist elegant und konsistent, lässt aber viele Faktoren der Wirklichkeit außer acht, die erhebliche Bedeutung für nachhaltiges Wirtschaften haben.

Insbesondere finden unsere anfangs genannten Grundlagen menschlichen Handelns zu wenig Beachtung. In dieser Theorie wird die Bedeutung der unterschiedlichen Zeithorizonte und Zeitspannen, in denen Ziele erreicht werden und Folgen entstehen, unzureichend berücksichtigt. Das gilt auch für die naturwissenschaftlichen Zusammenhänge, insbesondere die Irreversibilität, die aufgrund thermodynamischer Prozesse begrenzten Möglichkeiten sowie die nichtintendierten Folgen wirtschaftlichen Handelns in Form von Kuppelprodukten. Statt dessen werden die Grenzen wirtschaftlichen Wachstums nicht ausreichend in die Analyse einbezogen und die Umweltfolgen nur selektiv über gegenwärtig bewertete Nutzeneffekte thematisiert.

Weil die Umweltökonomik – gemessen an geologischen, biologischen und klimatischen Zeitskalen – nur relativ kurze Zeithorizonte verwendet, stehen die Bestandsänderungen, d. h. die Rohstoffentnahmen und die Emissionen, im Vordergrund der Betrachtung. Die Höhe der Bestände an Rohstoffen und an Schadstoffen in der Umwelt werden nur am Rande berücksichtigt. So erhält die Unterschreitung von kritischen Schwellenwerten von erneuerbaren Rohstoffbeständen und die Überschreitung von kritischen Schwellenwerten von Schadstoffbeständen nicht genügend Aufmerksamkeit. Damit wird zu wenig gesehen, dass bestimmte Entwicklungen irreversibel sind.

Ein weiterer gravierender Umstand ist, dass in der Umweltökonomik Ungewissheit fast ausschließlich als Risiko zum Gegenstand gemacht wird. Unsicherheit wird kaum und Unwissen wird so gut wie gar nicht behandelt. Es spielen aber in der Wirtschaft im allgemeinen, und in deren umweltrelevanten Bereichen im besonderen, Entwicklungen eine wichtige Rolle, die weder von den Akteuren noch vom wissenschaftlichen Betrachter vorhergesehen werden können. Ein Beispiel dafür ist die Wirkung der Wassergesetzgebung und besonders der Abwasserabgabe in Deutschland (Brown/Johnson 1984). So hat die Industrie ihre Schadstoffeinleitung in die Gewässer in unvorhergesehen hohem Maße reduziert, obwohl die Abwasserabgabe aus wirtschaftswissenschaftlicher Sicht als zu gering angesehen worden war. So haben auch Ökonomen den Erfindungsreichtum der Ingenieure und das Organisationstalent von Unternehmern unterschätzt, die selbst durch eine mäßige Abwasserabgabe stimuliert worden sind.

Unsere Ausführungen zeigen, dass die konventionelle Umweltökonomik wichtige Faktoren der Wirtschaft außer Acht lässt, die sich positiv wie negativ auf die Umwelt auswirken. Die Umweltökonomik hat jedoch recht, wenn sie die zentrale Rolle des Preissystems für die umweltrelevanten Wirkungen der Wirtschaft hervorhebt. Ein Problem des Preissystems ist jedoch nicht nur, dass die sich auf den Märkten bildenden Preise die gegenwärtig in der Öffentlichkeit erkannten Umweltprobleme nicht berücksichtigen. Gravierender für das Thema Nachhaltigkeit ist, dass die gegenwärtigen Preise den langfristigen intertemporalen Knappheiten nicht entsprechen. Die Gründe dafür liegen in den zu kurzen Zeithorizonten der Wirtschaftssubjekte und darin, dass die künftigen Generationen noch nicht als Nachfrager auftreten können und damit ihre Interessen sich im gegenwärtigen Preissystem nicht widerspiegeln. Folglich gibt es keine Märkte für zukünftige Umweltgüter. Das trifft auf lange Sicht auch für die zukünftigen Rohstoffmärkte zu. Beides führt zu dem bekannten Effekt, dass Umweltgüter und Rohstoffe übernutzt werden. Eine Korrektur des Preissystems ist also erforderlich. Wegen unseres großen Unwissens hinsichtlich der zukünftigen Entwicklung verlangt diese Korrektur jedoch Behutsamkeit, viel Erfahrung und großes Urteilsvermögen. Aufgrund der großen Bestände moderner Wirtschaften an Kapitalgütern sowie institutionellen und rechtlichen Strukturen sollte eine Änderung des Preissystems langfristig angekündigt und niemals abrupt sondern in einer stufenweisen Anpassung erfolgen, wie dies etwa bei der Abwasserabgabe geschehen ist.

b) Politik

Unsere Überlegungen zur Wirtschaft haben gezeigt, dass vor allem die Rahmenbedingungen wirtschaftlichen Handelns, d. h. Institutionen und Gesetze, und Korrekturen des Preissystems für die Nachhaltigkeit der Wirtschaft entscheidend sind. Diese Rahmenbedingungen setzt die Politik. Eine geeignete Setzung der Rahmenbedingungen verlangt indes hohe sachliche Kompetenz. Diese Kompetenz bezieht sich zum einen auf naturwissenschaftlich relevante Zusammenhänge und auf die komplexe Verfassung der Wirtschaft selbst, zum anderen aber auch auf das Recht und den politischen Prozess. Dabei muss die Politik besonders berücksichtigen, was wir als allgemeine Grundbedingungen menschlichen Handelns oben erläutert haben: naturwissenschaftliche Gegebenheiten, insbesondere die Kuppelproduktion, das Unwissen, die spezifische Zeitstruktur menschlichen Handelns und die Rolle der Bestände.

Für die Politik ist nicht nur die zu behandelnde Materie sehr komplex. Komplex ist auch der politische Prozess der Entscheidungsfindung und der Umsetzung von Entscheidungen selbst. Bei umweltrelevanten Entscheidungen, die für eine nachhaltige Entwicklung von Bedeutung sind, ist in der Regel eine Vielzahl von Interessen betroffen. Durchsetzungsfähige Entscheidungen lassen sich nur erreichen, wenn man diese Interessen an der Entscheidung beteiligt, zumal diese Entscheidungen oft von grundsätzlicher Art sind. Grundsätzlicher Art sind sie, wenn sie die Einkommens- oder Vermögensverteilung verändern, wie etwa eine ökologische Steuer. Eine am Ziel der Nachhaltigkeit orientierte Politik ist deshalb in hohem Maß darauf angewiesen, Entscheidungen im Konsens zu tref-

fen und auch in der Umsetzung der Entscheidungen den Konsens mit den Betroffenen zu suchen (Petersen, Faber, Manstetten 1998). Wegen der Komplexität
der politischen Aufgabe und der Notwendigkeit, einen Konsens erreichen zu
müssen, sind die politischen Prozesse langwierig und können zugleich bestehende Strukturen nur in kleinen Schritten verändern. Die Politik der Nachhaltigkeit
muss daher beharrlich vorgehen und überdies damit rechnen, dass von ihr ange-
stoßene Entwicklungen einen ganz unerwarteten Verlauf nehmen.

Wir wollen dies am Beispiel der deutschen Abfallpolitik erläutern. Die Abfallpolitik wurde Mitte der achtziger Jahre zu einem zentralen Feld der Umweltpolitik (Faber, Stephan, Michaelis 1989). Ihr Hauptziel war die Reduktion der
Abfallmengen. Die Abfallpolitik suchte mit unterschiedlichen Maßnahmen die
Wirtschaft dazu zu bewegen, Abfälle verstärkt zu vermeiden und zu verwerten
(Petersen 2000). Auf der anderen Seite veranlasste sie die öffentlichen Entsor-
gungsträger, also die Betreiber von Deponien und Müllverbrennungsanlagen, zu
umfangreichen Investitionen in eine ökologisch verträgliche Beseitigung. In beiden Hinsichten hat die Abfallpolitik einen relativ großen Erfolg erzielt (Petersen,
Faber, Herrmann 1999): Die Abfallmengen gingen zurück und besonders drastisch verringerten sich die nichtverwertbaren Abfälle. Zugleich entstanden in
der öffentlichen Abfallwirtschaft Verbrennungsanlagen mit einem sehr hohen
technischen Standard und in der privaten Wirtschaft vergleichbar hochentwik-
kelte Verwertungsanlagen. Der Ende der achtziger Jahre noch befürchtete Müllnotstand konnte damit abgewendet werden. Unerwarteter Weise kam es aber
zum paradoxen Phänomen des Müllmangels. Abfälle sind zwar ein volkswirt-
schaftliches Übel. Doch nun erschienen sie auf einmal als knappes „Gut", um das
sich private und öffentliche Entsorgungswirtschaft einen heftigen Konkurrenz-
kampf lieferten und noch heute liefern. Mit den verringerten Abfallmengen
konnten die Abfallentsorgungskapazitäten nicht mehr ausgelastet werden, so
dass die Beseitigungspreise drastisch sanken. Dadurch entsteht ein doppeltes
Problem: Der Wettbewerb ist so ruinös, dass die Entsorger nicht mehr kosten-
deckend arbeiten, was entweder zu einer Gefährdung der Entsorgungsstruktur
führt oder die Steuer- und Gebührenzahler mit zusätzlichen Kosten belastet. Auf
der anderen Seite reduziert sich durch die Verringerung der Abfallkosten für die
Abfallerzeuger der Anreiz, Abfälle zu vermeiden oder zu verwerten. Dieses Beispiel zeigt, dass auch eine erfolgreiche Politik im Sinne der Nachhaltigkeit nicht
davor sicher ist, unerwartete neue Probleme zu erzeugen.

Was aber sind die politischen Voraussetzungen, dass es überhaupt zu einer
erfolgreichen Umweltpolitik kommt, die die Umweltprobleme bewältigen kann?
Diese Politik kommt nicht zustande, wenn alle Akteure nur ihre engen partikula-
ren Interessen verfolgen, sich also ausschließlich in einer Weise verhalten, die
dem oben dargestellten Modell des homo oeconomicus entspricht. Eine Politik
im Sinne der Nachhaltigkeit setzt voraus, dass wenigstens ein Teil der politischen
Akteure nicht nur sachliche und politische Kompetenz hat, sondern mit einem
Blick auf das Ganze der politischen Gemeinschaft handelt. Das bedeutet, diese
Akteure müssen versuchen, alle wichtigen Interessen wirtschaftlicher Akteure,

aber auch der Institutionen in angemessener Weise zu berücksichtigen und zugleich die Existenz des politischen Ganzen für die Zukunft zu sichern. Der in der politischen Philosophie geläufige Inbegriff dieser Ziele lautet politische Gerechtigkeit, und hierzu gehört, wie wir nun sagen können, ein prinzipiell unbegrenzter Zeithorizont. Eine nachhaltige Entwicklung hängt demnach entscheidend davon ab, dass in der Politik neben der Kompetenz ein Interesse an Gerechtigkeit wirksam wird. Wir haben den Menschen insofern er dieses Interesse entwickelt als homo politicus begriffen (Faber, Manstetten, Petersen 1997).

Der Wille zur Nachhaltigkeit kann demnach in der Politik wirksam werden, indem er das Interesse an Gerechtigkeit entwickelt. Es ist eine verbreitete Sichtweise, dass sich dieses Interesse an Gerechtigkeit fast ausschließlich bei den einzelnen Bürgern findet, die die politische Öffentlichkeit bilden. Politikern, Interessenverbänden und der öffentlichen Verwaltung unterstellt man dagegen meist, sich nur an ihren spezifischen Partikularinteressen zu orientieren. In dieser Sichtweise fallen daher das Interesse an Nachhaltigkeit auf der einen Seite und politische Macht und Kompetenz auf der anderen auseinander.

Diese Sicht ist indessen einseitig und sieht die Chancen einer nachhaltigen Politik zu pessimistisch. Bei genauerem Hinsehen zeigt sich, dass auch Träger politischer Macht, etwa die Umweltverwaltung, ein ernsthaftes Interesse an Nachhaltigkeit entwickeln können, das z.B. im Fall der Ministerialverwaltung beharrlicher und stetiger verfolgt wird, als dies die Öffentlichkeit häufig tut (Petersen, Faber 2000).

VII. Chancen einer nachhaltigen Entwicklung

Wir hatten uns in den Abschnitten I bis III unseres Aufsatzes mit der Frage beschäftigt, wie wir den Menschen auffassen müssen, um ihm ein Interesse an Nachhaltigkeit zusprechen zu können – stärker noch, inwieweit der Mensch sich zu nachhaltigem Verhalten als verpflichtet ansehen kann. Mit der Konzeption des homo oeconomicus und dem ihm zugrunde liegenden Menschenbild lassen sich weder ein solches Interesse noch eine Verpflichtung zur Nachhaltigkeit vereinbaren. Der Mensch, insofern er nur ein durch seine Bedürfnisse oder Präferenzen bestimmtes Wesen ist, hat weder ein Motiv noch überhaupt einen Anlass, sich um die Erhaltung der Menschengattung oder die Interessen künftiger Generationen zu sorgen. Einen solchen Anlass hat der Mensch nur, wenn er sich selbst und seine eigene Existenz als prinzipiell unbedingten Zweck an sich, d. h. als einen Zweck, der in keiner Weise zur Disposition steht, oder – in der Sprache der Religion gesagt – sich als Bild eines Absoluten, als „Darstellung des Unbedingten" (Spaemann 1989: 128), begreift. Bild eines Absoluten ist der Mensch, wie wir dargelegt haben, in seiner Vernunft, die ihn dazu befähigt, die Fixierung auf seine individuellen Bedürfnisse und Wünsche zu überschreiten.

Was bedeutet das aber für die Frage, inwieweit sich ein Wille zur Nachhaltigkeit durchsetzen kann? Eine Antwort auf diese Frage versucht auch die Umweltökonomik zu geben. Die Umweltökonomik betrachtet das Handeln wirtschaftlicher Akteure ausschließlich auf der Basis des homo oeconomicus. Sie legt ihren Analysen also eine Abstraktion zugrunde, die nur eine sehr begrenzte Seite des Menschen erfasst. Dies ist wissenschaftlich zweifellos legitim. In ihren wirtschaftspolitischen Empfehlungen jedoch richtet sich die Umweltökonomik gerade nicht an den homo oeconomicus, sondern an einen Menschen, der ein Interesse an Nachhaltigkeit hat. Ihren Empfehlungen wird jedoch, wie häufig beklagt wird (Kirchgässner 1997: 27), wenig Beachtung geschenkt. Deswegen neigen Umweltökonomen dazu, ein skeptisches Bild der Möglichkeit zur Nachhaltigkeit zu zeichnen.

Diese Skepsis der Umweltökonomik, die auch außerhalb der Wirtschaftswissenschaft auf Resonanz stößt (vgl. etwa Jänicke 1986, Wilhelm 1994), rechtfertigt sich durch die Sache allenfalls zum Teil; denn die Umweltökonomik arbeitet nicht nur im Verständnis menschlichen Handelns mit einer Abstraktion, sie lässt auch wesentliche Elemente der conditio humana außer Acht, die zu einer Einschätzung der Chancen von Nachhaltigkeit von wesentlicher Bedeutung sind. Wir haben diese Elemente in Abschnitt V erläutert.

Wenn man beachtet, dass menschliches Handeln ein Handeln in der Zeit ist und mit den Problemen der Kuppelproduktion, des Unwissens und der nur langsam veränderbaren Bestände konfrontiert ist, kommt man zu einer anderen Beurteilung der Chancen eines Willens zur Nachhaltigkeit: Auch ein schwach ausgeprägter Wille kann vieles erreichen, wenn er wenig tut, darin aber beharrlich bleibt und sein Ziel nicht aus den Augen verliert. Nachhaltigkeit braucht Zeit. Gerade im Wenigtun liegt sogar die eigentliche Chance eines Willens zur Nachhaltigkeit. In der Komplexität der modernen Welt können Bestände und Strukturen ohne Gefahr nur langsam verändert werden. Angesichts des Unwissens können wir niemals ausschließen, bei unseren Entscheidungen in eine falsche Richtung zu gehen. Fehler und Verirrungen lassen sich um so leichter korrigieren, je langsamer man geht. Mit dieser Einsicht tut sich die heutige Wissenschaft schwer. Schwer tut sich die Wissenschaft, weil sie in jedem Unwissen nur die Aufgabe sieht, es zu beseitigen. Unserer Meinung nach stellt die Nachhaltigkeit jedoch die Forderung, mit dem Unwissen in anderer Weise umzugehen, nämlich es zu akzeptieren und es als positives Element in die eigene Konzeption zu integrieren.

Literatur

Arendt, Hannah: Vita Activa oder Vom tätigen Leben. München 1981.

Aristoteles: Die Nikomachische Ethik. Übersetzt und herausgegeben von Olof Gigon. München 1972.

Baumgärtner, Stefan: Ambivalent joint production and the natural environment. Heidelberg 2000.

Binswanger, Hans Christoph: Der Wald und das Dilemma der Ökologie, Süddeutsche Zeitung Nr. 62 (2000), 28.

Birnbacher, Dieter: Verantwortung für zukünftige Generationen. Stuttgart 1988.

Brown, G. M./Johnson, R. W.: Pollution control by effluent charges: It works in the Federal Republic of Germany, why not in the U.S.?, Natural Resources Journal 22 (1984), 929-966.

Buchanan, James M.: The limits of liberty. Chicago 1975. Deutsch: Die Grenzen der Freiheit. Tübingen 1984.

BUND/Misereor (Hrsg.): Zukunftsfähiges Deutschland. Basel 1995.

Faber, Malte/Manstetten, Reiner/Petersen, Thomas: Homo politicus and homo oeconomicus. Political economy, constitutional interest and ecological interest. Kyklos 50 (1997), 457-483.

Faber, Malte/Manstetten, Reiner/Proops, John: Ecological economics. Concepts and methods. Cheltenham 1996.

Faber, Malte/Proops, John L.R.: Economic action and the environment. In: Thackwray S. Driver/Graham P. Chapman (Hrsg.), Time-scales and environmental change. London 1996, 196-217.

Faber, Malte/Proops, John L.R. /Baumgärtner, Stefan: All production is joint production – a thermodynamic analysis. In: Sylvie Faucheux/John Gowdy/Isabele Nicolai (Hrsg.), Sustainability and firms. Cheltenham 1998, 131-158.

Faber, Malte/Proops, John L.R./Speck, Stefan: Capital and time in ecological economics. A neo-austrian modelling. Cheltenham 1999.

Faber, Malte/Stephan, Gunter/Michaelis Peter: Umdenken in der Abfallwirtschaft. 2. überarbeitete und ergänzte Auflage. Berlin 1989.

Green, Donald P./Shapiro, Ian: Rational Choice. München 1999.

Hobbes, Thomas: Leviathan. Herausgegeben und eingeleitet von Iring Fetscher. Frankfurt/M. 1976.

Institut der Deutschen Wirtschaft Köln (Hrsg.): Zahlen zur wirtschaftlichen Entwicklung der Bundesrepublik Deutschland. Köln 1995.

Jänicke, Martin: Staatsversagen. München 1986.

Jonas, Hans: Das Prinzip Verantwortung. Frankfurt/M. 1979.

Kant, Immanuel: Werke in sechs Bänden. Herausgegeben von Wilhelm Weischedel. Darmstadt 1960.

Kirchgässner, Gebhard: Homo oeconomicus. Tübingen 1991.

Kirchgässner, Gebhard: Nachhaltigkeit in der Umweltnutzung. Zeitschrift für Umweltpolitik 1/1997, 1-34.

Klauer, Bernd: Nachhaltigkeit und Naturbewertung. Heidelberg 1998.

Klauer, Bernd/Baumgärtner, Stefan: Operationalization of the concept of sustainable development on different time scales. In: Sarah Dwyer/Udo

Ganslößer/Martin O'Connor (Hrsg.): Life Science – Dimensions. Fürth 1998, 175-194.

Knight, Frank: Risk, Uncertainty and profit. Boston 1921.

MacIntyre, Alasdair: After virtue. Notre Dame, Ind. [2]1984.

Manstetten, Reiner: Das Menschenbild der Ökonomie. Freiburg 1999.

Manstetten, Reiner/Hottinger, Olaf/Faber, Malte: Zur Aktualität von Adam Smith: Homo oeconomicus und ganzheitliches Menschenbild. Homo Oeconomicus 15 (1998), 127-168.

Petersen, Thomas: Vermeiden und Verwerten von Abfällen. In: Gottfried Hösel/Werner Schenkel/Helmut Schnurer/Bernd Bilitewski (Hrsg.): Müll-Handbuch. Berlin, Lieferung 7/00, Nr. 1505 (2000), 1-13.

Petersen, Thomas/Faber, Malte: Bedingungen erfolgreicher Umweltpolitik im deutschen Föderalismus. Zeitschrift für Politikwissenschaft 1 (2000), 5-41.

Petersen, Thomas/Faber, Malte/Herrmann, Beate: Vom „Müllnotstand" zum „Müllmangel". Die neuere Entwicklung in der deutschen Abfallwirtschaft. Müll und Abfall 31 (1999), 537-545.

Petersen, Thomas/Faber, Malte/Manstetten, Reiner: Konsens und Umweltpolitik. Diskussionsschrift Nr.266 des Alfred-Weber-Instituts für Sozial- und Staatswissenschaften der Universität Heidelberg. Heidelberg 1998.

Pigou, Arthur: The economics of welfare. London 1920.

Söllner, Fritz: Who needs homo politicus? A note on Faber, Manstetten, Petersen. Kyklos 51 (1998), 417-425.

Spaemann, Robert: Nebenwirkungen als moralisches Problem. In: Robert Spaemann: Zur Kritik der politischen Utopie. Stuttgart 1977, 167-182.

Spaemann, Robert: Glück und Wohlwollen. Stuttgart 1989.

Tugendhat, Ernst: Vorlesungen über Ethik. Frankfurt/M. 1993.

Umweltbundesamt: Nachhaltiges Deutschland. Wege zu einer dauerhaft umweltgerechten Entwicklung. 2., durchgesehene Auflage. Berlin 1998.

Wald, Abraham: Statistical decision functions. New York 1950.

Weber, Max: Politik als Beruf. In: Max Weber: Gesammelte Politische Schriften, hrsg. von Johannes Winckelmann. Tübingen 1988, 505-560.

Weimann, Joachim: Umweltökonomik. Eine theorieorientierte Einführung. Heidelberg [3]1995.

Weizsäcker, Ernst Ulrich von/Lovins, Armory B./Lovins, L. Hunter: Faktor vier. Doppelter Wohlstand – halbierter Naturverbrauch. München 1995.

Wieland, Wolfgang: Verantwortung – Prinzip der Ethik? Heidelberg 1999.

Wilhelm, Sighard: Umweltpolitik. Opladen 1994.

Johannes Caspar

Generationen-Gerechtigkeit und moderner Rechtsstaat – Eine Analyse rechtlicher Beziehungen innerhalb der Zeit

Einleitung

Neben herkömmlichen Verteilungsfragen zwischen räumlich und zeitlich miteinander um knappe Güter und soziale Positionen konkurrierenden Individuen werfen auch immer stärker die Beziehungen entfernter Generationen zueinander Gerechtigkeitserwägungen in ganz unterschiedlichen Anwendungsfeldern auf. Das Problem der Gerechtigkeit zwischen den Generationen stellt einen Ausschnitt aus dem vielschichtigeren Verhältnis zwischen Zeit und Recht dar. Es lohnt sich daher, vorab die grundsätzliche Bedeutung der Zeitdimension für die Gerechtigkeitsdebatte kurz zu skizzieren und den Untersuchungsgegenstand zunächst unter dieser extensiven Fragestellung einzukreisen. Nach einer Darstellung der wichtigsten praktischen Anwendungsbereiche einer generationenübergreifenden Konzeption erfolgt der Versuch einer Grundlegung einer Theorie der Gerechtigkeit im modernen Rechtsstaat über die Generationengrenzen hinaus. Eine Konstruktion, die den erweiterten zeitlichen Bezugsrahmen erfassen und zur Lösung der skizzierten Verteilungsfragen beitragen will, setzt zunächst ein normatives Fundament für die Verbindlichkeit von Pflichten gegenwärtiger gegenüber künftiger Generationen voraus. Des weiteren gilt es, das Verhältnis zwischen den Interessen gegenwärtiger und künftiger Generationen zu klären und die Bedeutung von Zeitpräferenzen für eine intergenerationelle Theorie der Gerechtigkeit zu untersuchen. Die Abhandlung schließt mit einer Bestimmung des Inhalts der intergenerationellen Pflichten.

1. Die Zeitimmanenz des Rechtsbegriffs

Das Recht kann nicht ohne eine Zeitlichkeit sein, wohl aber die Zeit ohne das Recht. Es ist eine Selbstverständlichkeit, daß sich Verteilungsfragen in ganz bestimmten Zeiträumen stellen, in denen sich Interessen artikulieren und nach Verwirklichung streben. Die Zeitdimension bildet damit den Entstehungszusammenhang, einen empirischen Urgrund für soziale Konflikte, die durch das Recht ausgetragen und entschieden werden.

Recht hat als soziales Instrument zur Distribution von knappen Gütern einen direkten Zukunftsbezug.[1] Es gestaltet, wirkt auf etwas formend ein. Diese Formgebung der sozialen Sphäre ist auf eine Dimension des Sollens gerichtet. Recht hat also einen unmittelbaren Anspruch zu gelten: es ist darauf gerichtet, andere an einem bestimmten Ort zu einer bestimmten Zeit zu verpflichten. Der Zukunftsbezug des Gelten-Sollens ist damit dem Rechtsbegriff immanent. Im rechtlichen Sollen ist die zeitliche Dimension einer Zukünftigkeit stets vorausgesetzt. Sein rechtlicher Geltungsanspruch liegt im Künftigen, ist dem Sein stets um die Länge des Normativen voraus: Immer dann, wenn ein bestimmter Tatbestand erfüllt ist, soll eine Rechtsfolge eintreten. Selbst die in die Vergangenheit zurückgreifende Frage: „War dies rechtens?" zielt letztlich ab auf eine künftig in Rechtsanwendungsprozeduren anzuordnende Rechtsfolge. Geht es um die Zusprechung eines Schadensersatzanspruchs, um die Verhängung einer Geldstrafe oder die Erteilung einer Baugenehmigung – stets gibt die Zeit den Rahmen des von Rechts wegen zu erfüllenden Verteilungsmodus vor; oder anders gewendet: Das Recht strukturiert die Zeit nach dem Kriterium des Geltensollens.

1.1 Die normative Ebene des Recht-Zeit-Verhältnisses

Die Zeitdimension des Rechts war in der Vergangenheit explizit eher selten Gegenstand rechtstheoretischer Untersuchungen.[2] Es verwundert daher, wenn sich bei näherer Betrachtung herausstellt, daß sich hinter dem Thema „Recht und Zeit" in erster Linie eine der zentralsten und umstrittensten rechtsphilosophischen Fragestellungen verbirgt: Die Abhängigkeit der Rechtsordnung von räumlich-zeitlich interagierenden Subjekten führt zurück auf den fundamentalen normativen Grundwiderspruch zwischen einer in seiner Geltung scheinbar zeitlos gültigen Natur- oder Vernunftrechtsordnung einerseits und einer im zeitlichen und räumlichen Kontext erst erzeugten besonderen Rechtswirklichkeit. Hinter der Zeitdimension des Rechts erhebt sich letztlich die fundamentale Frage der Rechtsphilosophie, ob das gesetzlich erzeugte Recht, um Geltungskraft zu erlangen, ein Mindestmaß an normativer Richtigkeit aufweisen soll. Hier eröffnen sich aktuelle Felder der rechtsphilosophischen Debatte. Der fundamentale

---

[1] Ähnlich Birnbacher mit Hinweis auf den Zukunftsbezug moralischer Normen, Verantwortung für zukünftige Generationen, Stuttgart 1988, S. 93.

[2] Tamello, Über die Zeitdimension der Gerechtigkeit, in: Internationale Festschrift für Alfred Verdross zum 80. Geburtstag, hrsg. v. Marcic u.a., München 1971, S, 265ff; sowie grundlegend Saladin/Zenger, Rechte künftiger Generationen, Basel 1988; zu einer umfassenden Untersuchung unter besonderer Berücksichtigung des positiven Rechts s. Winkler, Zeit und Recht. Kritische Anmerkungen zur Zeitgebundenheit des Rechts und des Rechtsdenkens, Wien 1995; Kirste, Die Zeitlichkeit des positiven Rechts und die Geschichtlichkeit des Rechtsbewußtseins. Momente der Ideengeschichte und Grundzüge einer systematischen Begründung, 1998; vgl. im übrigen Baumann, Recht, Gerechtigkeit in Sprache und Zeit, Zürich 1991.

Grundstreit zwischen dem Rechtspositivismus einerseits, wonach kein notwendiger Zusammenhang zwischen Recht und Moral besteht, und einer gerechtigkeitsorientierten Auffassung andererseits, die einen Zusammenhang zwischen normativer Geltung und dem Rechtsbegriff vertritt[3], läßt sich ohne weiteres auch auf den Widerspruch zwischen zeitlich bedingtem und zeitlos richtigem Recht zurückführen. Das Problem der Geltung nationalsozialistischen gesetzlichen Unrechts – in den 90er Jahren dann die rechtliche Aufbarbeitung von vier Jahrzehnten der SED-Herrschaft – kreisten vor allem um die Frage einer „Überzeitlichkeit" des Rechts: Es geht um die Überprüfbarkeit machtstaatlicher Anordnungen durch einen dem Recht vorausliegenden normativen Mindeststandard.

Die wirkungsmächtige Lehre G. Radbruchs von der Nichtigkeit des gesetzlichen Unrechts enthält eine Formulierung, die das Verhältnis zwischen Recht und Zeit auf den Punkt bringt: Neben dem Prinzip der Rechtssicherheit steht dabei ein variabler, der Zeitlichkeit gegenüber geöffneter Rechtsbegriff, der den Auswüchsen machtstaatlicher Willkür eine gerechtigkeitsorientierte, zeitlos gültige Rechtsidee entgegenhält: „Der Konflikt zwischen der Gerechtigkeit und der Rechtssicherheit dürfte dahin zu lösen sein, daß das positive, durch Satzung und Macht gesicherte Recht auch dann Vorrang hat, wenn es inhaltlich ungerecht und unzweckmäßig ist, es sei denn, daß der Widerspruch des positiven Gesetzes zur Gerechtigkeit ein so unerträgliches Maß erreicht, daß das Gesetz als ‚unrichtiges Recht' der Gerechtigkeit zu weichen hat."[4]

Die Radbruchsche Formel beinhaltet somit eine dem geschichtlichen Wandel vorgelagerte Formulierung des Rechtsbegriffs tendenziell mit Ewigkeitscharakter. Dennoch entrinnt auch diese Fassung nicht den mehr oder weniger kontingenten historischen Rahmenbedingungen ihrer Anwendung: Wann im Einzelfall gesetzliches Unrecht vorliegt, wird in ganz bestimmten Zeitabschnitten von auf vielfältige Art und Weise in ihre eigene Geschichte verstrickten Subjekten entschieden. Damit ist deren jeweiliges Vorverständnis für die nachträgliche Aberkennung der Geltungskraft von Rechtsnormen wesentlich maßgebend. Die rückwirkend wegfallende Bestimmungskompetenz über Recht und Unrecht, die eine nachträgliche Beurteilung von vormals systemkonformem Verhalten ermöglicht und mit der Anwendung der Lehre vom gesetzlichen Unrecht unmittelbar verbunden ist, wird von den Betroffenen nicht selten als Verlust der eigenen Identität empfunden. Die zerbrochene „Norm"-alität durch die strafrechtliche Aufarbeitung der SED-Diktatur erleben Entscheidungsträger und Mitläufer des Systems als Fremdbestimmung, als „Siegerjustiz".

Das jeweilige Ausmaß der historischen Mitverantwortung scheint dabei einen erheblichen Unterschied in der Akzeptanz einer derartigen strafrechtlichen

---

[3] Zu den verschiedenen Varianten des Rechtsbegriffs s. etwa Dreier, Recht – Staat – Vernunft, S. 95 ff.; Alexy, Begriff und Geltung des Rechts, 2. Aufl. 1994.
[4] Radbruch, Rechtsphilosophie, 8. Auflage, 1973, S. 339 f.

Vergangenheitsbewältigung zu begründen.[5] Aus dem Vorverständnis eines geschichtlichen Erfahrungshorizonts des sich dieser Formel bedienenden Rechtsanwenders resultiert letztlich auch der allgemeine Ideologieverdacht, den jeder die Zeitlichkeit und das positive Recht überragende Rechtsbegriff notwendig auf sich zieht. Die Radbruchsche Formel mit ihrer umstrittenen Bedeutung für die juristische Praxis bestätigt somit exemplarisch die Abhängigkeit scheinbar überzeitlichen Rechts und seiner sinnvariierenden Formeln von dem zeitlich geprägten Bewußtsein der Rechtsanwender.

1.2 Die effizienzorientierte Sichtweise des Recht-Zeit-Verhältnisses

Neben der normativen Lesart existiert nun noch eine vornehmlich funktionalistisch ausgerichtete Version des Problemverhältnisses Recht-Zeit: Aus dieser Perspektive geht es um eine *Verkürzung* der Zeitdimension von Rechtsanwendungsprozeduren. Im Zeitalter der Globalisierung gewinnt die Zeitlichkeit des Rechtsvollzugs und der flexiblen, bedürfnisorientierten Zulassungsverfahren eine eminente ökonomische Bedeutung. Unter dem Slogan „Zeit ist Geld" stellt sich in diesem Zusammenhang betrachtet die Frage: Welche Zeiträume kann sich ein Rechtssystem für die Verfahren zur Konfliktlösung in einer weltweiten Situation des marktwirtschaftlichen Wettbewerbs leisten? Effizienz stellt also in erster Linie einen an das Recht herangetragenen außerjuristischen Zweck dar, dessen Berücksichtigung sich insbesondere aus ökonomischen Gründen rechtfertigt.[6] Der Ansatz, sich unter Effizienzerwägungen mit der Problematik zu beschäftigen, wirkt sich weniger in einer genuin gerechtigkeitsrelevanten, sondern vornehmlich in einer den allgemeinen Nutzen maximierenden Weise aus.

Freilich bleibt zu beachten, daß je nach dem zugrundeliegenden Konzept der Gerechtigkeit die Effizienz des Rechts selbst für die ethische Beurteilung einer Regelung oder Handlung entscheidend sein kann. In einer rein folgenethi-

---

[5] Zur Aufarbeitung des NS-Unrechts durch die deutschen Gerichte nach 1945 instruktiv Müller, Furchtbare Juristen. Die unbewältigte Vergangenheit unserer Justiz, München 1987; Zur Radbruchschen Formel im Zusammenhang insbesondere mit den Mauerschützenurteilen s. Kaufmann, Die Radbruchsche Formel vom gesetzlichen Unrecht und vom übergesetzlichen Recht in der Diskussion um das im Namen der DDR begangene Unrecht, JZ 1995, S. 81 ff, sowie Alexy, Mauerschützen. Zum Verhältnis von Recht, Moral und Strafbarkeit, Göttingen 1993.

[6] In diesen Sinne zum Begriff der Effizienz Schmidt-Aßmann, der Effizienz im wirtschaftswissenschaftlichen Sprachgebrauch als Maßgröße für das Verhältnis der eingesetzten Mittel (Kosten, Ressourcen) zu dem erzielten Erfolg (Nutzen, Ziel) versteht, Effizienz als Herausforderung an das Verwaltungsrecht – Perspektiven der verwaltungsrechtlichen Systembildung, in: Hoffmann-Riem/Schmidt-Aßmann, Effizienz als Herausforderung an das Verwaltungsrecht, Baden-Baden 1998, S. 249f; zur Effizienzorientierung durch Vertreter der ökonomischen Analyse des Rechts s. Schwintowski, Ökonomische Theorie des Rechts, JZ 1998, S. 582; auf eine normativ-rechtliche Verankerung des Effizienzprinzips verweist demgegenüber Hoffmann-Riem, Effizienz als Herausforderung des Verwaltungsrechts, a.a.O., S. 19 ff.

schen Version wäre die gemeinwohlorientierte Funktion des Rechts bei der Güterverteilung eine unmittelbare Bezugsgröße für die normative Richtigkeit. Entscheidend ist dann das Überwiegen von positiven oder negativen durch das Recht *erzeugten Folgen* für die Rechtsgemeinschaft. Zeit fungiert in dieser Version selbst als knappe Ressource des Rechts und wird zum Zuteilungsfaktor der das Wirtschaftsleben mitkonstituierenden Rechtsgewährungs- und Rechtsfindungsprozeduren. Beschleunigung, nicht mehr der gerechte Zuteilungsmodus beherrscht in diesem Fall die Erwartungen an den Output des Rechtssystems. Deutlich standen die gesetzgeberischen Maßnahmen der letzten Jahre im Zeichen eines globalen Ökonomismus, der sich durch Verkürzung des Zeitrahmens für Rechtsanwendungsprozeduren vom Umwelt- über das Planungs- und das Baurecht hin zum allgemeinen Verwaltungsprozeß- und dem Verwaltungsverfahrensrecht auch innerhalb des Rechtssystems niederschlug.

Der Rechtsstaat wird im Rahmen dieser effizienzorientierten Sichtweise als Dienstleister verstanden, dessen Aufgabe es ist, die günstigen Bedingungen für eine funktionierende Rechts- und Wirtschaftskultur bereitzustellen. Hierzu gehört, daß er eine Vielzahl von Verfahren nachfragegerecht anbietet und eine Konfliktbewältigung in möglichst kurzen Zeitabläufen garantiert.[7]

1.3 Effizienz und Richtigkeit – ein Widerspruch?

Die beiden Aspekte des Recht-Zeit-Verhältnisses weisen trotz ihrer Gegensätzlichkeit verschiedene Berührungspunkte. Es gilt zu unterscheiden zwischen einer geltungsorientierten und einer effizienzorientierten Sichtweise. Während unter der geltungstheoretischen Version die Frage aufgeworfen wird, ob und inwieweit das Recht die Zeit als erratischen Block überlagert, eine Persistenz gegenüber dem historischen Wandel der Anschauung und Denkungsart von Gesellschaften beansprucht, gerät unter dem Gesichtspunkt der Effizienz die zeitliche Dimension selbst zu einer bestimmenden Kategorie der Rechtsanwendung: Hier geht es um die Anpassungsfähigkeit des Rechts im Dienst einer beschleunigten Rechtszuteilung.

Der Widerspruch zwischen den beiden unterschiedlichen Sichtweisen scheint auf den ersten Blick kaum überbrückbar. Eine Ausrichtung des Rechts auf die Effizienz unter wirtschaftlichen Gesichtspunkten kann Investitionssicherheit schaffen, innovative Entwicklungen anstoßen und technische Realisationen auf den Weg bringen. Allerdings entspricht nicht alles, was von ökonomischem Nutzen ist, auch dem normativen Ideal des Gesollten. Im Gegenteil: Die effizienzbezogene Sichtweise neigt dazu, zugunsten der Wirtschaftlichkeit von Rechtsanwendungsprozeduren den Aspekt der normativen Richtigkeit bzw. der Gerechtigkeit zu vernachlässigen. Recht und Unrecht verlieren unter Beschleu-

---

[7] Zur Beschleunigung von Verwaltungsverfahren als Effizienzproblem, s. etwa Bullinger, DVBl. 1992, S. 1463 ff.

nigungsaspekten ihre kategoriale Bedeutung. Die Zeit wird als eine kostbare Ressource behandelt, die durch die oftmals langwierigen Zuteilungsprozeduren des
Rechts nicht verbraucht werden darf. Der ökonomische Wert der Zeit wird hierbei notwendig auf den normativen Begriff des Richtigen verrechnet. Somit bleibt
die Ausrichtung auf die ökonomische Effizienz auch in prozeduraler Hinsicht
nicht ohne Wirkung: Diskursive bzw. partizipatorische Elemente insbesondere
im Umweltrecht hemmen schnelle Entscheidungen, was sich im Rahmen eines
globalisierten Wettbewerbs als Standortnachteil für potentielle Investoren erweist – die Folge ist ein Abbau von Verfahrensrechten Drittbetroffener.

Trotz aller Aporien zwischen beiden Sichtweisen darf die Schnittmenge zwischen Effizienz und Gerechtigkeit nicht übersehen werden: Eine gerechtigkeitsorientierte Theorie kommt nicht ohne Bezugnahme auf die zeitliche Dauer von
Rechtsanwendungsprozeduren aus, während umgekehrt eine Diskussion um die
Beschleunigung von Verfahren stets nur Sinn macht, soweit die rechtsstaatlichen
Garantien der Verfahrensgerechtigkeit nicht gänzlich außer acht gelassen werden;
denn wo die zeitliche Dauer von Verfahren zur Rechtsverweigerung gerät, nimmt
der normative Grundgedanke des Rechts unmittelbar selbst Schaden. Eine Entscheidung, auf die die Parteien jahrelang warten müssen, läßt elementare Bedürfnisse der Rechtsstaatlichkeit vermissen. Die Rechtssicherheit ist immer auch Bestandteil der normativen Erwartungshaltung, die von den Rechtsgenossen an die
staatliche Rechtsfindungsprozeduren gestellt werden. Umgekehrt aber gilt, daß
die Beschleunigung keinen Selbstzweck darstellen darf, will man nicht beim reinen Dezisionismus enden. Insoweit wird die funktionale Sicht einer Beschleunigung des Rechts stets auch die essentiellen Bedürfnisse einer gerechtigkeitsopti-
mierenden Verfahrensweise mit berücksichtigen müssen.

2. Zum Problem der intergenerationellen Gerechtigkeit

Soweit die soeben angeführten unterschiedlichen Sichtweisen des Recht-Zeit-
Verhältnisses betroffen sind, haben sowohl das Thema „Beschleunigung" als auch
die Frage nach dem richtigen Rechtsbegriff – wenn auch nicht im hier erörterten
Zusammenhang – jeweils hinreichende Beachtung in der Forschungsliteratur
gefunden.[8] Vorliegend wird die Darstellung sich daher einem weniger zentralen
Ausschnitt unter dem *normativen* Aspekt des Recht-Zeit-Verhältnisses zuwen-

---

[8] Das Schrifttum zur Beschleunigungsproblematik ist überaus reichhaltig; hier sei nur
verwiesen auf Lübbe-Wolff, Beschleunigung von Genehmigungsverfahren auf Kosten des
Umweltschutzes. Anmerkungen zum Bericht der Schlichter-Kommission, ZUR 1995, S. 59 ff.;
Caspar, Ausverkauf oder Flexibilisierung des Umweltschutzes, ZRP 1995, 410 ff., sowie aus
ökonomischer Perspektive auf Gawel, Der Abbau präventiver Kontrollen aus wirtschaftswissenschaftlicher Sicht – Beschleunigung um welchen Preis?, in: Koch, (Hrsg.) Aktuelle Probleme des Immissionsschutzrechts, 1998, S. 91 ff. Zum nicht minder prominenten Streit um
den Rechtsbegriff in der Rechtsphilosophie hier etwa Dreier, Recht-Staat-Vernunft, S. 95 ff,
sowie Alexy, Begriff und Geltung des Rechts, 2. Aufl. 1994.

den, der bislang in der Diskussion eher zu kurz kam: Gemeint ist die Frage nach der zeitlichen Dimension der Gerechtigkeit in Form einer zwischen dem Staat und seinen Bürgern herzustellenden gerechten Verteilung über den zeitlichen Bezugsrahmen der Generationengrenzen hinaus.

2.1 Zur Zukunftsdimensioniertheit modernen staatlichen Handelns – Vom Ordnungsstaat zum Sozial- und Umweltstaat

Es wurde bereits hervorgehoben, daß der Geltungsanspruch des Rechts stets eine in die Zukunft hineinragende Sollensforderung enthält. Abgesehen von dieser allem Recht immanenten Künftigkeit war die Zeitdimension zumeist jedoch nur in einem *vertikalen* Sinne von Bedeutung. Das Sollen galt vormals räumlich und zeitlich unmittelbar miteinander agierender Menschen und deren aktuellen Interessen. Die Zeitdimension des Rechts gewann erst innerhalb der Entwicklung vom liberalistischen Ordnungsstaat zum modernen Vorsorgestaat, der nicht nur dem Rechtsgüterschutz, sondern auch zusehends der sozialen Vorsorge diente, an Bedeutung. Erst der soziale Rechtsstaat übernimmt insoweit die Verantwortung für eine gerechte Verteilung, bei der auch die Belange der sozial Schwachen mit einbezogen sind. Aller gegenwärtigen Reformbedarfe der Institution „Sozialstaat" zum Trotz, kommt ihm die gewaltige historische Leistung zu, die im Verlauf des 19. Jahrhunderts auftretenden die Klassengegensätze zwischen Arm und Reich, zwischen Besitzenden und abhängig Beschäftigten auszugleichen.[9] Der Erfolg dieses Modells verdankt sich seiner ausgeprägten Fähigkeit zur Synthese: Einerseits garantiert der moderne Vorsorgestaat eine weitgehend ungehinderte Entfaltung der ökonomischen Freiheitsrechte, andererseits greift er in das Marktgeschehen ein, soweit dies unter dem Aspekt der sozialen Gerechtigkeit erforderlich wird. Mit der Schaffung der sozialen Sicherungssysteme hat die staatliche Aufgabenverantwortlichkeit einen enormen Zuwachs erhalten und dazu geführt, daß sich der Anwendungsrahmen einer staatlicherseits herzustellenden Gerechtigkeit in Richtung Zukunft ausgedehnt hat.[10] Neben der Stabilität der Volkswirtschaft steht hier vor allem die Funktionsfähigkeit der Sozialversicherungssysteme im Vordergrund.

[9] Diese neue Aufgabe einer in die Zukunft hineinragenden staatlichen Gestaltungsverantwortung brachte Forsthoff mit dem Begriff der Daseinsvorsorge zum Ausdruck. Ausgehend von der Bedürftigkeit in der arbeitsteiligen und komplexen Massengesellschaft fällt dem Staat die Aufgabe zu, dafür Sorge zu tragen, daß „die einzelnen Staatsgenossen im Zustand weitgehender sozialer Bedürftigkeit ihr Dasein weiterführen können", Forsthoff, Verfassungsprobleme des Sozialstaats, 1954, S. 7.

[10] Wenn Koller im Hinblick auf die Entwicklung der Menschenrechte von einer fortschreitenden Expansion in einer inhaltlichen und einer räumlichen Dimension spricht, so bleibt als dritte Dimension noch auf die *zeitliche Expansion* hinzuweisen, vgl. Koller, Der Geltungsbereich der Menschenrechte, in: Philosophie der Menschenrechte, hrsg. v. Gosepath/Lohmann, 1998, S. 96 ff.

Dieser Zuwachs der Staatsaufgaben markiert den Übergang von einer beschränkten *vertikalen zu einer horizontalen* staatlichen Verantwortung für Verteilungskonflikte. Im folgenden wird daher die synchron verlaufende Verteilung knapper Güter und Rechtspositionen als vertikale, der diachrone Verteilungsmodus als horizontale Gerechtigkeitsebene bezeichnet. Dadurch wird es möglich, alle Verteilungskonflikte in einem Koordinatensystem zu erfassen: Während auf der Abszissenachse die zeitliche Dimension, in der wir künftige Interessen zu berücksichtigen haben, abgebildet wird, macht die Eintragung auf der Ordinatenachse die Bedeutung bzw. Wertigkeit der jeweils ausgetragenen Konflikte für die Lebens- und Selbstverwirklichungschancen der Interessenträger sichtbar. Ein Beispiel: Eine sichere Entsorgung des anfallenden Atommülls stellt eine essentielle, nämlich die Gesundheit und das Leben betreffende Schutzpflicht dar, die wir nicht nur gegenwärtigen, sondern auch in ferner Zukunft existierenden Generationen schulden. Innerhalb des Koordinatensystems der Verteilungsgerechtigkeit ist eine derartige Verpflichtung daher in der äußersten rechten oberen Ecke zu verorten.

Das soeben genannte Beispiel zeigt bereits, daß eine andere, nicht minder wichtige Entwicklungslinie seit der zweiten Hälfte dieses Jahrhunderts zu einem noch weitreichenderen Bedeutungszuwachs der Zeitlichkeit im Recht als die Aufgabe der Sozialstaatlichkeit geführt hat: Gemeint ist die Verantwortung des Staats für die ökologischen Belange, die stärker als die sozialstaatlichen Fragestellungen eine über die herkömmlichen Zeitabläufe hinausgreifende Dimension der Verrechtlichung des menschlichen Verhaltens erfordern. Die langfristigen Folgen umweltschädigenden Verhaltens bedürfen in hohem Maße einer vorausschauenden gestaltenden und bewahrenden staatlichen Tätigkeit. Sie machen Eingriffe in die ökonomischen Freiheitsrechte erforderlich, und zwar nicht nur wegen der Interessen aktuell existierender Personen, sondern vor allem auch um die der künftigen Menschheit willen.

Unmittelbar im Zusammenhang mit den unterschiedlichen Aspekten der staatlichen Zukunftsvorsorge bleibt im folgenden zu klären, ob und inwieweit bei der Verteilung von knappen Gütern – seien es natürliche Ressourcen, Ämter, Positionen oder ganz allgemein finanzielle Mittel zur Subsistenzsicherung – auch künftige Interessen mitzubedenken und in welchem Maße diese gegenüber den aktuellen Bedürfnissen und Interessen der gegenwärtigen Gesellschaft zu gewichten sind. Damit ist letztlich die Bedeutung der *horizontalen Ebene* der Gerechtigkeit angesprochen.

In den letzten Jahren haben die Verteilungskonflikte zwischen den Generationen an Beachtung gewonnen. Schlagworte vom Krieg der Generationen[11], von einer gestohlenen Zukunft[12] oder einem Betrug an den Generationen[13] machten

---

[11] Mohl, Die Altersexplosion. Droht uns ein Krieg der Generationen?, Stuttgart 1993.

[12] Colborn/Dumanoski/Meyers, Our stolen future, London 1997; sowie Schüller, Wir Zukunftsdiebe. Wie wir die Chancen unserer Kinder verspielen, Berlin 1997.

die Runde. Derartige Formulierungen zeigen, daß neben der jahrtausendealten Frage nach dem Maß der Gerechtigkeit innerhalb real existierender Gesellschaften auch zunehmend die Frage nach einer Gerechtigkeit zwischen den Generationen von der Öffentlichkeit als wichtiges Anliegen empfunden wird. Nicht zufällig sind Krieg oder Betrug genuin juridische Begriffe: In diesen Zusammenhang gestellt, verweisen sie auf ein neues Verständis der Gerechtigkeit innerhalb einer generationenübergreifenden Zeitdimension.

2.2 Intergenerationelle und intragenerationelle Gerechtigkeit

Im rechtlichen Sollen ist die Zeit stets vorausgesetzt. Immer dann, wenn ein bestimmter Tatbestand erfüllt ist, soll eine Rechtsfolge eintreten. Die Zeit ergibt – wie bereits zuvor dargestellt – das Maß des sich von Rechts wegen zu erfüllenden Sollens. Nun bleibt damit aber offen, wie weit das jeweilige Gelten-Sollen reicht. Die äußerste Grenze der Rechtspflicht markiert der Zeitpunkt der Erfüllung – das Gesollte. Im allgemeinen bleibt die Dauer der Rechtsgeltung kontingent: Die Pflicht, den Kaufpreis bei Fehlerhaftigkeit der Kaufsache zurückzuzahlen, hat eine andere zeitliche Geltungsdimension als die Pflicht des Staates, an einem Mörder eine lebenslange Freiheitsstrafe zu vollziehen. Der Unterschied ist hier nicht etwa, daß es sich in dem einen Fall um einen vertraglichen Rückabwicklungsanspruch, in dem anderen Fall um die Durchsetzung eines Gerichtsurteil handelt. Umgekehrt ließe sich an einen Jugendarrest und einen Leibrentenvertrag auf Lebenszeit denken, was die Geltungsdauer umkehren würde. Die zeitlich unterschiedliche Reichweite von Rechtspflichten ergibt sich daher aus der vom Recht statuierten Persistenz des Gelten-Sollens. Nicht selten resultiert sie aus der Natur der Sache: Die Pflicht der Sorge für die eigenen Kinder weist bereits in eine fernere Zukunft. Dennoch markiert der Begriff „Kind" die Endlichkeit der Rechtspflicht mit dem Stadium des Erwachsenseins. Ungleich weiter nach vorn greift die Pflicht zur Berücksichtigung künftiger Generationen. Sie impliziert zum einen, daß es Schutz und Achtungspflichten gegenüber künftigen Generationen gibt, solange es Generationen gibt. Darüber hinaus trifft die Existierenden für das künftige Sein von Generationen eine umfassende Einstandspflicht. Die Potentialität eines zukünftigen menschlichen Lebens wird zum direkten Regulativ einer im Hier und Jetzt angelegten Bedürfnisstruktur und verlangt nach einer Selbstbeschränkung aktueller Freiheitsansprüche.

Die Behandlung des Generationenproblems auf der Recht-Zeit-Ebene eröffnet eine neue Dimension staatlicher Verantwortung, die über die herkömmliche räumlich-zeitliche Dimension zwischen aktuell um knappe Güter konkurrierenden Individuen hinausgeht. Während selbst globale Probleme einer Verteilungsgerechtigkeit im großen und ganzen gegenwartsbezogen sind, betrifft die

---

[13] Tremmel, Der Generationenbetrug. Plädoyer für das Recht der Jugend auf Zukunft, Frankfurt 1996.

Frage nach einer intergenerationellen Gerechtigkeit eine andere Ebene der Zeitlichkeit des Rechts.

Um diesen Unterschied herauszuarbeiten, erscheint es notwendig, eine
möglichst scharfe Trennungslinie zwischen den verschiedenen zeitlichen Ebenen
zu ziehen. Hierzu sollen die Begriffe der in*tra*generationellen und der in*ter*generationellen Gerechtigkeit herangezogen werden. Üblicherweise legt man für die
Spanne einer Generation den Zeitraum von 30 Jahren zugrunde.[14] Insoweit gehört dann zur intragenerationellen Gerechtigkeit jedes innerhalb dieser Zeitspanne sich auswirkende Verteilungsarrangement. Die Beziehung zwischen drei
Generationen – Kind, Eltern, Großeltern – die in etwa ein Lebensalter ausmacht,
fiele nach dieser Definition dann unter den Begriff der intergenerationellen Gerechtigkeit.

Gleichwohl handelt es sich hierbei um eine die herkömmlichen Verteilungsfragen zwischen zeitlich miteinander kommunizierenden und interagierenden
Personen lediglich modifizierende Konstellation. So unterscheidet sich das Verhältnis kaum von den allgemeinen Beziehungen zwischen Personen und den
hieraus resultierenden Verteilungsfragen. Die Drei-Generationenbeziehung stellt
auf den ersten Blick lediglich einen besonderen Anwendungsfall einer herkömmlichen Theorie der (vertikalen) Gerechtigkeit dar. Schließlich leben alle drei Generationen zumindest für eine gewisse Zeitspanne gleichzeitig.[15] Dennoch
rechtfertigt sich eine Einbeziehung des Verhältnisses in die Untersuchung, zumal
die defizitären Strukturen bei der Repräsentierbarkeit der unmündigen Generation – der Generation der Kinder – gerade in demokratischen Willensbildungs-
prozessen der Ausblendung von Interessen künftiger Generationen entsprechen.
Freilich ist das Problem bei fehlender Gleichzeitigkeit im Verhältnis künftiger zu
gegenwärtigen Generationen noch fundamentaler. Die Zeit hat sich hier wie eine
unüberwindliche Wand zwischen sie geschoben. Sie können miteinander niemals
in eine Beziehung treten; in ihrem Verhalten fehlt eine reflexive Basis der Kommunikation ebenso wie eine emotionale Komponente, die gewöhlich zwischen
Personen unterschiedlichen Alters, aber gleicher Abstammung besteht. Dennoch
sind die Ursachen, die die einen setzen, Bestandteil der Lebenssituation, in die
die anderen hineingeboren werden.

Es mangelt an einer Schicksalsgemeinschaft der Gleichzeitigen, die das Verhalten zueinander moralisch und rechtlich relevant verknüpfen könnte. Ohne die
den Sollensgeboten analoge Verklammerung der Lebensinteressen zwischen den
Generationen treten die ungleichzeitigen Interessen in einen schwer aufzulösen-
den Widerspruch zueinander. Während die existierende Generation regelmäßig

---

[14] Interessant erscheint im übrigen, daß die allgemeine Verjährungsfrist in § 195 BGB mit
30 Jahren die Spanne einer Generation umfaßt. Offensichtlich markiert diese Geltungsdauer
eine Zäsur, die es rechtfertigt, einen Anspruch der Verjährungseinrede zu unterwerfen. Daß
freilich die meisten zivilrechtlichen Ansprüche kürzeren spezialgesetzlichen Verjährungsrege-
lungen unterfallen, liegt an den Bedürfnissen des Rechtsverkehrs.

[15] Zu den unterschiedlichen Generationenbegriffen näher Birnbacher, (Fn. 1), S. 23 ff.

ein Bedürfnis nach einem Leben in großem Wohlstand und maximaler Freiheit hat, richtet sich das spätere Interesse nachkommender Generationen auf die Weitergabe der für ihre Bedürfnisse und Lebenschancen günstigsten Bedingungen.

3. Zu den Anwendungsfeldern intergenerationeller Gerechtigkeit

Allen Anwendungsbereichen der intergenerationellen Gerechtigkeit – seien sie nun im herkömmlichen Sinne auf das Dreigenerationenverhältnis beschränkt oder über die Dauer einer Lebensspanne hinausreichend – ist gemeinsam, daß sie eine die Verteilung sicherstellende distributive Instanz erfordern: den Staat. Eine Verteilung zwischen den Generationen ließe sich durch Vertrag nur unzureichend herbeiführen. Das Instrument des Vertrags beruht auf der Autonomie handelnder Personen und damit auf der Fähigkeit zur unmittelbaren Eigenrepräsentanz bei der Vorteilsoptimierung der beteiligten Interessen. Im Verhältnis zwischen den Generationen fehlt es an einer Gleichheit der Verhandlungspartner. Erforderlich ist eine die Belange der später existierenden oder der wegen ihres geringen Lebensalters unterrepräsentierten Generation wahrende Macht. Insofern rechtfertigt es sich, von einer Pflicht zur staatlichen Vorsorge für kommende Generationen zu sprechen, die – wie im folgenden zu zeigen sein wird – sich auf gänzlich unterschiedliche Gegenstandsbereiche bezieht. Inwiefern gleichwohl das Modell des Vertrags als Legitimationskonstrukt zur Verteilung von Pflichten zwischen den Generationen herangezogen werden kann, wird noch zu zeigen sein. Jedenfalls geht es dabei um rein normative Fragen, die von dem Problem der Durchsetzung des Rechts über die Generationen hinweg zu unterscheiden sind.

3.1 Die Aufgabe der ökologischen Bewahrung der natürlichen Lebensgrundlagen

Der bekannteste Anwendungsbereich, sozusagen das originäre Paradigma einer intergenerationellen Gerechtigkeit, stellt die Pflicht zur Bewahrung der natürlichen Lebensgrundlagen dar. In den Langzeitfolgen, die von umweltrelevanten Handlungen ausgehen, verwirklicht sich das Risiko für künftige Generationen, von vorangegangenen Generationen belastet zu werden, in Reinform.[16]

Die Überziehung ökologischer Grenzen wurde mit Beginn der 70er Jahre von einer breiteren Öffentlichkeit wahrgenommen. Seitdem hat die rapide Verschlechterung der globalen Umweltsituation zu einer fortschreitenden internationalen sowie nationalen Verrechtlichung der Nutzung von natürlichen Res-

---

[16] Demgemäß findet sich bei Saladin eine auf *physische Rechte* reduzierte Variante der intergenerationellen Gerechtigkeit, die ökonomische Belastungen künftiger Generationen außer Betracht läßt, Saladin/Zenger, Rechte künftiger Generationen, (Fn. 2), S. 37f.

sourcen geführt. Es ist daher kaum verwunderlich, daß gerade die Problematik einer ökologischen Diskriminierung Künftiger Anlaß gibt, über die Beschäftigung mit den Fragen der intergenerationellen Gerechtigkeit nachzudenken. Die Entkoppelung der zeitlichen und räumlichen Konnexität zwischen Schädigungshandlung und eintretendem Schaden verdeutlicht, daß die ökologischen Belange wie kein anderer Anwendungsbereich ein Konzept der intergenerationellen Gerechtigkeit über einen längeren Zeithorizont hinaus erfordern. Klimaschutz, der Schutz der stratosphärischen Ozonschicht, Maßnahmen gegen das Waldsterben in der südlichen und nördlichen Hemisphäre sowie den fortschreitenden Artenverlust oder gegen die zunehmende Meeresverschmutzung – um nur einige Phänomene der globalen Umweltkrise zu nennen – weisen auf Grund ihrer summativ-persistenten Wirkungen einen zeitlichen Bezugsrahmen auf, der weit über die Dauer eines Menschenlebens hinausreicht.[17]

Für die ökologische Verantwortung der Nachwelt gegenüber enthält der Begriff der *Nachhaltigkeit* einen Maßstab, der im Hinblick auf die Legitimationsfähigkeit gegenwärtiger Gesellschaftsordnungen von zentraler Bedeutung ist. Das soziale Leitbild einer nachhaltigen Gesellschaft erfordert eine widerspruchsfreie Übertragbarkeit ihres ökonomischen Lebensstils vor dem Hintergrund eines offenen, d.h. unbegrenzten Zeithorizonts, und zwar auf ein globales Niveau bezogen. Der Nachhaltigkeitsgrundsatz fungiert insoweit als ein regulatives Prinzip, das die gesamte staatliche Tätigkeit auf die Umsetzung eines universalisierbaren Konzepts der zeitlich dauerhaften Ressourcennutzung verweist. Das gilt für nationale Maßnahmen des Umwelt- und Naturschutzes ebenso wie für die Pflicht der einzelnen Staaten untereinander, im Rahmen von internationalen Abkommen einen möglichst hohen Schutzstandard herbeizuführen.

3.2 Die Förderung wissenschaftlicher Potentiale für die Zukunft

Die zahlreichen Herausforderungen der Moderne setzen einen stetigen Technologietransfer in Richtung Zukunft voraus. Die Weitergabe von Wissen ist daher eine generationenübergreifende Aufgabe. Eine Gesellschaft, die Wissenschaft nur im Rahmen der technischen Realisation – also eigennützig – fördert und prämiert, muß mit der menschheitsgeschichtlich traditionellen Weitergabe von Wissen brechen. Die Bewältigung gerade der ökologischen Krisensituation erfordert die Entwicklung von intelligenten Konzepten, um Mittel und Wege aufzuzeigen, auf die bedrohlichen Entwicklung zu reagieren. Ein Verzicht auf Wissenschaft und technische Innovation, etwa als Impulsgeber zur Energieeinsparung oder zur Nutzung regenerativer Energien, wäre in dieser Situation gleichbedeutend mit dem Verlust der Steuerungsfähigkeit angesichts krisenhafter Entwicklungen. Die

---

[17] Zu den langfristigen Auswirkungen der anthropogenen Ursachen auf das Klima s. etwa Hasselmann, in: Koch/Caspar, Klimaschutz im Recht, 1997, S. 11, wo in Zeiträumen von mehreren Jahrhunderten gerechnet wird.

negativen Begleiterscheinungen der wissenschaftlich-technischen Moderne sind irreversibel. Es gibt keinen Weg zurück. Insofern zeigt sich: Wissen und technologischer Fortschritt sind selbstreproduzierend. Ihnen wohnt eine typische Eigendynamik inne. Diese besteht darin, daß letztlich Wissen gegen Wissen aufgeboten, die negativen Folgen des Fortschritts nur wiederum durch Fortschritt korrigiert und die naturverzehrende Wachstumslogik als Folge eines gesamtgesellschaftlichen Vollzugs des Technologieideals nur selbst wieder durch die Produktion neuen, gegensteuernden Wissens in Schach gehalten werden kann. Die rein konsumptive Haltung gegenüber Wissensbildung betrifft aber nicht nur die Forschung, sondern in eminentem Maße auch die Ausbildung der folgenden Generationen. Die Bildungspolitik stellt einen Bereich der intergenerationellen Gerechtigkeit zwischen gleichzeitig lebenden Generationen dar, der sich bei der Gestaltung auch in die fernere Zukunft hinein auswirkt. Neben den Lebenschancen der jungen Generationen wirkt sie sich vor allem auf die Innovationspotentiale einer künftigen Gesellschaft aus. Die Investitionen, die in die Sicherung von Aus- und Fortbildung gemacht werden, sind Aufwendungen für die Zukunft und als solche unter dem Aspekt des unmittelbaren ökonomischen Nutzens für die Gegenwart eher uninteressant.

Wie schnell die Pflicht zur wissenschaftlichen Investition gegenüber künftigen Generationen gerade unter dem Schutzaspekt künftiger Generationen auf der Tagesordnung stehen kann, zeigte eine Meldung, die im März 1998 für kurze Zeit durch die Medien lief und deren Tragweite viele Menschen beunruhigte. Berichtet wurde von einem im Dezember 1997 im Rahmen des *Arizona Spacewatch Program* entdeckten Asteroiden mit einem Durchmesser von mehr als einer Meile, der Schätzungen zufolge die Erde am 26. Oktober 2028 in weniger als 30 000 Meilen – also mit einem geringen Abstand wie kaum ein derartiges Objekt in neuerer Zeit – passieren werde.[18] Eine Kollision sei zwar eher unwahrscheinlich, könne aber nicht ausgeschlossen werden. Daraufhin angestellte Berechnungen der NASA ergaben, daß Asteroid 1997XF11 der Erde tatsächlich nicht näher kommen werde als 600 000 Meilen.[19] Die Entwarnung erfolgte nicht ohne den Hinweis, daß ein Aufprall eines Objekts mit einer solchen Masse eine Millionen Megatonnen Energie freisetzen und möglicherweise zum Tod von mehreren hundert Millionen Menschen führen würde.

Das Szenario einer steten Bedrohung aus dem All mag eher als Science Fiction- Stoff angesehen werden. Rein wissenschaftlich stellt die Gefahr jedoch, so fern und irreal sie uns gegenwärtig erscheinen mag, eine reale statistische Größe

---

[18] Zur Veröffentlichung von Brian Marsden vom IAU Central Bureau of Astronomical Telegrams, vom 11. März 1998; http://ccf.arc.nasa.gov/sst/news/16a.html.
[19] So die Meldung von CNN, Asteroid to miss Earth by a wide margin, vom 12. März 1998, http://cnn.com/TECH/space/9803/12/asteroid.miss/.

dar: Ein Objekt mit diesen Ausmaßen, so die Berechnung, träfe die Erde einmal in einigen hunderttausend Jahren.[20]

Das Beispiel verdeutlicht exemplarisch, daß sich die Frage nach einer Pflicht zur Förderung wissenschaftlicher Programme zur Sicherung essentieller Lebensinteressen künftiger Generationen gegenüber einer – wenn auch nur statistischen Gefahr – durchaus stellt. Ein Monitoring-Programm, mit dem immerhin 90 % aller Objekte, die eine globale Katastrophe auslösen könnten, zu entdekken seien, soll nach dem gegenwärtigen Stand der Wissenschaft mehr als einhundert Jahre in Anspruch nehmen.[21] Damit würde aber die existierende Menschheit von der Errichtung eines wirksamen Vorwarnsystems kaum profitieren. Von der Annahme ausgehend, daß es gelänge, bei entsprechender Vorwarnzeit einen sich auf die Erde zubewegenden Himmelskörper zu zerstören, haben die gegenwärtigen darüber zu entscheiden, ob sie zugunsten künftiger Generationen in entsprechende Beobachtungsprogramme investieren. Nicht anders als bei der Anwendung von Risikotechnologien macht die Abwägung zwischen der statistischen Gefahr einer Kollison und den damit verbundenen globalen katastrophalen Folgen eine vorsorgende Entscheidung erforderlich, wobei der Grundsatz zu gelten hat: Je bedeutsamer das Schutzgut, um so geringer sind die Anforderungen an die Schadenswahrscheinlichkeit für ein präventives Handeln.

3.3 Gesetzliche Rentenversicherung und Drei-Generationenvertrag

Ein wichtiger Anwendungsbereich der intergenerationellen Gerechtigkeit betrifft das Funktionieren der sozialen Sicherungssysteme. Die Bekämpfung der Arbeitslosigkeit, die Finanzierung des Gesundheitssystems oder die Beseitigung der Obdachlosigkeit sind – um nur drei Beispiele zu nennen – aktuelle Themen, die jedoch in erster Linie unmittelbar existente Bedürfnisse betreffen. Eine unter dem Aspekt der Zeitlichkeit interessantere Problematik verbirgt sich hinter der Struktur des Rentensystems. Dieses läßt sich auf ein Drei-Generationen-Modell zurückführen, betrifft also den Ausschnitt der intergenerationellen Gerechtigkeit zumindest über einen gewissen Zeitraum gleichzeitig lebender Generationen und bleibt in zeitlicher Dimension damit hinter dem zuvor geschilderten Beispielen zurück.

Der sog. Drei-Generationen-Vertrag charakterisiert ein Umlageverfahren, bei dem die ausgezahlten Renten nicht aus individuell angesparten Beiträgen im Rahmen der Eigenvorsorge, sondern durch die aktive Erwerbsgeneration für die Elterngeneration eingezahlt werden. Diese wiederum erhält ihre Rentenbeiträge aus den Beiträgen der nachfolgenden Generation der Kinder. Die Konstruktion beruht auf der Erwägung, daß seit jeher das Einkommen, von dem eine Gesell-

---

[20] So der Sprecher der NASA, Carl Pilcher, nach CNN-Meldung: Asteroid to miss Earth by a wide margin, vom 12. März 1998, http://cnn.com/TECH/space/9803/12/asteroid.miss/.

[21] David Morrison, http://ccf.arc.nasa.gov/sst/news/16.html.

schaft lebt, von der erwerbstätigen Generation erwirtschaftet wird und die Versorgung der ersten (Kinder) sowie der dritten (Alte) durch die im Erwerbsleben stehende zweite Generation übernommen wird.

Nach dem Erklärungsmuster von O. v. Nell-Breuning, dessen Name wesentlich mit dem Umlagemodell verbunden ist, sind die drei Generationen in ein gemeinsames Schicksal verstrickt, dem quasi eine naturrechtliche Verpflichtung zur Generationensorge zukommt.[22] Die Subsistenzsicherung, vormals durch die Großfamilie sichergestellt, so die Annahme, könne in der modernen Industriegesellschaft von der Kleinfamilie nicht mehr realisiert werden. Ersatz hierfür biete eine auf dem Drei-Generationenmodell basierende staatlich organisierte Rentenversicherung. Entgegen landläufiger Meinung will v. Nell-Breuning das Modell jedoch nicht auf einen „Generationenvertrag" zurückgeführt wissen: „Generationen schließen keine Verträge; Generationen üben Solidarität. Ich habe immer den Eindruck, dadurch, daß hier ein juridisches Moment, die Vorstellung von einem Vertrag hineingebracht wurde, den man durch Kündigung lösen kann, sei das rechte Bewußtsein dafür getrübt worden, daß es sich hier um einen Vorgang, ein Verhältnis handelt, daß durch die Natur der Sache gegeben und erfordert ist, wobei es nur darauf ankommt, daß die Menschen bereit sind, das anzuerkennen und den Weg suchen, auf dem es realisiert werden kann."[23]

Die mit dieser naturrechtlichen Sichtweise verbundenen Implikationen sind insbesondere unter dem Aspekt einer intergenerationellen Gerechtigkeit unmittelbar greifbar. Letztlich ist die Akzeptanz, für eine andere Generation die Rentenbeiträge zu erbringen, ohne ein rationales Kalkül des Eigennutzes nicht denkbar; schließlich will man im Alter selbst davon profitieren, daß die nachrückende Generation die Rentenbeiträge zahlt. Der Begriff des Generationenvertrags hat insoweit durchaus seine Berechtigung. Es geht um eine ökonomische Absicherung des letzten Lebensabschnitts. Daß dabei *nur* Solidarität geübt wird, ist lebensfremd und beruht auf einer idealisierten Sicht der sozialen Wirklichkeit. Die Probleme, die das hypothetisch-kontraktualistische Umlageverfahren mit sich bringt, sind gegenwärtig augenfällig: Die Vergreisung der Bevölkerung, die Frühverrentung, die Finanzierung versicherungsfremder Leistungen und vor allem eine hohe Arbeitslosigkeit führen dazu, daß immer weniger Einzahlende für immer mehr Rentner aufkommen müssen. Die Aussicht auf Beitragserhöhung bei Her-

---

[22] „Was damals in der Großfamilie geschah, ist unter heutigen Umständen Sache der Volksgemeinschaft. Will die heute erwerbstätige Generation in ihren alten Tagen versorgt sein, dann muß eine neue Generation nachgewachsen sein, die diese Last auf sich nimmt. Vorsorge für das Alter besteht im wesentlichen in der Aufzucht einer nachwachsenden Generation." v. Nell-Breuning, Gerechtigkeit und Freiheit. Grundzüge katholischer Soziallehre, 2. Aufl. 1985, S. 66.

[23] v. Nell-Breuning, in: v. Nell-Breuning/Fetsch (Hrsg.), Drei Generationen in Solidarität, S. 29.

aufsetzung der Lebensarbeitszeit und gleichzeitiger Absenkung des Rentenniveaus muß die Bereitschaft zur intergenerationellen Solidarität ersticken.[24]

Unter diesen Rahmenbedingungen vermag das Drei-Generationen-Modell nicht mehr zu überzeugen, da nicht ersichtlich ist, weshalb das Umlageverfahren dem Prinzip der privaten Eigenvorsorge vorgehen sollte.[25] Letztlich erweist sich das Natur-der-Sache-Argument v. Nell-Breunings als zu schwach, um die weitreichende Pflicht zur Vorsorge für andere zu begründen. Die Konstruktion dient nicht der Schaffung einer intergenerationellen Gerechtigkeit, sondern zeigt umgekehrt bei den enstprechenden negativen wirtschaftspolitischen Rahmendaten die Tendenz, eine gigantische Umverteilung zu Ungunsten kommender Generationen ins Werk zu setzen: Künftigen Generationen wird faktisch die Last einer nicht mehr funktionierenden Altersversorgung aufgebürdet. Während es in den anderen besprochenen Anwendungsbereichen der intergenerationellen Gerechtigkeit darum geht, die kaum entwickelte Sorge im Hinblick auf kommende Generationen zu institutionalisieren, erfolgt im Rahmen der gesetzlichen Rentenversicherung eine Umschichtung des Vermögens in Richtung Vergangenheit. Für die nachrückenden Generationen wird eine ökonomische Vorleistungspflicht mit dem Risiko der mangelnden späteren Diskontierung eigener Ansprüche geschaffen.

Damit bleibt nun aber eine von den Jüngeren für die Älteren zu übende Generationensolidarität nicht per se ohne Legitimation. Es kann durchaus gute Gründe geben, die gegen das Prinzip der Selbstverantwortung bei der Altersversorgung sprechen und die es rechtfertigen, das Rentenrisiko auf nachfolgende Generationen abzuwälzen. Legitim und möglicherweise sogar moralisch zu fordern ist die Umschichtung etwa in Fällen, in denen es den betroffenen Generationen auf Grund von Widrigkeiten nicht gelingt, für ihre eigene Altersversorgung selbst aufzukommen: Schwere Wirtschaftskrisen, Naturkatastrophen oder Kriegszeiten können daher eine Durchbrechung des Grundsatzes der Eigenvorsorge durchaus verlangen. Hier aktualisiert sich der eigentliche Anwendungsbereich einer intergenerationellen Solidarität. Die idealisierte naturrechtliche Annahme einer Generationenvorsorge, die im modernen Vorsorgestaat *regelmäßig* durch die arbeitende Generation übernommen wird, muß dagegen die Bereitschaft zur Lastentragung überfordern.

---

[24] Zu Finanzierungsproblemen der Sozialausgaben unter besonderer Berücksichtigung des Rentensystems s. Schnabel, Soziale Sicherung. Ein Generationenkonflikt droht, Universitas 1998, S. 920 ff.

[25] Zur Aufkündigung des Generationenvertrags durch die Jugend s. Tremmel, Universitas 1998, S. 913.

3.4 Zur Pflicht des Staates zum Erhalt der wirtschaftlichen Stabilität

Die finanzielle Schieflage des Rentensystems verweist auf eine weitere ökonomische Problematik der intergenerationellen Lastenverteilung: die Verschuldung der öffentlichen Haushalte und deren Auswirkungen auf künftige Generationen.

Unabhängig von dem Streit zwischen den unterschiedlichen volkswirtschaftlichen Schulen bei der Bewertung von Staatsschulden[26] bleibt festzuhalten, daß übermäßige konsumtive Ausgaben die wirtschaftliche Stabilität und damit die wirtschaftliche Dispositionsfreiheit künftiger Generationen beeinträchtigen können. Eine staatliche Ausgabenpolitik mag wesentlich zur Konjunkturbelebung beitragen, eine Erhöhung der staatlichen Schuldenlast ist jedoch stets mit einer fortschreitenden Zinsbelastung der öffentlichen Hand verbunden. Je höher das Haushaltsdefizit, desto höher die Summe, die der Staat für seinen Schuldendienst aufbringen muß, und umso massiver werden in der Regel auch die steuerlichen Belastungen der Bürger ausfallen. Hier droht ein Teufelskreis: Die übermäßige staatliche Besteuerung kann eine sinkende Investitionsbereitschaft der Wirtschaft auslösen, die wiederum eine staatliche Intervention erfordert und damit eine fortschreitende Staatsverschuldung veranlaßt.[27] Abgesehen von einer deutlichen Absenkung der Lebensqualität werden zur Konsolidierung der öffentlichen Finanzen dann erhebliche Sparmaßnahmen notwendig, zentrale soziale Grundsicherungen sind nicht mehr finanzierbar, und die staatliche Handlungsfähigkeit bei der Erfüllung zentraler öffentlicher Aufgaben schwindet zusehends. Es kommt zu negativen synergetischen Effekten: Gerade die für die Zukunftsfähigkeit Künftiger wichtigen Aufgaben wie Wissenschafts- und Bildungspolitik fallen den staatlichen Einsparzwängen zum Opfer. Die ökonomischen Voraussetzungen für eine innovationsoffene Gesellschaft verschlechtern sich ebenso wie die Rahmenbedingungen für eine ausgewogene staatliche soziale Grundsicherung. Eine Ausgabenpolitik, die zugunsten einer kurzfristigen Beibehaltung des allgemeinen Lebensstandards den Rahmen des volkswirtschaftlich Vertretbaren überzieht und eine steigende Neuverschuldung in Kauf nimmt, belastet daher zwangsläufig die Entfaltungschancen nachkommender Generationen mit einer schweren Hypothek.

Der Vorwurf eines verschwenderischen Umgangs mit öffentlichen Geldern ist in den letzten Jahren immer wieder laut geworden, und die negativen Folgen einer beispiellosen Verschuldung öffentlicher Haushalte sind längst bekannt. Die Ursachen hierfür sind leicht auszumachen: Das Phänomen der Staatsverschuldung erklärt sich nur zum Teil aus einer auf kurzfristige Perspektiven zwischen

---

[26] Zu den positiven und negativen Theorien der Staatsverschuldung in den Wirtschaftswissenschaften, die zwischen Keynesianismus einerseits und der neuklassischen sowie monetaristischen Sichtweise andererseits ausgetragen werden, s. Wagschal, Staatsverschuldung, Ursachen im internationalen Vergleich, 1996, S. 80 ff.

[27] Treffend charakterisiert dies der Titel der Studie von Martin, „Die Krisenschaukel: Staatsverschuldung macht arbeitslos, macht noch mehr Staatsverschuldung, macht noch mehr Arbeitslose", 1997.

den Wahlzyklen fixierten Politik. Daneben sind letztlich die Bedürfnisse der Menschen nach einem Leben in maximalem Wohlstand verantwortlich für die Vernachlässigung der Zukunftsdimension, denen sich die politischen Akteure – wollen sie auf Dauer erfolgreich sein – anzunehmen haben. Die Sachzwänge resultieren daher gleichsam aus dem überhöhten Anspruchsniveau der Bevölkerung wie auch aus den Strukturen der politischen Institutionen, die die kollektiven Wohlstandserwartungen der Bürger zu verwirklichen haben.

3.5 Zusammenfassung

Die nur thesenartig umrissenenen Problemfelder einer intergenerationellen Version der gerechten Verteilung zeigen, daß der Konflikt zwischen den Generationen weitgehend einseitig verläuft: Die gegenwärtigen Generationen können im Rahmen der demokratischen Willensbildungsprozesse ihre Interessen zu Lasten der Zukunft optimieren, während es an einem rechtlichen Korrektiv fehlt, das dem Egoismus der Existierenden Grenzen setzt. Die ökonomische und ökologische Überziehung des Kredits auf die Zukunft blieb bislang unter rechtlichen Aspekten weitgehend folgenlos. Daran ändern auch vereinzelte eingefügte Rechtsnormen, die mehr oder weniger deutlich künftige Stabilitätsbelange sichern sollen, wenig.

Der Schutz der natürlichen Lebensgrundlagen, den Art. 20a GG ausdrücklich auch auf die künftigen Generationen ausdehnt, blieb bisher – sieht man einmal von dem symbolischen Gehalt der Staatszielbestimmung ab – auf die intergenerationellen Interessen bezogen, nahezu wirkungslos.[28] Dies gilt auch für die Bestimmung des Art. 115 I S. 2 GG, der anordnet, daß die in einem Rechnungsjahr aufgenommenen Kredite nicht höher sein dürfen als die im Haushaltsplan vorgesehenen Investitionsausgaben. An der staatlichen Verschuldenspolitik hat dies in den letzten Jahren nichts geändert. Grund hierfür ist insbesondere die in dieser Norm enthaltene Ausnahmebestimmung, wonach zur Abwehr einer Störung des gesamtwirtschaftlichen Gleichgewichts eine Kreditaufnahme für konsumptive Zwecke über die Verschuldensgrenze hinaus zulässig ist.[29]

Um die Interessen künftiger Generationen wirksam zu schützen, dürften bloße Staatszielbestimmungen nicht ausreichen. Erforderlich sind verfestigte Rechtspositionen, die eine angemessene Repräsentation künftiger Generationen im Rahmen der politischen Aushandlungsprozesse gewährleisten. Eine Wahrung der Belange kommender Generationen könnte so etwa von Zukunftsbeauftragten mit Veto-Positionen oder einem Zukunftsrat ausgehen, dessen Zustimmung

---

[28] Zu der Auswirkung des Art. 20a GG auf globale Umweltprobleme s. Caspar, ARSP 1997, S. 338 ff.

[29] Zum Begriff der Investition sowie zum nur begrenzt überprüfbaren Beurteilungsspielraum hinsichtlich der Voraussetzung einer Störung des gesamtwirtschaftlichen Gleichgewichts, BVerfGE 79, 311.

auf internationaler sowie auf nationaler Ebene für politische Entscheidungen mit Langzeitfolgen eingeholt werden müßte.[30] Nur durch derartige Institutionalisierungen von Zukunftsinteressen läßt sich ein Gegengewicht zu den auf kurze Zeitspannen fixierten Entscheidungsverfahren errichten, um eine Beseitigung der Vorherrschaft der Gegenwart wirksam auszugleichen.

Eine eingehendere Diskussion über die möglichen Formen der verfassungsrechtlichen Verankerung des Gedankens der Generationenfairness soll hier nicht geleistet werden.[31] Darüber wäre erst zu entscheiden, wenn geklärt ist, *weshalb* die Angehörigen der gegenwärtigen Generationen überhaupt rechtsethisch verpflichtet sein sollten, die Interessen künftiger Generationen bei ihrer Lebensplanung mit zu berücksichtigen. Insoweit gilt es zu untersuchen, mit welcher Argumentation der für sich und seine Generation handelnde rationale Egoist davon überzeugt werden könnte, auf der Suche nach maximaler Bedürfnisbefriedigung eine Pflicht auch gegenüber künftigen Generationen zur Mäßigung seiner Ansprüche auf Freiheit und Wohlstand anzuerkennen.

4. Zur Herleitung einer Pflicht zur intergenerationellen Gerechtigkeit

Nachdem die verschiedenen Ebenen skizziert wurden, auf denen die Beziehung zwischen den Generationen einen relevanten Bezug zu Gerechtigkeitserwägungen aufweist, gilt es, die mögliche Verpflichtungsbasis, aus der sich konkrete Sollensgebote im Verhalten der Generationen zueinander ergeben können, zu erörtern. Im Anschluß daran bleibt das Verhältnis zwischen *inter*generationeller und *intra*generationeller Gerechtigkeit zu behandeln, bevor abschließend eine nähere Bestimmung des Inhalts der Generationenverpflichtung den Rückgang zu den praktischen Anwendungsfeldern ermöglicht.

---

[30] Ob diese Forderung auf die Schaffung von subjektiven (Menschen)Rechten künftiger Generationen hinausläuft, muß im folgenden offenbleiben. In diesem Sinne Saladin/Zenger, die eine Erkärung der Rechte künftiger Generationen vorschlagen, a.a.O., S. 46 f.; skeptisch dagegen Alexy, der aus dem Begriff der Menschenrechte nur solche Rechte versteht, die individuellen Rechtsträgern zustehen, Die Institutionalisierung der Menschenrechte im demokratischen Verfassungsstaat, in: Philosophie der Menschenrechte, hrsg. v. Gosepath/Lohmann, 1998, S. 247.

[31] Hier sei verwiesen auf die Vorschläge, insbesondere im Hinblick auf die ökologischen Herausforderungen der Zukunft, von Steinberg, Der ökologische Verfassungsstaat, 1998, S. 339ff; sowie Saladin/Zenger (Fn.2), S. 87 ff.; Hösle, Gerechtigkeit zwischen den Generationen, in: Was steht uns bevor? Mutmaßungen über das 21. Jahrhundert, hrsg. von Marion Gräfin Dönhoff und Theo Sommer, 1999, S. 199.

4.1 Die kontraktualistische Begründung intergenerationeller Pflichten

Die zentrale, an eine Theorie der intergenerationellen Gerechtigkeit zu richtende
Frage lautet: „Warum sollten sich existierende Menschen gegenüber künftigen,
entfernten Generationen zu etwas verpflichten, ihre Freiheit auf die Bedingungen
der Erhaltung der Lebens- und Entwicklungschancen später Lebender beschränken, möglicherweise ohne Aussicht darauf, jemals mit ihnen einen Kontakt herstellen zu können?" Eine Antwort hierauf erscheint schwerer, je weiter die Generationen sich in einer fernen Zukunft als gesichtslose Masse von potentiell existierenden Menschen verlieren.

Vorliegend soll zunächst beim prominenten Gesellschaftsvertragsmodell der
neuzeitlichen Rechts- und Staatstheorie eine Antwort auf diese Frage gesucht
werden.[32] Die Theorie des Sozialkontrakts stellt ein Modell der legitimen Herr-
schaftsausübung dar. Indem sie den Staat auf einen hypothetischen Vertragsschluß zurückführt, ermöglicht sie es, den rechtlichen Zwang aus dem Gedanken
der Freiwilligkeit abzuleiten und damit sicherzustellen, daß die Freiheit des einzelnen auch unter der Geltung freiheitsbeschränkender Rechtsgesetze gewahrt
bleibt. Für das rational handelnde Individuum beinhaltet das Modell des Gesellschaftsvertrags damit eine Strategie zur Vorteilsoptimierung, die auch für den
seinen persönlichen Vorteil suchenden rationalen Akteur unmittelbar einsichtig
ist.

Für die Herleitung von Handlungs- als auch Unterlassungspflichten im
Rahmen eines übergreifenden Generationenvertrags scheint die Konstruktion in
ihrer herkömmlichen Fassung jedoch kaum geeignet: Im Verhältnis existierender
Generationen zu künftigen Generationen fehlt das typische Movens des rechtlichen Handelns. Ohne zeitlichen Kontext mit späteren Generationen lassen sich
weder Handlungs- noch Unterlassungspflichten zum Zweck der Zukunftsvorsorge ableiten. Es mangelt hier an dem Drohpotential, das gewöhnlich von zeitlich parallel existierenden Personen mit der Annahme eines regellosen Naturzustands ausgeht und das jedem einzelnen aus rationalem Eigeninteresse den
Übertritt in einen sicheren status civilis nahelegt. Die zeitliche Distanz zwischen
den verschiedenen Generationen läßt keinerlei Raum für pragmatische Tauschab-
reden.

Eine durch Vertrag zu erzielende Vorteilsoptimierung setzt vielmehr voraus,
daß die Vertragsschließenden ihre natürliche Freiheit aufgeben und ihren Verzicht *wechselseitig, also auch gleichzeitig,* erbringen. Bei der Gesellschaftsvertrags-
konzeption geht es um die potentielle Zustimmungsfähigkeit des Gründungsakts

[32] Ein anderer Weg ließe sich durch ein metaphysisch ansetzendes Modell beschreiten,
das die Frage nach dem Seinsollen der Menschheit in einer seinsollenden Welt auf der Basis eines „Nein zum Nichtsein" und eines „Ja zum Sein" beantwortet, in diesem Sinne Jonas, Das
Prinzip Verantwortung, Frankfurt 1984, S. 249 f.; diese Konstruktion bliebe jedenfalls weitgehend von ontologischen Grundannahmen abhängig, was für eine rechtliche Verpflichtungskraft des Modells von Nachteil wäre. Zu schöpfungstheologischen Konzepten, s. die Nachweise bei Saladin/Zenger (Fn. 2), S. 30.

durch freie und vernünftige Subjekte als Resultat einer gedanklichen Operation. Die gedachte Freiwilligkeit der Zustimmung setzt hier gleichwohl die Reziprozität der fiktiven Abrede voraus. Konstitutiv für die Akzeptanz der Entscheidung ist also die dem Vertragsschluß vorausliegende Hintergrundstruktur der *ursprünglichen Wahlsituation*. Diese wird geprägt von der faktischen Annahme eines alle gleichsam benachteiligenden Naturzustands, in dem die einzelnen *in unmittelbaren räumlichen und zeitlichen Kontext gegeneinander streben*, ohne daß sie in ihrer Willkür untereinander durch Rechtsgesetze eingeschränkt würden.

Das Negativ-Szenario trägt die wesentlichen Bedingungen der Win-Win-Situation bereits in sich: Bei Hobbes gewinnt der einzelne die persönliche Sicherheit durch Aufgabe seiner natürlichen Freiheit, indem er sich einem Machtstaat unterwirft; bei Locke dient der Vertrag zur Absicherung des im status naturalis ungesicherten Eigentumsrechts; bei Kant und Rousseau erlangt das Individuum im Zuge des Übertritts in den bürgerlichen Zustand darüber hinaus das Recht, selbst nur nach den Gesetzen der Freiheit und Gleichheit behandelt zu werden.[33]

Kommt es also nicht auf die historische Tatsache eines wirklichen Vertragsschlusses zwischen real existierenden Personen an, so bedarf es zur Begründung von Pflichten gegenüber nachfolgenden Generationen immerhin einer zumindest gedachten *Synchronizität* existierender Subjekte. Diese muß als Hintergrundsituation für eine rationale Entscheidung alle wesentlichen Bedingungen bereits in sich vereinen, die einen freiwilligen Übertritt des einzelnen in den bürgerlichen Zustand nahelegen. Da die Zeit immer nur in eine Richtung hin verläuft, bleibt ein Vertrag als Verpflichtungskonstrukt der Gegenwärtigen mit den Zukünftigen jedoch sinnlos. Es handelt sich hier vielmehr um eine einseitige Zusage zugunsten künftiger Generationen, deren Verletzung wie auch deren Erfüllung für die Versprechenden selbst folgenlos bleiben. Ohne daß die Nachkommen auf den Versprechensbruch angemessen reagieren können, fehlt ein vernünftiger Grund, weshalb sich die Lebenden ernsthaft zu etwas verpflichten sollten. Statt eines die rationalen Akteure in synchroner Weise erfassenden verklammernden Naturzustands bedarf es für einen wechselseitigen Übertritt unter Rechtsgesetze eines in die Zeit hineinragenden vernünftigen Entscheidungsverfahrens, das auch die zeitliche Herkunft der Akteure nivelliert.

4.2 Eine rationale Konstruktion intergenerationeller Pflichten

Vorliegend wird für die Herleitung von Verpflichtungen mit einem offenen Zeithorizont ein modifizierter Begründungsansatz gewählt. Hilfreich erscheint dabei die modernisierte Fassung des Gesellschaftsvertragsmodells in der Kon-

---

[33] Dazu vgl. Hobbes, Leviathan, I, 14, Stuttgart 1998; Locke, Über die Regierung, IX, 124, S. 96, Stuttgart 1988, Rousseau, Contrat Social, II. Buch, 4. Kapitel, Stuttgart 1986; Kant, Metaphysik der Sitten, Rechtslehre, § 46, 5. Auflage, Frankfurt a.M., 1982.

struktion von J. Rawls.[34] Um zu einer verallgemeinerungsfähigen Entscheidung
über die gerechte Grundstruktur einer Gesellschaft zu gelangen, wirken das Wissen der Aktuere um den sozialen Status und die im Wettbewerb mit anderen Individuen entscheidenden persönlichen Eigenschaften und Fähigkeiten als Hin-
dernis. Folglich ist der Urzustand bei Rawls als Wahlsituation konzipiert, in der
alle relevanten Kenntnisse über die eigenen Fähigkeiten, die Abstammung und
die sozialen Positionen ausgeblendet werden. Alle rationalen Akteure, die über
die Grundprinzipien eines gerechten Gesellschaftssystems entscheiden sollen,
umgibt ein sog. Schleier des Nichtwissens. Die Ungewißheit über die eigene
Startposition sorgt dafür, daß sich das Individuum für eine Gesellschaft entscheidet, in der die soziale Gerechtigkeit stark ausgeprägt ist: Die Freiheitsrechte
des einzelnen werden über ein egalitaristisches Fundament unmittelbar an den
Gedanken der Gleichheit gekoppelt.[35]

Die Besonderheit der modifizierten Anwendung des Modells besteht nun
darin, die Konzeption des Urzustands zu erweitern und das Nichtwissen über
die soziale Herkunft und die individuellen Fähigkeiten hinaus auch auf die kon-
tingente Tatsache *der zeitlichen Abstammung*, also der Generation, in der der einzelne sein Leben führt und notwendig auch beschließen wird, auszudehnen.

Zwar hat Rawls die Frage nach der intergenerationellen Gerechtigkeit
durchaus gesehen: In seinem Hauptwerk „A Theory of Justice" widmet er ein
Kapitel ausschließlich dem Problem der Gerechtigkeit zwischen den Generationen, das er im Sinne eines „gerechten Spargrundsatzes" gelöst wissen will; dennoch ist er der Übertragbarkeit seiner Konstruktion auf Erwägungen der intergenerationellen Gerechtigkeit nicht konsequent genug nachgegangen: Einerseits
betont er, der Urzustand sei keine Versammlung aller Menschen, die jemals leben
könnten[36], andererseits sollen die Beteiligten unter dem Schleier des Nichtwissens nicht wissen, welcher Generation sie angehören. Wenn nun festliegt, daß der
Eintrittszeitpunkt die Gegenwart ist, wie Rawls hervorhebt[37], dann können die
Akteure, ohne in einen Widerspruch mit ihren Erwartungen zu geraten, ihre eigene Generation bevorzugen, „indem sie sich weigern, irgend etwas für die
Nachfahren zu sparen."[38] An diesem Ergebnis könne auch der Schleier des
Nichtwissens nichts ändern, so Rawls. Um eine Bevorzugung der eigenen Gene-

---

[34] Dreier wertet dessen Konzeption treffend als den Versuch, die Grundgedanken der
vernunftrechtlichen Staatsvertragstheorien mit dem Instrumentarium moderner, vor allem
ökonomischer Entscheidungstheorien zu rekonstruieren, Recht-Staat-Vernunft, S. 29.

[35] Rawls gelangt zu zwei fundamentalen Grundsätzen: „1. Jede Person hat das gleiche
Recht auf das umfassendste System gleicher Grundfreiheiten, das mit einem ähnlichen System
von Freiheiten für alle vereinbar ist. 2. Soziale und ökonomische Ungleichheiten sind zulässig,
wenn sie (a) zum größten zu erwartenden Vorteil für die am wenigsten Begünstigten und (b)
mit Positionen und Ämtern verbunden sind, die allen unter Bedingungen fairer Chancengleichheit offenstehen.", Politischer Liberalismus, 1998, S. 382 f.

[36] Eine Theorie der Gerechtigkeit, 1975, S. 162.

[37] a.a.O., S. 323.

[38] a.a.O., S. 163.

ration abzuschwächen, fügt er deshalb die Annahme hinzu, daß die Beteiligten als Familienoberhäupter, die am Wohlergehen „mindestens ihrer unmittelbaren Nachfahren" interessiert sind, fungierten, oder daß sich die Parteien auf Grundsätze unter der Einschränkung einigen, daß sie wünschen, alle vorhergehenden Generationen möchten genau diesem Grundsatz gefolgt sein.[39]

Das erscheint wenig plausibel und vermag die zeitliche Präferenz für die Gegenwart nicht zu beseitigen.[40] In der Konstruktion von Rawls bleibt die Konzeption der intergenerationellen Gerechtigkeit somit ein Fremdkörper. Vorliegend soll dagegen von einer Version des Urzustands ausgegangen werden, die sich auch den Belangen einer horizontal ausgerichteten Theorie der Gerechtigkeit öffnet. Das Zeitkriterium stellt auf den ersten Blick kein sich qualitativ von den anderen kontingenten Faktoren abhebendes Merkmal dar: Ebenso wie die soziale Herkunft oder die persönlichen Fähigkeiten eines Individuums läßt sich die *Zeitlichkeit der Abstammung* problemlos unter dem Schleier des Nichtwissens verbergen. Die potentielle Zustimmungsfähigkeit eines ursprünglichen Arrangements für die gerechten Grundstrukturen einer Gesellschaft setzt aus der Sicht eines radikal entzeitlichten Akteurs voraus, daß die Belange künftiger Generationen stets auch von den vorhergehenden Generationen mitberücksichtigt werden: Denn derjenige, der unter den rationalen Entscheidungsbedingungen eine Wahl zu treffen hat, wird auch in zeitlicher Hinsicht nicht sicher sein können, selbst zu der Generation zu gehören, deren ökologische oder ökonomische Lebensgrundlagen durch vorangegangene Generationen mit einem intragenerationellen, d.h. herkömmlich beschränkten Gerechtigkeitsverständnis weitgehend aufgebraucht wurden. Er wird sich nicht nur für ein vertikales System gleicher Grundfreiheiten entscheiden – etwa auf der Basis eines sozialen Rechtsstaatsmodells – sondern darüber hinaus auch die horizontale Ebene der Gerechtigkeit zwischen den Generationen mit einbeziehen, um sich auch gegen die Risiken einer Benachteiligung durch spätere und ungünstigere zeitliche Abstammung abzusichern.

Bei genauer Betrachtung weist jedoch diese erweiterte Konstruktion unter Einbeziehung des Zeitfaktors einen nicht unerheblichen Unterschied zur ursprünglichen Version bei Rawls auf: Bei diesem entscheidet sich das rationale Subjekt für eine bestimmte gesellschaftliche Grundstruktur, in die es dann auch *unmittelbar* als Akteur mit seinem realen sozialen lebensweltlichen Status hineingerät. Im gestreckten intergenerationellen Modell ist es dagegen erforderlich, *daß der Akteur für ein Modell optiert, das sich bereits lange vor seinem realen Eintreten in die Geschichte in Geltung befand.* Der Akteur nimmt also erst, um eine ungewisse Zeitspanne versetzt, seinen Platz in Raum und Zeit ein. Der Selbstentwurf einer Gesellschaft aus der ursprünglichen Wahlsituation einerseits und der Eintrittszeitpunkt des empirischen Subjekts in die rationale Konstruktion anderer-

---

[39] a.a.O., S. 151.
[40] Zur Kritik an der Konzeption von Rawls s. Kleger, Gerechtigkeit zwischen Generationen, ARSP Beiheft 1986, S. 147, 181.

seits fallen zeitlich um eine unbekannte Dimension auseinander. Der Akteur wird daher regelmäßig nicht wissen, ob er der Gesellschaft, über deren Entwurf er sich Gedanken macht, selbst angehört oder ob er als Nachkomme lediglich von deren Folgen betroffen ist.

Ohne also die eigene Entscheidung über das Ausmaß der intergenerationellen Gerechtigkeit in die Geschichte selbst zurückzudatieren, wäre er nicht selbst betroffen von den erst später eintretenden Konsequenzen seiner die Beziehung zwischen den Generationen festlegenden Wahl. Um die zeitliche Dimension in die rationale Konstruktion zu integrieren, ist es daher erforderlich – entgegen Rawls eigener Annahme – die ursprüngliche Situation gleichzeitig als Versammlung *aller nur denkbaren Generationen zu konzipieren.*

Die Erstreckung der ursprünglichen Situation auf die Zeitdimension wirft, ähnlich wie die Tauglichkeit des Modells zur Ableitung von Strukturen einer globalen Verteilungsgerechtigkeit, die Frage nach den Leistungsgrenzen der normativen Konstruktion des Rawlsschen Modells auf.[41] Die Relativierung der zeitlichen Identität des Subjekts macht noch weitergehend als seine räumliche Ausdehnung eine *Entpersonalisierung* des rationalen Akteurs erforderlich. Nicht nur seine soziale Herkunft und seine persönlichen Fähigkeiten verschwinden unter dem Schleier des Nichtwissens, sondern auch seine Bindung an eine zeitliche Struktur, die seinen Wissens- und Erfahrungshorizont in der Entscheidungssituation wesentlich prägt.[42]

Gleichwohl ist das um die Zeitdimension beraubte empirische Subjekt nicht an der Entscheidbarkeit auch intergenerationeller Gerechtigkeitsfragen gehindert. Es liegt in der Konsequenz der Konstruktion, daß gerade die Allgemeingültigkeit einer lediglich auf ihre elementaren Bedürfnisse reduzierten Person Rationalitätsgewinne erwarten läßt. Damit kann der Einwand einer völligen Entpersonalisierung bis zur Beliebigkeit nicht verfangen. Im Gegenteil: Durch die radikale Entzeitlichung bleibt gewahrt, daß zeitliche Präferenzen des Individuums

---

[41] Zur Übertragbarkeit der Konstruktion des Schleiers des Nichtwissens auf ein globales Niveau etwa Caspar, Ökologische Verteilungsgerechtigkeit ARSP 1997, S. 384 m.w.N., gegen einen derartigen Universalismus Kersting mit der Feststellung, dies Verfahren führe mangels institutioneller Sicherungen zu einem „wolkigen, ethisch überspannten Globalethos, das seine Realisierung allein auf dem motivationsstarken Gerechtigkeitssinn eines homogenen globalen moralischen Bewußtseins setzen kann", Recht, Gerechtigkeit und demokratische Tugend, Frankfurt 1997, S. 313.

[42] Zur Kritik am Universalismus bei Rawls s. Walzer und dessen Konzept einer komplexen Gleichheit, Sphären der Gerechtigkeit. Ein Plädoyer für Pluralität und Gleichheit, Frankfurt 1992, S. 30, dem es darum geht zu zeigen, daß als Resultat eines unvermeidbaren historischen und kulturellen Partikularismus die Prinzipien der Gerechtigkeit ihrerseits pluralistisch seien. „In einer Welt", so Walzer, „in der unterschiedliche, je besondere Kulturen existieren, in der die Vorstellungen davon, was gut und richtig ist, differieren und miteinander konkurrieren, in der die Ressourcen knapp und die Bedürfnisse schwer bestimmbar und expansiv sind, kann es keine allseits anwendbare einzige Universalformel geben, keinen universell gebilligten Weg, der von einem Konzept wie z.B. dem des ‚gerechten Anteils' zu einer umfassenden Liste der Güter führt, auf die dieses Konzept anwendbar wäre. Gerechter Anteil wovon?", S. 128 f.

und damit verbundene überzogene Erwartungen und Bedürfnisse des Akteurs an einen bestimmten zeitlichen Lebensabschnitt keine Rolle spielen.[43] Aus der unterschiedlichen Betroffenheitsperspektive sind Generationenpräferenzen daher kontingent und lassen sich unter diesen Bedingungen auch vor dem Urteil rationaler Egoisten nicht mehr rechtfertigen. Strukturmerkmal der Gerechtigkeit ist die widerspruchslose Verallgemeinerbarkeit der einer individuellen Handlung zugrundeliegenden Maxime. Mit dem über die Zeitgrenze der Gegenwart hinausgreifenden Rollentauschprinzip verträgt es sich nicht, aus der eigenen zeitlichen Position Vorteile zu ziehen, die zur ökologischen oder ökonomischen Destabilisierung künftiger Interessensubjekte führen. Eine Gesellschaft, die auf Kosten kommender Generationen lebt – sei es, daß sie die Grenzen der Belastbarkeit natürlicher Ressourcen überzieht, sei es, daß sie ihre konsumptiven Ausgaben und damit die Staatsverschuldung unmäßig steigert – vernachlässigt den Aspekt einer intergenerationellen Gerechtigkeit und ist unter den Bedingungen einer erweiterten Version der Rawlsschen Urzustandskonzeption nicht legitimationsfähig.

4.3 Das Verhältnis zwischen intergenerationeller und intragenerationeller Gerechtigkeit

Ein durch die Fernwirkung menschlichen Handelns eröffnetes Anwendungsverhältnis der Gerechtigkeit macht also neben der bekannten vertikalen Ebene eine zweite horizontal verlaufende Ebene der intergenerationellen Gerechtigkeit erforderlich. Die modifizierte Rawlssche Konzeption hat gezeigt, daß eine auf maximale Selbstverwirklichung angelegte Bedürfnisgesellschaft, die nach der Maxime „nach mir die Sintflut" verfährt, den eigenen Erwartungshaltungen an zeitlich vorangegangene Generationen notwendig widerspricht. Ob nun die Belastung mit Schulden, der Verbrauch von Naturgütern oder die Pflicht zur Investition in die Zukunft auf dem Prüfstand stehen – die Verteilung von Lebenschancen kann ohne Berücksichtigung der nachkommenden Generationen keine Legitimität für sich beanspruchen. Um die Ebene der intergenerationellen Gerechtigkeit innerhalb der rechtlichen Grundstruktur einer Gesellschaft zu verankern, wird es daher erforderlich, Grundsätze zu institutionalisieren, die freie und gleiche Personen im Hinblick auf die Künftigkeit ihrer Existenz unter fairen Bedingungen akzeptieren würden.

Das führt nun unmittelbar auf das Verhältnis der Gleichartigkeit von Pflichten *innerhalb und zwischen* den Generationen: Inwieweit dürfen die gesellschaftlichen Institutionen Gegenwartspräferenz der bestehenden Interessen gegenüber

---

[43] In diesem Sinne weist Brumlik darauf hin, daß der Begriff der Gerechtigkeit – unserer alltagssprachlichen Intuitionen gemäß – nur dann seinen Sinn behält, wenn er strikt universalistisch die gleiche Verteilung aller wesentlichen Güter für alle Menschen behauptet, Gerechtigkeit zwischen den Generationen 1995, S. 74.

den künftigen, potentiellen Interessenträgern verfolgen? Bezieht sich die Universalität von moralischen Normen auch auf die Geltung zwischen vertikaler und horizontaler Ebene der Gerechtigkeit mit der Folge, daß eine Interessengleichheit zwischen gegenwärtigen und künftigen Generationen besteht?

Wer wie *D. Birnbacher* davon ausgeht, daß mit Blick auf die „vielfältigen Arten immanenter Zukunftsbezogenheit der Moral" sich hinter dem Begriff der „Zukunftsethik" keine irgendwie geartete „neue Ethik" verberge, sondern lediglich eine „konsequentere Berücksichtigung der zukunftsbezogenen Implikationen", muß die Universalität und Gleichheit von Geltungsansprüchen auch in zeitlicher Hinsicht anerkennen.[44] Eine qualitative Differenzierung zwischen den beiden Ebenen der Gerechtigkeit scheint von dieser Auffassung nicht möglich. Überspitzt formuliert: Das Schädigungsverbot des neminem laede gilt gegenüber den Nachbarn genauso wie gegenüber der Familie, die das Nachbargrundstück in 150 Jahren bewohnen wird. Die moralische Problematik enthält also eine gegen Unendlichkeit tendierende zeitliche Perspektive. Die einheitliche Sichtweise scheint nun das Charakteristikum der Verpflichtungsstruktur gegenüber zeitlich entfernten, noch gar nicht existenten Subjekten zu verfehlen. Sie verkennt, daß innerhalb des oben unter 2.1 dargestellten Koordinatensystems einer vertikalen und einer horizontalen Gerechtigkeit der Begriff der Gerechtigkeit in der Beziehung zwischen real existierenden Wesen notwendig ein anderer sein muß als gegenüber der hinter einer Mauer der Künftigkeit verborgenen potentiellen Menschheit. Die unterschiedliche Verpflichtungskraft wird besonders deutlich im Falle von konkurrierenden Ansprüchen auf knappe Güter zwischen real existierenden Individuen einerseits und einer künftigen, die Lebensspanne von drei Generationen entfernten Menschheit andererseits.

Den existierenden Personen muß ein notwendiger Vorrang beim Zugriff auf nur begrenzt vorhandene, aber lebensnotwendige Güter gegenüber Künftigen bereits deshalb zukommen, weil ihre Weiterexistenz die *Voraussetzung ist für die Zukünftigkeit* künftiger Generationen. Der real existierende Mensch ist ein anderer als der potentielle, nicht einmal gezeugte Mensch, dem jede Leiblichkeit, aber auch jegliche Individualität in Raum und Zeit mangelt. Ohne eigene zeitliche Identität bleibt er nurmehr eine Idee, bloßes Abbild der Künftigkeit, Sinnbild für die dauerhafte Zukunft der Gattung.

Die Idee einer Künftigkeit des Menschen kann jedenfalls im Konflikt mit den *lebensnotwendigen Bedürfnissen* real existierender Subjekte keinen Vorrang für sich beanspruchen.[45] Das mag an einem Beispiel verdeutlicht werden: Gesetzt den Fall, auf einer in der nördlichen Hemisphäre gelegenen, von der übrigen Welt isolierten Insel sei eine Versorgung der Bewohner mit Brennmaterial nur über den Verlauf einer Drei-Generationenspanne gesichert. Jede nach dem Zeitraum

---

[44] Birnbacher, Verantwortung für künftige Generationen (Fn. 1), S. 98.
[45] Zur Bestätigung lohnt sich eine Übertragung der Ergebnisse der beiden von Rawls vertretenen Gerechtigkeitsprinzipien auf die zukunftsdimensionierte Problematik (vgl. Fn. 35).

von über 90 Jahren dort lebende Generation müßte daher befürchten, nicht durch die langen und kalten Winter zu kommen. Eine Berechnung ergibt nun, daß sich die Lebensbedingungen künftig existierender Generationen dauerhaft nur durch drastische Einsparmaßnahmen innerhalb der gegenwärtig existierenden Generationen sichern ließen. Hierzu wäre eine Reduzierung der Inselbevölkerung auf ein Niveau erforderlich, das eine Weiterexistenz von Menschen über einen unbestimmten Zeitraum hinaus ermöglichte.

Vor dem Hintergrund, daß ein Ortswechsel der dort lebenden Bevölkerung nicht möglich ist, ergeben sich nun zwei Alternativen: Sollen die Inselbewohner nach dem Grundsatz Interesse=potentielles Interesse verfahren und durch die Kontingentierung von Ressourcen das Sterben von Menschen zugunsten späterer Generationen bewußt in Kauf nehmen? Oder sollen sie auf diese Maßnahmen verzichten, mit der Folge, daß die Lebensgrundlagen in 3 plus X Generationen irreversibel zerstört sind?

Unter den geschilderten Knappheitsbedingungen müßte eine Entscheidung unter dem Schleier der Ungewißheit nun folgendes berücksichtigen: Einer Lösung zugunsten künftiger Generationen kann der rationale Akteur nicht zustimmen, weil er selbst befürchten müßte, zur Gruppe der Personen zu gehören, die gegenwärtigen Einsparmaßnahmen zum Opfer fielen. In der Lösung *zugunsten* der gegenwärtigen Generationen aber sieht es nicht viel besser aus: Hier steht zu befürchten, daß er der Generation angehört, für die alle Reserven aufgebraucht sein würden. Offenbar befindet sich der Akteur in diesem Beispiel in einem rationalen Dilemma, das von der zuvor dargestellten Wahlsituation insoweit abweicht, als hier bereits eine nicht mehr ohne weiteres zu korrigierende Entwicklung eingetreten ist. Die Ressourcen reichen nicht mehr für alle aus, so daß ein Konflikt zwischen zukünftigen und gegenwärtigen Akteuren vorprogrammiert ist. Wie auch immer sich der Akteur entscheidet, er kann auf Grund der zeitlichen Ungewißheit nicht sicher sein, am Ende nicht selbst zu den Verlierern zu gehören. Damit scheint aber auch eine Lösung für die eine oder die andere Variante nicht begründbar: In jedem Fall trifft den Akteur eine Belastung. Im ersten Fall als Folge der real eingetretenen Knappheitsbedingungen in 3 plus X Generationen, im zweiten Fall auf Grund einer freiwilligen Entscheidung zum Sparen zugunsten der Existenzbedingungen kommender Generationen.

Gerade diese Unausweichlichkeit sollte durch frühzeitige Einführung einer die horizontale und vertikale Verteilungsebene gleichsam berücksichtigenden gerechten Gesellschaftsstruktur vermieden werden. Nachdem sich aber nun einmal die Situation für alle Akteure zu einer Entscheidung des Entweder-Oder zugespitzt hat, kommt der Frage nach der Zeitpräferenz eine zentrale Bedeutung zu.

Bei der Entscheidung zwischen beiden Alternativen wird aus der Sicht des rationalen Akteurs nun folgendermaßen zu differenzieren sein: Ein negatives Ereignis mit langem Kausalverlauf erscheint weniger existenzbedrohlich als ein solches, dessen Folgen unmittelbar drohen. Der Akteur kann hier – obwohl er selbst darauf keinen Einfluß hat – zumindest auf die kreative Fähigkeit des menschlichen Geistes vertrauen, innerhalb der verbleibenden Zeitspanne – bis zu seinem hypothetischen Eintritt in die Konstruktion – den negativen Verlauf noch abzuwenden. So ließe sich, um beim obigen Beispiel zu verweilen, daran denken, daß langfristig etwa auf andere Energieressourcen wie Kohle oder Erdöl zurück-gegriffen werden kann, daß der planmäßige Anbau von nachwachsendem Holz betrieben wird oder Wege zu einem sparsameren Energieverbrauch entwickelt werden. Auf die Innovationsfähigkeit des Menschen setzend, ist in derartigen Kollisionsfällen eine Belastung der Zukunft daher einer Belastung der existieren-den Individuen vorzuziehen.

Eine andere, von der rechtlichen Wertordnung des modernen Rechtsstaats ausgehende Betrachtungsweise untermauert dieses Ergebnis: Die Gegenwarts-präferenz ist eine feste Konstante in allen auf dem Gedanken der Freiheit und Menschenwürde beruhenden Rechtssystemen. Das menschliche Individuum ge-nießt darin Vorrang vor dem nicht geborenen, erst recht vor dem nicht einmal gezeugten Menschen. Die Opferung des lebenden zugunsten eines potentiellen, künftigen Subjekts, zugunsten der Vorstellung einer Künftigkeit der menschli-chen Gattung also, müßte dieser Wertordnung offen widersprechen. Die Wahl eines Gesellschaftssystems, in dem das real existierende Individuum mit seinen Interessen und Bedürfnissen einer übergreifenden staatlichen Zukunftsvorsorge im Zeichen einer Künftigkeit der Gattung Mensch geopfert wird, läßt sich daher unter den Bedingungen einer ursprünglichen Entscheidungssituation nicht rechtfertigen. Ein derartiges System der absoluten Negation des Lebens- und Selbstbehauptungswillens der Existierenden trüge deutlich Zeichen einer totalitä-ren Herrschaft, wie sie – Befürchtungen zufolge – von einer Öko-Diktatur aus-gehen könnten.[46]

Das Ergebnis einer beschränkten Gegenwartspräferenz bedeutet nun kei-neswegs einen Freibrief zur Belastung der Zukunft. Das vorliegende Beispiel zeigt lediglich, daß im Falle einer *lebensbedrohlichen* Bedürfnissituation eine La-stenverteilung auf kommende Generationen eher gerechtfertigt werden kann als Eingriffe in die Lebensrechte existierender Subjekte.

4.4 Zum Gehalt der Generationenpflicht

Wo liegt nun also der spezifische Gehalt der intergenerationellen Pflichten in der horizontalen Dimension? Gefordert ist zunächst ganz allgemein die angemessene Berücksichtigung der Interessen Künftiger im Rahmen gegenwärtiger Vertei-lungsszenarien. Das Wissen über die Bedingungen künftiger Generationen bleibt notwendig spekulativ. Insbesondere bereitet es Probleme, den Wachstumsfaktor künftigen Wissens zu prognostizieren. Die Fähigkeit von Gesellschaften, mit ge-

---

[46] Vgl. Kloepfer, Droht der autoritäre ökologische Staat?, in: Baumeister (Hrsg.), Wege zum Ökologischen Rechtsstaat, 1994, S. 42 ff.; sowie zu radikalökologischen Ansätzen, Schröter, Mensch, Erde, Recht, 1999, S. 171 ff.

genwärtigen Problemlasten durch zukünftige Innovationszyklen und Technologietransfers fertig zu werden, darf dabei nicht überschätzt werden.

Der Faktor Innovation kann die heutige Generation nicht davon entlasten, auf der Basis ihres gesamten verfügbaren Wissens die Folgen ihres Tuns abzuschätzen und für kommende Generationen zu mäßigen.[47] Die Innovationsfähigkeit des menschlichen Geistes ist ein wichtiger Grund, das Risiko der Existenz einer künftigen gegenüber dem einer gegenwärtigen Mangelgesellschaft vorzuziehen. Dies gilt wohlgemerkt nur unter der Voraussetzung, daß die Innovationsprozesse mit Blick auf die Zukunft auch *tatsächlich angestoßen werden*. Eine Gesellschaft, die Wissenschaft nur betreibt, um ihre eigenen Bedürfnisse zu befriedigen, wird sich auf eine beschränkte Gegenwartspräferenz gerade deshalb nicht berufen können, weil sie den Wissensfaktor für die Zukunft völlig vernachlässigt.

Eine pauschale Vorab-Diskontierung aller heute existierenden Probleme mit Blick auf die zukünftigen Problemlösungskapazitäten verstößt ebenfalls gegen die Grundsätze der intergenerationellen Fairness. Inhaltlich-normativ läßt sich die Pflicht zur angemessenen Berücksichtigung Künftiger nun in ganz unterschiedlicher Weise bestimmen. Der gerechte Spargrundsatz, den Rawls vorschlägt, wirft die Frage auf, inwieweit Zukunftsverantwortung inhaltlich tatsächlich zu einem *Sparen* für kommende Generationen verpflichtet.

Unter Sparen versteht Rawls eine angemessene Kapitalakkumulation, die in verschiedenen Formen auch über Investitionen etwa in Produktionsmittel oder Bildungseinrichtungen erfolgen kann. Unter Bedingungen des Urzustands, so Rawls, sei der Spargrundsatz zudem eine Konkretisierung der Pflicht, gerechte Institutionen zu erhalten und zu fördern.[48] Durch diese Wendung erhält das Sparen eine ideelle Komponente jenseits rein ökonomischer Handlungsmotive. Die Investitionsrate hat unmittelbaren Anteil an der Schaffung und Perpetuierung einer gerechten gesellschaftlichen Rahmeninstitution.

Im großen und ganzen besehen, gehen die wenig deutlichen Ausführungen von Rawls zum Sparen an den entscheidenden Fragen einer intergenerationellen Gerechtigkeit vorbei. Die Pflicht zur Investition in die Zukunft trifft gegenwärtige Generationen nicht etwa im Rahmen einer allgemein festzulegenden Sparquote, sondern jeweils nach Maßgabe der auftretenden Problemlagen: Der Schutz der natürlichen Lebensgrundlagen erfordert regelmäßig Maßnahmen, die abhängig sind von dem Grad der jeweiligen Umweltzerstörung; die Pflicht zu Investitionen etwa in künftige Wissensbereiche wird bestimmt durch die Gefährdung künftiger Generationen durch konkrete Problemlasten wie Krankheiten,

---

[47] So aber wohl Roellecke, Die Zukunft des Verfassungsstaats, JZ 1998, S. 692; zutreffend Leist, Ökologische Ethik II. Gerechtigkeit, Ökonomie und Politik, in: Nida-Rümelin, Angewandte Ethik, Die Bereichsethiken und ihre theoretische Fundierung, Stuttgart 1996, S. 402, sowie zum Diskontierungseinwand, der unter Einbeziehung der Interessen späterer Generationen von einer höheren Bedeutung der ökologischen Schäden der Gegenwart gegenüber der Zukunft ausgeht, a.a.O., S. 420 ff.

[48] Rawls, Eine Theorie der Gerechtigkeit, S. 326.

Naturzerstörung oder Hungersnöte; eine zurückhaltende staatliche Ausgabenpolitik wird dort nötig, wo die Schulden bereits zu einer überhöhten Staatsquote
geführt haben.

Der allgemeine Spargrundsatz bei Rawls zieht noch einen weit grundsätzlicheren Einwand auf sich: Es bestehen erhebliche Zweifel daran, ob die Beziehung zwischen den Generationen überhaupt mit einer Pflicht zum Sparen angemessen wiedergegeben wird. Daß die eine Generation mehr erwirtschaftet als sie
benötigt, die andere den Gewinn der vorangegangenen wiederum verbraucht, ist
kulturgeschichtlich seit jeher dem menschlichen Dasein immanent. Ebensowenig
wie die Eltern eine moralische Pflicht trifft, ihren Kindern ein die wirtschaftliche
Situation verbesserndes Erbe zu hinterlassen, kann von einer existierenden Generation verlangt werden, zu einer Verbesserung der ökonomischen Lebensumstände ihrer Nachkommen aktiv beizutragen. Daß die Lebensumstände sich von
Generation zu Generation verbessern sollen, setzt neben einem dezidierten Verständnis des menschlichen Daseins als Fortschrittsgeschichte auch die unrealistische Annahme eines stetigen Wachstums der Wirtschaft voraus. Immer aber wird
es Generationen geben, die mehr verbrauchen als sie erwirtschaften und umgekehrt. Jede Generation ist primär für sich selbst verantwortlich. Genauso wie erwachsene Kinder ihr Schicksal in die eigene Hand nehmen, wird dies von nachkommenden Generationen erwartet. Hier gilt in erster Linie der Grundsatz der
Eigenvorsorge.

Das Ergebnis entspricht intuitiv auch dem Alltagsverständnis der Mehrzahl
der Bevölkerung. Im Zusammenhang mit einer repräsentativen Umfrage unter
50-75jährigen Deutschen zu ihren Vererbungsplänen trafen 56 % die Aussage:
„Ich habe es mir verdient, auch einmal an mich zu denken und mein Geld für
mich auszugeben." Lediglich 23 %, also knapp ein Viertel aller Befragten äußer-
ten den Wunsch, „ihren Kindern ein ordentliches Erbe zu hinterlassen."[49] Man
kann sich vorstellen, daß dieses Votum noch deutlicher ausgefallen wäre, wenn
die Frage nicht eine Sparquote für Kinder, Verwandte oder nahestehende Freunde, sondern für die abstrakte Bezugsgröße künftiger Generationen betroffen
hätte.

Der Gedanke einer generationenübergreifenden Fairness hat daher mit einem Ansparen im herkömmlichen Sinne nichts zu tun – Gerechtigkeit gegenüber
kommenden Generationen besteht nicht darin, ökonomische Transaktionen in
Richtung Zukunft zu veranlassen.

Vielmehr geht es darum, die *Belastungen* zwischen den Angehörigen verschiedener Generationen so zu verteilen, daß auch den nachfolgenden Generationen *aus eigener Kraft* das Erreichen einer guten Lebensqualität sowie die Verwirklichung gerechter gesellschaftlicher Institutionen ermöglicht wird. Zu fordern bleibt daher nicht die Herstellung einer wohlfahrtsstaatlich motivierten
Gleichheit, die natürlich auftretende Unterschiede zwischen den verschiedenen

---

[49] Zitiert aus Ottnad, Wohlstand auf Pump, Ursachen und Folgen wachsender Staatsverschuldung in Deutschland, 1996, S. 128.

Generationen in zeitlicher Hinsicht nivelliert, sondern eine Fairness, die es gebietet, künftigen Generationen die gleichen *Entwicklungschancen* zu lassen. Die Zerstörung der natürlichen Lebensgrundlagen, die unmäßige Staatsverschuldung oder die Ungleichheit bei der Finanzierung der Rentenversicherung im Umlageverfahren legen späteren Generationen ökologische oder finanzielle Lasten auf, die deren künftige Lebensplanung behindern. Ihnen wird – z.T. bereits noch vor ihrer eigentlichen Lebensphase – etwas entzogen, ohne daß sie dafür einen Ausgleich erhalten.

Was bleibt nun für die Bestimmung der positiven Ausfüllung des Begriffs der intergenerationellen Gerechtigkeit? Wenn es keine Verpflichtung gegenüber künftigen Generationen gibt, aktiv deren Wohlstand zu mehren, so kann zunächst festgehalten werden, existiert immerhin eine *Pflicht einer jeden Generation, den Bestand des von den vorherigen Generationen Übernommenen im Rahmen einer intergenerationellen Chancengleichheit zu erhalten.* Hierzu zählt in ideeller Hinsicht die Bewahrung der geschaffenen Institutionen, die in ihrer Gesamtheit das Funktionieren der gerechten Grundstruktur einer Gesellschaft, dem Bildungswesen, der Verwaltung und der Justiz, gewährleisten.

Diese umfängliche Erhaltenspflicht beinhaltet sowohl Unterlassungs- als auch Handlungspflichten. So stellt die allgemeine Unterlassungspflicht im Generationenverhältnis ein *Verbot der Übernutzung* dar: Keine Generation darf – außer in unverschuldeten Krisenlagen – den Bestand des ihrerseits von der vorangegangenen Generation Übernommenen irreversibel verbrauchen oder schmälern.[50] Investitionen in die Zukunft mehren dabei den Bestand der aktiv selbst erwirtschafteten Güter, konsumptive Ausgaben schlagen dagegen negativ zu Buche. Während der Spargrundsatz bei Rawls nun die Weitergabe von Aktiva über den Status des Übernommenen hinaus verlangt, zielt die vorliegende Version auf Wahrung der Lebenschancen im Sinne einer fairen Lastengleichheit zwischen den Generationen ab.

In *ökologischer Hinsicht* gehört hierzu die Weitergabe der selbst von vorhergehenden Generationen übernommenen natürlichen Lebensgrundlagen. Die Bewahrung der Gesamtheit der Naturgüter, das ökologische Gleichgewicht und der Erhalt einer für ein menschenwürdiges Dasein ästhetischen Funktion der Natur sind zentrale Voraussetzung für die Entwicklungsfähigkeit einer lebenswerten Gesellschaft. Insoweit ist eine Anpassung der Lebensverhältnisse gegenwärtiger und künftiger Generationen i.S. einer intergenerationellen Gerechtigkeit auf das Leitbild der Nachhaltigkeit zu fordern. Gesellschaften, die dem Maßstab einer Verallgemeinerbarkeit ihres Lebensstils auf ein *dauerhaftes* Niveau widersprechen, befinden sich mit dem Gedanken der intergenerationellen Fairness unmittelbar in Widerspruch. Auf Kosten kommender Generationen lebend, stellen sie aus der

---

[50] Im Hinblick auf nicht erneuerbare Ressourcen ist eine analoge Anwendung dieses Grundsatzes sinnvoll. Hier bietet sich an, den Preis nicht erneuerbarer Ressourcen mit Berücksichtigung der Bedürfnisse künftiger Generationen mit zunehmender Knappheit ansteigen zu lassen, vgl. Hösle (Fn. 31), S. 195.

zeitlichen Perspektive illegitime Systeme zur Ausbeutung der Zukunft dar.[51] Der Verbrauch und die Nutzung natürlicher Ressourcen bleiben nur zulässig, soweit und solange dadurch das für ein eigenverantwortliches und menschenwürdiges Leben zugrundeliegende Startkapital künftiger Generationen nicht geschmälert wird.

Neben der ökologischen Problematik gilt entsprechendes für die *ökonomische* Übersteuerung. Das Schuldenmachen durch Steigerung der konsumptiven Ausgaben und die Verlagerung der sozialen Lasten der Altersversorgung auf spätere Generationen verstoßen gegen die intergenerationelle Gleichbehandlungspflicht. Hier wird aus egoistischen Motiven das natürliche Startkapital künftiger Generationen aufgezehrt und damit ein moralisches Recht auf formelle Chancengleichheit bei der Gestaltung der Lebensverhältnisse in zeitlicher Hinsicht verletzt. Eine Verschuldung ist nur zulässig, soweit damit keine substantielle Lastenverteilung zuungunsten nachrückender Generationen verbunden ist, die eine selbstbestimmte Lebensgestaltung erschwert oder gänzlich unmöglich macht.

Neben dem Verbot der Entziehung des Bestands des Übernommenen liegt die Sache nun dort etwas anders, wo die Generationensorge sich nicht schwerpunktmäßig in einem bloßen Unterlassen erschöpft, sondern ein *konkretes Aktivwerden* – eben ein unmittelbares Vor-Sorgen – notwendig macht. Hier geht es um die Pflicht zur Investition in die Zukunft, damit es gelingt, Innovationsprozesse anzustoßen, die nachkommenden Generationen die notwendige Wissensbasis einräumten, gegenüber den vielfältigen Herausforderungen der technologischen Zivilisation zu reagieren. Die Förderung von Wissenschaft und Bildung ist daher die vordringlichste Aufgabe aktiver staatlicher Generationensorge.

5. Resümee und Ausblick

Es hat sich gezeigt, daß im Verhältnis zwischen den Generationen eine Verpflichtung im horizontalen zeitlichen Sinne besteht, die Belange künftiger Generationen zu berücksichtigen. Die Gerechtigkeit zwischen den Generationen steht einer formellen Chancengleichheit weit näher als einem wohlfahrtsstaatlichen Fürsorgedenken. Der Inhalt der intergenerationellen Gerechtigkeit läßt sich wie folgt charakterisieren: Keiner Generation kann eine umfassende Zukunftsvorsorge zugemutet werden, die ihrem eigenen Lebensbezug vorausgeht. Hier bleibt es bei dem Grundsatz, daß jede Generation ihres eigenes Glückes Schmied ist. Keine Generation bleibt daran gehindert, ihren Nachkommen eine verbesserte Infrastruktur sowie einen höheren Wohlstand zu erwirtschaften – eine Pflicht im rechtsethischen Sinne dazu besteht jedoch nicht.

---

[51] Saladin/Zenger sprechen in diesem Zusammenhang von einem „Totalitarismus in der Zeit" als dem Gegenteil von einer intergenerationellen Fairness, S. 34.

Die Sorge für die kommende Menschheit beinhaltet vordringlich die Weitergabe der für ihre Entwicklungschancen notwendigen Lebensbedingungen. In erster Linie bleibt also eine *Unterlassungspflicht* maßgeblich: Es kann von den existierenden Generationen zunächst nicht mehr, aber auch nicht weniger gefordert werden, als die Lebenssituation künftiger Generationen nicht durch eigenes Verhalten zu verschlechtern. Dort, wo die Irreversibilität wirtschaftlicher oder ökologischer Belastungen der Entwicklung der Lebenschancen Künftiger entgegensteht, ist der Grundsatz intergenerationeller Fairness verletzt, der jenseits des herkömmlichen Verpflichtungsrahmens räumlich und zeitlich interagierender Subjekte eine zweite Ebene der Verteilungsgerechtigkeit eröffnet.

Jede Generation trägt in wissenschaftlich-technischer Sicht zudem eine spezifische Innovationsverantwortung, die darin besteht, das Wissen für künftige Generationen zu mehren. Diese *Handlungspflicht* besteht unabhängig davon, ob die Ergebnisse auf der Suche nach Innovationen einen sozialen Nutzenwert innerhalb der eigenen Lebensspanne erwarten lassen. Eine darüber hinaus zu gewährende soziale Fürsorge gegenüber künftigen Generationen scheitert nicht nur wegen einer mangelnden Einstandspflicht, sondern auch aus der Sicht des Menschen als Subjekt einer selbstverantworteten Geschichte. Die Autonomie einer jeden Generation erfordert es, den Spielraum ihrer Lebensplanung und Gestaltung nicht einzuengen. Eine Berücksichtigung der Künftigen kann nicht die gesamte Zukunft absichern und vorformen. Intergenerationelle Gerechtigkeit ist keine Schutzvorkehrung für alle möglichen, künftig eintretenden Entwicklungen. Ungewißheiten sind zukunftsimmanent und als solche grundsätzlich hinzunehmen. Anderenfalls würde eine vermessene, restlos verplante Zukunft jegliche Autonomie des Menschen als Subjekt einer eigenen Geschichte ersticken. Daß die Zukunft im positiven wie im negativen Sinne offen, d.h. gestaltbar bleibt, daran wird und darf die Berücksichtigung Künftiger nichts ändern.

Im umgekehrten Sinn bleibt jedoch vorliegend als wesentliche Einsicht festzuhalten, daß die Autonomie kommender Generationen nur dann gewahrt wird, soweit die ihnen übertragenen Belastungen nicht die *Bedingungen zur Verwirklichung eines eigenen Lebensentwurfs* schmälern. Es hat sich gezeigt, daß der Schutz über die Generationengrenzen hinweg – einer von der Öffentlichkeit allgemein geteilten Intuition entsprechend – einen bislang vernachlässigten Anwendungsbereich der Gerechtigkeit darstellt. Der Fairnessgedanke gegenüber kommenden Generationen reicht über die sittliche Verpflichtung zur Rücksichtnahme hinaus und erfordert einen direkten Schutz über das positive Recht. Dabei kommt es darauf an, die unterrepräsentierten Interessen der Zukünftigen möglichst authentisch in die Strukturen des Rechtssystems zu implementieren. Die Optimierung dieses Zukunftsbezugs ist eine der zentralen Herausforderungen auf der Suche nach einer gerechten und nachhaltigen Gesellschaft für die Zukunft.

Wolfram Höfling

Intergenerationelle Verantwortung und Verfassungsrecht

I. Einleitung:
Der verfassungstextliche Befund

Explizit bekennt sich das deutsche Verfassungsrecht zu intergenerationeller Verantwortung nur an einer Stelle: in Art. 20a GG. Die Vorschrift erklärt es zur Staatsaufgabe, „auch in Verantwortung für die künftigen Generationen" die natürlichen Lebensgrundlagen zu schützen. Begreift man „Generationenverantwortung" allerdings in einem weiteren Sinne,[1] fragt man also umfassender nach dem bzw. den intertemporalen Bezugsrahmen des Verfassungstextes, dann wird der Befund ergiebiger:

– An die Fehlbarkeit und Endlichkeit einer Verfassungsgebung, damit aber auch an die zeitliche Relativität erinnert bereits die Präambel in der oft fälschlich als invocatio dei apostrophierten Formulierung: „Im Bewußtsein seiner Verantwortung vor Gott...".[2]

– Die im selben Einleitungssatz der Präambel zugleich angesprochene Verantwortung „vor den Menschen" wird sodann in Art. 1 Abs. 1 GG aufgegriffen mit der Menschenwürdegarantie als dem archimedischen Punkt des Verfassungsstaates.[3] In ihrer objektiv-rechtlichen Dimension schützt sie gegenwartsübergreifend die Unverwechselbarkeit des Menschen als Gattung.[4] Zum Teil wird gerade deshalb die Gentherapie an menschlichen Keimzellen, die ja mit intergenerativen Implikationen verbunden ist, für unzulässig gehalten.[5]

– Von den unverletzlichen und unveräußerlichen Menschenrechten ist in Art. 1 Abs. 2 GG die Rede, womit sich das Grundgesetz rückbezieht auf die französische Menschenrechtsdeklaration, die – genauer – von „unverjährbaren" Menschenrechten und damit wiederum in einer generationenübergreifenden Per-

---

[1] Verzichtet man also darauf, genauer zu klären, wie die zukünftigen Generationen eigentlich sein müssen; hierzu D. Birnbacher, Verantwortung für zukünftige Generationen, 1988, S. 23 ff.

[2] Dazu nur Dreier, in: Dreier (Hrsg.), GG-Komm., Bd. 1, 1996, Präambel Rdnrn. 14 f.

[3] Siehe G. Haverkate, Verfassungslehre, 1992, S. 142.

[4] Hierzu W. Höfling, in: Sachs (Hrsg.), GG-Komm., 2. Aufl. 1999, Art. 1 Rdnr. 42.

[5] Siehe etwa die sog. Benda-Kommission, In-vitro-fertilisation, Genomanalyse und Gentherapie. Bericht der gemeinsamen Arbeitsgruppe des Bundesministers für Forschung und Technologie und des Bundesministers der Justiz, 1985, S. 45 ff.; siehe dazu auch Höfling (Fn 4), Art. 1 Rdnr. 23.

spektive spricht.[6] Die Grundsätze des Eingangsartikels der Verfassung sowie des Art. 20 GG mit seinen Staatsstrukturprinzipien wiederum werden durch die „Ewigkeitsgarantie" des Art. 79 Abs. 3 GG sogar der Disposition des verfassungsändernden Gesetzgebers entzogen.

– Das Haushalts- und Finanzverfassungsrecht versucht an etlichen Stellen, durch ein strenges „Regiment auf Zeit" Macht zu begrenzen und dadurch Freiheit zu gewährleisten. Die Jährlichkeit bzw. Periodizität des Finanzverfassungsrechts wird etwa deutlich in den Bestimmungen des Art. 110 Abs. 2 und Abs. 4, des Art. 111, Art. 114 Abs. 1 GG.[7] Ganz zentral thematisiert aber die Junktim-Klausel des Art. 115 Abs. 1 Satz 2 GG den intertemporalen Kontext der staatlichen Kreditaufnahme.[8]

Der erste Textbefund offenbart bereits die ganz unterschiedlichen Normtypen, Regelungkontexte und Instrumentarien, derer sich die Verfassung zur Konstruktion gegenwartsübergreifender Normzusammenhänge bedient:
– Staatszielbestimmungen,
– Grundrechtsgewährleistungen,
– Kompetenzzuweisungen.

Auch wenn man die Verfassung des Verfassungsstaates ganz prinzipiell als rechtlich vermittelte – auch intergenerative – Gegenseitigkeitsordnung deuten will,[9] der Textbefund macht deutlich: Es gibt kein geschlossenes verfassungsrechtliches Konzept von Zukunfts- oder Generationenverantwortung, sondern nur punktuelle und mehr oder weniger fragmentarische Regelungen.

Der Textbefund verbietet den argumentativen Rückgriff auf Großformeln und Grundprinzipien, aus denen unvermittelt konkrete und verbindliche Normaussagen gewonnen werden. Es bedarf vielmehr der differenzierenden, bereichsspezifischen Dogmatik und eingehenden Analyse der jeweiligen Verfassungsbestimmung im einzelnen.[10]

Dies soll im folgenden am Beispiel des Referenzgebietes „Finanzverfassung" kurz skizziert werden.

II. Das Beispiel der Staatsschuldenverfassung

Der „Zeitmaschinen"-Charakter der Staatsverschuldung hat schon immer sowohl die Finanzwissenschaft als auch die Rechtswissenschaft zu intergenerationellen Gerechtigkeitsüberlegungen herausgefordert. Die merkantilistische Schuldenpo-

---

[6] Hierzu H. Hofmann, Rechtsfragen der atomaren Entsorgung, 1981, S. 266 ff.

[7] Hierzu instruktiv P. Häberle, Zeit- und Verfassungskultur, in: Die Zeit. Schriften der Karl-Friedrich von Siemens-Stiftung, Bd. 6, hrsg. von Peisl/Mohler, 1983, S. 289 (340 ff.).

[8] Dazu eingehend noch unten.

[9] Hierzu Haverkate, Verfassungslehre, S. 153 ff.

[10] Unzulässige Verknüpfung von Art. 20a GG und Art. 115 I 2 GG dagegen bei K. Waechter, Umweltschutz als Staatsziel, NuR 1996, 321 (326 f.).

litik stieß auf den Staatsschuldenskeptizismus der klassischen Nationalökonomie der ersten Hälfte des 19. Jahrhunderts, für den Ricardos berühmtes Menetekel steht, wonach die öffentliche Verschuldung eine der schrecklichsten Geißeln der Menschheit sei. Aber erst Carl Dietzel formulierte eine erste, noch recht grobe schuldenpolitische Deckungsregel: Danach sollen diejenigen öffentlichen Ausgaben, die in ihrer jeweiligen Form nur einmal anfallen und einem dauerhaften Verwendungszweck dienen, durch Staatsanleihen finanziert werden.[11] Dies wurde dann durch die Arbeiten Adolph Wagners zur klassischen Deckungsregel fortentwickelt, die in der spezifischen Akzentuierung des Lorenz von Stein als ein Konzept einer gerechten Lastenverteilung zwischen Gegenwart und Zukunft formuliert wird:

„Ein Staat ohne Staatsschuld tuth entweder zu wenig für seine Zukunft, oder er fordert zu viel von seiner Gegenwart".[12]

Seit dem 19. Jahrhundert rezipierte auch das (Verfassungs-)Recht verstärkt die nationalökonomischen Vorstellungen insbesondere Adolph Wagners.[13] Das Grundgesetz wahrte zunächst dogmengeschichtliche Kontinuität mit Art. 115 GG a. F., indem er unmittelbar an Art. 87 S. 1 der Weimarer Reichsverfassung anknüpfte. Die Kreditfinanzierung sollte auf Fälle des außerordentlichen Bedarfs und auf Ausgaben zu werbenden Zwecken beschränkt bleiben. Damit wurde die traditionelle Orientierung an der Planbarkeit und Wirkungsdauer der Staatsausgaben aufgegriffen, einmal als Zeitargument, zum anderen als Produktivitätsargument. Als Kreditbegrenzungsvorschrift zugunsten der zukünftigen „Generation" etwa fungierten die Normen jedenfalls nicht.

Insoweit brachte indes die Neufassung des Art. 115 I GG im Zuge der großen Finanzreform in den späten 60er Jahren eine – auch in der verfassungsrechtlichen Diskussion oft übersehene – Zäsur. Mit der sog. Junktimklausel vollzog sich ein Perspektivenwechsel von der objektbezogenen Deckungsregel zur objektgruppenorientierten Begrenzungsregel. Damit war dem pay as you use-Argument, das für eine Kreditfinanzierung bestimmter zukunftswirksamer Ausgaben ins Feld geführt wurde und wird, nunmehr die verfassungsrechtliche Basis entzogen. Art. 115 I 2 1. Halbs. GG enthält keine Präferenzregelung oder gar Anweisung, investive Staatsausgaben durch Kreditaufnahme zu finanzieren. Die Stoßrichtung der Junktimklausel ist vielmehr gegenläufig. Die Vorschrift rekurriert zwar auf das Prinzip der intertemporalen Lastverteilung, doch geschieht dies in lastkompensatorischer, in gleichsam abwehrender Absicht. Dem Argument einer fairen bzw. gerechten Lastverteilung zwischen Gegenwart und Zukunft

---

[11] Siehe Carl Dietzel, Das System der Staatsanleihen im Zusammenhang der Volkswirtschaft betrachtet, 1855, S. 187 ff., 210 ff.

[12] Lorenz von Stein, Lehrbuch der Finanzwissenschaft, 2. Aufl. 1871, S. 666; vgl. aus der zeitgenössischen Literatur noch J. Rawls, Eine Theorie der Gerechtigkeit, S. 320 ff.

[13] Näher zum ganzen Wolfram Höfling, Staatsschuldenrecht, 1993, S. 116 ff.

kommt damit nicht mehr im Sinne einer legitimierenden, sondern nur noch im Sinne einer limitierenden Funktion Bedeutung zu.[14]

Auch das Bundesverfassungsgericht hat in seiner Grundsatzentscheidung zur Staatsverschuldung klargemacht, daß der Junktimklausel die Vorstellung zugrunde liege, die mit einer kreditären Staatsfinanzierung verbundene Belastung zukünftiger Generationen müsse durch entsprechende zukunftsbegünstigende Ausgaben kompensiert werden.[15] Das Bundesverfassungsgericht spricht dabei explizit vom „Interesse künftiger Generationen".[16]

Solche Formulierungen sind nun aber weitgehend geprägt von der Vorstellung einer ungleichen Belastung aufeinanderfolgender Generationen, die als abgrenzbare Teilmengen der personell ständig fluktuierenden Gesamtstaatsbürgerschaft gedacht werden. Eine derartige Betrachtung des Problems, die sich in der Umschreibung als intergenerative Lastverteilung äußert,[17] mag die allgemeine Anschaulichkeit vergrößern; sie ist verständlich auch vor dem Hintergrund der traditionellen Perspektive, für die die zeitlich verschobene Last in der späteren Rückzahlung des aufgenommenen Kredits liegt. Doch zeigen die Erfahrungen der letzten Jahrzehnte, daß eine Nettoschuldentilgung so gut wie nicht mehr stattfindet.[18] Die Aufbringung des Zinsdienstes aber – wollte man diese als „Last" späterer Generationen qualifizieren – obliegt nicht der nachgeborenen Generation, sondern steht in der Regel schon bald ab Begebung der Staatsschuldtitel an.[19] Grundlegender noch ist ein weiterer Einwand: Die Generationenfolge erweist sich im vorliegenden Kontext als ein permanenter Austauschprozeß, in dem die Mitglieder eines Staatsverbandes fortlaufend ersetzt werden, bis schließlich die Personalsubstanz gänzlich verändert ist. Deshalb läßt sich in einer überindividuellen Perspektive nicht ohne Willkür sagen, zu welchem Fixpunkt die Allgemeinheit sich regeneriert bzw. eine Generation die andere abgelöst hat.[20]

Dennoch geht die Verfassung in Art. 115 Abs. 1 Satz 2 GG – und zwar zu Recht – von einer lastverschiebenden Wirkung der staatlichen Kreditaufnahme in der Zeitdimension aus. Sie hat die intertemporale Differenzialinzidenz der Finanzierungsinstrumente „Staatsverschuldung" einerseits und „Besteuerung" andererseits im Blickpunkt. Vor diesem Hintergrund und im Blick auf die

---

[14] Eingehend hierzu Höfling (oben FN 13), S. 146 ff.

[15] Siehe BVerfGE 79, 311 (334).

[16] Siehe BVerfGE 79, 311 (343).

[17] Siehe auch H.-Ch. Link, Staatszweck im Verfassungsstaat, VVDStRL 48 (1990), 7 (39 FN 154).

[18] Die jüngsten Entwicklungen in den USA bestätigen insoweit als Ausnahme eher die Regel.

[19] Siehe auch W. Ehrlicher, Grenzen der Staatsverschuldung, in: Festschrift für Haller, 1979, S. 27 (38).

[20] Dazu schon zutreffend Henseler, AöR 108 (1983), 489 (509, 520 f.); zum „Modell überlappender Generationen" siehe auch B. Huber, Staatsverschuldung und Allokationseffizienz, 1990, S. 27 ff.

gesamtwirtschaftliche Bedeutung der staatlichen Finanzpolitik für das gesamtwirtschaftliche Gleichgewicht formuliert die Junktimklausel des Art. 115 Abs. 1
Satz 2 1. Halbs. GG ein staatsschuldenrechtliches Koordinatensystem, das die
von der Nettokreditaufnahme[21] für die Zukunft ausgehenden Lasten durch den
Investitionsbegriff als lastadäquater Kompensationsgröße begrenzt und auf-
fängt. In seiner staatsschuldenrechtlichen Spezifität kommt dem Investitionsbegriff des Art. 115 Abs. 1 Satz 2 1. Halbs. GG also die Bedeutung einer lastadäquaten Kompensationsgröße zu. Dies ist der Lastenausgleichsgedanke – wenn
man so will: die intergenerationelle Gerechtigkeitsidee der staatsschuldenrechtlichen Junktimklausel: Weil mit der Nettokreditaufnahme eine inter-tempo-
rale Lastverteilung verbunden ist, verpflichtet Art. 115 Abs. 1 Satz 2 1. Halbs.
GG den Staat als Verschuldungssubjekt grundsätzlich dazu, die zeitlich
verschobene Last durch eine entsprechend zukunftsbegünstigende Ausgabenpolitik zu kompensieren.[22] Damit aber dieses staatsschuldenrechtliche Aus-
gleichsprinzip funktioniert, muß ein Entsprechungsverhältnis zwischen „Last"
und „Nutzen" bestehen. Die ökonomische Substanz des der Junktimklausel
zugrunde liegenden Lastenbegriffs manifestiert sich – in der Konzeption und
Terminologie des sog. Wachstumsansatzes bzw. aggregate investment approach –
in einer Minderung des zukünftigen Kapitalstocks und damit des Wachstums.[23]
Die interpretatorische Erschließung des staats-schuldenrechtlich relevanten
Investitionsbegriffs als einer lastadäquaten Kompensationsgröße hat sich dem-
entsprechend hieran zu orientieren. Mit anderen Worten: Nur solche staatlichen
Ausgaben dürfen unter den Investitionsbegriff des Art. 115 Abs. 1 Satz 2 1.
Halbs. GG subsumiert werden, von denen – allgemein formuliert – positive
Wirkungen für zukünftige „Generationen", auf den zukünftigen Kapitalstock
und das zukünftige Wachstum des Produktionspotentials ausgehen. Dies aber
sind allein die Nettoinvestitionen.[24]

III. Schlußbemerkungen – zugleich zur Staatszielbestimmung des Art. 20a GG

Für die Problematik der Staatsverschuldung und ihre intertemporale Inzidenz
hat das Verfassungsrecht ein bereichsspezifisches Lösungskonzept bereitgestellt,

---

[21] Einnahmen aus Krediten i.S.v. Art. 115 Abs. 1 Satz 2 1. Halbs. GG meint lediglich die
Nettokreditaufnahme; dazu eingehend Höfling, S. 172 ff. mit zahlreichen Nachweisen.

[22] Siehe auch BVerfGE 79, 311 (334); Henseler, AöR 118 (1983), 489 (516).

[23] O. Gandenberger, Intertemporale Verteilungswirkungen der Staatsverschuldung, in:
Haller/Albers (Hrsg.), Probleme der Staatsverschuldung, 1972, S. 189 ff.; R. Kurz/L. Rall, In-
terpersonelle und intertemporale Verteilungswirkungen öffentlicher Verschuldung, 1983, S.
146 f.

[24] Eingehend hierzu und zu den Konsequenzen für die Finanzpolitik W. Höfling (oben
Fn. 13), S. 188 ff.

das „intergenerationelle" Verteilungsgerechtigkeit sicherstellen soll. Indes lassen sich hieraus keine rechtsfolgenbegründenden Konsequenzen für andere intertemporale Verteilungsprobleme – sei es die Finanzierung der Altersvorsorge oder den umweltbezogenen Nachweltschutz – ziehen.[25] Es bedarf vielmehr der je eigenen Analyse der einschlägigen Rechtsnormen und der Erarbeitung einer spezifischen Bereichsdogmatik. Deren normatives Steuerungspotential wiederum ist dabei eng verknüpft mit der Normstruktur der jeweiligen Vorschrift(en).

Dies sei abschließend kurz aufgezeigt am Beispiel der 1994 in den Grundgesetztext eingefügten Staatszielbestimmung des Art. 20a GG. Danach schützt der Staat „auch in Verantwortung für die künftigen Generationen die natürlichen Lebensgrundlagen im Rahmen der verfassungsmäßigen Ordnung durch die Gesetzgebung und nach Maßgabe von Gesetz und Recht durch die vollziehende Gewalt und die Rechtsprechung".[26]

Ähnlich wie bei der staatsschuldenrechtlichen Junktimklausel läßt auch der Blick auf die Verfassungsbestimmung zur ökologischen Nachweltverantwortung in dogmengeschichtlicher Hinsicht einen grundlegenden Perspektivenwechsel erkennen. Noch bei Kant hatte die Überlegung im Vordergrund gestanden, daß den nachfolgenden Generationen einseitig die Errungenschaften der vorangehenden zugute kämen. In seiner „Idee zu einer allgemeinen Geschichte in weltbürgerlicher Absicht" beklagte er, „daß die Elterngenerationen nur scheinen um der späteren willen ihr mühseliges Geschäft zu treiben ... und daß doch nur die spätestens das Glück haben sollen, in dem Gebäude zu wohnen, woran eine lange Reihe ihrer Vorfahren (zwar freilich ohne ihre Absicht) gearbeitet hatten, ohne doch selbst an dem Glück, das sie vorbereiteten, Anteil nehmen zu können".[27] Doch inzwischen und angesichts des fortschreitenden Ressourcenverbrauchs wird entschieden hervorgehoben, ökologische Verteilungskonflikte dürften nicht zu Lasten der Schwächeren, der Wehrlosen, der Zukünftigen entschieden werden.[28]

Diesen Perspektivenwechsel greift Art. 20a GG auf. Aus einer anthropozentrischen Grundperspektive heraus gebietet der neue Verfassungsartikel, daß alle Güter, die auf Dauer Voraussetzung für menschliches Leben sind, erhalten

---

[25] Unzutreffende Verknüpfungen von Art. 20a GG mit Art. 115 Abs. 1 Satz 2 GG dagegen bei K. Waechter, Umweltschutz als Staatsziel, NuR 1996, 321 (326 f.).

[26] Vgl. aus der Literatur hierzu etwa M. Kloepfer, Umweltschutz als Verfassungsrecht, DVBl. 1996, 73 ff.; A. Schink, Umweltschutz als Staatsziel, DÖV 1997, 221 ff.; R. Steinberg, Verfassungsrechtlicher Umweltschutz durch Grundrecht und Staatszielbestimmungen, NJW 1996, 1985 ff.; W. Hoffmann-Riem, Vom Staatsziel Umweltschutz zum Gesellschaftsziel Umweltschutz, Die Verwaltung 28 (1995), 425 ff.; J. Tremmel/M. Laukemann/Ch. Lux, Die Verankerung von Generationengerechtigkeit im Grundgesetz – Vorschlag für einen erneuerten Art. 20a GG, ZRP 1999, 432 ff.

[27] Immanuel Kant, Idee zu einer allgemeinen Geschichte in weltbürgerlicher Absicht, Dritter Satz (Theorie-Werkausgabe [hrsg. von W. Weichedel]), Bd. 11, 30 (37).

[28] Vgl. den kurzen dogmengeschichtlichen Rückblick bei K.-P. Sommermann, Staatsziele und Staatszielbestimmungen, 1997, S. 190 ff. mit weiteren Nachweisen.

bleiben,[29] läßt allerdings die Ableitung strikter Vorzugsregeln für die Lösung von Zielkonflikten nicht zu. Die jeweilige Konkretisierung des Schutzauftrags ist dem zuständigen Staatsorgan aufgegeben. Das rechtlich oder tatsächlich realisierte Schutzniveau bleibt damit relativ, d. h. abhängig von politischen Gestaltungs- und Abwägungsentscheidungen.[30] Deshalb sind auch die rechtlichen Konsequenzen, die im Schrifttum gerade aus der in der Norm hervorgehobenen Zukunftsverantwortung der Staatsorgane abgeleitet werden, dem Prinzipien-charakter der Verfassungsnorm verhaftet, nämlich:

– hinsichtlich der rechtlichen Bewertung der Belastung von Umweltgütern mit Schadstoffen nicht nur auf die aktuellen Auswirkungen abzustellen, sondern auch die Akkumulation der Schadstoffbelastung über Jahre hinweg beachtet werden,

– mit nicht erneuerbaren Ressourcen sparsam umzugehen,

– die Nutzung erneuerbarer Ressourcen am Prinzip der Nachhaltigkeit zu orientieren,

– bei der Bewertung von Risiken zu berücksichtigen, daß schädliche Wirkungen von Umwelteingriffen möglicherweise erst nach vielen Jahren erkennbar werden.[31]

All diese Facetten einer intergenerationellen Gerechtigkeit[32] stellen den Verfassungsinterpreten insbesondere mit den Tatbestandsmerkmalen „Verantwortung" und „künftige Generationen" vor nur schwer lösbare Probleme. Die Verfassung neigt dazu, sich oder die Verfassungsbürger der Gegenwart zu überfordern, indem sie die Ansätze zu einer Ethik der Zukunftsverantwortung zu verrechtlichen sucht.[33]

---

[29] Siehe auch Schulze-Fielitz, in: Dreier, GG-Komm., Art. 20a Rdnrn. 39 und 25 (dort auch mit zahlreichen Nachweisen zur Anthropozentrik der Norm).

[30] Kloepfer, in: Bonner Kommentar zum Grundgesetz, Art. 20a Rdnr. 15; Hoffmann-Riem, Die Verwaltung 28 (1995), 425 (426 f.); Schulze-Fielitz (Fn. 29), Art. 20a Rdnr. 42.

[31] Zu allem Murswiek, in: Sachs (Hrsg.), GG-Komm., 2. Aufl. 1999, Art. 20a Rdnr. 32.

[32] Vgl. auch Sommermann, Staatsziele, S. 190 ff.; Schulze-Fielitz (Fn. 29), Art. 20a Rdnr. 34 unter Bezugnahme auf A. Leist, Intergenerationelle Gerechtigkeit, in: K. Bayertz (Hrsg.), Praktische Philosophie, 1991, S. 322 ff.

[33] In diesem Sinne Schulze-Fielitz, Art. 20a Rdnr. 31.

II.

Das Problem der Zukunftsdiskontierung

Dieter Birnbacher

Läßt sich die Diskontierung der Zukunft rechtfertigen?

1. Zukunftsdiskontierung – ein *skandalon*

Zukunftsdiskontierung ist in den Wirtschaftswissenschaften eine weit verbreitete Praxis. Zukunftsdiskontierung bedeutet, daß Güter, die in der Zukunft anfallen, mit einem geringeren Wert belegt werden als gleichartige in der Gegenwart anfallende Güter. Als „Güter" können dabei alle Arten von Gegenständen gelten, die aus irgendeinem Grund positiv oder negativ bewertet werden – neben marktgängigen und handelbaren Gütern und Dienstleistungen öffentliche Güter wie z.B. bestimmte positive oder negative Faktoren der Umwelt- und Lebensqualität.

Wirtschaftswissenschaftler assoziieren „Diskontierung" im allgemeinen mit einer zeitlich konstanten „Diskontrate", mit der sich der positive oder negative Wert eines Guts pro Einheit zeitlicher Entfernung vermindert. Formal läßt sich die Diskontrate damit als ein in der Zeitrichtung umgekehrter Zinssatz behandeln: Die zum zukünftigen Zeitpunkt t anfallende Größe y wird zum Gegenwartszeitpunkt t_0 mit demjenigen Wert x bewertet, der, verzinst mit der Diskontrate r, zum Zeitpunkt t y ergeben würde. Je höher die Diskontrate r, desto geringer für ein gegebenes zukünftiges y der Gegenwartswert x. Diskontierung mit einer *konstanten* Rate ist allerdings lediglich ein – rechentechnisch besonders günstiger – Sonderfall. Diskontierung liegt auch dann vor, wenn die Minderschätzung zukünftiger Güter anders verläuft, z. B. mit einer je nach zeitlichem Abstand wechselnden Rate, etwa so, daß Güter in der näheren Zukunft stark, Güter in der ferneren Zukunft im Verhältnis dazu nur noch schwach diskontiert werden.[1]

Diskontierung zukünftiger Güter ist ein Problem, weil sie einerseits für viele Wirtschaftswissenschaftler zu den Selbstverständlichkeiten ihres Fachs gehört, andererseits aber bei näherem Hinsehn alles andere als selbstverständlich und insbesondere unter ethischen Aspekten hochgradig begründungsbedürftig ist. Einerseits ist die Diskontierung im Rahmen der Kosten-Nutzen-Analysen und der Kapitaltheorie ein akzeptiertes Routineverfahren. Auf der anderen Seite

---

[1] Eine solche *variable* Diskontrate würde der psychologischen Tendenz zur Bevorzugung der Gegenwart gegenüber der Zukunft wahrscheinlich sehr viel eher entsprechen als eine konstante Rate. Die Bevorzugung des zeitlich früher anfallenden Guts gegenüber dem zeitlich später anfallenden nimmt mit der zeitlichen Entfernung deutlich ab (vgl. Ainslie/Haslam 1992).

ist dieses Verfahren seiner Struktur wie seiner Konsequenzen nach unter Gesichtspunkten der praktischen wie der theoretischen Vernunft teilweise ausgesprochen kontraintuitiv.

Diskontierung spielt in dynamischen ökonomischen Modellrechnungen
zum Teil eine die Modellergebnisse entscheidend mitbestimmende Rolle. Dies
hat etwa die Studie des *Intergovernmental Panel on Climate Change* (IPCC) zur
Klimapolitik gezeigt, in der eine prominente interdisziplinäre Forschergruppe die
Konsequenzen unterschiedlicher klimapolitischer Strategien untersucht (Bruce
et al. 1996). Wie die Ergebnisse der Modellrechnungen dieser Studie zeigen,
hängt die Frage, welche Strategie in dem Sinne optimal ist, daß die aus den anthropogenen Klimaeffekten folgenden Schäden maximal vermieden werden, entscheidend davon ab, mit welcher Rate der in Zukunft anfallende Aufwand zur
Schadensvermeidung, -milderung- und -anpassung diskontiert wird. Je stärker
die zukünftigen Kosten diskontiert werden, desto weniger „lohnt" es sich, zur
Vermeidung zukünftiger Schäden bereits heute einen erheblichen Aufwand, etwa
durch eine reduzierte Nutzung fossiler Energieträger, zu treiben. Je höher die
Diskontrate, desto weniger fallen die für die fernere Zukunft zu erwartenden
Schäden bzw. die dann notwendigen Aufwendungen zur Anpassung an die eingetretenen Schäden ins Gewicht. Vielmehr überwiegen dann die in der Gegenwart und nahen Zukunft zu leistenden Nutzungsverzichte. Da Aufwendungen
und Verzichte aus heutiger Sicht desto „preiswerter" sind, je später sie anfallen,
liegt es nahe, die erforderlichen Anpassungsanstrengungen späteren Generationen zu überlassen.

Unter diesem Gesichtspunkt erscheint die gegenwärtig von der amerikanischen Regierung betriebene CO_2-Politik weniger von Bequemlichkeit und Opportunismus als von rationalem Kalkül diktiert. Falls Diskontierung berechtigt
ist und spätere Generationen für dasselbe Gut aus heutiger Sicht weniger Aufwand treiben müssen, als es die gegenwärtige Generation tun müßte, spricht zunächst nichts gegen Lösungen, die den Löwenanteil der Kosten den Spätergeborenen aufbürden.

Auf der anderen Seite sind manche der Konsequenzen der Zukunftsdiskontierung hinreichend paradox, um Zweifel an der Rechtmäßigkeit dieses Verfahrens zu wecken. Einer der bedeutendsten Wirtschaftswissenschaftler, die sich
dem Thema Diskontierung gewidmet haben, Robert Lind, formuliert dieses Paradox folgendermaßen:

„The basic arithmetic of exponential growth applied in a cost-benefit-
analysis implies that, regardless of how small the cost today of preventing an environmental catastrophe that will eventually wipe out the entire economy, it
would not be worth this cost to the present generation if the benefits in the future are sufficiently distant." (Lind 1990, 20)

Nicht einmal eine apokalyptische Katastrophe würde aus heutiger Sicht
nennenswert „zu Buche schlagen", falls sie nur hinreichend fern wäre. Auf eine
andere, nicht weniger paradoxe Konsequenz haben die Wachstumstheoretiker
Dasgupta und Heal hingewiesen: Wenn man den Diskontsatz nur hoch genug

ansetzt, führt der „optimale", den Nutzen intergenerationell maximierende Wachstumspfad einer Volkswirtschaft paradoxerweise nicht zu einer *Zunahme*, sondern – bedingt durch das geringe Gewicht späteren Konsums – zu einer stetigen *Abnahme* des Pro-Kopf-Konsums. Dieser nähert sich sogar asymptotisch Null. Trotz gegebener Wachstumsmöglichkeiten würde die Minderschätzung zukünftigen Konsums zur Folge haben, daß so wenig investiert wird, daß sich die Konsumchancen der Späteren verschlechtern statt verbessern (vgl. Solow 1974, 10).

Ungereimtheiten wie diese haben mittlerweile zu einer zunehmenden Infragestellung der Diskontierungspraxis auch unter praktizierenden Wirtschaftswissenschaftlern geführt. Vor allem sind sie ein Anlaß gewesen, nicht nur die theoretischen, sondern auch die normativen Voraussetzungen und Implikationen der Diskontierung zu durchdenken. Zunehmend wird erkannt, daß Diskontierung nicht unabhängig von ethischen Fragen zu diskutieren ist. Maßgebliche Diskontierungstheoretiker wie Lind gestehen ein, daß die Praxis der Diskontierung in langfristigen Kosten-Nutzen-Rechnungen mit Bezug auf anerkannte Prinzipien der intergenerationellen Gerechtigkeit gerechtfertigt werden muß (Lind 1990, 24). Lind versteht seine Diagnose allerdings nicht so, daß die Diskontierung solange auszusetzen sei, bis ihre Legitimität erwiesen ist. Vielmehr ist er der Meinung, daß die Diskontierung zumindest solange erlaubt sein muß, als sie *pragmatisch* gerechtfertigt scheint. Damit folgt er Arrow, der bereits in den 70er Jahren die Auffassung vertrat, daß für die Diskontierung zwar keine tragfähige theoretische Rechtfertigung in Sicht sei, daß man die Diskontierung in ökonomischen Modellen jedoch als pragmatische Anpassung an die Zeitpräferenz ihrer Anwender sehen – und insofern ein Stück weit legitimieren – könne (Arrow 1973, 260).

Die Begründungslage ist weithin unübersichtlich. Hampicke (1992) spricht nicht von ungefähr von einem „Diskontierungsnebel". Dazu trägt vor allem bei, daß über Diskontierung in sehr unterschiedlichen Kontexten und mit sehr unterschiedlichen Fragestellungen diskutiert wird. Diskontierung übernimmt – ähnlich wie der Buchstabe „x" in der Mathematik – in unterschiedlichen Kontexten unterschiedliche Rollen und weist dabei unterschiedliche Bedeutungen auf. Idealtypisch kann man vier Kontexte und vier ihnen entsprechende Debatten unterscheiden.

2. Vier Debatten um Diskontierung

In der *ersten*, vom Gegenstand her philosophisch-ethischen (aber zum großen Teil von Wirtschaftswissenschaftlern geführten) Debatte geht es darum, ob eine Diskontierung des Nutzens zukünftiger positiver und negativer Güter *ethisch* vertretbar ist, insbesondere, ob sie sich mit weithin akzeptierten metaethischen und ethischen Prinzipien von Unparteilichkeit, Gleichheit und intergenerationeller Gerechtigkeit vereinbaren läßt. Die *zweite* Debatte betrifft die Frage, ob eine Diskontierung im ersten Sinne möglicherweise auch dann, wenn sie ethisch nicht begründet werden kann, dennoch unter *pragmatischen* Gesichtspunkten akzeptiert werden kann. Anders als die erste Debatte bewegt sich diese Debatte weniger auf einer idealen als auf einer realitäts- und politikbezogenen Ebene. Es wird nicht gefragt, ob eine bestimmte Diskontrate an sich und idealiter berechtigt oder unberechtigt ist, sondern ob sie angesichts der faktisch bestehenden Einstellungen und Denkweisen und im Hinblick auf die Erreichung bestimmter Ziele opportun und durchsetzbar ist. Die *dritte* Debatte ist wesentlich prognostischer und psychologischer Art und betrifft die Frage, ob eine Diskonierung des Nutzens zukünftiger Güter aus Gründen des *abnehmenden Grenznutzens* (mit dem Nutzen gegenwärtiger Güter als Basis) gerechtfertigt werden kann. Davon zu unterscheiden ist *viertens* die spezifisch *wirtschaftswissenschaftliche* Debatte darüber, ob und wie im einzelnen die zukünftigen *Marktwerte* von Gütern in dynamischen ökonomischen Modellen diskontiert werden sollen.

Diese vier Debatten handeln von drei verschiedenen Formen der Diskontierung, wobei jede Form ihren besonderen Anwendungsbereich und ihre besondere Bezugsbasis (die jeweils undiskontierte Größe) hat.

Nutzendiskontierung (Debatten 1 und 2) hat einen in Zukunft anfallenden Nutzen zum Gegenstand. Ein zukünftiger Nutzen wird aus Sicht der Gegenwart geringer bewertet, als er zum Zeitpunkt seines Eintretens bewertet werden wird (bzw. wahrscheinlich bewertet werden wird). Bezugsbasis ist die Bewertung des zukünftigen Nutzens zum Zeitpunkt seines Eintretens.

Dagegen geht es bei der Diskontierung aus Gründen des abnehmenden Grenznutzens (Debatte 3) nicht um die *Bewertung* des Nutzens eines zukünftigen Guts, sondern um die *Abschätzung* des Nutzens des zukünftigen Guts, wobei als Bezugsbasis der gegenwärtige Nutzen eines qualitativ ähnlichen Guts dient. Bei dieser Art der Diskontierung bedeutet Diskontierung keine „Minderschätzung" eines zukünftigen Guts oder Nutzens, sondern eine adäquate Voraussage des tatsächlich verminderten Werts eines zukünftigen Guts im Verhältnis zum Gegenwartswert eines ähnlichen Guts. Anders als bei der Nutzendiskontierung hängt die Bewertung des zukünftigen Guts nicht von einer spezifisch zeitlichen Perspektive ab: Der zukünftige Nutzen wird nicht deshalb geringer bewertet, weil er in der Zukunft liegt, sondern er wird deshalb geringer bewertet, weil damit gerechnet wird, daß er tatsächlich geringer ausfallen wird, d. h. ein ähnliches Gut in Zukunft tatsächlich weniger Nutzen stiften wird, als es in der Gegenwart stiften würde.

Gegenstand der Diskontierung des Marktwerts (Debatte 4) ist der zukünftige *Preis* eines zukünftigen Guts, ihr Ergebnis der *Gegenwartswert* des zukünftigen Guts. Bezugsbasis (undiskontierte Größe) ist der (erwartete) zukünftige Preis des zukünftigen Guts. Bei dieser Form von Diskontierung ist sowohl der Gegenstand als auch das Ergebnis der Diskontierung nicht ein *Nutzen*, sondern ein *Marktwert*. *Der* diskontierte Preis ist der Preis, der *jetzt* für ein zukünftiges Gut bezahlt wird oder bezahlt werden sollte.

Alle vier Debatten sind wechselseitig voneinander logisch unabhängig. Man kann unter ethischen Gesichtspunkten (Debatte 1) eine Diskontierung zukünftiger Güter ablehnen, sie aber dennoch angesichts des faktischen und kaum änderbaren Vorherrschens von Gegenwartspräferenz als „zweitbeste Option" für pragmatische Zwecke empfehlen (Debatte 2). Eine moderate Diskontierung könnte sich als der pragmatisch vernünftigste Weg darstellen, Langfristziele mit einer gewissen Erfolgsaussicht durchzusetzen.

Auch die Debatten 3 und 4 sind voneinander und von den ersten zwei Debatten unabhängig. Man kann sowohl die Diskontierung aus Gründen des abnehmenden Grenznutzens als auch die Diskontierung zukünftiger Preise akzeptieren, ohne gleichzeitig die Nutzendiskontierung zu akzeptieren. Denn es kann gute Gründe geben, den *Preis* eines zukünftigen Guts zu diskontieren, ohne zugleich den *Nutzen*, den der Konsum dieses Guts stiftet, zu diskontieren. Um ein Beispiel von Broome (1994, 149) zu übernehmen: Es kann sein, daß gute Gründe für die Annahme sprechen, daß ein bestimmter Apparat zur Lebensrettung in Zukunft „billiger" sein wird als in der Gegenwart, ohne daß gute Gründe für die Annahme sprechen, daß er in Zukunft weniger nützlich sein wird. Die Annahme, daß der technische Fortschritt das Hilfsmittel in Zukunft verbilligen wird, ist durchaus vereinbar mit der Annahme, daß dasselbe Hilfsmittel in Zukunft nützlicher sein wird als gegenwärtig, z. B. infolge einer zunehmenden Lebenserwartung.

Auch ihrer Reichweite nach lassen sich die vier Formen von Diskontierung unterscheiden. Falls es gute Gründe gibt, zukünftigen Nutzen aus zukünftigem *Güterkonsum* zu diskontieren, ist schwer zu sehen, warum wir nicht auch zukünftigen Nutzen aus *anderen Quellen* diskontieren sollten, etwa den Nutzen aus Umweltgütern, aus den politischen Verhältnissen oder aus persönlichen Beziehungen. Solange die Wertminderung des zukünftigen Nutzens allein auf seiner Zukünftigkeit beruht, sollte es nicht einmal darauf ankommen, daß es sich bei dem Gegenstand der Minderschätzung um einen *Nutzen* handelt, sondern alle Wertgrößen sollten gleichermaßen der Diskontierung unterliegen, auch solche *per definitionem* nutzenunabhängige Werte wie intrinsische Werte, deontologisch verstandene Rechte und Pflichten und moralische Motiv- und Charakterwerte. Insofern ist die Postulierung von „Rechten" zukünftiger Generationen für sich genommen kein wirksames Mittel gegen eine Minderschätzung ihrer Belange. Der Geist der Diskontierung, einmal entfesselt, durchdringt vielmehr alle zukünftigen Güter und macht auch nicht vor den „Rechten" halt, die in Konzeptionen wie denen von Sen (1982) oder Spash (1993) als Bollwerk gegen Diskontierung errichtet worden sind. Um eine Minderschätzung aus heutiger Sicht zu verhindern, müßten diese Rechte – und die Güter, die durch sie geschützt werden – vielmehr ausdrücklich von der Diskontierung ausgenommen werden.

Eine zeitliche Diskontierung von moralischen *Rechten* hätte im übrigen ebenso paradoxe, vielleicht sogar noch paradoxere Konsequenzen als eine zeitliche Diskontierung anderer Wertgrößen. Menschenrechte wären nicht mehr streng unantastbar. Möglicherweise entspricht aber genau dies den faktischen

Einstellungen. Wie wir die Kinderarbeit in anderen Ländern nicht in derselben kategorischen Weise verurteilen, wie wir sie im eigenen Land verurteilen würden, beurteilen wir vielleicht auch Menschenrechtsverletzungen in einer fernen Zukunft läßlicher als Menschenrechtsverletzungen in der Gegenwart.

Drittens hat jede Art der Diskontierung unterschiedliche Motive und ist unterschiedlichen Arten der Begründung zugänglich: *Nutzendiskontierung* entspringt aus Zeitpräferenz, Myopie, Egoismus, begrenzter Sympathie und anderen nicht-rationalen Faktoren. Eine Diskontierung aus *pragmatischen* Gründen entspringt der nüchternen Abschätzung der faktischen Durchsetzungsbedingungen. Eine Diskontierung aus Gründen des *abnehmenden Grenznutzens* entspricht psychologischen Annahmen über den Gratifikationszerfall von Gütern im Zuge zunehmender Verfügbarkeit. Eine Diskontierung zukünftiger *Marktwerte* schließlich spiegelt bestimmte prognostische Annahmen über die Entwicklung des Realzinssatzes und die Wachstumsrate einer Volkswirtschaft.

3. Ist Nutzendiskontierung irrational?

„Irrational" ist eine massive Beschuldigung und sollte deshalb mit Bedacht gebraucht werden, so wie es Bernard Gert in seiner Minimalethik tut, indem er „irrational" für solche Präferenzen reserviert, die unleugbar *selbstschädigend* sind (vgl. Gert 1983, 47ff.). „Rationalität" wird dann in einem *minimalistischen* Sinn verstanden. Rational zu sein bedeutet, in einem elementaren Sinn Klugheit walten zu lassen. Es bedeutet nicht, in jeder Hinsicht konsistent, gut, altruistisch oder moralisch zu sein. Entsprechend ist noch kein Zeichen von „Irrationalität", egoistisch zu sein, unmoralisch zu handeln oder inkonsistente Überzeugungen zu vertreten. Vielmehr sind nur solche Einstellungen, Motive und Handlungen irrational, durch die sich das Individuum in offenkundiger Weise selbst schädigt. Irrational ist es z. B., die Erreichung eigener Zwecke ohne Not durch *widersprüchliches* Verhalten zu vereiteln.

Ist es in diesem Sinne irrational, zukünftigen Nutzen geringer zu bewerten als gegenwärtigen Nutzen? Ist Nutzendiskontierung eine Form sträflicher, d. h. sich für das jeweilige Individuum langfristig rächender Kurzsichtigkeit?

Man könnte vermuten, daß Nutzendiskontierung schon deshalb irrational sein muß, weil der jeweilige Beurteiler einerseits den „wahren" Wert eines zukünftigen Guts kennt (oder zumindest kennen sollte), dieser Wert durch die Diskontierung jedoch *fehlrepräsentiert* wird. Der zukünftige Nutzen erscheint *perspektivisch verzerrt*. In diese Richtung zielt sowohl die Redeweise von „Myopie" (Kurzsichtigkeit) als auch die durch Pigou (1932, 25) populär gewordene Redeweise von der fehlerhaften „teleskopischen Fähigkeit": Der Wert des zukünftigen Guts erscheint aus der Perspektive der Gegenwart kleiner, als er in Wirklichkeit ist.

Das Bild der Kurzsichtigkeit trifft allerdings nur sehr ungenau. Bei der Diskontierung zukünftigen Nutzen geht es nicht notwendig und nicht in der Regel um eine *Fehlrepräsentation* des zukünftigen Nutzens. Es ist nicht so, als *unterschätze* derjenige, der zukünftigen Gewinn und Verlust diskontiert, die wahre Größe dieses Gewinns und Verlustes, ähnlich wie ein Bergsteiger die Höhe unterschätzt, die er noch überwinden muß, um eine bestimmte Stelle am Berg zu erreichen. Zwar wird der spätere Nutzen in einer bestimmten Hinsicht perspektivisch verkleinert. Aber es ist nicht so, daß er deshalb – wie bei einer optischen Täuschung – auch verkleinert *erscheint*. Diskontierung ist nicht primär ein Mangel an adäquater *Wahrnehmung*, sondern ein Mangel adäquater *Motivation*, keine kognitive, sondern eine affektive Fehlrepräsentation. Die „Kurzsichtigkeit", die sich in der Zeitpräferenz manifestiert, liegt nicht darin, daß man das Zukünftige wortwörtlich nicht *sieht*, sondern darin, daß man das Zukünftige nicht angemessen *bewertet*. Anders als bei einer perspektivischen Verkleinerung kann der spätere Nutzen kognitiv durchaus als das wahrgenommen werden, was er ist. Man kann auch mit wachem und offenem Auge diskontieren, im vollen und adäquaten Bewußtsein der Lage.

Ein anderer Grund, aus dem eine Minderschätzung zukünftigen Nutzens nicht in jedem Fall ein Zeichen von Irrationalität sein muß, ist die Möglichkeit einer Präferenz für bestimmte zeitliche Güterverteilungen. Jemand kann eine spontane und nicht weiter begründete Präferenz für eine bestimmte zeitliche Verteilung des Nutzens über die Zeit haben, etwa so, daß er es lieber hat, wenn die besseren Zeiten den schlechteren vorangehen oder umgekehrt – nicht weil er in dem einen Fall daran denkt, daß es ihm guttun wird, sich im beschwerlichen Alter an die angenehme Jugend zu erinnern, oder im zweiten, daß es gut ist, etwas zu haben, worauf man sich freuen kann, sondern „einfach so", aus quasi ästhetischen Gründen. Es ist nicht zu sehen, warum eine solche Präferenz von vornherein irrational sein soll. Oder denken wir an die Experimente, in denen jemand vor die Wahl zwischen weniger Schokolade jetzt und mehr Schokolade später gestellt wird: Warum soll es irrational sein, wenn jemand die Option „weniger Schokolade jetzt" vorzieht – ohne weitere Begründung, d. h. ohne zu argumentieren, daß die andere Option unsicherer ist, daß ihm *jetzt* der Mund wäßrig gemacht worden ist und er *jetzt* Appetit hat und später nicht usw.? Natürlich muß er sich sagen, daß er bei der Wahl der ersten Option insgesamt weniger Schokolade bekommen wird als bei Wahl der zweiten. Aber seine Präferenz nach Schokolade jetzt könnte intensiv genug sein, um diesen Gedanken nicht aufkommen zu lassen.

Ob es sich bei dieserart „impulsivem" Verhalten um einen Fall von Irrationalität handelt, entscheidet sich daran, ob der Wählende auch später zu seiner Präferenz steht oder ob er diese Präferenz im nachhinein bedauert. Irrational ist die Präferenz für eine bestimmte zeitliche Abfolge von Nutzen und Schaden immer dann, wenn sich der Wählende später darüber ärgert, diese Zeitfolge gewählt zu haben, d. h. wenn die ex-post-Bewertung von der ex-ante-Bewertung abweicht – wobei man, um dem Wählenden gegenüber Fairneß walten zu lassen, von „irrational" wohl immer erst dann sprechen können wird, wenn dies für ihn auch *voraussehbar* war, wenn der Wählende also hätte wissen können, daß er seine Wahl später bedauern würde.

Solange ein Akteur eine starke Präferenz für eine bestimmte zeitliche Abfolge von Nutzen und Schaden hat, ist eine Diskontierung zukünftigen Nutzens mit einer rationalen Lebensplanung nicht schlechthin unvereinbar. Sie ist auch dann nicht rationalitätswidrig, wenn er nachträglich erkennt, daß er bei einer anderen zeitlichen Präferenz insgesamt mehr Nutzen gewonnen hätte. Es ist nicht *eo ipso* irrational, kein Nutzenmaximierer zu sein, auch wenn es vielleicht nicht besonders *klug* ist, auf möglichen Nutzen zugunsten der Befriedigung anderer Präferenzen zu verzichten. Wenn Klugheit – mit Hare (1981, 105) – bedeutet, daß „…we should always have a dominant or overriding preference now that the satisfaction of our now-for-now and then-for-then preferences should be maximized", dann kann es kaum als klug gelten, auf den Genuß von mehr Schokolade zugunsten des Genusses von weniger Schokolade zu verzichten. Klugheit und Irrationalität erschöpfen aber das Spektrum der Beurteilungen von Präferenzen nicht. Dies läßt Raum für *nicht-rationale* und dennoch *nicht irrationale* Präferenzen. Eine naheliegende Analogie sind persönliche Beziehungen. Auch in unseren persönlichen Beziehungen sind wir gewöhnlich keine Nutzenmaximierer, ohne dadurch bereits dem Urteil der Irrationalität zu verfallen. Unsere auf persönliche Sympathien gegründete Präferenzen für einen bestimmten gesellschaftlichen Umgang führen in der Regel zu anderweitig unbegründeten Differenzierungen zwischen Personen. Wir schätzen einige und „diskontieren" andere. Dies reicht aber offensichtlich nicht hin, diese Differenzierungen – in einem tadelnden Sinne – als „irrational" zu bezeichnen. Eine Bevorzugung bestimmter Zeitpunkte bzw. Zeitfolgen in der Gestaltung unseres eigenen Lebens kann nicht schlechthin inakzeptabel sein.

Ist die Diskontierung zukünftigen Nutzens vielleicht deshalb irrational, weil sie zu Widersprüchen führt? Daß wir nicht berechtigt sind, zukünftige Menschen ausschließlich um ihrer zeitlichen Position willen zu diskriminieren, ist von *Richard Hare* postuliert worden, wenn auch allerdings zunächst nur in einem ethischen Kontext. Nach Hare verletzt ein ethisches Privileg für die Gegenwart oder die nahe Zukunft gegenüber der ferneren Zukunft das grundlegende metaethische Prinzip der Universalisierbarkeit. Dieses Prinzip besagt, daß jeder, der einen gewissen Zustand moralisch beurteilt, bereit sein muß, einen in allen relevanten Hinsichten gleichen moralischen Zustand in der gleichen Weise zu beurteilen. Wer eine Handlung A billigt oder mißbilligt, muß, solange er die Sprache der Moral spricht, eine Handlung B, die in allen relevanten Hinsichten mit Handlung A übereinstimmt, ebenfalls billigen oder mißbilligen. Die Konsequenzen für die Praxis der Nutzendiskontierung sind evident: Die zeitliche Position ist keine relevante Hinsicht, die ein abweichendes Urteil für ansonsten gleichartige Sachverhalte rechtfertigt.

Aber ist das wirklich so? Kann man die zeitliche Position von vornherein als moralisch relevanten Faktor verwerfen? Das ist keineswegs evident, besonders wenn man daran denkt, daß die zeitliche Position eines Sachverhalts nicht nur durch ein bestimmtes Datum, sondern auch durch eine zeitliche Beziehung zwischen dem Sachverhalt und dem jeweiligen Akteur oder Sprecher festgelegt werden kann. Statt über das Jahr 2010 zu sprechen, könnten wir auch über unsere „Kinder", „Enkel" usw. sprechen, also absolute durch relative Kennzeichnungen ersetzen. Das Ergebnis einer solchen Ersetzung ist, daß es keineswegs unsinnig erscheint, Verantwortungsbeziehungen nach der jeweiligen zeitlichen Relation abzustufen, etwa so, daß die Verantwortung für die Kinder höher veranschlagt wird als die Verantwortung für die Enkel. In einer universalisierten Form könnte ein solches Prinzip etwa lauten: Jeder sollte den Nutzen der Generation seiner Enkel und aller nachfolgenden Generationen, aber nicht den Nutzen der Generation seiner Kinder diskontieren dürfen. Es scheint ohne weiteres möglich, ein solches Prinzip zu vertreten, ohne dabei das Prinzip der Universalisierbarkeit zu verletzen.

Dennoch hat Hare einen Punkt, wenn er behauptet, daß die Diskriminierung zukünftiger Generationen in gewisser Weise mit unserem Begriff von Moral unvereinbar ist. Schließlich ist es für die Moral charakteristisch, Sachverhalte von einem Standpunkt maximaler Unparteilichkeit aus zu beurteilen, gewissermaßen aus einer Perspektive jenseits aller besonderen Perspektiven. Im Gegensatz zu außermoralischen Beurteilungen, bei denen wir die Freiheit haben, eine persönliche und ureigenste Perspektive einzunehmen, gilt eine Beurteilung normalerweise nur dann als eine moralische Beurteilung, wenn sie von einem unpersönlichen Standpunkt jenseits der eigenen besonderen Interessen und Präferenzen aus getroffen wird. Die Begründung dafür liegt im wesentlichen darin, daß nur hinreichend unparteiliche Beurteilungen eine ernsthafte Chance haben, den für das „Sprachspiel" der Moral charakteristischen Anspruch auf Allgemeingültigkeit einzulösen. Es ist fraglich, ob eine Privilegierung der Gegenwart und der nahen Zukunft gegenüber der ferneren Zukunft von diesem Standpunkt aus zulässig ist. Die Gegenwart gegenüber der Zukunft zu privilegieren, scheint geradezu ein Musterbeispiel für Parteilichkeit und Ungleichbehandlung, insbesondere dann, wenn die zeitliche Verteilung von Nutzen und Kosten ausgeprägt ungleich ist und zukünftige Generationen einseitig benachteiligt.

Auf die von Broome (1992, 94) offengelassene Frage, ob die Unparteilichkeitsbedingung aus dem Begriff des *Guten* herausgelesen werden kann, scheint demnach nur eine vorsichtig bejahende Antwort möglich: Wird „gut" im vollgültig axiologischen Sinne verstanden, scheint in der Tat an der Einnahme des unparteilichen und in diesem Sinne wahrhaft universalistischen „moralischen Standpunkts" kein Weg vorbei zu führen. „Vollgültig" heißt dabei, daß „gut" nicht nur als Ausdruck einer wie immer gearteten Präferenz verstanden wird, durch den ein bestimmter Sachverhalt als *erwünscht* ausgezeichnet wird, sondern als Ausdruck eines Objektivität beanspruchenden (außermoralischen) Werturteils, in dem ein Sachverhalt als – intrinsisch oder extrinsisch – *wünschenswert* behauptet wird und das seinerseits geeignet ist, moralischen Normen, soweit sie konsequentialistisch begründet werden, zugrunde gelegt zu werden. Immer dann, wenn das Gute, um das es geht, moralischen Normierungen zugrunde gelegt werden soll, muß es an der Universalität des Moralischen partizipieren und unparteilich bestimmt werden.

Das läßt die Frage offen, ob jemand die Frage der Diskontierung von diesem universalistischen Standpunkt aus betrachten *muß*. Er *muß* es nur, solange er den moralischen Standpunkt einnimmt. Diesen wird man ihm aber nicht *andemonstrieren* können. Das einzige, was man ihm erklären kann, ist daß seine Diskontierungspraxis mit einer moralischen Perspektive grundlegend unvereinbar ist. Auch die Verbindlichkeit des Universalisierungsprinzips (und des aus ihm folgenden Prinzips der Generationenneutralität) reicht zur Begründung einer intergenerationell unparteilichen Perspektive nicht hin. Generationenneutralität erfordert nicht mehr, als das Recht auf Zukunftsdiskontierung, das man sich selbst zugesteht, auch allen anderen und insbesondere allen anderen Generationen zuzugestehen. Intergenerationelle Unparteilichkeit erfordert mehr, nämlich auf Nutzendiskontierung gänzlich zu verzichten.

5. Nutzendiskontierung – der „pragmatische" Ansatz

Ein „pragmatischer" Zugang zur Nutzendiskontierung ist nicht weniger begründungsbedürftig als ein prinzipiengeleiteter Zugang. Die pragmatischen Dimensionen der Vermittel- und Durchsetzbarkeit, die dieser Ansatz einbezieht, sind nicht von sich aus hinreichend, Diskontierung zu begründen – schon aus dem naheliegenden Grund nicht, daß nach dem Prinzip des „naturalistischen Fehlschlusses" *keine* rein deskriptive Voraussetzung hinreicht, eine bewertende Schlußfolgerung zu begründen.[2]

Eine in der Diskontierungsdebatte häufig vertretene Lehrmeinung besagt, daß die Nutzendiskontierung auch dann, wenn sie sich ethisch nicht rechtfertigen lassen sollte, dennoch akzeptiert werden sollte, da die moralisch motivierte Ablehnung der Nutzendiskontierung übermäßig anspruchsvoll sei und der Realität nicht gerecht werde. Dieser sogenannte „Deskriptivismus" spielt u. a. in der Debatte um die Klimapolitik eine maßgebliche Rolle. Während die von den Deskriptivisten sogenannten „Normativisten" (mit ihrem Protagonisten W. R. Cline) einen Verzicht auf Nutzendiskontierung fordern, bestehen die „Deskriptivisten" (mit ihrem Protagonisten W. D. Nordhaus) auf einer Anpassung der Modellrechnungen an die faktisch bestehenden Zeitpräferenzen, u. a. mit dem Resultat, daß sie im Vergleich zu den „Normativisten" zu wesentlich schwächeren Forderungen an eine vorsorgliche klimapolitische Kurskorrektur kommen.

---

[2] Ein Beispiel für einen „naturalistischen Fehlschuß" in diesem Zusammenhang: „Nach ,dem Gesetz der Gegenwartspräferenz wird ein Güterbündel heute einem Güterbündel in der Zukunft vorgezogen. Folglich muß der Nutzen zukünftiger Generationen ,abdiskontiert' werden." (Siebert 1978, 150).

Irritierend am „Deskriptivismus" ist, daß er sich einerseits an vorherrschenden Haltungen der Zeitpräferenz orientiert, andererseits aber diese nicht nur beschreibt, sondern aus ihnen weitreichende wirtschafts- und umweltpolitische Forderungen ableitet. Anders als der Name nahelegt, ist der „Deskriptivismus" deshalb keine deskriptive, sondern eine normativ-politische Theorie – eine Theorie allerdings, die das faktische Sein (die herrschenden Neigungen zur Nutzendiskontierung) gewissermaßen „naturalistisch" zum Gesollten erklärt. Er sagt nicht, war getan wird, sondern was getan werden sollte. Dieses „sollte" bleibt allerdings ohne Begründung. Der „Deskriptivismus" gibt keine Erklärung dafür, *warum* die Wirtschaftswissenschaft der vorherrschenden Zeitpräferenz folgen sollte.

Aber vielleicht kann die Lücke zwischen Sein und Sollen geschlossen werden? Soweit ich sehe, kommen dazu zwei mögliche Zusatzprämissen in Frage, erstens eine metaethisch-*konventionalistische* Prämisse, nach der sich die Ethik die faktischen Wertungen der Menschen, statt sie kritisch zu „hinterfragen", zu eigen machen sollte (vgl. Brülisauer 1988), zweitens eine bestimmte verallgemeinerte Form des Prinzips der *Gegenwartssouveränität* (analog zum Prinzip der Konsumentensouveränität verstanden), nach der jede Generationen das *Recht* hat, gemäß ihren eigenen zeitlichen Präferenzen zu leben, ohne sich um die Konsequenzen für Spätere Gedanken zu machen (vgl. Marglin 1963). Beide Prinzipien scheinen allerdings nicht besonders vielversprechend. Eine Ethik kann sich nicht im Sinne des Konventionalismus darauf beschränken, bestehende Werthaltungen bloß abzubilden (auch wenn eine Rekonstruktion des status quo eine unabweisbare Voraussetzung jeder ethischen Reflexion ist). Und ein Prinzip der „Gegenwartssouveränität" scheint nur soweit vertretbar, als die gegenwärtige Generation durch die rigorosen Anforderungen einer universalistischen Ethik *überfordert* wird. Überforderung ist in der Tat ein gravierendes Übel. Um diesen Übel abzuhelfen, ist jedoch eine Einschränkung der Handlungs- (hier- der Vorsorge-)*Normen* (gegenüber den von der strengen Unparteilichkeit geforderten Idealnormen) angezeigt, nicht eine entsprechende Einschränkung der *Folgenbewertung*. Der Hunger Zukünftiger wiegt nicht schon deshalb leichter als der Hunger Gegenwärtiger, weil uns eine angemessene Vorsorge zur Verhinderung des einen noch stärker überfordert als die angemessene Vorsorge zur Verhinderung des anderen.

Die häufige Vermischung von Bewertungs- und Normierungs-, axiologischer und normativer Ebene wird begünstigt durch eine bei einigen Wirtschaftswissenschaftlern anzutreffende Tendenz, die Frage nach der angemessenen *Diskontrate* mit der Frage nach der angemessenen *Sparrate* zu identifizieren oder zumindest zu parallelisieren. Damit wird eine axiologische (die Zukunfts*bewertung* betreffende) Frage mit einer normativen (das zukunftsbezogene *Handeln* betreffende) Frage eng – zu eng – verkoppelt. Denn ebensowenig wie aus der *Bejahung* von Nutzendiskontierung (in einem bestimmten Umfang) läßt sich aus dem *Verzicht* auf Nutzendiskontierung ohne weitere normative Prämissen eine bestimmte Sparrate oder eine andere wie immer geartete normative Aussage herleiten. Insbesondere impliziert ein Verzicht auf Nutzendiskontierung nicht zwangsläufig eine *utilitaristische* Sparrate, d.h. eine Sparrate, der – zu Recht oder Unrecht – nachgesagt wird, daß sie den früheren Generationen exorbitante Vorsorgepflichten zugunsten der späteren aufbürdet. Tatsächlich legt die Ablehnung der Nutzendiskontierung niemanden auf irgendeine bestimmte normative Theorie der Zukunftsverantwortung fest. Sie läßt der Normierung vielmehr einen großen Spielraum. Neben einer utilitaristisch konzipierten normativen Zukunftsethik, wie sie von Ramsey (1928) und Parfit (1984) vertreten worden ist, kommen eine Reihe weiterer Optionen in Frage:

– Konzeptionen, die die erforderliche Zukunftsvorsorge außer am Nutzen und Schaden zukünftiger Generationen an bestimmten nutzenunabhängigen Rechtsansprüchen orientieren (so z. B. Sen 1982);

– Konzeptionen, die – im Geiste eines „negativen Utilitarismus" – der Verpflichtung zur Vermeidung und Verhinderung zukünftiger Schäden ein höheres Gewicht beimessen als der Verpflichtung zur Steigerung des Nutzens zukünftig Lebender (so z. B. Lumer 1999);

– „Nachhaltigkeits"-Konzeptionen, die die Verpflichtung zur Zukunftsvorsorge auf die Pflicht zur Gewährleistung eines für alle Generationen (bzw. für die Angehörigen aller Generationen) gleichen Nutzenniveaus beschränken, also statt einer intergenerationellen Nutzen*maximierung* eine intergenerationelle Nutzen*egalisierung* fordern (so z. B. Kavka 1981);

– Konzeptionen, die das Ausmaß der Verpflichtung zur Vorsorge von dem zu erwartenden Nutzenniveau zukünftiger Generationen abhängig machen und eine Selbstprivilegierung immer dann zulassen, wenn das wirtschaftliche Wachstum und der technische Fortschritt für die Nachgeborenen bessere Rahmenbedingungen erwarten lassen (so z. B. Solow 1974 und Baumol 1977).

Konstrukteure von Modellen mit Nutzendiskontierung fühlen sich an diesem Punkt allerdings möglicherweise mißverstanden. Wenn sie Nutzendiskontierung und andere Formen der Diskontierung (wie etwa die Minderbewertung von Menschenleben in Entwicklungsländern gegenüber Menschenleben in Industrieländern, vgl. Henderson 1996, 56) in ihre Modelle „einbauen", dann vielleicht weniger, um damit bestimmte faktische Präferenzen mit normativer Kraft auszustatten, sondern um unrealistische und vielleicht sogar nicht zumutbare Extremforderungen an die Adresse der politischen Akteure zu vermeiden. So verstanden, bedeutet eine Aufnahme von Nutzendiskontierung in ein Kosten-Nutzen-Modell nicht, daß der Modellkonstrukteur die der Nutzendiskontierung zugrundeliegende Minderbewertung zukünftigen Nutzens selbst teilt oder befürwortet, sondern lediglich, daß er Vorkehrungen dagegen trifft, seine Modellkonstruktionen zur Wirkungslosigkeit einer bloßen Utopie zu verurteilen.

In der Tat läßt sich eine Nutzendiskontierung, wenn überhaupt, am plausibelsten *konsequentialistisch* begründen – d. h. durch ihre Auswirkungen auf politische Planer und öffentliche Entscheidungsträger. Die konsequentialistische Perspektive unterwirft die Diskontierung einer Art Meta-Bewertung. Die Praxis der Diskontierung wird ähnlich folgenorientiert beurteilt wie andere gesellschaftliche Praktiken auch: Welche Praxis ist unter den gegebenen Bedingungen am ehesten in der Lage, die in unseren moralischen Grundsätzen enthaltenen Ziele zu verwirklichen? Welche Arten von Nutzendiskontierung sind im moralischen Sinne „effizient" angesichts der gegebenen Grenzen der moralischen Wahrnehmung, des moralischen Denkens und der moralischen Motivation? Eine Antwort auf diese Fragen zu geben, ist keine leichte Aufgabe und erfordert eine komplexe Abwägung von Fragen der normativen Adäquatheit und der praktischen Durchsetzbarkeit. Die für die Praxis geltenden „Praxisnormen" dürfen nicht so rigide sein, daß sie nicht mehr zum Handeln motivieren; andererseits dürfen sie, wenn sie ihren Zweck erfüllen sollen, auch nicht allzu großzügig sein.

Ein Beispiel für einen pragmatischen Ansatz der skizzierten Art bietet Christoph Lumers Konstruktion einer optimalen Diskontrate im Zusammenhang des Klimaschutzes (Lumer 1999). Lumer geht von einem universalistischen Moralsystem utilitaristischer oder kantianischer Prägung aus und konfrontiert es mit einer realistischen, empirisch validierten Moralpsychologie. Die Aufgabe der Diskontierung ist es dabei, Ethik und Moralpsychologie aufeinander abzustimmen: Die Diskontierung zukünftigen Nutzens wird nicht auf der Theorieebene, sondern auf der Umsetzungsebene gerechtfertigt. Als Kriterium dient die Frage, ob die resultierenden Praxisnormen hinreichend großzügig sind, um nicht nur verbal, sondern auch verhaltenswirksam befolgt zu werden.

7. Diskontierung aufgrund abnehmenden Grenznutzens

Diskontierung aufgrund abnehmenden Grenznutzens wird von den meisten Wirtschaftswissenschaftlern und Philosophen akzeptiert, und das mit gutem Recht. Rescher (1972, 57) nennt diese Form von Diskontierung „hedonic discounting" und stellt damit klar, daß es sich hierbei nicht um Myopie oder Zeitpräferenz handelt, sondern um die angemessene Abschätzung des Gratifikationszerfalls von Gütern im Zuge ihrer zunehmenden Verfügbarkeit. Diese Art von Diskontierung ist relativ sicher verankert. Ihre Grundlage hat sie nicht in einer subjektiven Attitüde oder Wertung, sondern in einer im Prinzip prüfbaren psychologischen Hypothese.

Allerdings muß die Tatsache, daß Diskontierung aufgrund abnehmenden Grenznutzens von einer angenommenen zukünftigen Sättigungsentwicklung abhängig ist, Zweifel wecken, ob es sich hierbei um ein so universales Phänomen handelt, wie es in wirtschaftswissenschaftlichen Modellen vielfach postuliert wird. Für viele Weltregionen und Güterarten ist die Annahme eines zukünftig abnehmenden Güternutzens alles andere als selbstverständlich, z.B.

1. für diejenigen wenig entwickelten Länder, in denen infolge weiterer Bevölkerungswachstums und weiterer Verknappung an natürlichen Ressourcen (Wasser, Agrarflächen) die Güterproduktion und der Konsum pro Kopf in Zukunft abnehmen könnte. In diesen Ländern könnte der subjektive Wert sowohl

der Naturgüter wie der produzierten Güter insgesamt eher zunehmen als abnehmen.

2. für diejenigen Sozialschichten, die am allgemeinen Wirtschaftswachstum
nicht oder geringfügig partizipieren. Solange sich das Wachstum auf die Produktion von Luxusgütern für eine kleine Elite konzentriert, nimmt der Grenznutzen
des Konsums für die große Mehrheit nicht ab. Eher ist zu erwarten, daß sich der
Nutzen dieser Sozialschichten aufgrund relativer Deprivation zusätzlich verringert.

3. für diejenigen Güter, die sich im Zuge weiterer Wirtschaftswachstums
verknappen – weil ihr Bestand abnimmt, weil das Bedürfnis nach ihnen zunimmt
oder aus beiden Gründen zusammen. Zu diesen Arten von Gütern gehören vor
allem Naturgüter wie zivilisationsferne Naturareale, intakte Landschaften und
natürliche Arten. Für diese ist es eher wahrscheinlich, daß sie im Zeitverlauf
wertvoller werden und mehr Nutzen stiften, als sie heute stiften, und zwar sowohl aufgrund ihres abnehmenden Bestands als auch aufgrund einer mit zunehmender Sättigung hinsichtlich materieller Güter zunehmenden Bedarfs. Die entscheidende Variable ist dabei das Ausmaß, in dem sich verknappende Naturgüter
durch marktgängige und andere zivilisatorische Güter hinsichtlich ihres Befriedigungsniveaus ersetzt werden können, wieweit sich also z. B. das Erlebnis „echter" Natur durch die wachsende Verfügbarkeit „virtueller" Natur kompensieren
läßt. Zwar fällt es mit wachsendem materiellem Wohlstand in der Regel leichter,
fehlende immaterielle Befriedigungsmöglichkeiten zu kompensieren. Das heißt
aber nicht, daß der Ausgleich immer und vollständig gelingt.

4. für diejenigen Güter, die nicht in die wirtschaftliche Gesamtrechnung
eingehen und deren Angebot nicht in derselben Weise wie das Angebot an
marktgängigen Gütern wächst. Hierzu gehören zahlreiche nicht oder nur indirekt mit Geld zu bezahlende Faktoren der Lebensqualität wie soziales Vertrauen,
Humanität und Ästhetik. Diese Güter werden durch Wirtschaftswachstum nicht
automatisch mitvermehrt. Auf der anderen Seite besteht eine Tendenz, das im
Wachstumsprozeß zunehmende Anspruchsniveau in Bezug auf *marktgängige*
Güter auf *nicht marktgängige* Güter zu übertragen, wo es dann angesichts stagnierenden bzw. schrumpfenden Angebots zu zusätzliche Frustrationen führt. Man
wird damit rechnen müssen, daß zusammen mit den Ansprüchen an Zahl und
Qualität marktgängiger Güter auch die Ansprüche in anderen Bereichen wie Gesundheit, Umweltqualität, Bildung, politische Kultur, Zufriedenheit im Beruf
usw. zunehmen werden, wo sie nicht mit derselben Verläßlichkeit wie im wirtschaftlichen Bereich befriedigt werden können. So hat sich etwa das Anspruchsniveau in Bezug auf gesunden Nachwuchs im Zuge der Wohlstandsentwicklung deutlich erhöht, *obwohl* sich die Chancen einer materiellen Kompensation für die Belastungen aus der Aufzucht kranker oder behinderter Kinder wesentlich verbessert haben.

Die Konsequenzen für die Diskontierung aufgrund abnehmenden Grenznutzens liegen auf der Hand: Wo immer in Zukunft mit Verknappungen zu
rechnen ist, ist eine Diskontierung aufgrund abnehmenden Grenznutzens nicht

nur unberechtigt, sie schlägt sogar in ihr Gegenteil um. Statt eines Wertabschlags ist ein Wert*zuschlag* für die entsprechenden zukünftigen Güter anzusetzen und ein entsprechender Anreiz für geeignete Erhaltungs-, Spar- und Vorsorgeleistungen zu schaffen.

Aber auch dann, wenn eine Diskontierung aufgrund abnehmenden Grenznutzens wegen anhaltenden Wirtschaftswachstums zumindest für marktgängige Güter angebracht scheint, ist fraglich, ob diese in eine prinzipiell unendliche Zukunft hinein extrapoliert werden darf und ob der Nutzengewinn aus dem Konsum marktgängiger Güter die Nutzenverluste bei anderen, nicht-marktgängen Gütern auf Dauer überwiegt. Angesichts des Bevölkerungswachstums und der endlichen energetischen Ressourcen ist schwer vorstellbar, daß der Pro-Kopf-Wohlstand weltweit auf das Eineinhalbfache oder Doppelte des gegenwärtigen Wohlstandsniveaus der Industrieländer wächst und über die entsprechende Erhöhung des Pro-Kopf-Nutzens zu einer weiteren Absenkung des Nutzens pro Gütereinheit führt. Auch ist schwer vorstellbar, daß das Wohlfahrtsniveau mit den Raten der letzten 50 Jahre fortgeschrieben werden kann, ohne die Nutzengewinne zumindest zum Teil durch negative Externalitäten im Bereich des Naturverbrauchs zunichte zu machen. Insofern sollte man bei der langfristigen Hochrechnung gegenwärtiger Trends – und entsprechend mit der Diskontierung aufgrund abnehmenden Grenznutzens – zurückhaltend verfahren und sich auf die unmittelbar nächsten Generationen beschränken. Die in den Wirtschaftswissenschaften übliche Diskontierung mit einer konstanten Rate kann allenfalls als erste Näherung gelten. Je ferner die Zukunft, desto tiefer ist sie in Nebel der Ungewißheit getaucht.

Zweifellos wäre es verfehlt, diese wachsende Ungewißheit *ihrerseits* zum Anlaß für eine Diskontierung zukünftigen Nutzens zu nehmen. Ungewißheit wird grundlegend mißverstanden, wenn sie statt auf der Ebene des *Erkenntniszugangs* in Gestalt einer Minderschätzung zukünftiger Werte auf der *Sachebene* berücksichtigt würde. Ungewißheit ist eine Erkenntnisrelation und betrifft das Ausmaß, in dem wir über zukünftige Entwicklungen sichere Abschätzungen vornehmen können. Sie betrifft den Spielraum der Möglichkeiten, in denen sich aus heutiger Sicht die Zukunft – und damit auch der Nutzen aus zukünftigen Gütern – bewegt. Sie läßt sich deshalb weder so ausdrücken, daß der Wert zukünftigen Nutzens, noch so, daß die Wahrscheinlichkeit seines Eintretens gemindert wird. Die Ungewißheit der Schätzung, daß Videorecorder in hundert Jahren weniger Nutzen stiften werden als heute, läßt sich weder durch eine Minderung dieses Nutzens noch durch eine Minderung einer Wahrscheinlichkeit ausdrücken. Die Ungewißheit besagt weder, daß die Wahrscheinlichkeit, daß es dann überhaupt noch Videorecorder gibt, kleiner als 1 ist. noch, daß der Nutzen aus dem Gebrauch von Videorecordern gegenüber dem heutigen gemindert sein wird. Sie besagt vielmehr, daß jede solche Abschätzung mit Unsicherheiten belastet ist und daß die Werte in einem gewissen Möglichkeitsbereich schwanken. Dieser Möglichkeitsbereich enthält u. a. auch die Möglichkeit, daß Videorecorder zu jenem Zeitpunkt nicht weniger, sondern mehr Nutzen stiften, als sie es heute tun. [3]

8. Diskontierung zukünftiger Marktwerte

Unter der Voraussetzung einer positiven Wachstumsrate der Volkswirtschaft sind zukünftige Güter aus der Perspektive der Gegenwart im allgemeinen „billiger" als vergleichbare Gegenwartsgüter. Die Erklärung dafür sind die Opportunitätskosten des Kapitals. Das Geld, das für Gegenwartsgüter bezahlt werden muß, könnte investiert werden und auf diese Weise einen Ertrag erwirtschaften, der in Zukunft mehr von demselben Gut zu kaufen erlaubt. Um einen zukünftigen Preis von 1000 Mark zu bezahlen, benötige ich heute weniger als 1000 Mark. Wieviel ich heute benötige, hängt von dem Zinssatz und der zeitlichen Entfernung des Zeitpunkts in der Zukunft ab. Falls der Zinssatz unabhängig gegeben ist, d. h. nicht signifikant durch meine Investition beeinflußt wird und mit hinreichender Sicherheit prognostiziert werden kann, ist nicht zu sehen, was gegen eine Diskontierung des zukünftigen Preises sprechen sollte, die darauf hinausläuft, daß der „Gegenwartswert" des zukünftigen Guts geringer ausfällt als sein zukünftiger Wert.

Die Gründe, die gegen eine Diskontierung zukünftigen *Nutzens* sprechen, sprechen nicht in gleicher Weise auch gegen eine Diskontierung zukünftiger *Preise*. Das heißt allerdings nicht, daß die Argumente, die vielfach gegen eine monetäre Diskontierung vorgebracht werden, von vornherein unbeachtlich sind. Eins dieser Argumente lautet, daß es in gewisser Weise oberflächlich wäre, den Realzinssatz als schlicht gegeben vorauszusetzen. Eine umfassendere Sichtweise würde die *Quellen* des Realzinssatzes mitberücksichtigen und sie in die ethische Beurteilung einbeziehen. Daß so etwas wie ein Realzins überhaupt existiert, hat ja zahlreiche verschiedene Ursachen: die Steigerung der Produktivität durch Umwegproduktion, der technische Fortschritt, die Existenz eines Kreditmarkts usw. Zumindest zu einem Teil speist sich dieser Zins möglicherweise aus Quellen wie Konsumentenkrediten, die keiner Zunahme der Wirtschaftskraft, sondern lediglich einer zeitlichen Umverteilung des Konsums von der Zukunft in die Gegenwart entsprechen. Die Praxis der Konsumentenkredite hängt jedoch wesentlich von individueller oder kollektiver Zeitpräferenz und Nutzendiskontierung ab. Falls aber Nutzendiskontierung, wie wir gesehen haben, aufgrund axiologischer Überlegungen inakzeptabel ist, muß da nicht auch eine Praxis der Diskon-

---

[3] Im übrigen wäre selbst dann, wenn eine Diskontierung aufgrund wachsender Ungewißheit gerechtfertigt wäre, die Verwendung einer konstanten Diskontrate problematisch. Die Ungewißheit hinsichtlich der Lage der Menschheit im Jahre 2200 ist nicht um ein Vielfaches, sondern nur wenig größer als die Ungewißheit hinsichtlich der Lage der Menschheit im Jahre 2100.

tierung zukünftiger Marktwerte, die auf dieser inakzeptablen Praxis beruht, ihrerseits inakzeptabel sein?

Dieses Argument verträgt sich allerdings nur schlecht mit der Annahme, daß die Realität des Realzinssatzes jenseits aller Beeinflussungsmöglichkeiten des individuellen Akteurs liegt. Selbst dann, wenn die Quellen des gegebenen Zinssatzes in bestimmter Hinsicht inakzeptabel sind, ist dieser Zinssatz als solcher doch eine soziale Tatsache, die der Akteur in seinen Entscheidungen voraussetzen muß und nicht selbst zum Gegenstand einer Entscheidung machen kann. Ob er die Faktoren, die in den bestehenden Zinssatz eingehen, billigen kann, ist für seine Beurteilung des Gegenwartswerts zukünftiger Güter schlicht irrelevant. Diese Beurteilung ist rein deskriptiver Natur und hängt in keiner Weise davon ab, wie er über Recht oder Unrecht dieser in den Zinssatz eingehenden Faktoren denkt. Zum Vergleich: Auch wenn ich die Staatsverschuldung ablehne, werde ich dennoch den monetären Wert meines Kapitals im Lichte des faktisch geltenden Zinssatzes beurteilen, ganz gleich, in welchem Maße dieser von der von mir mißbilligten Staatsverschuldung mitverursacht ist.

Ein anderes Argument gegen die Diskontierung zukünftiger Preise ist das von Broome (1992, 91) vorgebrachte Argument, daß die Diskontierung zukünftiger Marktwerte die Interessen zukünftiger Generationen ungebührlich vernachlässige. Der Zinssatz, ob primär durch produktive oder primär durch konsumtive Faktoren bestimmt, sei ein Reflex von Markttransaktionen, an denen die zukünftigen Generationen nicht teilhaben. Eine Politik zu betreiben, die sich am Marktzins orientiert, bedeute deshalb, zugunsten der Interessen der gegenwärtigen Generation voreingenommen zu sein und die zukünftigen Generationen zu benachteiligen.

Dagegen läßt sich sagen, daß die zukünftigen Generationen sehr wohl an dieser Art Diskontierung beteiligt sind, nämlich durch ihren Einfluß auf die Beschleunigung oder Verlangsamung des zukünftigen Wirtschaftswachstums, also etwa durch ihre Investitionspolitik, ihre Nachfrage nach Konsumentenkrediten und ihren Beitrag zum technischen Fortschritt. Eine Diskontierung zukünftiger Preise ist genau in dem Maße gerechtfertigt, in dem die Annahme berechtigt ist, daß sich Wachstum und Zinssätze in bestimmter Weise entwickeln werden. Ob diese Annahmen gerechtfertigt sind, hängt aber u. a. von dem wirtschaftlichen Verhalten späterer Generationen ab.

Darüber hinaus ist zu berücksichtigen, daß die Diskontierung in dem ökonomischen Sinne, mit dem wir es hier zu tun haben, ein rein deskriptives und prognostisches und kein evaluatives oder normatives Verfahren darstellt. Die Erwartung, daß diese Art Diskontierung die Interessen zukünftiger Generationen *direkt* berücksichtigt, ist deshalb von vornherein unangebracht. A fortiori kann eine solche Diskontierung nicht bestimmte intergenerationelle Verteilungen von Kosten und Nutzen gegenüber anderen bevorzugen. Selbst wenn man einen Diskontsatz von Null für die Nutzendiskontierung annimmt, ist damit noch nichts darüber gesagt, wie Nutzen und Kosten über die Generationen verteilt sein sollen.

Dennoch ist Broomes Argument nicht einfach abzutun. Es läßt sich viel-mehr als Hinweis darauf lesen, daß bei der Bewertung zukunftsbezogener Strate-gien Nutzen- (und das heißt Interessen-) Überlegungen vor rein monetären Überlegungen Vorrang haben müssen. Bevor wir uns mit einer Diskontierungs-strategie darauf einstellen, daß sich bestimmte marktgängige Güter in Zukunft „verbilligen", müssen wir sicherstellen, daß diese relative Verbilligung nicht zula-sten von Nutzen- oder Werteinbußen bei anderen, nicht marktgängigen Gütern wie Umwelt-, Lebens- und beruflicher Qualität geht, die in ökonomischen Mo-dellen nicht oder nur indirekt auftauchen, z. B. in Gestalt von Umweltschutz-aufwendungen oder Behandlungs- und Ausfallkosten für Zivilisationskrankhei-ten. Die „Verbilligung" der zukünftigen Güter darf nicht schlicht auf eine Exter-nalisierung von Kosten zurückgehen.

Alles in allem genommen sind die Kriterien für die Diskontierung zukünfti-ger Preise dieselben wie die Kriterien für die Diskontierung aufgrund abnehmen-den Grenznutzens. Auch hier ist die Minderschätzung der Zukunft gegenüber der Gegenwart kein Ausdruck von Myopie oder anderer subjektiver Einstellun-gen, sondern von Erwartungen hinsichtlich objektiver Entwicklungen, über die offen und öffentlich diskutiert werden kann. Diskontierung bedeutet in diesen Fällen nicht, daß jemand die Zukunft weniger wertschätzt als die Gegenwart, sondern daß er von bestimmten ökonomischen und psychologischen Annahmen über die zukünftige Entwicklung der Volkswirtschaft ausgeht und daß er aus diesen die richtigen Schlußfolgerungen zieht.

Auch hier ist es wichtig zu sehen, daß damit ähnliche Begrenzungen für die Anwendung der Diskontierung zukünftiger Marktwerte gesetzt sind wie für die Anwendung der Diskontierung aufgrund abnehmenden Grenznutzens. Eine Diskontierung zukünftiger Preise kann nur in dem Maße legitim sein, wie die Annahme begründet ist, daß das Wirtschaftswachstum andauern wird. Eine we-sentliche Voraussetzung dieser Diskontierung ist die Annahme eines positiven Realzinssatzes über die ganze Periode bis zu dem Zeitpunkt, zu dem der diskon-tierte Preis gezahlt werden muß. Ob diese Bedingung für sehr lange Zeiträume als gegeben angenommen werden kann, ist problematisch. Auch wenn sicher ist, daß der technische Fortschritt weitergeht, bleibt Raum für Skepsis. Neu auftre-tende Verknappungen können die Produktivität des Kapitals sinken lassen, z. B. im Bereich der Energieressourcen. Für den ärmsten Teil der Dritten Welt ist die Perspektive weiterhin hochgradig unsicher. Auch wenn der Bevölkerungsdruck über kurz oder lang abnehmen wird, könnten Verknappungen im Bereich des landwirtschaftlichen nutzbaren Lands, des Trinkwassers und der Energieressour-cen das Wachstum erheblich behindern. Eine Routine der Diskontierung in langfristigen Nutzen-Kosten-Kalkülen wäre unter diesen Auspizien möglicher-weise eher ein Ausdruck emphatischer Hoffnung als nüchternen Realismus.

Literatur

Ainslie, G./Haslam, N. (1992): Hyperbolic discounting. In: Elster, J./Loewenstein, G. (Hrsg.): Choice over time. Dordrecht 1992, 57-92.

Arrow, Kenneth J.: Some ordinalist-utilitarian notes on Rawls' ‚Theory of Justice'. Journal of Philosophy 70 (1973), 245-263.

Arrow, Kenneth J. et al.: Intertemporal equity, discounting, and economic efficiency. In: Bruce et al. 1996, 130-144.

Baumol, William J.: On the discount rate for public projects. In: Haveman, Robert H./Margolis, Julius (Hrsg.): Public and policy analysis, Chicago '1977, 161-179.

Birnbacher, Dieter: Verantwortung für zukünftige Generationen. Stuttgart 1988.

Broome, John: Counting the cost of global warming. Cambridge 1992.

Broome, John: Discounting the future. Philosophy and public affairs 23 (1994), 128-156.

Bruce, J. P./Lee, H./Haites, E. F. (Hrsg.): Climate change. Economic and social dimensions of climate change. Cambridge 1996.

Brülisauer, Bruno: Moral und Konvention. Darstellung und Kritik ethischer Theorien. Frankfurt/Main 1988.

Cline, William R.: The economics of global warming. Washington 1992.

Gert, Bernard: Die moralischen Regeln. Frankfurt/Main 1983.

Hampicke, Ulrich: Neoklassik und Zeitpräferenz – der Diskontierungsnebel. In: Beckenbach 1992, 127-141.

Hampicke, Ulrich: Ökologische Ökonomie. Opladen 1992.

Hare, R. M.: Moral Thinking. Its levels, method and point. Oxford 1981.

Henderson, H.: Building a win-win world. Life beyond global economic warfare. San Francisco 1996.

Kavka, Gregory: The future problem. In: Partridge, Ernest (Hrsg.): Responsibilities to future generations. Buffalo (N. Y.) 1981, 109-122.

Lind, R. C.: Reassessing the Government's discount rate policy in the light of new theory and data in a world economy with a high degree of capital mobility. Journal of Environmental Economics and Management 18 (1990), 8-28.

Lumer, Christoph: Intergenerationele Gerechtigkeit. Eine Herausforderung für den ethischen Universalismus und die moralische Motivation. In: Mokrosch, Reinhold/Regenbogen, Arnim (Hrsg.): Was heißt Gerechtigkeit? Donauwörth 1999, 82-95.

Marglin, Stephen A.: The social rate of discount and the optimal rate of investment. Quarterly Journal of Economics 77 (1963), 95-111.

Nordhaus, W. D.: Managing the global commons. The economics of climate change. Cambridge 1994.

136 Dieter Birnbacher

Parfit, Derek: Reasons and persons. Oxford 1984.

Pigou, Arthur C.: The economics of welfare. London ⁴1932.

Ramsey, Frank P.: A mathematical theory of saving. Economic Journal 38 (1928), 543-559.

Rawls, John: Eine Theorie der Gerechtigkeit, Frankfurt/Main 1975.

Rescher, Nicholas: Welfare. The social issues in philosophical perspective. Pittsburgh 1972.

Sen, Amartya K.: Approaches to the choice of discount rates for social benefit-cost analysis. In: Lind, Robert C. et al.: Discounting for time and risk in energy policy. Washington, D. C. 1982, 325-353.

Siebert, Horst: Ökonomische Theorie der Umwelt. Tübingen 1978.

Solow, Robert M.: The economics of resources or the resources of economics. American Economic Review, Papers and Proceedings 64 (1974), 1-14.

Spash, Clive L.: Economics, ethics, and long-term environmental damages. Environmental Ethics 15 (1993), 117-132.

Carl Friedrich Gethmann/Georg Kamp

Gradierung und Diskontierung bei der Langzeitverpflichtung

1. Grundprobleme der Langzeitverpflichtung

Fragen der Angewandten Philosophie wie die nach der Verantwortung für die Klimafolgen, für die Probleme der Endlagerungen von nuklearem Müll, für die Folgen von Interventionen in das menschliche Genom oder für das Bevölkerungswachstum beziehen die Problemstellung bzgl. Verpflichtung und Verantwortung vorwiegend auf ferne Generationen. Damit sind eine Reihe nicht-trivialer ethischer Fragen zu stellen, die beantwortet werden müssen, wenn man eine solche Langzeitverantwortung dem Grunde und der Art nach rechtfertigen will. Von grundlegender Bedeutung sind dabei vor allem folgende drei Fragen:[1]

(1) Sind wir nur den mit uns gleichzeitig Interagierenden gegenüber verpflichtet?

Nur dann, wenn die Antwort auf diese Frage negativ ausfällt, kann überhaupt von Verpflichtungen die Rede sein, die über die Gegenwart des Handelnden hinaus in die Zukunft reichen. Sieht man vom Problem etwaiger „rückwirkender Verpflichtungen" ab[2], dann ist die Frage jedenfalls von Vertretern solcher ethischer Konzeptionen zu bejahen, für die Verpflichtungen ausschließlich aus von präsentisch existierenden Lebewesen geäußerten Ansprüchen entstehen (wie dies vor allem präferenz-utilitaristische Ansätze unterstellen). Im Rahmen solcher Konzeptionen entsteht das scheinbare Paradox, dass für Angehörige einer Generation G_0 gegenüber den Angehörigen zukünftiger Generationen G_n nie irgendwelche Verpflichtungen bestehen können, falls die Zukünftigen nicht in der Lage sind, Ansprüche gegenüber den Angehörigen von G_0 tatsächlich zu erheben, was bei hinreichender zeitlicher Entfernung (etwa $n > 3$) immer der Fall ist. – Gegenüber Konzeptionen, die Verpflichtungen auf tatsächliche Äußerungen von Ansprüchen dieser Art reduzieren, ist auf die Unterscheidung zwischen der Fähigkeit, Ansprüche zu erheben (to make a claim), und dem Recht, über Ansprüche zu verfügen (to have a claim), hinzuweisen. Verfügen aber Angehörige zu-

---

[1] Die in diesem Abschnitt zusammenfassend behandelten Fragen sind ausführlich diskutiert in C. F. Gethmann: ,Langzeitverantwortung als ethisches Problem im Umweltstaat'.
[2] Vgl. dazu C. F. Gethmann: ,Prinzip der rückwirkenden Verpflichtung'.

künftiger Generationen über berechtigte Ansprüche gegenüber früheren (auch wenn sie sie noch nicht geltend machen können), dann bestehen ggf. für die früheren auch korrespondierende Verpflichtungen gegenüber den späteren.

(2) Endet die Verpflichtung bei einer Generation vom Grade $k > i$
(z.B. mit $i = 3$)?

Die Alltagsintuition scheint nahezulegen, was auch viele Ökonomen vertreten, dass nämlich wegen des mit der zeitlichen Entfernung zunehmenden Nicht-Wissens um die Bedürfnisse zukünftiger Generationen die Verpflichtung gegenüber Zukünftigen bei einer Generation eines mehr oder weniger großen Grades k enden müsse. Versucht man jedoch, diese Intuition zu präzisieren, dann erscheint sie durchaus unplausibel: Verpflichtungen bei einem bestimmten Generationengrad grundsätzlich enden zu lassen hieße nämlich, dass für die Angehörigen von G_0 gegenüber Angehörigen einer Generation G_{i+1} im Gegensatz zu den Angehörigen der Generation G_i keinerlei Verpflichtungen bestünden, und zwar allein aus dem Grund, dass erstere einer Generation vom Grad $k > i$ angehören. Eine solche Begrenzung des Verpflichtungs-Bereichs wäre unverträglich mit einem ethischen Universalismus, den sowohl verpflichtungsethische als auch neuere nutzenethische Ansätze prinzipiell unterstellen: Erkennt man moralischen Subjekten überhaupt moralische Berechtigungen zu, dann erscheint es schlicht als willkürlich, diese Zuschreibung an einer Zeitgrenze (ebenso an einer Raumgrenze) enden zu lassen.[3] Verpflichtungen bei einer wie auch immer nahen oder fernen Generation enden zu lassen wäre ein Partikularismus des Präsentischen, eine „Ego-Präferenz" der jetzt Lebenden.

(3) Sind wir den Angehörigen der k-ten Generation im gleichen Maße verpflichtet wie denen der ersten Generation nach uns?

Aus der affirmativen Beantwortung der Frage (2) wird häufig der Schluss gezogen, dass auch die Frage (3) affirmativ beantwortet werden muss: Entweder es

---

[3] Der dabei entscheidende Gesichtspunkt ist die Willkürlichkeit, nicht etwa eine bereits gehaltreiche universalistische ethische Konzeption. Jedoch wäre eine Position, die eine zeitliche (wie räumliche) Schranke des Verpflichtungsbereichs annähme, als partikularistisch zu bezeichnen, da sie moralische Berechtigungen an der Zugehörigkeit zu einer zeitlich (oder räumlich) bestimmten Generation festmacht. Dies wäre ebenso willkürlich, wie die Knüpfung moralischer Berechtigungen an die Zugehörigkeit zu einem Stamm, einem Bekenntnis, einer Rasse, einer Klasse oder einem Geschlecht. Allerdings könnte ein Partikularist ohne Konsistenzverletzung eine Langzeitverpflichtung anerkennen. Z. B. könnte der Anhänger einer Aristokratenmoral die These vertreten, dass nur die moralischen Berechtigungen aller Aristokraten, und zwar ohne Generationenschranke, anzuerkennen seien. In diesem Sinne ist das Nichtwillkürlichkeitsargument stärker als der ethische Universalismus.

besteht eine Verpflichtung für die Angehörigen der Generation Gk oder es besteht keine solche – besteht sie aber, dann besteht sie für die Angehörigen der Generation G_k gerade so wie für die Angehörigen der Generation G_{k-1}, G_{k-2}, ... G_1. Diese Konsequenz ergibt sich jedoch nicht zwingend. Im Gegenteil gilt es stets – d.h. unabhängig von der Frage nach der zeitlichen Distanz zwischen Verpflichteten und Berechtigten – zwischen dem Bestehen einer *Verpflichtung* einerseits und dem Grade ihrer *Verbindlichkeit* andererseits zu unterscheiden.[4] Entsprechend ist auch eine Gradierung von Verbindlichkeiten scharf von der Vorstellung der Diskontierung von Verpflichtungen zu unterscheiden. Während die Diskontierungsvorstellung in der Tat (jedenfalls in den meisten vertretenen Varianten) eine mit dem Universalismus nicht verträgliche Ego-Präferenz voraussetzt und daher zurecht von den meisten Ethikern abgelehnt wird[5], ist die Vorstellung einer Gradierung von Verbindlichkeiten von der Unterstellung der Ego-Präferenz der Präsentischen nicht betroffen. In dieser Arbeit soll diese Unterscheidung verdeutlicht werden.

Die Bedeutung der Forderung nach Wahrnehmung von Langzeitverantwortung ist nicht unabhängig von der Weise der Rechtfertigung dieser Forderung. Andererseits ist das Verständnis von Rechtfertigungsverfahren nicht unabhängig vom Verständnis des Resultates der Rechtfertigung. Mit Blick auf die aktuelle Diskussion und zum Zwecke der Klärung der Grundlagen der in § 2 und § 3 entwickelten Argumentation sind dazu einige Klarstellungen und Abgrenzungen angebracht:

(a) „Inter"generationelle Gerechtigkeit?

Durch diesen in der englisch-sprachlichen Literatur durchweg verwendeten Ausdruck wird eine Problemkonstellation suggeriert, die irreführende Konnotationen auf den Plan ruft und Scheinprobleme erzeugt. Das Präfix „inter" indiziert nämlich die Vorstellung einer Wechselseitigkeit, die zu einem irgendwie gearteten Ausgleich („Gerechtigkeit") gebracht werden soll. Nun gibt es solche Gerechtigkeitsprobleme zwischen Generationen durchaus. Beispielsweise kann das nach dem Umlageverfahren organisierte Deutsche Rentensystem nach diesem Muster gedeutet werden: Die jetzt aktive Generation der Beschäftigten trägt die Aufwendungen für die vorige und erwartet dafür einen Ausgleich durch die nächste („Generationenvertrag"). Durch den Ausdruck der intergenerationellen Gerechtigkeit wird nun nahegelegt, die ethischen Probleme bezüglich ferner Generationen seien prinzipiell von der gleichen Art. Die Feststellung, dass sie ganz

---

[4] Die Unterscheidung folgt in der Wortwahl Kant (Kant WW VI, 388 ff.). Kant ordnet die Verpflichtung der Ebene der Maximen, die Verbindlichkeit der Ebene der den Maximen subsumierbaren Handlungen zu. Die Einzelheiten bedürften einer detaillierten Interpretation.

[5] D. Birnbacher weist auf beinahe einmütigen Konsens hin (vgl. D. Birnbacher: ‚Intergenerationelle Verantwortung', 103).

anderer Art sind, führt dann zu dem Schluss, dass es keine Verpflichtungen gegenüber fernen Generationen gibt, oder dass hier wenigstens Diskontierungen
vorzunehmen seien. „Inter"generationelle Beziehungen bestehen in denjenigen
Zusammenhängen, in denen nach der Langzeitverpflichtung gefragt wird, jedoch
sehr bald (ziemlich sicher ab Generation G_{0+4}) *nicht mehr*: Die hierbei in Frage
stehenden zukünftigen Generationen stehen zu uns gerade nicht in einem Inter-
aktionsverhältnis – zwar sind die zukünftigen Generationen mit den Folgen unseres technischen Handelns konfrontiert, umgekehrt aber kann nicht von einem
für uns relevanten Handeln der zukünftigen Generationen gesprochen werden.
Und eine Konstruktion nach dem Muster des im Rentensystem angewandten
Umlageverfahrens, wonach wir den Angehörigen zukünftiger Generationen die
Folgen unseres Handelns hinterlassen dürfen, insofern sie für sich dieselben
Rechte gegenüber ihrer Zukunft in Anspruch nehmen, ist irreführend. Die Generationenbeziehungen vom Typ „inter" sind entsprechend von den hier zu be-
handelnden deutlich zu unterscheiden.

(b) Intergenerationelle „Gerechtigkeit"?

Die gerade durch die im Kontext der Verpflichtungen gegenüber zukünftigen
Generationen anzusprechenden Problemstellungen machen auch deutlich, dass
nicht – wie es in der Debatte im Anschluss an J. Rawls' *Theory of Justice* oft still-
schweigend unterstellt wird – alle Probleme moralischer Verpflichtung als Probleme der Herstellung einer distributiven Gerechtigkeit formuliert werden können. Allerdings gilt das Umgekehrte: Alle Probleme distributiver Gerechtigkeit
lassen sich als Verpflichtungsprobleme reformulieren – etwa kann die Frage gestellt werden, ob für die heute Lebenden eine Verpflichtung besteht, Angehörigen einer fernen zukünftigen Generation diese oder jene Ressource in diesem
oder jenem Umfang zu hinterlassen. Aber auch da, wo bezüglich künftiger Generationen keine Verteilungsfragen bestehen, können Fragen von Verpflichtungen diskutiert werden. Ein Beispiel ist die elementare und keineswegs triviale
Frage, ob die jetzige Generation durch ihr generatives Verhalten verpflichtet ist,
die Art *homo sapiens* überleben zu lassen, oder ob eine kollektive Zeugungsver-
weigerung moralisch nicht wenigstens erlaubt sei. Hier wäre es doch merkwürdig
artifiziell, die Frage so zu rekonstruieren, ob wir künftigen Generationen einen
gerechten Zugang zu einem Substrat „Leben" gewähren wollen, wie auch wir ihn
in Anspruch genommen haben. Viel einfacher lautet die Frage, ob grundsätzlich
für die Angehörigen einer Generation G_0 (etwa der unseren) Verpflichtungen
gegenüber Angehörigen ferner zukünftiger Generationen bestehen.

(c) Verpflichtung vs. Verantwortung

Durch Hans Jonas Buch *Prinzip Verantwortung* ist eine durch Max Webers Unterscheidung von Gesinnungs- und Verantwortungsethik eingeleitete Tendenz verstärkt worden, alle moralischen Probleme als Verantwortungsprobleme zu explizieren, wobei die inflationäre Verwendung des Worts „Verantwortung" in den Sozialwissenschaften ebenso wie z.B. in der politischen Rede die terminologischen Verhältnisse zusätzlich vernebelt hat. Hier kann nicht versucht werden, eine umfassende terminologische Klärung herbeizuführen.[6] Die vorliegenden Überlegungen gehen von der Annahme aus, dass Verpflichtungen und Berechtigungen durch die Ergebnisse moralischer Diskurse um Lösungen von Handlungskonflikten fundiert werden.[7] Wird die Frage nach der Berechtigung ferner Generationen positiv beantwortet, dann bestehen entsprechende Verpflichtungen für die Angehörigen der jetzigen Generation ungeteilt. *Verantwortung* entsteht demgegenüber nur für einige von diesen durch Delegation von Verpflichtung.[8] Verantwortung ergibt sich aus Verpflichtung durch *moralische Arbeitsteilung*, mit der eine Gesellschaft die Umsetzung der Verpflichtungen organisiert, so wie in der Wirtschaft produktive, in der Wissenschaft kognitive Arbeitsteilung der Organisation der jeweiligen Aufgaben dient. Die moralische Arbeitsteilung ist gerade bei denjenigen moralischen Problemen ein sinnvolles Instrument, die mit der Chancen-Risiko-Abwägung im Zusammenhang mit der durch die moderne Technik entstandenen Handlungsmöglichkeiten und Handlungszwänge aufgegeben sind. Aufgrund der hohen Komplexität, zuweilen der „Über-Komplexität" dieser Probleme, werden moderne technisierte Gesellschaften in vielen Fällen nicht umhin können, die für alle bestehende Verpflichtung gegenüber künftigen Generationen auf die Verantwortung einzelner zu delegieren, die sich „professionell" um die anstehenden Fragen der Erhebung und Wahrnehmung der Verpflichtungen bemühen. Bei der gesellschaftlichen Delegation von Verpflichtungen treten allerdings auch spezifische Probleme auf: In dem Maße, in dem die Gesellschaft Verpflichtungen auf Verantwortungsträger delegiert, wächst naturgemäß die Unsicherheit, ob die Verantwortungsträger ihre Verantwortung auch in der gewünschten Weise wahrnehmen, und es stellt geradezu eines der Grundprobleme moderner technischer Zivilisationen dar, die gesellschaftliche Wahrnehmung von Verantwortung so zu organisieren, dass einerseits der Überlast-

---

[6] Zur Kritik des Verantwortungsbegriffs vgl. jetzt W. Wieland: Verantwortung – Prinzip der Ethik?

[7] Vgl. dazu genauer C.F. Gethmann: ‚Proto-Ethik', ders.: ‚Universelle praktische Geltungsansprüche', sowie ders./Th. Sander: ‚Rechtfertigungsdiskurse'.

[8] Dieser Vorschlag folgt W. Kamlah: Philosophische Anthropologie, 110 ff. Zur Abwehr von Missverständnissen sei angemerkt, dass diese terminologische Regelung keinen Ansatz für die Unterscheidung einer Gesinnungs- in Abgrenzung von einer Verantwortungsethik bereitstellt: Woraus immer moralische Verpflichtungen entstehen – sie müssen schon immer bestehen um „in *Verantwortung*" delegiert zu werden.

Vermeidungs-Effekt der Verpflichtungsdelegation erhalten bleibt, andererseits aber so, dass die moralisch Kompetenz der Entscheider transparent bleibt.

(d) Deontologische vs. teleogische Ethik

Nach den gegebenen Erläuterungen ist die Frage nach dem Bestehen von Verpflichtungen gegenüber zukünftigen Generationen die methodische primäre Frage, während Fragen nach Verteilung und Verantwortung methodisch sekundäre Fragen sind. Ein derartiger verpflichtungsethischer Ansatz sieht sich allerdings mit dem Einwand konfrontiert, diese Orientierung der Rekonstruktion des Sollens vernachlässige die Perspektive der Handlungsfolgen. Entsprechend wird ausgehend von der angelsächsischen Diskussion zwischen deontologischen und teleologischen Ethikkonzeptionen unterschieden. Während erstere das Sollen aus *Prinzipien* begründen, versuchen die letzteren eine solche Begründung unter Rückgriff auf die *Handlungsfolgen*. Ob es eine Rechtfertigung von Verpflichtungen unter Rückgriff auf die Handlungsfolgen allein geben kann, mag hier offen bleiben.[9] Eine deontologische Ethik, die das Sollen ohne Rücksicht auf die Handlungsfolgen fundiert, scheint bestenfalls eine didaktische Übertreibung, schlimmstenfalls utilitaristische Feindpropaganda zu sein. Tatsächlich fällt einem wohl keine verpflichtungsethische Konzeption ein, innerhalb derer die Prüfung der Folgen des Handelns nicht ein wesentliches Element der ethischen Urteilsbildung ist. Wenn man beispielsweise zum Zwecke der ethischen Beurteilung zu fragen hat, ob eine zu prüfende Maxime (z. B. Versprechen im Vorteilsfalle zu brechen) eine allgemeine Norm sein könnte, muss man für die Beantwortung die Folgen einbeziehen, die eine Erhebung der zu prüfenden Maxime zur allgemeinen Norm hätte (im Beispiel: Untergang des Versprechens als Institution menschlicher Interaktion).[10] Verpflichtungsethische Ansätze sind gegenüber *rein* konsequentialistischen dadurch ausgezeichnet, dass sie das Sollen *nicht allein* aus einem Folgenraisonnement, sondern auch aus einen Gründeraisonnement bestimmen, somit also aus einem kombinierten Gründe- und Folgenraisonnement, das je nach der näheren Ausgestaltung der ethischen Konzeption unterschiedliche Formen annimmt.[11] Damit ist der Ansatz der Verpflichtungsethik durchaus auch mit dem Gedanken des moralischen Abwägens vereinbar: Moralische Verpflichtungen haben immer einen Aspekt der Unabdingbarkeit (den man sich nicht „abhandeln lässt") *und* einen Aspekt der Abdingbarkeit, der einem Abwägen nach einem Mehr oder Weniger zugänglich ist. Gerade so, wie es im Rahmen

---

[9] Dies hat schon W. Frankena: Ethics bezweifelt. Vgl. die umfassende Untersuchung in J. Nida-Rümelin: Kritik des Konsequentialismus.

[10] Das Beispiel ist formuliert in Anlehnung an I. Kant WW IV, 422.

[11] Als ein Kandidat für eine ethische Position, die allein aus Gründen und ohne jede Rücksicht auf die Folgen das Handelns moralisch qualifiziert, dürfte allenfalls die materiale Wertethik N. Hartmanns und M. Schelers zu nennen sein.

gesetzlich kanonisierter Normsysteme nicht mehr oder weniger, nicht manchmal und manchem, sondern immer und jedem verboten ist, sich fremde Güter zum eigenen Gebrauche anzueignen (die entsprechende Norm gilt in dieser Hinsicht unbedingt), sich gleichwohl aber jemand strafbar machte, der nicht einen am Strand herumliegenden Schwimmreif einem Ertrinkenden zuwürfe (die entsprechende Norm gilt also in dieser Hinsicht bedingt), bestehen moralische Verpflichtungen einerseits unabdingbar, sind aber andererseits, gerade insofern sie eingebettet sind in einen Zusammenhang von Verpflichtungen, einem Abwägen nach einem Mehr oder Weniger zugänglich.

Ein solches Abwägen kann allerdings stets nur ein methodisch geleitetes und von Prinzipien regiertes Abwägen sein – und dabei können die Prinzipien nicht im selben Sinne ihrerseits wieder Gegenstand des Abwägens werden. Dass im Rahmen eines verpflichtungsethischen Gründe-/Folgenraisonnements auch moralisches Abwägen möglich ist, darf daher nicht so verstanden werden, dass alles gewissermaßen in eine und nur eine Währung transformiert und dann verglichen werden kann. – Die Notwendigkeit einer solchen Differenzierung ist keineswegs eine Besonderheit des moralischen Raisonnements: Keine Geschäftsordnung eines Vereins, die Regeln über die Beschlussfassung aufstellt, lässt diese Regeln ebenso für Beschlussfassungen über die Geschäftsordnung gelten; hierfür gelten zumeist strengere. Es könnte sogar Prinzipien geben, die verbieten, dass bestimmte Prinzipien überhaupt änderbar sind.[12]

2. Verpflichtungen angesichts des Nicht-Wissens

Bestehen entsprechend im Rahmen eines verpflichtungsethischen Konzepts moralische Verpflichtungen auch aus „prinzipiellen Gründen", so schließt dies doch nicht aus, dass der Grad der Verbindlichkeit einer bestehenden Verpflichtung nach einem Mehr oder Weniger (mit anderen) abgewogen werden kann. Damit ist auch der Grundgedanke formuliert, der eine angemessene Antwort auf die dritte der oben formulierten Fragen der Langzeitverpflichtung erlaubt: Es gibt Verpflichtungen, die (aufgrund welcher Rechtfertigung auch immer) bestehen, die aber andererseits eine Abstufung von Verbindlichkeiten zulassen. Dies gilt auch für „kategorische" (unabdingbare) Verpflichtungen. Kategorische Verpflichtungen und die ihnen korrespondierenden Berechtigungen bestehen oder bestehen nicht – wenn sie jedoch bestehen, können sie mit unterschiedlichen Graden an Verbindlichkeit bestehen, je nachdem etwa, welcher Art die Handlungsumstände und welcher Art die Handlungsfolgen sind und mit welchen anderen Verpflichtungen sie zum Ausgleich gebracht werden müssen.

---

[12] Die verfassungsrechtliche Variante dazu ist die sog. Ewigkeitsklausel im Artikel 79 des Grundgesetzes der Bundesrepublik Deutschland.

Eine solche Zuordnung von Verbindlichkeitsgraden zu unabdingbaren Verpflichtungen entspricht durchaus der moralischen Alltagserfahrung, wie man
leicht an Beispielen demonstrieren kann:

(a) Gesetzt, es bestünde eine Verpflichtung eines jeden Elters, für das
Wohlergehen seiner Kinder zu sorgen. Dann besteht diese Verpflichtung – oder
sie besteht nicht. Sie besteht nicht „ein wenig", „in Teilen" oder „weitgehend".
Die Verbindlichkeit dieser Verpflichtung kann jedoch relativ zu verschiedenen
Parametern sehr unterschiedliche Grade haben: Was ein Elter einsetzen muss,
damit gesagt werden kann, es sei seiner Verpflichtung nachgekommen, kann sich
im Sinne eines Mehr oder Weniger unterscheiden relativ zu den wirtschaftlichen
Möglichkeiten des Elters, zu den sonstigen Verpflichtungen des Elters, z. B. ge-
genüber anderen Kindern, die eine größere Hilfebedürftigkeit aufweisen, zum
Vermögenstand des Kindes, zum Alter des Kindes und weiteren Parametern. Für
zwei unterschiedliche Situationen von Elternschaft gilt zwar, dass jeweils die
Verpflichtung besteht, aber nicht notwendigerweise auch: Dass sie mit gleicher
Verbindlichkeit besteht.

(b) Gesetzt, es gälte eine kategorische Verpflichtung, jedermann in Notsi-
tuationen zu helfen. Wird nun etwa jemand während einer Flugreise von einer
Ohnmacht befallen, so gilt diese Verpflichtung für jedermann, der anwesend ist.
Der Grad der Verbindlichkeit für professionelle Flugbegleiter oder zufällig anwesende Ärzte ist jedoch höher als für andere Anwesende. Für zwei beliebige
Zeugen der Ohnmacht gilt zwar, dass für sie die Verpflichtung zur Hilfe jeweils
besteht, aber nicht notwendigerweise auch, dass sie für sie mit gleicher Verbindlichkeit besteht. Dieses Beispiel illustriert neben einem moralischen Verbindlich-
keitsgefälle auch eine Form moralischer Arbeitsteilung: Die höhere Verbindlichkeit besteht für die Flugbegleiter und eventuell anwesende Ärzte gerade infolge
der Delegation der Verpflichtung in professionelle Hände.

Die Beispiele belegen, dass moralische Verpflichtungen und Berechtigungen,
die als Maximen uneingeschränkt Geltung beanspruchen sollen, gleichwohl gemäß Graden der Verbindlichkeit differenziert werden dürfen. Die Beispiele geben zudem einige Hinweise auf wichtige Differenzierungsdimensionen von Verbindlichkeitsgraden. Dazu gehören sicherlich: *einmal* die interaktive Nähe und
Ferne – sowohl synchron wie diachron; *zum andern* die moralische Arbeitsteilung durch Handlungskompetenz (Beruf), durch Delegation (Verantwortung),
durch Repräsentation (Gemeinwesen) oder Antizipation (Vormundschaft). An
dieser Stelle kann nicht genauer auf die Dimension der *moralischen Arbeitsteilung*
eingegangen werden, obwohl sie mit Blick auf die Langzeitverantwortung eine
wichtige Rolle spielt: Auch wenn jedermann Langzeitverpflichtungen zu übernehmen hat, ist die Frage, wer eigentlich Adressat dieser Verpflichtung im Sinn
der Übernahme der Verantwortung ist, wer also die „Verantwortung" für
Handlungen mit Langzeitfolgen trägt. Dafür scheint es in unserem auf Ultra-
kurzzeitverantwortung angelegten politischen System keinen rechten Ort zu geben. So ist etwa auch das umweltrechtliche Vorsorgeprinzip durch Bindung an
Rechtsprinzipen wie das Übermaßverbot recht kurzfristig ausgelegt.

Im Vordergrund der vorliegenden Untersuchung steht vielmehr die Unterscheidung der *diachronen Nah- und Fernverpflichtung*. Unterlässt man es hierbei, zwischen Verpflichtung und Verbindlichkeit zu unterscheiden, gerät man in ein pragmatisches Paradox der folgenden Art: Gesetzt, wir trügen gegenüber der 10.000sten Generation nach uns Verpflichtungen mit demselben Grade an Verbindlichkeit wie gegenüber der Generation unserer Kinder. Im Gegensatz zur Lebenswelt unserer Kinder, die wir hinreichend gut kennen, um Handlungsumstände und Handlungsfolgen materialiter einigermaßen sicher zu bestimmen, können wir diese für die 10.000ste Generation nach uns lediglich im Rahmen einer fingierten Lebenswelt beschreiben. Während wir also die Lebenswelt unserer Kinder ausreichend antizipieren können, um zu einer moralischen Urteilsbildung zu gelangen, müssten wir für die 10.000ste Generation nach uns mit allen Möglichkeiten rechnen. Diese Möglichkeiten ließen sich ad libitum so variieren, dass jede Ausführung, aber auch jede Unterlassung einer Handlung für die Angehörigen der 10.000sten Generation nach uns katastrophale Folgen hätte, d.h. wir dürften unter der Rücksicht der Langzeitverpflichtung jetzt eine zur Debatte stehende Handlung H weder ausführen noch unterlassen – und zwar auch dann nicht, wenn das Ausführen (das Unterlassen) von H für die Generation unserer Kinder katastrophale Folgen hätte und daher das Unterlassen (das Ausführen) von H dringend geboten wäre. Die Auflösung dieses Paradoxes ist nur möglich, wenn man die Unterstellung einer für alle zukünftigen Generationen und jedes beliebige Maß des Nicht-Wissens gleich verbindlichen Verpflichtung aufgibt. Kann aber einerseits keine zukünftige Generation gedacht werden, der gegenüber für die Gegenwärtigen keine Verpflichtung besteht, ist andererseits die Annahme einer gleich verbindlichen Verpflichtung für wie immer ferne Zukünfte zu verwerfen, dann stellt sich die Frage, wie die Verpflichtung für ferne Generationen zu qualifizieren ist.

Es liegt nahe, eine Art „konstruktiven" Verfahrens anzuwenden: Die Verpflichtung gegenüber künftigen fernen Generationen („Zukunfts-*Fern*verpflichtung") ist zwar etwas anderes als die Verpflichtung gegenüber unseren Kindern und Enkeln („Zukunfts-*Nah*verpflichtung"), an Fällen der Nahverpflichtung lassen sich jedoch die Regeln rekonstruieren, aus denen sich grundsätzlich auch die Fern-Verpflichtung aufbaut. Der Unterschied zwischen der Nah- und der Fernverpflichtung ist der, dass wir bei der Fernverpflichtung gegenüber Menschen Verpflichtungen tragen (konvers: diese Berechtigungen uns gegenüber haben), die uns nicht einmal potentiell als Interaktions-, und damit als Konfliktpartner gegenüber treten. Unsere Regeln des Streit-Schlichtens („Friedensstrategien") können daher nur auf diese Generationen „hochgerechnet" werden.[13] Diese Besonderheit muss sich in der Art der Verpflichtung niederschlagen.

---

[13] Zur ethisch elementaren Situation des Streitschlichtens vgl. C. F. Gethmann: ‚Universelle praktische Geltungsansprüche'.

Das angeführte moralische Paradox macht wesentlich davon Gebrauch, dass unser Verhältnis zur Zukunft durch zunehmendes Nicht-Wissen geprägt ist. Würde eine ethische Relevanz des Nicht-Wissens um die Zukunft nicht anerkannt (etwa unter Hinweis auf die angeblich ethisch desaströsen Folgen der Anwendung einer Diskontierungsregel), würde man die Qualifizierung moralischer Verpflichtungen von wesentlichen Umständen des Handelns und seiner Folgen lösen – mit grob gegen-intuitiven Resultaten. Gesetzt, das Wissen um die Umstände der Folgen gegenwärtig ausgeführter oder unterlassener Handlungen nehme mit zunehmender Zeit kontinuierlich ab, dann kann man die hier liegenden ethischen Probleme auch einfach mit bezug auf den Zeitablauf formulieren: Es macht einen wesentlichen Unterschied für die Qualifizierung einer Verpflichtung zum Ausführen oder Unterlassen einer Handlung H, ob wesentliche Folgen des Ausführens oder Unterlassens von H (nur) jetzt eintreten oder (auch) später. Da die moralische Situation oft so ist, dass eine Handlung H entweder ausgeführt oder unterlassen werden *muss* und Verpflichtungen gegenüber den Zeitgenossen und den unmittelbar nachfolgenden Generationen bestehen, von denen im Großen Ganzen bekannt ist, wie sie einzulösen sind, und die nicht uneingelöst bleiben dürfen bis wir etwa wissen (was wir nie wissen können), wie wir Verpflichtungen gegenüber sehr fernen Generationen einzulösen haben, müssen diese Verpflichtungen bezüglich des Standes des (Nicht-)Wissens nach Verbindlichkeit „gradiert" werden.

In diesem Zusammenhang lässt sich auch leicht illustrieren, warum für eine wissenschaftlich-technische Zivilisation die „Erforschung der Folgen wissenschaftlich-technischer Entwicklungen" eine moralische Kernaufgabe darstellt. Das Maß des Wissens über die Lebenswelt zukünftiger Generationen mittlerer Reichweite ist keine Konstante. Es besteht somit, wenn wir technisch handeln wollen, auch eine Verpflichtung, uns Wissen über die Folgen zu beschaffen. Allerdings: Auch diese Verpflichtung ist abzuwägen mit dem möglicherweise berechtigten Anspruch der Gegenwärtigen, von einer Technik zum eigenen Vorteil Gebrauch zu machen.[14]

Nach dem Gesagten wird man eine moralphilosophische Konzeption, die den Zustand unseres (Nicht-)Wissens um Handlungsumstände und Handlungsfolgen als irrelevant bzw. zu ignorieren einstuft, als grob gegen-intuitiv einordnen dürfen. Auf eine solche Auffassung scheinen aber Positionen hinauszulaufen, die postulieren, dass wir für die Klärung moralischer Fragen bezüglich zukünftiger Generationen zu unterstellen hätten, sie seien zu behandeln, wie wenn sie unsere Zeitgenossen *wären*. Im übrigen ist auch der moralpsychologisch bedeutsame Effekt zu bedenken, dass die Ablehnung einer die Verbindlichkeiten

---

[14] Beispiele aus der aktuelle Diskussion sind die Freilandversuche für gentechnisch verändertes Getreide mit Blick auf die Nutzung dieses Getreides in klimatisch benachteiligten oder aus anderen Gründen unterversorgten Weltgegenden; Auswirkungen der Präimplantations- oder Pränatal-Diagnose genetisch mitbedingter Krankheiten auf das Versicherungswesen und Hilfe für die möglicherweise Betroffenen.

differenzierenden Einstufung von Nah- und Fernverpflichtung mit den Folgen eine strukturellen Verpflichtungsüberlast konfrontiert ist: Die Forderung der Adressaten moralisch verpflichtender Imperative „ultra posse" führt zur Resignation und einer Laissez-Faire-Mentalität in Entscheidungen, von denen nahe *und* ferne zukünftige Generationen betroffen sind. Ein gewisser Ton der moralischen Entrüstung von professionellen Ethikern im Zusammenhang mit dem Diskontierungsproblem dürfte dabei nicht ganz ohne Mithaftung für gewisse gesellschaftliche Überdrussphänomene in bezug auf Umweltfragen mit Langzeitperspektive sein.

3. Gradierung vs. Diskontierung

Die Forderung, zwischen Nah- und Fernverpflichtung – aufgrund eines Gefälles des Wissens um Handlungsumstände und Handlungsfolgen – Verbindlichkeitsabstufungen einzuziehen, wird häufig mit der These der Diskontierung gleichgesetzt und als solche kritisiert. Sie scheint nämlich den Interessen und Bedürfnissen der jetzt Lebenden einen grundsätzlich moralisch überlegenen Status gegenüber den Interessen und Bedürfnissen der zukünftig Lebenden einzuräumen. Dass dies ein Missverständnis darstellt, dessen Ursache im wesentlichen darin zu finden ist, dass bereits die Probleme moralischer Verpflichtung und Berechtigung *in terms of* Glücksmaximierung und Nutzen formuliert werden, soll im folgenden gezeigt werden: Die Gegner der Anwendung der Diskontierungsregel im moralischen Bereich sind mit den Anwendungsbefürwortern Opfer eines „ethischen Ökonomismus", wie er für eine Reihe von Spielarten des Utilitarismus typisch ist. Wer hingegen die notwendigen Überlegungen in den Rahmen einer verpflichtungsethischen Konzeption des Sollens stellt, gerät nicht in das „Skandalon der Zukunftdiskontierung" (Birnbacher), entgegen dem universalistischen Anspruch, doch eine Gegenwarts-Präferenz zu unterstellen: Im Rahmen einer solchen Konzeption kann ohne ein solches Skandalon die These vertreten werden, dass einerseits in Übereinstimmung mit dem universalistischen Anspruch Verpflichtungen gegenüber künftigen Generationen *bestehen*, andererseits jedoch – ohne dass eine Zeitpräferenz der Gegenwart unterstellt werden müsste – diese Verpflichtungen nicht in der „gleichen Weise" bestehen wie Verpflichtungen gegenüber den jetzt Lebenden.

Bezüglich der Zukunftsdiskontierung scheint es einen „Streit der Fakultäten" zwischen Ökonomen und Philosophen zu geben: Für die *Ökonomie* war es – jedenfalls bis vor ca. zehn Jahren – geradezu ein logisches Implikat des neoliberalen Paradigmas ökonomischen Denkens, dass der jetzige Nutzen gegenüber einem zukünftigen höher zu bewerten und dass entsprechend ein zukünftiger Nutzen mit einer zeitlich konstanten Diskontrate, einer Art negativer Verzinsung zu versehen sei (für Schäden das Inverse). Allerdings stehen heute bedeutende Ökonomen dieser Ansicht kritisch gegenüber, da ihnen die Diskontierung eine Umverteilungsmaxime zugunsten der jetzt lebenden Generation zu sein scheint und die Zukunft wenigstens mit einem minimalem Gewicht in die Zielplanung einzugehen habe.[15] In der *Philosophie* hingegen besteht Einmütigkeit in der Auffassung, die Anwendung der Zukunftsdiskontierung sei sowohl unter Klugheits- wie unter moralischen Gesichtspunkten abzulehnen. Die Anwendung von Diskontierungsregeln sehen Philosophen oft wohl deshalb als ein „Skandalon", weil sie in der Diskontierungsstrategie zwei zusammenhängende Prämissen am Werk sehen: *Erstens* diejenige, dass Verpflichtungen gegenüber Gegenwärtigen allein auf Grund der relativen zeitlichen Nähe Verpflichtungen gegenüber den Angehörigen zukünftiger Generationen in irgendeinem Sinne moralisch überlegen seien, und dass sich *zweitens* deswegen Verpflichtungen gegenüber Angehörigen zukünftiger Generationen in Abhängigkeit von der Diskontrate in relativ kurzer Zeit „verflüchtigen". Daraus wäre in der Tat zu schließen, dass die Annahme der Diskontierbarkeit zu einer praktischen Negierung des Gedankens der Langzeitverpflichtung führt. Insofern diese Prämissen zutreffen und in die Diskontierungsregel lediglich die zeitliche Entfernung des Eintretens von Handlungsfolgen eingeht, ist die Ablehnung seitens der Philosophen in der Tat gerechtfertigt. Die mit der Annahme eines Bestehens von Langzeitverpflichtung gezogene weitere Konsequenz, zukünftige Generationen, wie nah oder fern sie auch der gegenwärtigen stünden, seien gegenüber der gegenwärtigen in derselben Weise und in demselben Maße anspruchsberechtigt und es bestünden daher auch gegenüber allen Generationen gleich verbindliche Verpflichtungen, ist – wie gezeigt – jedoch nicht zuzustimmen. Diese unzulässige Folgerung unterstellt nämlich, dass alle Ungleichsetzung der verschieden weit reichenden Verpflichtungen *nur* nach dem Maß der Zeit geschähe. Dies ist aber mit dem Hinweis auf eine relativ zum Grad des Nicht-Wissens erfolgende Differenzierung von Verbindlichkeitsgraden zurückzuweisen. Nicht die zeitliche Entfernung, sondern das mit der zeitlichen Entfernung allenfalls schwach korrelierte Zunehmen des Nicht-Wissens ist der Grund für eine Ausdifferenzierung der Verbindlichkeitsgrade des Verpflichtetseins. Insofern kann auch nicht dem, der seine Verpflichtungen mit Blick auf das verfügbare Wissen um Handlungsumstände und -folgen nach dem Grade ihrer Verbindlichkeiten ordnet, der Vorwurf einer Zeit-Präferenz, insbesondere nicht irgendeiner Art der Gegenwarts-Ego-Präferenz gemacht werden.

Dieses Missverständnis nährt sich auch daraus, dass die diskutierten Diskontierungsstrategien allzu eng an ökonomische Rationalitätsmuster angelehnt sind: Wer gegen die Diskontierung eintritt, ist (zurecht) dagegen, dass *der Nutzen* (oder ein anderes Substrat) zugunsten der jetzt Lebenden umverteilt wird – oder anders: dass zukünftige Lebende nur deswegen schlechter gestellt werden, weil sie zu einer anderen Zeit leben als die jetzt Lebenden. Wer hingegen für eine Differenzierung der Verpflichtung nach den Graden ihrer Verbindlichkeit ein-

---

[15] So argumentieren etwa U. Hampicke: ‚Neoklassik und Zeitpräferenz' sowie D. Cansier: Umweltökonomie, 118 ff., aus umweltökonomischer Sicht gegen die neo-liberale Standard-Auffassung (dort einschlägige Literaturhinweise). Vgl. hierzu auch D. Birnbacher: Verantwortung für zukünftige Generationen, 87 ff.

tritt, ist dagegen, dass Nahverpflichtungen mit Fernverpflichtungen – ‚fern' sowohl in diachroner wie synchroner Lesart – gleichgestellt oder erstere sogar vernachlässigt werden. Um solchen Missverständnissen in bezug auf den hier eingeschlagenen Weg vorzubeugen, soll im folgenden das Verfahren der *Gradierung*[16] von dem der *Diskontierung* auch begrifflich unterschieden werden.

Gegner der Diskontierung und Befürworter einer Gradierung antworten damit offenkundig auf verschiedene Fragen: Wendet sich der Gegner der Diskontierung gegen eine ungerechte Verteilung oder nicht gemäß dem Utilitätsprinzip die größte Zahl berücksichtigende Maximierung von *Nutzen* (oder anderen Substraten wie Glück, Güter, Geld) *für* die Angehörigen verschiedener Generationen, spricht der Befürworter einer Gradierung über die Ausdifferenzierung der Verbindlichkeit moralischer *Verpflichtungen gegenüber* bzw. *Berechtigungen von* Angehörigen verschiedener Generationen.[17]

Die Unterscheidung von Gradieren und Diskontieren bietet sich auch als Klärungsinstrument an, um eine Reihe von Unklarheiten in der Diskussion um die Zulässigkeit des Diskontierens aufzulösen. Der Begriff der Diskontierung ist wenigstens in zweifacher Rücksicht unter Äquivokationsverdacht zu stellen, der sich zufolge unterschiedlicher Beantwortung (wenigstens[18]) folgender Fragen ergibt: (1) Von was wird diskontiert? (Frage nach dem Substrat), (2) Warum wird diskontiert? (Frage nach der Rechtfertigung).

(1) Das Substrat der Diskontierung

In der Diskussion um die Diskontierung im Zusammenhang mit der Langzeitverantwortung werden vor allem Geld und Nutzen als Substrate erörtert. Daneben könnte man auch Güter (unterschiedlicher Art) und Verpflichtungen (bzw. deren Verbindlichkeiten) als solche Substrate untersuchen. Dass sich Geld verzinst und somit entgangenes oder zukünftig zu erwartendes Geld auch diskontiert wird, ist ein ethisch unerheblicher Vorgang, der ökonomisch (evtl. in Gren

---

[16] Bezüglich der Wortwahl sei daran erinnert, dass traditionell die Salzgewinnung in „Gradierwerken" erfolgt. ‚Gradierung' bezeichnet dabei die allmähliche Konzentration einer Salzsohle. In der Geologie wird der Ausdruck ‚Gradierung' verwendet, um Ablagerungsformen von Sedimenten zu bezeichnen, bei denen die Korngrößen stetig abnehmen.

[17] Gegen die terminologische Variante, die Ausdifferenzierung von Graden der Verbindlichkeit als eine Spezies des Diskontierens anzusprechen, wäre einzuwenden, dass dies die Gefahr einer Äquivokation herbeiführen würde, die weitere Missverständnisse nahe legt. Damit ist jedoch nicht bestritten, dass es sinnvoll ist, unter dem Oberbegriff ‚Diskontierung' zahlreiche Diskontierungsstrategien zu unterscheiden (vgl. z. B. U. Hampicke: ‚Neoklassik und Zeitpräferenz' 136 f.).

[18] Eine weitere wichtige Frage wäre die nach der moralpsychologischen Erklärung der Langzeitverpflichtung.

zen) sinnvoll ist und auch von Diskontierungsgegnern nicht bestritten wird.[19] Als das eigentlich problematische Bezugssubstrat gilt dagegen – wie dargestellt – der Nutzen. Gegen das Diskontieren von Nutzen(-gesichtspunkten) wendet sich der Protest der nutzenethisch ansetzenden und zugleich auf Umweltschutz hin orientierten Ethiker, in Deutschland z.B. Birnbacher[20] und Hampicke[21]. Mit Blick auf zerstörbare natürliche Ressourcen wird hier der Sinn des Zinses als Lenkungs- und Allokationsinstrument bestritten und mit Blick auf künftige Generationen eine Nutzendiskontierungsrate von Null gefordert.[22] Diesen Argumentationen soll hier – wie dargelegt – keineswegs widersprochen werden. Allerdings ergeben sich aus dieser Differenzierung zwischen Geld und Nutzen (gerade bei einem dezidiert nutzenethisch orientierten Ethiker wie Birnbacher) einige Abgrenzungsprobleme, die auf die grundlegende Frage hinauslaufen, ob die Bestreitung der Rolle von Verzinsung und Diskontierung bei zentralen moralischen Fragen nicht zur Insuffizienzerklärung des nutzentheoretischen Ansatzes der Ethik überhaupt führt. Die Ablehnung der Anwendung von Diskontierungsverfahren bei fundamentalen ethischen Größen wie Mitmenschen, Arten, Umwelt usw. ist allein schon durch den Hinweis gerechtfertigt, dass diese Größen eben einen trans-utilitären Status haben. Mit recht weist Birnbacher darauf hin, dass Menschen im interpersonalen Bereich das Diskontieren generell für unzulässig halten.[23] Bleibt die Einheit des nutzenethischen Paradigmas noch erhalten, wenn man Verzinsung und Diskontierung für manche Fragetypen zulässt, für andere bestreitet (Problem des „Adhocismus")? Wird – folglich – das moralische Phänomen der Gradierung der Verbindlichkeit von Maximen durch die Diskontierungs-Debatte überhaupt adäquat erfasst?

Die Betrachtung von Gütern (verschiedener Art) lässt sich entweder auf die Betrachtung der mit ihnen zu erzielenden (erwartenden o.ä.) Nutzen oder der in ihnen implizierten Verpflichtungen reduzieren. Verpflichtungen lassen sich nicht Kontieren, somit auch nicht Diskontieren. Dies ist der Grund, warum sich die Unterscheidung von Gradieren und Diskontieren empfiehlt.

---

[19] Nach D. Birnbacher: ‚Intergenerationelle Verantwortung', 113, ist das Geld der eigentliche Ort für Diskontierungsüberlegungen.

[20] D. Birnbacher: ‚Verantwortung für Zukünftige Generationen', 9 f., D. Birnbacher: ‚Läßt sich die Diskontierung der Zukunft rechtfertigen?', 122 ff.

[21] U. Hampicke ‚Neoklassik und Zeitpräferenz', 132 ff.

[22] U. Hampicke ‚Neoklassik und Zeitpräferenz', 136 ff.

[23] „In unseren persönlichen Beziehungen sind wir gewöhnlich keine Nutzenmaximierer." (D. Birnbacher: ‚Läßt sich die Diskontierung der Zukunft rechtfertigen?', 124); in diesem Zusammenhang ist auch an die Bemerkung H. Sidgwicks zu erinnern, dass der Utilitarist gute Gründe habe, sich im Alltag nicht als Utilitarist zu verhalten (H. Sidgwick: The Methods of Ethics, 489).

(2) Die Rechtfertigung der Diskontierung

Als (unzulässige) Rechtfertigungsstrategien werden von den Gegnern des Diskontierens die Zeitpräferenz der Gegenwart und die Verzinsung von Investitionen diskutiert. Als weitere Rechtfertigungen wären der Mangel an Wissen bzw. die Unsicherheit zukunftsbezogenen Handelns und die moralische (interaktive) Distanz zu zukünftigen Generationen heranzuziehen. Es leuchtet ein, dass die Präferenz für die Gegenwärtigen nicht zu rechtfertigen ist. Bedeutet die Unterscheidung von Nah- und Fernverpflichtung jedoch grundsätzlich eine Zeitpräferenz für die jetzt Lebenden, so wie das Diskontieren künftigen Nutzens auf die jetzt Kontierenden bezogen ist? Dass dies keineswegs gilt, lässt sich wiederum an Beispielen elementarer moralischer Erfahrung illustrieren.

Gesetzt, wir verlangen, dass Kinder überhaupt besonders zu schützen sind, setzen die Verbindlichkeit dieser Maxime für die Eltern bezüglich ihrer eigenen Kinder jedoch höher an als bezüglich irgendwelcher Kinder in interaktiver Ferne. Sind somit die Kinder in der Ferne dadurch aufgrund einer räumlichen Ego-Präferenz benachteiligt? Dies wird man nicht behaupten können, da ja der Universalismus der Verpflichtung nach wie vor gilt: Um die Kinder in der Ferne haben sich eben *deren* Eltern zunächst einmal mit höchster Verbindlichkeit zu kümmern. Was am synchronen Beispiel expliziert wurde, gilt grundsätzlich auch diachron. Der hierzu mögliche Einwand, aufgrund der moralischen Prärogative der Nahverbindlichkeiten vor den Fernverbindlichkeiten könnte sich ergeben, dass wir den nachfolgenden Generationen die Lebensgrundlagen rauben, dabei jedoch im Einklang mit den moralischen Verpflichtungen handelten, ist nicht triftig. Hier ist daran zu erinnern, dass auch bei Zulässigkeit einer Graduierung die Verbindlichkeit nie Null wird, d.h. die Verpflichtung nicht erlischt.

Zusammenfassend lässt sich festhalten, dass sich aufgrund der unterschiedlichen Substrate und Rechtfertigungen eine vielfache Bedeutung des Begriffs der „Diskontierung" ergibt. Unterscheidet man zwischen der „Diskontierung" (für kontierbare Substrate und diesbezügliche Rechtfertigungen) und „Graduierung" (für nicht kontierbare Substrate und diesbezügliche Rechtfertigungen), wird die Desambiguisierung erleichtert. Jedenfalls bezüglich interaktiver Nähe bzw. Ferne ist eine Graduierung zu rechtfertigen, die nicht durch die Ego-Präferenz der Gegenwärtigen, sondern durch die Rahmenbedingungen des moralischen Diskurses bestimmt ist. Andererseits gibt es Formen der „Diskontierung", die aus ethischen Gründen nicht haltbar sind.

Daraus ergibt sich, dass für nutzenethische Rechtfertigungen, die es mit dem Kontoausgleich zwischen präsentischem und futurischem Nutzen zu tun haben, der Begriff des *Diskontierens* vorzusehen ist, während für die moralische Qualifikation von Verpflichtungen aufgrund der Varianzen interaktiver Distanz und des Nicht-Wissens der Begriff des *Graduierens* zu reservieren ist. Damit ist zwar nicht gezeigt, dass der Nutzenethiker *zwingend* in der Kategorie des Diskontierens denkt, der Verpflichtungsethiker zwingend in der Kategorie des Gradierens. Vielmehr erscheinen diese ethischen Paradigmen unter gewissen (nichttrivialen) Bedingungen ineinander integrierbar. Erst im Rahmen einer solchen integrierten Konzeption wird man wohl zu einer umfassenden Theorie der Langzeitverpflichtung mit ihren zahlreichen, ethisch unterschiedlich zu qualifizierenden Varianten kommen.

4. Literaturverzeichnis

Birnbacher, D.: Verantwortung für zukünftige Generationen. Stuttgart 1988.

Ders.: Intergenerationelle Verantwortung – oder: Dürfen wir die Zukunft der Menschheit diskontieren?. In: Kümmel, R./Klawitter, J. (Hrsg.): Umweltschutz und Marktwirtschaft. Würzburg 1989, 101-115.

Ders.: ‚Verantwortung für zukünftige Generationen‘. In: Elster, H.-J. u. a. (Hrsg.): Verantwortung in Wissenschaft, Wirtschaft, Schule und Gesellschaft für zukünftige Generationen. Stuttgart 1991, 5-15.

Ders.: ‚Läßt sich die Diskontierung der Zukunft rechtfertigen?‘ In diesem Band.

Cansier, D.: Umweltökonomie, Stuttgart ²1996.

Frankena, W.: Ethics. Englewood Cliffs 1963, ²1973.

Gethmann, C. F.: ‚Proto-Ethik. Zur formalen Pragmatik von Rechtfertigungsdiskursen‘. In: Ellwein, T./Stachowiak, H. (Hrsg.): Bedürfnisse, Werte und Normen im Wandel. Bd. 1, München/Paderborn 1982, 113-143.

Ders.: ‚Universelle praktische Geltungsansprüche. Zur philosophischen Bedeutung der kulturellen Genese moralischer Überzeugungen‘. In: Janich, P. (Hrsg.): Entwicklungen der methodischen Philosophie. Frankfurt/Main 1991, 148-175.

Ders.: ‚Langzeitverantwortung als ethisches Problem im Umweltstaat‘. In: Ders./Kloepfer, M./Nutzinger, H. G. (Hrsg.): Langzeitverantwortung im Umweltstaat, Bonn 1993.

Ders.: ‚Prinzip der rückwirkenden Verpflichtung‘. In: Mittelstraß, J. (Hrsg.): Enzyklopädie Philosophie und Wissenschaftstheorie. Band 3. Stuttgart/Weimar 1995, 344-345.

Ders./Sander, Th.: ‚Rechtfertigungsdiskurse‘. In: Grunwald, A./Saupe, S. (Hrsg.): Ethik in der Technikgestaltung. Praktische Relevanz und Legitimation, Berlin/Heidelberg/New York 1999, 117-151.

Hampicke, U.: ‚Neoklassik und Zeitpräferenz – der Diskontierungsnebel‘. In: Beckenbach, F. (Hrsg.): Die ökologische Herausforderung für die ökonomische Theorie. Marburg 1992.

Kamlah, W.: Philosophische Anthropologie. Sprachkritische Grundlegung und Ethik. Mannheim 1973.

Kant, I.: Kants gesammelte Schriften [=Akademie-Ausgabe]. Berlin 1902 ff. [zitiert als ‚Kant WW‘].

Nida-Rümelin, J.: Kritik des Konsequentialismus. München 1993, [2]1995.
Sidgwick, H.: The Methods of Ethics. London [7]1967.
Wieland, W.: Verantwortung – Prinzip der Ethik? Heidelberg 1999.

III.

Anwendungen

Angelika Krebs

Wieviel Natur schulden wir der Zukunft?
Eine Kritik am zukunftsethischen Egalitarismus

Die Frage nach unserer ethischen Verantwortung gegenüber der Zukunft lässt sich in drei Unterfragen auffächern:
1. *ob* wir überhaupt eine ethische Verpflichtung gegenüber noch nicht existierenden Wesen haben, die Frage nach der *Begründung* der zukunftsethischen Verpflichtung also,
2. wenn die erste Frage mit „ja" beantwortet ist, *was* wir Zukünftigen schulden, die Frage nach der *Hinsicht* der zukunftsethischen Verpflichtung also, und
3. wiederum eine positive Antwort auf die erste Frage und irgendeine Antwort auf die zweite Frage voraussetzend, *wieviel* wir Zukünftigen schulden, die Frage nach dem *Maß* der zukunftsethischen Verpflichtung also (vgl. Baier 1984, S. 215).

Wie der Titel meines Aufsatzes anzeigt, wird das Hauptgewicht auf der letzten Frage, der Frage nach dem Maß unserer zukunftsethischen Verpflichtung liegen. Meine zentrale These wird sein, dass wir Zukünftigen eine Welt hinterlassen sollten, in der sie menschenwürdig leben können. Diese an sich nicht aufregend klingende These – man will fragen, wer dem denn überhaupt widersprechen würde – steht nicht im Einklang mit dem, was der egalitaristische Mainstream der politischen Philosophie wie auch der Zukunftsethik heute fordert. Der Mainstream fordert nämlich, dass wir Zukünftigen *genauso viel* hinterlassen müssen, wie wir selbst erhalten haben. Gegen das komparative egalitaristische Maß des Mainstream (genauso viel wie wir) soll hier ein nicht-komparatives oder absolutes Maß (genug zum menschenwürdigen Leben) starkgemacht werden.

Auf die erste Frage nach dem *Ob* unserer Verantwortung gegenüber Zukünftigen möchte ich in diesem Text nicht eingehen. Ich unterstelle schlicht, dass wir ethische Pflichten gegenüber allen subjektiv verletzbaren Wesen haben, ganz gleich, ob sie schon oder noch existieren, ganz gleich auch, ob sie uns schaden oder nützen können. Das heißt, ich unterstelle, dass Verletzbarkeit im Empfinden und/oder Tun das Kriterium moralischer Berücksichtigungswürdigkeit darstellt, und nicht etwa Kooperationsfähigkeit oder Rationalität oder Zugehörigkeit zur menschlichen Gattung oder Teleologie, Vielfalt, Schönheit oder bloße Existenz (für diese Unterstellung habe ich andernorts argumentiert, siehe Krebs 1999). Dass im Titel meines Aufsatzes nicht, wie sonst üblich, von „zukünftigen Generationen" die Rede ist, sondern allgemeiner von „der Zukunft", soll die moralisch inakzeptable Engführung auf Menschen als Gegenüber zukunftsethischer Verantwortung überwinden und die Tür öffnen zur Einbezugnahme zumindest empfindungsfähiger Tiere.

Auf die zweite Frage nach dem *Was* unserer zukunftsethischen Verpflichtung will ich zunächst nur kurz, im Modus einer Vorklärung zur dritten Frage des Maßes, eingehen und erst gegen Ende des Textes darauf zurückkommen. Das Verketzbarkeitskriterium aus dem letzten Abschnitt legt bereits eine allgemeine Antwort auf die Frage nach der Hinsicht unserer zukunftsethischen Verpflichtung nahe: die Antwort nämlich, dass die Hinsicht in dem Erhalt oder der Schaffung von Bedingungen des empfindungs- und handlungsguten Lebens von Menschen und Tieren in der Zukunft besteht. Ausgeschieden ist damit zum Beispiel eine Antwort, die einfach bestimmte Vorgaben, wie ökologisches Gleichgewicht oder Artenreichtum macht, ohne deren Relevanz für das gute menschliche und tierische Leben in der Zukunft aufzuzeigen. – Da ein Großteil der Gefährdung der Lebensbedingungen Zukünftiger aus unserer Veränderung ihrer natürlichen Lebensbedingungen herrührt (der Erschöpfung knapper Ressourcen, der Verschmutzung von Boden und Wasser, der Zerstörung der Ozonschicht, dem Treibhauseffekt, dem Einsatz riskanter Technologien der Nahrungs- und Energiegewinnung oder dem Landschaftsverlust) und da die vielfältigen Dimensionen menschlicher Angewiesenheit auf Natur noch nicht genügend erkundet sind, soll gegen Ende des Textes, nach der Beantwortung der Frage des Maßes, dieses Maß hinsichtlich der Natur konkretisiert werden.

Im Mittelpunkt dieses Textes soll aber, wie gesagt, die dritte Frage nach dem *Wieviel* unserer zukunftsethischen Verantwortung stehen, genauer die Frage, ob dieses Wieviel in *komparativen oder nicht-komparativen Standards* zu fassen ist. Eine nicht-komparative Antwort auf die Frage nach dem Wieviel wäre etwa: Wir schulden Zukünftigen die Garantie der Bedingungen ihres menschen- und tierwürdigen Lebens, das heißt, wir sollten ihnen eine Welt hinterlassen, in der sie gesund, autonom, sozial etc. leben können. Eine komparative Antwort wäre etwa: Wir schulden Zukünftigen eine Gleichheit der Lebensaussichten, das heißt, wir sollten ihnen eine Welt hinterlassen, in der sie genauso gut leben können wie wir. Während es der nicht-komparativen Antwort um die Auszeichnung und Erfüllung gewisser absoluter Standards des menschen- und tierwürdigen Lebens geht, bestimmt die komparative Antwort das moralisch Gebotene relativ: genauso viel wie wir oder mehr als wir oder weniger als wir.

Ich werde im folgenden zunächst im ersten Teil, „Zukunftsethischer Egalitarismus", belegen, dass die komparative Antwort, insbesondere in ihrer egalitaristischen Variante (genauso viel wie wir), nicht so sehr in ihrer progressivistischen Variante (mehr als wir), die gegenwärtige Diskussion in der Zukunftsethik dominiert. Im zweiten Teil, „Warum eigentlich Gleichheit?", werde ich fragen, ob Gerechtigkeit wirklich egalitaristisch-komparativ zu fassen ist. Argumente für die egalitaristische Konzeption von Gerechtigkeit sucht man in der Zukunftsethik vergeblich. Um über das Für und Wider egalitaristischer Gerechtigkeit Aufschluss zu gewinnen, muss man daher einen Ausflug in die theoretische politische Philosophie machen, wo sich derzeit der Beginn einer Debatte zu eben diesem Thema abzeichnet. Diese neue „Why-Equality?" -Debatte löst gerade die alte, seit zwei Jahrzenten geführte „Equality-of-What?" -Debatte ab. Im dritten Teil, „Zukunftsethischer Nonegalitarismus", werde ich das für den Egalitarismus negative Ergebnis der kritischen Durchsicht der Argumente in der „Why-Equality?" -Debatte für die Zukunftsethik fruchtbar zu machen suchen, zunächst allgemein, dann, wie bereits angekündigt, speziell mit Hinsicht auf die Natur.

1. Zukunftsethischer Egalitarismus: Gerechtigkeit als Gleichheit

Um die Dominanz egalitaristischer Vorstellungen in der Zukunftsethik zu belegen, werde ich zuerst in 1.1. den Egalitarismus-Begriff genauer bestimmen und dann in 1.2. einige prominente Beispiele egalitaristischer Zukunftsethik aufführen.

1.1 Was ist „Egalitarismus"?

Eine Konzeption von Gerechtigkeit ist *egalitaristisch*, wenn sie Gerechtigkeit wesentlich als *Gleichheit* versteht, Gleichheit also als ein zentrales und unabgeleitetes Ziel von Gerechtigkeit ansieht, als moralischen Selbstzweck oder *Eigenwert*. Anders gesagt, begreift eine egalitaristische Gerechtigkeitstheorie das einem jeden gerechtermaßen Zustehende wesentlich *relational* oder *komparativ*, mit Blick auf andere, und nicht absolut, unabhängig von anderen. Die Standardform von Gerechtigkeitsansprüchen im Egalitarismus ist demnach: Person P steht Gut G zu, weil andere Personen G auch haben oder bekommen haben (vgl. z.B. Parfit 1998, S. 5; „equality has intrinsic value, or is in itself good"; auch Raz 1986, S. 227; Scanlon 1997, S. 1 oder Frankfurt 1997, S. 3)

„Gleichheit" bezeichnet *die Ununterscheidbarkeit verschiedener Objekte in einer bestimmten Hinsicht*, gemessen an einem bestimmten Standard. „Gleichheit" liegt also zwischen „Identität" (Ununterscheidbarkeit in jeder Hinsicht) und „Ähnlichkeit" (Fast-Identität in einer bestimmten Hinsicht). Ohne Angabe der Hinsicht ist jede Rede von Gleichheit oder Ungleichheit *elliptisch* (vgl. z.B. Westen 1990).

Die *Hinsicht*, in welcher der Egalitarismus Gleichheit unter den Menschen verwirklichen will, ist gewöhnlich ihre Möglichkeit, gut zu leben, ihre *Lebensaussichten* (je nach Position in der „Equality-of-What?" -Debatte genauer interpretiert als Verfügung über Ressourcen oder Grundgüter, als Freiheit, Gelegenheit, Zugang, Befähigung etc. zu Wohlergehen, „midfare", „functioning" usw., für einen Überblick vgl. Cohen 1989).

Diese Hinsicht erfährt allerdings meist noch eine Einschränkung auf *unverdiente* Lebensaussichten, da Menschen mitunter selbst etwas dafür könnten, wie gut oder schlecht sie im Vergleich zu anderen dastehen. Wenn die einen hart arbeiten oder sparen, während die anderen „sich auf die faule Haut legen" oder „das Geld zum Fenster herausschmeißen", und die einen fortan über bessere Lebensaussichten verfügen als die anderen, dürfe dies nicht als Verletzung der normativ gebotenen Gleichheit gelten, sondern sei moralisch ganz in Ordnung. Für ihre Entscheidungen müssten die Menschen schon selbst einstehen. Egalisiert müsse nur werden, was Menschen einfach so zufällt, zum Beispiel die Gaben der Natur, der äußeren wie der inneren, Erbschaften oder Geschenke.

Diesen Grundgedanken der egalitaristischen Gerechtigkeitskonzeption findet man prägnant formuliert in Gerald Cohens einflussreichem *Ethics*-Artikel „On the Currency of Egalitarian Justice" (1989): Das Ziel von Gerechtigkeit sei „to eliminate *involuntary disadvantage*, ... disadvantage for which the sufferer cannot be held responsible, since it does not appropriately reflect choices that he has made" (S. 916). John Rawls sucht in seiner *Theory of Justice* (1971) nach einer Gerechtigkeitskonzeption, „that nullifies the accidents of natural endowment and the contingencies of social circumstance" (1971, S. 15). Und Ronald Dworkin verlangt in „Equality of Resources" (1981), dem zweiten Teil seiner vierteiligen Artikelserie „What Is Equality?", dass Verteilungsgerechtigkeit „ambition-sensitvie" sei und „not endowment-sensitive" (S. 311).

Neben dieser Standardform des Egalitarismus, die die Gleichheitsforderung auf das Gesamt der unverdienten Lebensaussichten aller bezieht, gibt es eingeschränkte Varianten des Egalitarismus. Deren prominenteste dürfte ein Kontraktualismus sein, der Gleichheit nur auf soziale Güter, die Früchte der gesellschaftlichen Kooperation, bezieht und auch nicht die Gleichheit aller Menschen oder Gesellschaftsmitglieder anstrebt, sondern nur die Gleichheit aller Kooperationsteilnehmer.

Die Position von John Rawls zum Beispiel schillert zwischen der Standardform des Egalitarismus, die man, da sie auch Glück ausgleichen will, „*Glücksegalitarismus*" nennen könnte, und der eingeschränkten kontraktualistischen Variante. Einerseits sollen die Rawlsschen Grundgüter jene Allzweckmittel benennen, die jeder zur Verwirklichung seiner Konzeption des guten Lebens (sowie zur Verfolgung seiner zwei weiteren höherrangigen Interessen: der kritischen Entwicklung einer eigenen Konzeption guten Lebens sowie der Ausbildung eines Gerechtigkeitssinns) braucht. Andererseits umfasst die Rawlssche Grundgüterliste nur soziale Güter wie Grundfreiheiten, Machtpositionen und Einkommen und zum Beispiel nicht Gesundheit oder Begabung. Dieser Zwiespalt im Rawlsschen Grundgüterbegriff macht seine Gleichheitsforderung doppeldeutig.

Gleichheit muss *nicht der einzige Eigenwert* sein, den eine egalitaristische Gerechtigkeitstheorie verfolgt. Typischerweise verbindet eine egalitaristische Theorie den Eigenwert von Gleichheit mit dem *Eigenwert von Wohlfahrt*. Denn Gleichheit unter den Menschen lässt sich schließlich auch dadurch schaffen, dass man einfach alle umbringt, wie in William Frankenas Beispiel: „If a ruler were to boil his subjects in oil, jumping in afterwards himself, it would be ... no inequality of treatment" (1962, S. 17). Dieses Beispiel macht die Notwendigkeit des Übergangs von einem „reinen" Egalitarismus mit nur dem einen Eigenwert „Gleichheit" zu einem *pluralistischen* Egalitarismus mit zumindest einem weiteren Eigenwert für Wohlfahrt deutlich.

Der pluralistische Egalitarismus sollte zudem vielleicht „*moderat*" genug sein, um im Konfliktfall „Gleichheit versus Wohlfahrt" nicht immer Gleichheit Trumpf sein zu lassen, sondern Abstriche an Gleichheit um einer höheren Lebensqualität für alle willen hinzunehmen. Ein berühmtes Beispiel für einen moderaten, pluralistischen Egalitarismus ist John Rawls' Abmilderung des Gleichheitsprinzips zum *Differenzprinzip, das* Ungleichheiten, welche die absolute Position der am schlechtest Gestellten anheben, als gerecht ausweist (1971, S. 60, 1993, S. 6).

Vielleicht sollte der pluralistische Egalitarismus aber auch noch moderater sein und sogar Ungleichheiten, die die absolute Position der am schlechtest Gestellten *nicht* anheben, generell dann als gerecht betrachten, wenn die einzige Alternative dazu darin bestünde, dass man die Bessergestellten herunterdrückte auf das Niveau der am schlechtest Gestellten, ohne dass die am schlechtest Gestellten (oder sonst wer) irgendetwas davon hätten. Ein solcher noch moderaterer Egalitarismus wäre immun gegen den sogenannten „*Einwand der Angleichung nach unten*" („levelling-down objection", vgl. Nozick 1974, S. 229; Raz 1986, S. 227, 235; Parfit 1998, S. 10), wonach Gerechtigkeit nicht eine Zerstörung von Vorteilen, von der niemand etwas hat, verlangen kann.

Jedenfalls sind moderate Formen des pluralistischen Egalitarismus durchaus in der Lage, Gesellschaftsvisionen, wie die in Kurt Vonneguts Science-Fiction-Story „Harrison Bergeron" ausgemalte, als überzogen abzulehnen. Vonneguts Story spielt im Jahre 2081, in dem „everybody was finally equal. ... Nobody was smarter than anybody else. Nobody was better looking than anybody else. Nobody was stronger or quicker than anybody else." Um zum Beispiel zu erreichen, dass keiner „smarter" ist als die anderen, werden überdurchschnittlich intelligente Menschen, wie die Hauptfigur der Geschichte George, per Gesetz dazu verpflichtet, jederzeit ein kleines „mental handicap radio" in ihrem Ohr zu tragen. Dieses Radio ist auf einen staatlichen Sender eingestellt, der alle 20 Sekunden schreckliche Geräusche aussendet, „to keep people like George from taking unfair advantage of their brains" (1997, S. 315).

Damit ist das *Grundmuster* der egalitaristischen Gerechtigkeitskonzeption vorgestellt: Der Egalitarismus kombiniert in der Regel, als pluralistischer Glücksegalitarismus, ein Gleichheitsprinzip bezüglich unverdienter Lebensaussichten mit einem Wohlfahrtsprinzip und nimmt moderaterweise im Konfliktfall „Gleichheit versus Wohlfahrt" gewisse Abstriche an Gleichheit um einer größeren Wohlfahrt willen hin.

Dieses egalitaristische Grundmuster wird jedoch je nach Theorie verschieden *verfeinert oder ergänzt*. Mitunter unterscheidet man diverse Güter innerhalb des Wohlfahrtsbereiches und setzt Prioritäten (z. B. Freiheit vor Wohlstand).

Mitunter sichert man bestimmte wichtige Güter doch über absolute Schwellen-
prinzipien, operiert also mit „systemfremden Einsprengseln". Mitunter fügt man
schließlich noch weitere Gerechtigkeitsprinzipien, wie das Prinzip der Anerkennung von Leistung oder der Vergabe von Ämtern nach Qualifikation, hinzu.

Die Gegenposition zum Egalitarismus, der *Nonegalitarismus*, bestreitet, dass
Gleichheit ein zentrales und unabgeleitetes Ziel von Gerechtigkeit darstellt. Einen bedeutenden abgeleiteten Wert kann der Nonegalitarismus Gleichheit jedoch
durchaus zugestehen. So betonen viele Nonegalitaristen, dass zum Beispiel aus
ihrer Forderung, allen Hungernden sei zu essen zu geben, Gleichheit als Nebenprodukt dieser Forderung folge. Nur gehe es ihnen bei dieser Forderung nicht
um Gleichheit, sondern um die Erfüllung eines absoluten oder nicht-komparativen Standards für alle (zu einem menschenwürdigen Leben gehört Nahrung,
niemand soll hungern müssen).

Es ist nicht einmal ausgemacht, dass eine nonegalitaristische Gerechtigkeits-
position im Endeffekt auf weniger Gleichheit hinausläuft als eine egalitaristische.
Man denke zum Beispiel an wirtschaftsliberale Interpretationen des Rawlsschen
Differenzprinzips, die im Namen von Effizienzsteigerung krasse Einkommens-
unterschiede rechtfertigen. Und man nehme zur Kenntnis, dass die Riege der
Egalitarismuskritiker nicht etwa – wie manchmal suggeriert wird (z. B. bei Tugendhat 1997a, S. 20, 1997b, S. 75/76 oder Weikard 1999, S. 71/72) – im wesentlichen aus rückwärtsgewandten Aristokraten, Rassisten und Sexisten oder aus
Rechtslibertären wie Robert Nozick besteht, sondern vor allem aus Philosophen
wie Michael Walzer, Charles Taylor, David Miller, Avishai Margalit, Joseph Raz,
Peter Westen, Wolfgang Kersting, Claudia Card, Harry Frankfurt, Bernard Williams, Thomas Scanlon und Elizabeth Anderson, die man beim besten Willen
nicht als hoffnungslos konservativ abtun kann.

Nennt man Gerechtigkeitstheorien, in denen Gleichheit als *Nebenprodukt*
von Gerechtigkeitsforderungen eine große Rolle spielt, „egalitär" und unterscheidet damit künstlich „*egalitäre*" Theorien von „*egalitaristischen*" Theorien (in
denen Gleichheit als *Ziel* von Gerechtigkeitsforderungen eine große Rolle
spielt), dann lässt sich das im letzten Abschnitt Behauptete auch so ausdrücken:
Nonegalitaristische Gerechtigkeitstheorien können durchaus egalitärer sein als
egalitaristische Theorien.

1.2 Beispiele egalitaristischer Zukunftsethik

Die egalitaristische Position in der Zukunftsethik fordert uns auf, Zukünftigen
eine Welt zu hinterlassen, in der sie uns in Sachen „unverdiente Lebensaussichten" mindestens gleichgestellt sind, „mindestens", da wir natürlich frei seien,
wenn wir dies denn alle wollten, Zukünftigen mehr zu hinterlassen. Vertreten
wird diese Position unter anderem von Gregory Kavka (1978), Annette Baier
(1984, S. 234-243), Brian Barry (1978, 1991b), Eric Rakowski (1991, Kap. 7),

Philippe Van Parijs (1995, S. 38-41, 1998, S. 294), Anton Leist (1996, S. 401-408) und Hans-Peter Weikard (1996, 1999).

So heißt es zum Beispiel in Kavkas frühem Artikel „The Futurity Problem", jede Generation müsse „leave the next generation at least as well off ... as it was left by its ancestors" (1978, S. 200). Brian Barry und Hans-Peter Weikard buchstabieren diesen Gedanken in der Sprache gleicher Optionen aus. Barry verlangt, dass „the overall range of opportunities open to successive generations should not be narrowed" (1978, S. 243). Weikard formuliert: „Intergenerationelle Gerechtigkeit bedeutet also, allen Individuen gleiche Wahlfreiheit zu gewähren, unabhängig davon zu welcher Generation ein Individuum gehört" (1999, S. 85).

Eric Rakowski und Philippe Van Parijs sagen dasselbe in der Sprache der Ressourcenegalitaristen. Rakowski bestimmt als Prima-facie-Grundprinzip intergenerationeller Gerechtigkeit:

> Everyone born into a society is entitled, at a minimum, to the same quantity of resources that all who participated in the original division of the communitiy's goods and land received. The fact that someone is a latecomer through no fault of his own should not reduce the size of his fair share. (1991, S. 150)

Allerdings setzt Rakowski sein Prima-facie-Prinzip sofort durch eine weitere Überlegung außer Kraft. Danach würden Kinder schließlich nicht von Störchen gebracht, sondern von eigenverantwortlichen Menschen in die Welt gesetzt, die niemand darum gebeten hätte, und die als Eltern den Hauptnutzen daraus einstrichen. Daraus folgert Rakowski, dass Nicht-Eltern ihren Anteil an unverdienten Ressourcen nicht mit den Kindern anderer teilen müssen. Eltern hätten allein für das Wohl ihrer Kinder aufzukommen.

Van Parijs hat wie die meisten anderen Zukunftsegalitaristen das Storchenproblem nicht und versteht intergenerationelle Gerechtigkeit im Sinne von Rakowskis Prima-facie-Grundprinzip als Forderung an jede Generation

> to make sure that the situation of the next generation – somehow measured, on a per-capita basis – is no worse than its own. ... the worst off should be as generously endowed with soioeconomic advantages, resources, opportunities, real freedom (or whatever other magnitude is chosen to express a person's situation) as is sustainably feasible across successive generations. (1999, S. 294)

Um einen solchen nachhaltig hohen Ressourcenanteil für alle zu sichern, den Van Parijs im wesentlichen in Form von Geld ausbezahlt sehen will (das ist seine bekannte Grundeinkommensforderung), sei insbesondere auf den Erhalt des produktiven Potentials einer Gesellschaft zu achten. Der Abbau und Verbrauch knapper natürlicher Ressourcen sei zu drosseln. Wo die Erschöpfung natürlicher Ressourcen unvermeidlich ist, sei sie durch technischen Fortschritt und/oder die Netto-Akkumulation von physischem oder humanen Kapital zu kompensieren (vgl. 1995, S. 39).

Dass auch Zukunftsethiker, die im Unterschied zu den bisher in diesem Abschnitt Aufgeführten nicht explizit ein egalitaristisches Grundprinzip vertreten mögen, dennoch oft auf einer egalitaristischen Basis operieren, zeigt sich in der sogenannten *Diskontierungsdebatte*. In dieser Debatte geht es um die Frage, ob die in ökonomischen Kosten-Nutzen-Analysen verbreitete Minderbewertung zukünftiger Güter gegenüber gleichartigen gegenwärtigen Gütern – ihre Abdiskontierung mit einer Diskontrate, die am Marktzins orientiert ist – moralisch akzeptabel ist oder nicht.

Hinter der ökonomischen Abdiskontierung zukünftiger Güter steht zunächst nur die einfache Überlegung, dass man zum Beispiel mit 100 DM heute x Flaschen Wein kaufen kann, legt man die 100 DM aber zinstragend an, kann man damit in 10 Jahren x+y Flaschen des gleichen Weins kaufen. Für das Gut „x Flaschen dieses Weines in 10 Jahren" braucht man also heute weniger Geld als für das Gut „x Flaschen dieses Weines heute". Die x Flaschen Wein verlieren in 10 Jahren an Wert.

Die einhellige philosophische Position zu der Frage nach der moralischen Akzeptabilität von Diskontierung ist, dass die unterschiedliche Plazierung eines Gutes in der Zeit – „other things being equal" – jedenfalls den *moralischen* Wert dieses Gutes nicht tangieren darf. (Ob die ökonomische Diskontrate tatsächlich den moralischen Wert von Gütern tangiert oder bloß (bestimmte) Güterpreise sinnvollerweise nach unten korrigiert, ist umstritten, vgl. Parfit/Cowen 1992, Broome 1994, Weikard 1999, Birnbacher 2001). Das negative Gut „tausend Todesfälle durch unsere Kernenergie heute" dürfe zum Beispiel nicht allein schon deswegen als moralisch schlimmer gelten als das negative Gut „tausend Todesfälle durch unsere Kernenergie in fünfhundert Jahren", weil letzteres später in der Zeit auftritt. Dieser Behauptung wird natürlich auch ein Nonegalitarist zustimmen. Denn die Verletzung des absoluten moralischen Standards der Sicherung des menschlichen Lebens kann nicht je nach Plazierung in der Zeit verschieden beurteilt werden. Ein Egalitarismus offenbart sich erst, wenn man den Übergang vollzieht von der These der zeitlichen Universalität moralischer Standards zu der moralischen Forderung, die unverdienten Lebensaussichten der Heutigen und die der Zukünftigen gleichermaßen zu befördern, in den moralischen Standard selbst also eine intrinsische Gleichheitsnorm einbaut. Diesen Übergang vollziehen nun aber viele Philosophen, die sich zu Diskontierung äußern (vgl. z.B. Parfit/Cowen 1992, S. 145, 159; Hampicke 1992, außerdem der bereits aufgeführte Weikard 1999).

Mit dem Vollzug dieses Übergangs liegt es nahe, auch jede Privilegierung eigener Interessen vor den Interessen anderer und jede Privilegierung der Interessen Nahestehender (der eigenen Kinder, Freunde oder Mitbürger) vor den Interessen Fremder als moralisch problematisch anzusehen. Denn auch diese Privilegierungen verstoßen gegen die Gleichheitsnorm. Wie insbesondere Birnbacher (1988) herausgearbeitet hat, sind es ohnehin – neben Problemen des Umgangs mit Risiken und Nichtwissen – vor allem die beiden zuletzt genannten Privilegierungen, die zur Minderschätzung der Interessen Zukünftiger führen, und nicht die rein zeitliche Privilegierung der gegenwärtigen Interessen vor zukünftigen. Dass man nun aber bei jedem Eis, das man dem eigenen Kind kauft, und bei jedem Buch, das man seinem Freund schenkt, zumindest ein schlechtes Gewissen haben sollte, da viele Kinder auf der Welt ohne Eis auskommen müssen, und viele Menschen ohne Freunde und Bücher, geht denn doch den meisten Philosophen wiederum zu weit und darum erlauben sie dann doch Diskontierung „for degrees of kinship" (vgl. z.B. Parfit/Cowen 1992, S. 150 und De Shalit 1995, S. 130). Wie man aber Diskontierung „for degrees of kinship" in Einklang bringen können soll mit der intrinsischen Gleichheitsnorm ist eine schwierige Frage. Um diese Frage ist in den letzten Jahren nicht nur in der Zukunftsethik, sondern auch in der Ethik spezieller (persönlicher bis hin zu nationaler) Bindungen eine rege Diskussion entflammt (vgl. z.B. Scheffler 1994 und Velleman 1999).

Der Nonegalitarismus betrachtet diese ganze Diskussion aus einem anderen Blickwinkel: Er verlangt Gleichheit nur als Nebenprodukt der Gewährung einer Schwelle menschenwürdiger Lebensbedingungen für alle. Ungleichheiten oberhalb dieser Schwelle geraten dadurch im Nonegalitarismus nicht automatisch unter Rechtfertigungszwang.

Dies beschließt meinen Versuch, die Dominanz egalitaristischer Gerechtigkeitsvorstellungen in der Zukunftsethik zu belegen. Nicht bestreiten möchte ich natürlich, dass es neben dem egalitaristischen Mainstream durchaus andere Positionen gibt, wie den Progressivismus, wonach jede Generation der Generation nach ihr mehr hinterlassen muss, als sie selbst erhalten hat (vgl. z.B. die Ansätze von Rawls 1971, § 44/45 und Gauthier 1986, S. 298-305, sowie die Kritik dieser Ansätze bei Barry 1978, 1989, S. 385-401; Birnbacher 1977, 1988, S. 125-131; Rakowski 1991, Kap. 7 und De Shalit 1995, Kap. 4) und auch nicht-komparative Positionen (vgl. z.B. den utilitaristischen Ansatz von Birnbacher 1988, den Basic-Human-Rights-Ansatz von Kloepfer 1993 und Meyer 1996 oder den metaphysischen Ansatz von Jonas 1979, für einen neueren Überblick über die verschiedenen zukunftsethischen Ansätze vgl. Unnerstall 1999).

2. Warum eigentlich Gleichheit?
Die Kritik am Egalitarismus

Im zweiten Teils dieses Artikels soll es um die Frage gehen, ob Gerechtigkeit wesentlich als Gleichheit zu begreifen ist, Gleichheit also ein zentraler und unabgeleiteter moralischer Wert zukommt. Die Neuheit der Fragestellung „Warum eigentlich Gleichheit?" („Why Equality?") bedingt, dass noch keine Übersicht über die Argumente auf beiden Seiten herrscht. Der folgende Versuch einer Ordnung der wesentlichen Argumente gegen den Egalitarismus hat damit noch tastenden Charakter.

Vier Typen von Egalitarismuskritik lassen sich unterscheiden:
1. der Einwand der Verwechslung von „Gleichheit" mit „Allgemeinheit" beziehungsweise von „Gleichheit als Ziel" der Gerechtigkeit mit „*Gleichheit als Nebenprodukt*" allgemeiner Gerechtigkeitsforderungen,

2. der Vorwurf der *Inhumanität*,

3. der Vorwurf der Unterschätzung der *Komplexität* unserer Gerechtigkeitskultur und

4. der Einwand der *Nichtrealisierbarkeit*.

Egalitaristische Gerechtigkeitstheorien sind je nach den Feinheiten ihrer Ausgestaltung verschieden anfällig für diese diversen Einwände. Die Hauptzielscheibe der Egalitarismuskritik ist der Glücksegalitarismus. Die auf Kooperationsteilnehmer und Kooperationsfrüchte beschränkte kontraktualistische Alternative steht aufgrund ihrer notorischen Schwierigkeiten mit Fragen der Gerechtigkeit gegenüber Schwerbehinderten, Arbeitsverweigerern, Kindern, Tieren und, im zukunftsethischen Kontext besonders gravierend, zukünftigen Generationen an Attraktivität weit hinter dem Glücksegalitarismus zurück. Die folgende Präsentation der Argumente gegen den Egalitarismus konzentriert sich daher auf die glücksegalitaristische Standardform und kann auch auf andere Feinheiten egalitaristischer Theorien nur am Rande eingehen.

2.1 Gleichheit nur als Nebenprodukt

Der erste und wohl entscheidende Einwand gegen den Egalitarismus besagt, dass zumindest die besonders wichtigen, elementaren Standards der Gerechtigkeit nicht-relationaler Art sind und Gleichheit nur als Nebenprodukt ihrer Erfüllung mit sich führen. Gleichheit kann daher als Ziel von Gerechtigkeit nicht so wesentlich sein, wie der Egalitarismus glaubt. Dieser Nebenprodukteinwand wird unter anderem von Joseph Raz (1986, S. 218-221, 227-229), Harry Frankfurt (1987, S. 32-34, 1997, S. 7, 11) und Peter Westen (1990, S. 71-74) erhoben.

Die elementaren Standards der Gerechtigkeit garantieren allen Menschen *menschenwürdige Lebensbedingungen*. Sie verlangen etwa, dass jeder Mensch Zugang zu Nahrung, Obdach und medizinischer Grundversorgung haben muss. Sie fordern, dass in jedem menschlichen Leben Raum für private wie politische Autonomie, Besonderung und persönliche Nahbeziehungen sein soll. Sie verlangen, dass jeder Mensch sich in seiner Gesellschaft zugehörig, als „einer von uns", fühlen können soll. Diese Standards geben *absolute Schwellenwerte* vor, die allerdings noch kulturspezifisch zu konkretisieren sind. So führt zum Beispiel die kulturspezifische Konkretisierung des Rechtes auf soziale Zugehörigkeit in Arbeitsgesellschaften, und nur in diesen, zu einem Recht auf Arbeit.

Wenn nun ein Mensch unter Hunger oder Krankheit leidet, ist ihm zu helfen, weil Hunger und Krankheit für jeden Menschen schreckliche Zustände sind, und *nicht deswegen, weil es anderen schließlich besser* geht als ihm. Ob andere Menschen auch unter Hunger oder Krankheit leiden, ist für die Frage, was man diesem einen Menschen schuldet, zunächst einmal nicht von Belang. Das Übel des Hungers und der Krankheit sagt einem vielmehr direkt, was man zu tun hat. Man muss sich nicht erst umsehen und vergleichen. In den Worten von Harry Frankfurt:

Surely what is of genuine moral concern is not formal but substantive. It is whether people have good lives, and not how their lives compare with the lives of others. (1997, S. 6)

Die Gleichheitsrelation, die sich einstellt, wenn allen Hilfsbedürftigen geholfen ist und alle tatsächlich menschenwürdig leben können, ist nichts als das *Nebenprodukt* der Erfüllung der absoluten Gerechtigkeitsstandards *für alle*. *Gleichheit sitzt hier auf Allgemeinheit auf.* Die Gleichheitsterminologie ist redundant. Es geht nichts verloren, wenn man anstelle von: „Alle Menschen sollen gleichermaßen genug zu essen haben." einfach nur sagt: „Alle Menschen sollen genug zu essen haben." (Das „gleichermaßen" mag allenfalls, wie Raz betont (1986, S. 220), mitunter hervorheben, dass Hungerleiden und Kranksein die einzig relevante Grundlage für den Anspruch auf Nahrung und medizinische Grundversorgung ist und daher jede Diskriminierung unter Hungernden und Kranken, etwa die Einteilung in Bürger erster und zweiter Klasse, in Sachen Nahrung und medizinischer Grundversorgung einer moralischen Grundlage entbehrt. Das „Gleichermaßen" hätte hier die Funktion, die Abgeschlossenheit der Begründung zu signalisieren. Raz nennt deswegen Prinzipien, in denen „gleichermaßen" in dieser Funktion auftritt, „Abschlussprinzipien" („closure principles").)

Bei relationalen Standards ist die Gleichheitsterminologie dagegen nicht redundant. Wenn zum Beispiel alle Kinder ein gleich großes Stück Kuchen erhalten sollen, geht es gerade darum, dass alle Kinder in der relevanten Hinsicht, der Kuchengröße, gleich gut abschneiden sollen. Relationale Standards zielen auf Gleichheit. Sie funktionieren wie eine Balkenwaage, die nur messen soll, ob die betrachteten Objekte gleich schwer sind, aber nicht, wie schwer jedes für sich genommen ist. Absolute Standards funktionieren dagegen wie eine Dezimalwaage, die messen soll, ob jedes Objekt einen bestimmten Messwert, ein Kilogramm zum Beispiel, erreicht. Indem der Egalitarismus Gerechtigkeit wesentlich relational, als Gleichheit in unverdienten Lebensaussichten, begreift, verfehlt er die Natur elementarer Gerechtigkeitsansprüche. Menschenwürde ist ein absoluter Begriff.

Auch in *Mangelsituationen*, wo nicht allen ein menschenwürdiges Leben ermöglicht werden kann, geben die absoluten Gerechtigkeitsstandards selbst eine Verteilung vor: Je weiter ein Mensch von dem eigentlich gebotenen Niveau entfernt ist, desto dringlicher ist (in der Regel) sein Anspruch auf Hilfe. Die Bedürftigeren haben damit Vorrang. In Mangelsituationen muss man sich also doch, bevor man handelt, umsehen und vergleichen. Aber dieser Vergleich ist den Gerechtigkeitsstandards nachgeordnet, er findet nur auf der Ebene ihrer Umsetzung statt. Die Standards selbst kommen ohne Vergleich aus und bestimmen für Mangelsituationen die Reihenfolge der Hilfe. Der Vergleich dient nur dazu festzustellen, wer wo in der Reihenfolge steht. Mit Joseph Raz gesprochen, sind diese Standards nicht nur „erfüllbar" („satiable", 1986, S. 235), geben sättigbare Schwellenwerte vor, sondern auch „abnehmend" („dininishing", S. 236), geben eine Reihenfolge der Dringlichkeit vor. Dass Gleichbedürftige gleich viel Hilfe

erhalten sollen, ist wieder nichts als ein Nebenprodukt absoluter Gerechtigkeitsstandards.

In Reaktion auf den Nebenprodukteinwand mögen manche Egalitaristen,
Thomas Nagel (1997) ist ein prominentes Beispiel, bekennen, dass sie in dem
Sinn dann wirklich keine Egalitaristen sind und den Verdacht von Jan Narveson
bestätigen, „that most who profess egalitarianism are really safety-netters at
heart" (1998, S. 80).

Andere Egalitaristen mögen sich mit ihren egalitaristischen Intuitionen aus
dem elementaren Bereich auf den Surplus-Bereich zurückziehen und eine Art
„Schrumpfegalitarismus" vertreten. Im Unterschied zum Standardegalitarismus
arbeitet der Schrumpfegalitarismus mit absoluten, humanitären Prinzipien im
elementaren Bereich und vertritt ein flächendeckendes Gleichheitsprinzip nur
noch für den Bereich oberhalb des humanitären Sockels.

Was Egalitaristen nach dem Nebenprodukteinwand jedenfalls nicht mehr
tun können, ist die Gegenseite einfach als „Egalitaristen der Menschenwürde
oder des guten Lebens" *eingemeinden"* und die „Why-Equality?" -Debatte für
unnötig erklären. Die „Eingemeindungs" – oder „Umarmungsstrategie" war bisher allerdings die Lieblingsstrategie der Egalitaristen im Umgang mit Kritik an
ihrem egalitaristischen Grundprinzip (vgl. Dworkin 1987, S. 7-12; Kymlicka
1990, S. 4/5; Sen 1992, S. 12-16; Tugendhat 1997a, b).

Das heißt dann aber auch, dass die Begründung eines Schrumpfegalitarismus, als verbleibender egalitaristischer Rückzugsposition, kein Kapital mehr daraus schlagen kann, dass „wir" im elementaren Bereich doch eigentlich alle für
Gleichheit, also Egalitaristen, seien und konsequenterweise dann das Gleichheitsprinzip auch im Surplus-Bereich vertreten sollten.

Der Egalitarismus gewinnt seine Plausibilität vor allem aus der Ungerechtigkeit der Verletzung menschenwürdiger Lebensbedingungen, die er als Ungleichheiten beschreibt. Wie kann es gerecht sein, fragt der Egalitarist, wenn die einen
hungern müssen und die anderen Austern und Champagner schlürfen? Gerechtigkeit muss Gleichheit unter den Menschen schaffen. – Identifiziert man jedoch
die vorliegende Ungerechtigkeit richtig, nämlich als Verletzung elementarer, absoluter Gerechtigkeitsstandards, dann verliert der Egalitarismus auch „weiter
oben", im Surplus-Bereich, an Plausibilität. Er kann, bildlich gesprochen, auf
dem Sockel nicht mehr Fuß fassen und sich abstoßen und hat dann keinen
Schwung im Surplus-Bereich. Den hätte er aber bitter nötig. Denn im Surplus-
Bereich konkurriert das Gleichheitsprinzip, anders als im Sockel-Breich, gegen
eine Fülle fest etablierter Gerechtigkeitsstandards, die *Ungleich*verteilung verlangen (z. B. Verteilung nach Verdienst, freiem Tausch, Qualifikation etc.). Zum
Schrumpfegalitarismus werden wir unter 2.3, dem Vorwurf der Verkennung der
Komplexität unserer Gerechtigkeitskultur, zurückkehren.

2.2 Inhumanität

Der zweite Typus von Egalitarismuskritik behauptet, dass entgegen dem, was man von einer normativ so starken Theorie wie dem Egalitarismus erwarten würde, der Egalitarismus oft nicht einmal die Bedingungen eines menschenwürdigen Lebens für alle sichern kann: Menschen, die an ihrem Elend *selbst schuld* sind, werden in ihrem Elend allein gelassen (a). Menschen, die an ihrem Elend nicht selbst schuld sind, sondern zum Beispiel an einer angeborenen Behinderung leiden, werden aus falschen, relationalen Gründen unterstützt: aus herablassendem Mitleid anstatt aus menschlichem Mitgefühl, und dadurch *stigmatisiert* (b). In welche Kategorie ein Elend gehört, entscheidet und überprüft der Staat. Damit *entmündigt* er seine Bürger und verletzt ihre Privatsphäre (c). Diese Vorwürfe der Inhumanität hat besonders kraftvoll Elizabeth Anderson in ihrem *Ethics*-Artikel „What Is the Point of Equality?" (1999) erhoben.

a) „Selber schuld"

Der Egalitarismus in seiner Standardform will nur unverdiente Lebensaussichten egalisieren, für die Folgen ihrer Entscheidungen sollen die Menschen selbst einstehen. Dies bedeutet, streng genommen, dass Menschen, die in Folge ihrer eigenen Entscheidungen in Not geraten, keinen Gerechtigkeitsanspruch auf Unterstützung haben. Der unversicherte Autofahrer, der fahrlässig einen Unfall verursacht und dabei schwer verletzt wird, muss demnach die Kosten von Krankenhaus, Arbeitsunfähigkeit etc. selbst tragen. Kann er das nicht, hat er Pech gehabt. Genauso der Arbeiter, der für ein bisschen mehr Geld eine gefährliche Arbeit annimmt und krank wird. Solch inhumanen Konsequenzen kann der Egalitarismus entgehen, indem er garantierte absolute Minimalstandards für alle einführt. Dann steht er aber schon mit einem Fuß in der Tür zum Nonegalitarismus (zum „Selber schuld" -Einwand vgl. Anderson 1999, S. 295-302; Barry 1991a, S. 149; Macleod 1998, S. 75/76).

b) Stigmatisierung

Menschen, die ohne eigene Schuld in Not geraten, können sich dagegen der Unterstützung durch die Egalitaristen sicher sein. Doch hilft der Egalitarismus diesen Opfern „reinen Pechs" („bad brute luck"), im Unterschied zu den Opfern „kalkulierten Pechs" („bad option luck", vgl. Dworkin 1981, S. 293), wie dem fahrlässigen, unversicherten Autofahrer aus dem letzten Abschnitt, aus falschen und letztlich stigmatisierenden Gründen. Er hilft ihnen, weil sie schlecht*er* dran sind als die anderen und nicht weil sie schlecht dran sind. Anstatt an die uns allen vertraute intrinsisch negative Qualität von Krankheit oder Vereinsamung zu appellieren, richtet der Egalitarismus den Blick auf die Unterschiede zwischen den Menschen. Nicht menschliches Mitgefühl, sondern herablassendes Mitleid steht als treibende Kraft hinter egalitaristischen Hilfsleistungen. Der Erhalt einer solchen Hilfsleistung läuft damit auf eine offizielle Bescheinigung von Minderwertigkeit hinaus. Elizabeth Anderson sieht im Egalitarismus die Logik des Elizabethanischen Armenrechts am Werke. Nach diesem „poor law thinking" könnten Bürger nur dann staatliche Hilfe in Anspruch nehmen, wenn sie ihren minderwertigen Status anerkennen. Auch auf den Stigmatisierungsvorwurf kann der Egalitarismus über die Garantie eines absoluten Minimums, diesmal an sozialer Anerkennung, für alle reagieren. Und wieder gilt: Mit einem solchen „absoluten Anbau" ist ein wesentlicher Schritt hin zum Nonegalitarismus getan (zum Stigmatisierungsvorwurf vgl. Anderson 1999, S. 302-307; Macleod 1998, S. 106-108).

c) Entmündigung

Im egalitaristischen Regime bedarf es einer Instanz, typischerweise ist es der Staat, die entscheidet und feststellt, in welche Kategorie eine Notlage gehört, in die Kategorie a) selbstverschuldet oder b) unverdient. Damit maßen sich staatliche Bürokratien prekäre Urteile an, die jeder Bürger für sich fällen muss, und dringen außerdem, um überhaupt an die relevanten Informationen heranzukommen, in die Privatsphäre der Bürger ein.

Elizabeth Anderson macht diesen klassisch liberalen Vorwurf der Entmündigung am Beispiel eines lungenkrebskranken Rauchers deutlich. Um festzustellen, ob ein Raucher, der mit dem Rauchen im Krieg begonnen hat, auf Staatskosten eine Lungenkrebsbehandlung erhalten soll, müssten Bürokraten beurteilen, ob er angesichts des sozialen Drucks, dem er von Seiten seiner Kameraden und Vorgesetzten in der Armee ausgesetzt war, angesichts der angstmindernden Wirkung des Rauchens in extrem belastenden Kampfsituationen und angesichts der Möglichkeiten, die ihm angeboten wurden, sich das Rauchen nach dem Krieg abzugewöhnen usw., eine größere Entschiedenheit gegen das Rauchen hätte an den Tag legen müssen. Um Anspruch auf eine bestimmte, wichtige Leistung zu erhalten, müssten sich Menschen der Beurteilung anderer unterwerfen, wie sie ihre Chancen hätten nutzen sollen, statt ihrem eigenen Urteil zu vertrauen. Auch auf diesen Einwand kann der Egalitarismus über die Garantie eines Mindestmaßes an Autonomie und Privatheit für alle reagieren. Und wiederum bewegte er sich damit auf eine nonegalitaristische Gerechtigkeitstheorie zu (zum Entmündigungseinwand vgl. Anderson 1999, S. 310; Chwaszcza 2000, S. 189/190; Kersting 2000, S. 224/225, 242; auch schon Hayek 1960, Kap. 6, S. 85-102 sowie Flew 1983, S. 160-163).

2.3 Verkennung von Komplexität

Die dritte Form von Egalitarismuskritik wirft dem Egalitarismus die Unterschätzung der Komplexität unserer Gerechtigkeitskultur vor. Neben dem im elementaren Bereich dominanten Bedürfnisprinzip operieren wir zum Beispiel mit dem Verdienstprinzip der Anerkennung hervorragender Leistungen, dem Prinzip des freien Tausches zum gegenseitigen Nutzen oder dem Prinzip der Vergabe von Ämtern und politischen Machtpositionen nach Qualifikation. Angesichts dieser Fülle an Gerechtigkeitsgesichtspunkten stellt sich der Egalitarismus mit seiner Ausrichtung auf Gleichheit als falscher Monismus dar. Der Komplexitätseinwand ist am überzeugendsten von Michael Walzer in seiner Sphärentheorie der Gerechtigkeit (1983) vorgetragen worden.

Die Vielfalt der Gerechtigkeitsgesichtspunkte, die wir bei der Verteilung *so verschiedener Güter und Lasten* wie Spendernieren, Militärdienst, Studienplätzen, Sperma zur künstlichen Befruchtung, Kinder zur Adoption, Staatsbürgerschaft, Gefängnisstrafen, Entlassung aus der Arbeit, Nobelpreise, Präsidentschaften oder Universitätsprofessuren anwenden, ist kaum überschaubar. Jon Elster, der sich in seinem *„Local Justice Project"* zusammen mit seinen Mitarbeitern die Mühe gemacht hat, die Allokationsstandards von Institutionen in verschiedenen Ländern zu untersuchen, berichtet über eine „bewildering surface variety of local justice phenomena" ohne „underlying principles that would bestow intelligibility on them all" (1992, S. vii). Lokale Gerechtigkeit sei „above all a very messy business" (S. 15).

Sicher lassen sich aus dieser Vielfalt an Gerechtigkeitsstandards einige besonders wichtige herausstellen: Grundbedürfnisse wie das Bedürfnis nach Nahrung, Obdach, Hilfe bei Krankheit, menschlicher Nähe, sozialer Zugehörigkeit oder Individualität sollte jeder Mensch befriedigen können; auch private und politische Autonomie sollte jeder ausüben können; hervorragende Leistungen für die Allgemeinheit verdienen besondere Anerkennung, Verbrechen dagegen negative Anerkennung, also Bestrafung; Wohlstandsgüter sollte man frei tauschen dürfen, auch Zuneigung und Liebe sollte man frei vergeben dürfen; besonderer politischer Einfluss steht denen zu, die große Visionen haben und in der Führung anderer geschickt sind; auch nichtpolitische Ämter sollten nach Qualifikation verteilt werden, Studienplätze nach Begabung und Engagement; Wiedergutmachung sollte erhalten, wem Unrecht widerfahren ist; Kompensation, wer besonderen Härten, etwa gefährlicher Arbeit, ausgesetzt ist usw. (vgl. zur Vielfalt der Gerechtigkeitsgesichtspunkte neben Walzer und Elster, del Vecchio 1950, S. 122/123; Rescher 1966, Kap. 4, S. 73-83; Feinberg 1973, S. 119; Williams 1973; Miller 1976, 1999, insbes. Kap. 1 und 2, S. 1-41; Finnis 1980, S. 174/175; Lucas 1983, 1997; Kersting 2000).

Viele dieser Standards mögen universaler Art sein und in so gut wie allen Kulturen zumindest latent ihre Kraft entfalten. Andere mögen kulturspezifisch sein. Zur universalen Vielfalt der Gerechtigkeitsgesichtspunkte tritt damit, wie insbesondere Michael Walzer und Charles Taylor (1985) betonen, eine *kulturelle*

Vielfalt. Was die Komplexität unserer Gerechtigkeitskultur noch weiter erhöht, ist die häufige Überlagerung verschiedener Gerechtigkeitsgesichtspunkte und die dadurch nötige Abwägung.

Joel Feinberg (1963, S. 89-91) hat die *Überschneidungs- und Abwägungsproblematik* an einem Beispielfall im Stile Charles Percey Snows illustriert: Zwei Kandidaten konkurrieren um die Position des Masters in einem College in Cambridge. Für Kandidat A spricht, dass er der Qualifiziertere ist, er hat einen guten Draht zur Verwaltung, ist ein Arbeitstier, ein geschickter „money-raiser" und ein kühler Kopf. Kandidat B ist dagegen nicht mehr auf der Höhe seiner Fähigkeiten. Aufgrund seiner bisherigen wissenschaftlichen Leistung genießt er aber ein hohes Ansehen und ist auch ansonsten beliebter als Kandidat A. Nach dem Qualifikationsstandard verdiente also A die Stelle, nach dem Verdienstprinzip B. Die Anhänger von A machen nun geltend, dass A sich in der Vergangenheit für das Wohl des College eingesetzt hat, Gelder eingeworben hat und alle Fellows ihm eine Erhöhung ihrer Gehälter verdanken. Diesen Appell an Dankbarkeit kontern die Anhänger von B mit einem Appell an das Prinzip der Wiedergutmachung von Unrecht: B hatte sich nämlich vor 20 Jahren schon einmal um den Masterposten beworben und wurde damals, wie man inzwischen weiß, zu Unrecht übergangen. Daraufhin führen die Anhänger von A an, A habe sich bei seinem Einsatz für das College die Gesundheit ruiniert und verdiene dafür Kompensation. Schließlich entdeckt ein Anhänger von B, dass B damals vor 20 Jahren der Posten formal versprochen worden war, oder er entdeckt eine längst vergessene Regel, die verlangt, dass jeder soundsovielte Master ein Insektenforscher sein muss, und jetzt ist ein Insektenforscher dran, und B ist der einzige Insektenforscher im College. Trifft dann last not least ein Telegramm eines texanischen Ölmagnaten ein, das dem College bei der Wahl von A (und ohne weitere Bedingungen zu stellen) eine Spende von einer Million Pfund in Aussicht stellt, dann sind die Gerechtigkeitsprinzipien der Qualifikation, des Verdienstes, der Dankbarkeit, der Wiedergutmachung von Unrecht, der Kompensation besonderer Härten und der formalen Berechtigung nicht nur gegeneinander, sondern auch noch gegen das Nutzenprinzip abzuwägen.

Unsere Gerechtigkeitskultur ist damit „so kompliziert wie das Leben selbst". Der Glaube, man könne diese Kultur im wesentlichen über ein oder zwei Prinzipien, das Gleichheitsprinzip in Kombination mit dem Prinzip der Wohlfahrtssteigerung, einfangen, zeugt von der Philosophenkrankheit der theorieverliebten Überheblichkeit gegenüber der Wirklichkeit. Die Egalitaristen sind zu sehr *„Freunde einfacher Verhältnisse"*, um der Komplexität unserer Gerechtigkeitskultur gerecht zu werden.

Könnten alle Menschen menschenwürdig leben und würden die Gerechtigkeitsstandards des Verdienstes, der Qualifikation, der Tauschfreiheit etc. nicht andauernd durch Übergriffe mächtiger Gruppen verletzt, sondern eingehalten, mit der Folge, dass nicht überall dieselben Leute reüssierten, sondern immer andere, dann müsste man sich auch nicht mehr daran stören, dass Gerechtigkeitsstandards wie das Verdienstprinzip oder das Tauschprinzip nolens volens Unverdientes mitbelohnen. Zum Nobelpreisträger kann nun einmal nur jemand avancieren, dem die Natur eine überdurchschnittliche Begabung geschenkt hat. Aber was soll's? Gönnen wir ihr den Nobelpreis, für das Großartige, was sie daraus gemacht hat!

Viele egalitaristische Theorien sind allerdings nicht gar so monistisch wie der Komplexitätseinwand unterstellt und erkennen weitere Gerechtigkeitsgesichtspunkte an. Sie vertreten nicht einmal für den Surplus-Bereich ein flächendeckendes Gleichheitsprinzip, sondern akzeptieren die Hoheit weiterer Prinzipien wie dem Verdienstprinzip oder dem Qualifikationsprinzip (vgl. hierzu die unter Egalitaristen üblichen Listen von Gerechtigkeitsgesichtspunkten neben dem Gleichheitsprinzip bei Honoré 1962, S. 78/79; Frankena 1962, S. 13; Tugendhat 1997a, S. 11/12, 1997b, S. 66; Gosepath 1998, S. 177; Koller 2000, S. 124, 132/133). Je mehr solcher Zusatzprinzipien sie jedoch akzeptieren, desto marginaler wird die Rolle des Gleichheitsprinzips in ihren Theorien. Eine Gerechtigkeitstheorie, die nur noch unter *„ferner liefen"* mit einem Gleichheitsprinzip operiert, verdient den Titel „Egalitarismus" nicht mehr. Sie kann nicht einmal mehr als „Schrumpfegalitarismus" bezeichnet werden. Denn „Egalitarismus" steht für eine Auffassung von Gerechtigkeit, die Gleichheit als ein zentrales Ziel der Gerechtigkeit ansieht.

Aber zielen denn nicht Prinzipien wie das Verdienst- oder das Qualifikationsprinzip zumindest auf *proportionale Gleichheit*? Und wäre Gerechtigkeit im Surplus-Bereich dann nicht zumindest in diesem Sinne egalitaristisch? Gesichtspunkte proportionaler Gleichheit mögen in der Tat im Surplus-Bereich eine eigene Kraft entfalten. Falls sie das tun, tun sie es aber nur Seite an Seite mit absoluten Gesichtspunkten. Steht zum Beispiel in einem Land auf den Diebstahl eines Laibes Brot die Todesstrafe, dann ist dieses Strafmaß allein schon absolut gesehen zu hoch und damit ungerecht (vgl. Hart 1965, S. 160; Feinberg 1974; Miller 1999, S. 154). Auch ein Schrumpfegalitarismus proportionaler Machart ist damit nicht plausibel.

2.4 Nichtrealisierbarkeit

Die vierte Gruppe pragmatischer Bedenken gegen den Egalitarismus bezweifelt schließlich, dass der Egalitarismus, selbst wenn er in abstracto Gerechtigkeit richtig bestimmte, in concreto überhaupt umsetzbar ist. Das wiederum von Michael Walzer am klarsichtigsten artikulierte Hauptbedenken ist, dass der Egalitarismus mit seinen Egalisierungsversuchen den sich reaktiv auf immer neue Güter verlagernden Ungleichheiten (zum Beispiel von Adel auf Geld, von Geld auf Wissen) stets nur hinterherhinkte, sein ganzes Trachten nach Gleichheit zu nichts als einem *„Verschiebebahnhof" für Ungleichheiten* führte. Michael Walzer pointiert:

We will mobilize power to check monopoly, then look for some way of checking the power we have mobilized. But there is no way that doesn't open opportunities for strategically placed men and women to seize and exploit important social goods. (1983, S. 16)

Ein zweites, insbesondere von Bernard Williams vorgebrachtes pragmatisches Argument warnt davor, die Grundfeste der politisch seit jeher umstrittenen Gerechtigkeit auf einen *metaphysisch so wackligen Boden wie Willensfreiheit* zu gründen. Bernard Williams schreibt:

Why is it not a matter of brute luck what people can control and influence – what, indeed, they can get themselves to control and influence? It cannot be a good idea that basic political values, which have to stand up to very rough treatment, should be so metaphysically sensitive. (1997, S.52)

Als Fazit dieses Durchgangs durch die vier Hauptargumente gegen den Egalitarismus, den Nebenprodukteinwand, den Inhumanitätsvorwurf, den Vorwurf der Unterschätzung von Komplexität und endlich den Einwand der Nichtmachbarkeit ergibt sich, dass der Egalitarismus trotz seiner intuitiven Plausibilität keine vertretbare Gerechtigkeitskonzeption darstellt.

3. Zukunftsethischer Nonegalitarismus: Dimensionen menschlicher Angewiesenheit auf Natur

Der Nonegalitarismus misst Gleichheit keinen zentralen Wert an sich zu. Er versteht Gerechtigkeit vielmehr wesentlich über absolute Standards. Je nachdem, welche absoluten Standards das sind, ergeben sich verschiedene Varianten der nonegalitaristischen Gerechtigkeitskonzeption. Es gibt nicht nur eine Alternative zum Egalitarismus, es gibt ihrer viele.

So stellt zum Beispiel der *Libertarianismus* Robert Nozicks (1974) eine nonegalitaristische Gerechtigkeitskonzeption dar. Nozick will die *negative Freiheit* aller schützen. Niemand darf seines Lebens, seiner Gesundheit, seiner Freiheit oder seines Eigentums beraubt werden. Einen Staat, der über die Garantie dieser minimalen Abwehrrechte hinausgeht, begreift Nozick als Unrechtsstaat.

Die Autoren der neuen Egalitarismuskritik geben sich mit solch minimalen absoluten Standards nicht zufrieden. Die Vision der gerechten Gesellschaft, die sie dem Egalitarismus gegenüberstellen, ist weit attraktiver als der Nozicksche Libertarianismus. Bei den neuen Nonegalitaristen hat der Staat nicht nur die negative Freiheit aller zu schützen. Er hat auch dafür zu sorgen, dass niemand unter elenden Umständen existieren muss. Jeder muss Zugang zu Nahrung, Obdach, medizinischer Grundversorgung, persönlichen Nahbeziehungen, sozialer Zugehörigkeit, Differenz und privater wie politischer Autonomie haben. Allen muss ein menschenwürdiges Leben effektiv ermöglicht werden.

Im nonegalitaristischen *Humanismus* weitet sich damit der Fokus von negativer Freiheit auf *Menschenwürde*. Gerechtigkeit muss jedoch im Humanismus nicht einfach mit der unbedingten Garantie eines humanitären Sockels für alle zusammenfallen. Dem Sockel nachgeordnet können vielmehr diverse Verteilungsprinzipien rangieren, wie das Verdienstprinzip, das Qualifikationsprinzip oder das Prinzip der Tauschfreiheit. Die derzeit bekanntesten humanistischen Gerechtigkeitstheorien dürften Martha Nussbaums „aristotelischer Essentialismus" (1992) und Avishai Margalits „Politik der Würde" (1996) sein.

Aufgrund der Distanz zwischen uns und der Zukunft sind die meisten Verteilungsprinzipien aus dem komplexen Geflecht unserer Gerechtigkeitskultur in der Zukunftsethik nicht einschlägig. Zukünftige haben z. B. noch keine hervorragenden Leistungen oder Opfer erbracht, die wir zu würdigen hätten. Daher kann sich der zukunftsethische Humansimus im wesentlichen auf die absolute Grundforderung beschränken, dass wir den Zukünftigen genug zum menschen- bzw. tierwürdigen Leben hinterlassen sollten. Ob dieses Genug, komparativ gesprochen, auf mehr oder weniger hinausläuft, als wir selbst unverdientermaßen erhalten haben, oder auf gleichviel, hängt davon ab, wie unsere gegenwärtige Situation zu beurteilen ist.

Drei Fälle sind zu unterscheiden:

1. wir leben gegenwärtig in einer Welt, in der alle menschen- bzw. tierwürdig leben oder zumindest leben könnten, würden die moralisch angezeigten Umverteilungen, insbesondere die von den reichen auf die armen Länder, nur vollzogen,

2. wir leben gegenwärtig in einer Welt, die es selbst nach den moralisch angezeigten Umverteilungen nicht schafft, allen den Zugang zu einem menschen- bzw. tierwürdigen Leben zu garantieren, und schließlich

3. wir leben gegenwärtig in einer Welt, in der nicht nur alle menschen- bzw. tierwürdig leben oder nach den moralisch angezeigten Umverteilungen zumindest leben könnten, sondern in der außerdem zumindest in einigen Ländern Überfluss herrscht.

Im Fall 1 (gegenwärtig menschenwürdiger Bedingungen) verlangte der zukunftsethische Humanismus kontingenterweise ungefähr dasselbe Maß an Zukunftsvorsorge wie der Egalitarismus, nämlich dass wir Zukünftigen *genauso viel* hinterlassen müssen, wie wir selbst erhalten haben. Im Fall 2 (gegenwärtig menschenunwürdiger Bedingungen) verlangte der zukunftsethische Humansimus zwar, getreu dem Brechtschen Motto: „Erst kommt das Fressen, dann kommt die Moral!", von jetzt unter dem menschenwürdigen Niveau lebenden Menschen nicht, dass sie, wo sie dies noch weiter herunterdrückte, Zukünftigen *mehr* hinterlassen müssen, als sie selbst erhalten haben, aber er stellt es als Orientierung für das eigentlich moralisch Wünschenswerte in den Raum. Im Fall 3 (des Überflusses) erlaubte der zukunftsethische Humanismus, dass wir Zukünftigen *weniger* hinterlassen, als wir selbst erhalten haben, und uns ein schönes Leben machen. Er erlaubt es, aber er schreibt es natürlich nicht als *die* moralische Option vor. Länder mit ausgeprägtem nationalen Bewusstsein oder einer Tradition der Naturverbundenheit mögen zum Beispiel besonders viel für ihre zukünftigen

Bürger tun wollen. Die Bürger anderer Länder mögen es vorziehen, das Hier und Jetzt auszukosten.

Aber disqualifiziert diese letzte Möglichkeit, wonach die Gegenwärtigen den vorgefundenen Reichtum auf Kosten der Zukünftigen einfach „verprassen" dürfen sollen, nicht die nonegalitaristische Zukunftsethik? Ich denke nicht. Zumal eine Gleichverteilung des Überflusses auf alle zukünftigen Generationen – eine voraussichtlich zwar nicht unendliche, aber doch sehr große Anzahl – nach den Regeln der Infinitesimalrechnung einen gegen Null gehenden Anteil für jede einzelne Generation ergäbe. Wäre es da nicht besser, wenigstens einige, zum Beispiel wir, hätten etwas von dem Überfluss?

Außerdem ist trotz verbreiteter Horrorszenarien der Naturzerstörung nicht wirklich ausgemacht, ob die Möglichkeiten guten Lebens nicht (durch zum Teil schon absehbare Erfindungen) ihren vor zwei Jahrhunderten begonnenen steilen Anstieg weiter fortsetzen und Krankheiten besiegt werden, die Lebensqualität im Alter und die Arbeitsqualität sich verbessern sowie Ressourcen für sinnvolle soziale Aktivitäten frei werden. Wäre diese optimistische Prognose richtig, und wer kann heute schon sagen, welche der vielen Zukunftsprognosen richtig ist, dann hätte es wenig Sinn, unseren Überfluss für zukünftige Generationen extra aufheben zu wollen. Denn denen erginge es dann sowieso schon viel besser als uns heute.

Sind wir mit unserer heutigen Welt in Fall 1 oder 2 oder 3? Um diese Frage zu beantworten, müsste man zunächst ein klares Bild der Dimensionen des menschen- und tierwürdigen Lebens entwerfen und dann die Lebensbedingungen in allen Ländern der Welt kontextsensibel an diesem Bild messen. Ich kann ein solches Bild hier nicht zeichnen, sondern nur auf die zwei bereits erwähnten Versuche in diese Richtung bei Martha Nussbaum (1992) und Avishai Margalit (1996) hinweisen.

Ich will mich im folgenden darauf beschränken, Dimensionen menschlicher Angewiesenheit auf Natur auszuloten, um dann ein wenig konkreter sagen zu können, was wir Zukünftigen in Sachen Naturschutz schulden.

In meinem Buch *Ethics of Nature* (1999) habe ich sieben, den Schutz von Natur begründende Dimensionen menschlicher Angewiesenheit auf Natur unterschieden: Erstens bedürfen wir der Natur zur Befriedigung unserer Grundbedürfnisse (*Basic-Needs-Argument*). Zweitens ist die Natur Quelle vieler angenehmer körperlicher und seelischer Empfindungen (*Aisthesis-Argument*). Drittens lädt uns die Natur in besonderer Weise zu ästhetischer Betrachtung ein (*ästhetisches Kontemplationsargument*). Viertens tritt uns die (wilde) Natur als geformte entgegen und entlastet uns von der in unserem Leben sonst allgegenwärtigen Verantwortung zur Gestaltung unserer Umgebung und unserer selbst (*Design-Argument*). Fünftens ist die Natur für viele Menschen Heimat und trägt so zu ihrer Identität bei (*Heimatargument*). Sechstens dient uns die Natur als Übungsobjekt zur Bildung unseres moralischen Charakters (*pädagogisches Argument*). Siebtens kommt in der „weisen", nicht-instrumentellen Haltung zum Leben der Natur eine Heiligkeit zu (*Argument vom Sinn des Lebens*).

Für praktische Naturschutzbelange sind neben der Grundbedürfnisdimension vor allem die zweite, die sinnliche, die dritte, die ästhetisch-kontemplative, und die fünfte, die identitätsstiftende Dimension von Bedeutung. Da die Gefahr der Verletzung (zumindest der menschlichen, wenn auch nicht der tierischen) Grundbedürfnisse im öffentlichen Bewusstsein inzwischen ohnehin omnipräsent ist und es dazu philosophisch auch nicht allzuviel zu sagen gibt – das philosophisch anspruchsvolle Problem des rationalen Umgangs mit Ungewissheit und Risiko natürlich ausgenommen (vgl. dazu z.B. Jonas 1979, Gethmann/Kloepfer 1993, Nida-Rümelin 1996, Lübbe 1998) –, möchte ich hier nur auf die sinnliche, die ästhetisch-kontemplative und die identitätsstiftende Bedeutung von Natur eingehen. Ich werde argumentieren, dass diese drei wichtigen Formen der Naturerfahrung zwar nicht notwendige Teile eines menschenwürdigen Lebens sind – man kann auch ohne diese Naturerfahrungen durchaus menschenwürdig und sogar gut leben –, aber doch schwierig bis gar nicht ersetzbare *Optionen* eines autonomen Lebens darstellen. Als Blumen im Strauß der Optionen eines solchen Lebens sind sie allen Menschen zu erhalten. Denn Autonomie ist ein notwendiger Teil des menschenwürdigen Lebens und Autonomie ohne einen Strauß wichtiger Optionen liefe leer. Der Wunsch vieler Menschen etwa nach schöner Natur ist damit moralisch anders zu behandeln als der mindestens genauso verbreitete Wunsch, mit dem Auto oder dem Motorrad ungehindert überall „herumpesen" zu können, da Auto- und Motorradfahren weder in sich besonders wichtige noch schwierig oder gar nicht ersetzbare Optionen guten Lebens darstellen.

Ich gehe die drei genannten Optionen der Naturerfahrung nun kurz durch.

Die Option *sinnlicher Naturerfahrung* – ein Bad in den Wellen des Meeres, Vogelgezwitscher am Morgen, die würzige Luft im Gebirge, der Geschmack von Walderdbeeren oder die Heiterkeit eines Sommertages – ist zwar im Prinzip artifiziell ersetzbar, aber der Glaube dies sei bereits heute oder in absehbarer Zeit machbar, hat schon etwas von technokratischem Utopismus an sich. Warum ist denn dann die Artefaktenwelt der Suburbs, der Fabriken, der Büros, der Straßenschluchten zwischen Hochhäusern, der Autobahnen so unangenehm und so deprimierend? Warum ziehen Gourmets Obst, Gemüse, Fleisch aus traditioneller Landwirtschaft vor?

Auch der Hinweis, dass wir zukünftigen Generationen, hinterließen wir ihnen eine sinnlich verarmte Natur, nichts nähmen, da sie diese Freuden der Natur gar nicht kennten, krankt an einer Fehleinschätzung dessen, was machbar ist. Wie sollten wir denn verhindern, dass zukünftige Generationen aus der Weltliteratur oder der Malerei wüssten, wie schön eine saftige Alm oder eine einsame, azurblaue Bucht ist, und neben dem Schmerz über den Verlust auch noch Ärger über unsere Einschränkung ihrer Autonomie verspürten? Und entscheidender noch: Der Hinweis tut so, als ob etwas nur dann eine Option guten Lebens für jemanden sein könnte, wenn er oder sie davon weiß. Man muss aber nicht vorher wissen, ob einem munteres Vogelgezwitscher vor dem Fenster am Morgen gefällt, damit es einem gefallen kann.

Die Option der *ästhetischen Naturbetrachtung,* der nicht funktional geleiteten, aktiven Wahrnehmung schöner und erhabener Natur – zarte Rosen, bizarre Felsformationen, majestätische Redwoodbäume oder der Horizont des Meeres – ist teilweise sicher durch die Betrachtung von Kunst ersetzbar. Und doch hat Naturbetrachtung auch einen besonderen Charakter, der sich dieser Substitution entzieht. Auf drei Aspekte möchte ich aufmerksam machen (für eine eingehende Untersuchung vgl. Seel 1991).

Zunächst einmal spricht Natur in der Regel *alle unsere Sinne* an, während Kunstwerke oft einen Sinn privilegieren. Das Zusammenspiel verschiedener Sinne und die Aktivierung von Sinnen wie dem Tastsinn, der in der Kunst nur eine geringe Rolle spielt, geben der naturästhetischen Erfahrung eine besondere Qualität, die man durch Konzerte oder Museen sicher nicht ersetzen kann. Man müsste schon „Gesamtkunstwerke", holistisch attraktive Artefaktenparks schaffen, was logisch nicht unmöglich, aber utopisch ist.

Zum zweiten stellt gerade die Tatsache, dass (insbesondere die wilde) Natur als das nicht vom Menschen Gemachte *keine Spuren menschlicher Zwecksetzung* aufweist, eine ästhetische Attraktion dar, die Kunstwerke nicht bieten und prinzipiell nicht bieten können. Was wie der Horizont des Meeres oder ein Sternenhimmel keine Spuren von Funktionalität an sich hat, lädt in besonderer Weise zur nicht-funktionalen Wahrnehmung ein.

Der dritte Punkt betrifft den Status des *Erhabenen* in der Natur. Beispiele sind ein aufgewühltes Meer, ein gewaltiger Wirbelsturm, ein hoher Wasserfall, Mammutbäume, die Weite einer Wüste. Unterscheiden wir mit Kant (*Kritik der Urteilskraft*, I.1.2. §§ 23-29) zwei Varianten des Erhabenen: das *mathematisch Erhabene*, das aufgrund seiner Größe, und das *dynamisch Erhabene*, das aufgrund seiner Kraft beeindruckt, so gibt es zwar beide Varianten des Erhabenen in der menschlichen Artefaktenwelt – das Strassburger Münster oder Beethovens Neunte Symphonie -, aber mit der Abundanz an Erhabenheit in der Natur kann die Artefaktenwelt nicht mithalten. Um den Verlust an mathematisch Erhabenem in der Natur wettzumachen, müssten zum Beispiel Artefakte von der Höhe der Alpen gebaut werden. Das mag möglich sein, aber der Aufwand dafür würde den Aufwand der Erhaltung des natürlichen mathematisch Erhabenen um ein Vielfaches übersteigen.

Was das natürliche *dynamische* Erhabene angeht, kann prinzipiell kein artifizieller Ersatz es jemals erreichen. Denn schon das Faktum, dass wir es sind, die etwas Gewaltiges schaffen, dies aber auch lassen könnten, nimmt etwas von seiner Kraft. Dass das artifizielle dynamisch Erhabene an das natürliche dynamisch Erhabene nicht herankommt, bedeutet nicht nur, dass wir dynamisch erhabene Natur nicht ersetzen können und daher erhalten sollten, es bedeutet auch, dass wir, indem wir nun Maßnahmen ergreifen müssen, um dynamisch erhabene Natur zu erhalten (und wenn es nur ein Zaun um einen Nationalpark ist), diese bereits etwas von ihrer Gewaltigkeit eingebüßt hat.

Schließlich dient uns Natur oft als *Heimat*. Gefragt, wer sie sind, geben viele Menschen die Landschaft an, aus der sie kommen. Das Bedürfnis nach Besonderung gehört zum Kern des guten menschlichen Lebens. Natur muss nicht, kann aber Teil menschlicher Individualität sein. Hermann Lübbe spricht bei Naturschutz als Heimatschutz treffend von „Naturmusealisierung" (1985, S. 11). Wir kreierten Museen der Kultur und der Natur, um uns in Zeiten fortschreitender Assimilation – Hilton und McDonalds überall auf der Welt – der Wurzeln unserer Identität zu versichern. Naturschutz als Heimatschutz ist aber nicht nur uns selbst geschuldet, sondern auch sich historisch verstehenden zukünftigen Generationen.

Ich komme zum Schluss. Die Ausgangsfrage dieses Textes war: „Wieviel Natur schulden wir der Zukunft?". Der wesentliche Zug bei der Beantwortung dieser Frage war, das Maß unserer Zukunftsverantwortung nicht, wie sonst üblich, komparativ, sondern absolut zu bestimmen: Wir schulden zukünftigen Menschen und Tieren eine Welt, in der sie menschen- bzw. tierwürdig leben können. Die Konkretisierung dieses Maßes hinsichtlich der Natur ergab die Forderung, Zukünftigen eine Natur zu hinterlassen, in der sie – natürlich neben der Möglichkeit zur Befriedigung ihrer Grundbedürfnisse – die Optionen sinnlicher, ästhetisch-kontemplativer und identitätsstiftender Naturerfahrung haben.

Literatur

Anderson, Elizabeth: What is the point of equality? Ethics 109 (1999), 287-337. Deutsch in: Angelika Krebs (Hrsg.): Gleichheit oder Gerechtigkeit. Texte der neuen Egalitarismuskritik. Frankfurt/M. 2000, 117-171.

Baier, Annette: For the sake of future generations. In: Tom Regan (Hrsg.): Earthbound. Philadelphia 1984, 214-246.

Barry, Brian: Circumstances of justice and future generations. In: R. Sikora/Brian Barry (Hrsg.): Obligations to future generations. Philadelphia 1978, 204-248.

Barry, Brian: Theories of justice. Berkeley 1989, 385-401.

Barry, Brian: Chance, choice, and justice. In: Brian Barry: Liberty and Justice. Oxford 1991a, 142-159.

Barry, Brian: Justice between generations. In: Brian Barry: Liberty and justice. Oxford 1991b, 242-258.

Birnbacher, Dieter: Rawls' Theorie der Gerechtigkeit und das Problem der Gerechtigkeit zwischen den Generationen. Zeitschrift für philosophische Forschung 31 (1977), 385-401.

Birnbacher, Dieter: Verantwortung für zukünftige Generationen. Stuttgart 1988.

Birnbacher, Dieter: Lässt sich die Diskontierung der Zukunft rechtfertigen? In diesem Band (2001).

Broome, John: Discounting the future. Philosophy and Public Affairs 23 (1994), 128-156.

Card, Claudia: Evils and Inequalities. Journal of Contemporary Legal Issues 9 (1998), 87-102.

Chwaszcza, Christine : Vorpolitische Gleichheit? Ronald Dworkins autono-mieethische Begründung einer wertneutralen Theorie distributiver Gleich-heit. In: Wolfgang Kersting (Hrsg.): Politische Philosophie des Sozialstaats. Weilerswist 2000, 159-201.

Cohen, Gerald: On the currency of egalitarian justice. Ethics 99 (1989), 906-944.

De Shalit, Avner: Why posterity matters. London 1995.

Del Vecchio, Giorgio: Justice. An historical and philosophical essay. Edinburgh 1950.

Dworkin, Ronald: What is equality? Part 2: Equality of resources. Philosophy and Public Affairs 10 (1981), 283-345.

Dworkin, Ronald: What is equality? Part 3: The place of liberty. Iowa Law Re-view 73, 1 (1987), 1-54.

Elster, Jon: Local justice. Cambridge 1992.

Feinberg, Joel: Justice and personal desert. In: C. J. Friedrich/John Chapman (Hrsg.): Justice. New York 1963, 69-97.

Feinberg, Joel: Social Philosophy. Englewood Cliffs, N. J. 1973.

Feinberg, Joel: Noncomparative justice. Philosophical Review 83 (1974), 297-338.

Finnis, John: Natural law and natural right. Oxford 1980.

Flew, Anthony: The procrustean ideal: Libertarians vs. egalitarians. In: William Letwin (Hrsg.): Against equality. London 1983, 148-163.

Frankena, William: The concept of social justice. In: Richard Brandt (Hrsg.): So-cial Justice. Englewood Cliffs., N. J. 1962, 1-29.

Frankfurt, Harry: Equality as a moral ideal. Ethics 98 (1987), 21-42.

Frankfurt, Harry: Equality and respect. Social Research 64, 1 (1997), 3-15. Deutsch in: Deutsche Zeitschrift für Philosophie 47 (1999), 3-11.

Gauthier, David: Morals by agreement. Oxford 1986.

Gethmann, Carl Friedrich/Kloepfer, Michael: Handeln unter Risiko im Um-weltstaat. Berlin/Heidelberg 1993 .

Gosepath, Stefan: Zu Begründungen sozialer Menschenrechte. In: Stefan Gose-path/Georg Lohmann (Hrsg.): Philosophie der Menschenrechte. Frank-furt/M.1998, 146-187.

Hampicke, Ulrich: Neoklassik und Zeitpräferenz – der Diskontierungsnebel. In: Frank Beckenbach (Hrsg.): Die ökologische Herausforderung für die öko-nomische Theorie. Marburg 1992, 127-141.

Hart, H. L. A.: The concept of law. Oxford 1965.

Hayek, Friedrich: The constitution of liberty. London 1960. Deutsch: Die Verfassung der Freiheit. Tübingen 1991 .

Honoré, A. M.: Social justice. McGill Law Journal 8, 2 (1962), 77-105.

Jonas, Hans: Das Prinzip Verantwortung. Frankfurt/M. 1979.

Kant, Immanuel: Kritik der Urteilskraft. Herausgegeben von Wilhelm Weischedel. Frankfurt/M. 1968.

Kavka, Gregory: The futurity problem. In: R. Sikora/Brian Barry (Hrsg.): Obligations to future generations. Philadelphia 1978, 180-204.

Kersting, Wolfgang: Politische Solidarität statt Verteilungsgerechtigkeit. Eine Kritik egalitaristischer Sozialstaatsbegründung. In: Wolfgang Kersting (Hrsg.): Politische Philosophie des Sozialstaats. Weilerswist 2000, 202-256.

Kloepfer, Michael: Langzeitverantwortung im Umweltstaat. In: Carl Friedrich Gethmann et al. (Hrsg.): Langzeitverantwortung im Umweltstaat. Bonn 1993.

Koller, Peter: Soziale Gerechtigkeit, Wirtschaftsordnung und Sozialstaat. In: Wolfgang Kersting (Hrsg.): Politische Philosophie des Sozialstaats. Weilerswist 2000, 120-158.

Krebs, Angelika: Ethics of nature. Berlin 1997. Deutsche Kurzfassung: Naturethik im Überblick. In: Angelika Krebs (Hrsg.): Naturethik. Frankfurt/M. 1999, 337-379.

Kymlicka, Will: Contemporary political philosophy. Oxford 1990 Deutsch: Politische Philosophie heute. Frankfurt/M. 1996.

Leist, Anton: Ökologische Ethik II. In: Julian Nida-Rümelin (Hrsg.): Angewandte Ethik. Stuttgart 1996, 386-456.

Lübbe, Hermann: Die Gegenwart der Vergangenheit. Oldenburg 1985.

Lübbe, Weyma: Verantwortung in komplexen kulturellen Prozessen. Freiburg 1998.

Lucas, John: Against equality again. In: William Letwin (Hrsg.): Against equality. London 1983, 73-105.

Lucas, John: Against equality. In: Louis Pojman/Robert Westmoreland (Hrsg.): Equality. Selected readings. Oxford 1997, 104-112.

Macleod, Colin: Liberalism, justice, and market. Oxford 1998.

Margalit, Avishai: The decent society. Cambridge, Mass. 1996. Deutsch: Politik der Würde. Berlin 1997.

Meyer, Lukas: Future-oriented projects: Their moral and political significance. In: Peter Koller/Klaus Puhl (Hrsg.): Current issues in political philosophy. Wien 1996, 302-309.

Miller, David: Social justice. Oxford 1976.

Miller, David: Equality and justice. In: Andrew Mason (Hrsg.): Ideals of justice. Oxford 1998, 21-36.

Miller, David: Principles of social justice. Cambridge, Mass. 1999.

Nagel, Thomas: Justice and nature. Oxford Journal of Legal Studies 17, 2 (1997), 303-321.

Narveson, Jan: Egalitarianism: Partial, counterproductive, and baseless. In: Andrew Mason (Hrsg.): Ideals of equality. Oxford 1998, 79-94.

Nida-Rümelin, Julian: Ethik des Risikos. In: Julian Nida-Rümelin (Hrsg.): Angewandte Ethik. Stuttgart 1996, 806- 830.

Nozick, Robert: Anarchy, state, and utopia. Oxford 1974. Deutsch: Anarchie, Staat, Utopie. München 1976.

Nussbaum, Martha: Human functioning and social justice. Political Theory 20, 2 (1992), 202-246. Deutsch in: Micha Brumlik/Hauke Brunkhorst (Hrsg.): Gemeinschaft und Gerechtigkeit. Frankfurt/M. 1993, 323-361.

Parfit, Derek: Equality and priority. In: Andrew Mason (Hrsg.): Ideals of equality. Oxford 199), 1-20. Deutsch in: Angelika Krebs (Hrsg.): Gleichheit oder Gerechtigkeit. Texte der neuen Egalitarismuskritik. Frankfurt/M. 2000, 81-106.

Parfit, Derek/Cowen, Tyler: Against the social discount rate. In: Peter Laslett/James Fishkin (Hrsg.): Justice between age groups and generations. New Haven 1992, 144-161.

Rakowski, Eric: Equal justice. Oxford 1999.

Rawls, John: A theory of justice. Cambridge, Mass. 1971. Deutsch: Eine Theorie der Gerechtigkeit. Frankfurt/M. 1975.

Rawls, John: Political liberalism. New York 1993. Deutsch: Politischer Liberalismus. Frankfurt/M. 1998.

Raz, Joseph: The morality of freedom. Oxford 1986, Kap. 9, 217-244. Deutsch in: Angelika Krebs (Hrsg.): Gleichheit oder Gerechtigkeit. Texte der neuen Egalitarismuskritik. Frankfurt/M. 2000, 50-80.

Rescher, Nicholas: Distributive justice. Indianapolis 1966.

Roemer, John: Theories of distributive justice. Cambridge, Mass. 1996.

Scanlon, Thomas: The diversity of objections to inequality. Kansas 1996.

Scheffler, Samuel: Families, nations, and strangers. Kansas 1994.

Seel, Martin: Eine Ästhetik der Natur. Frankfurt/M. 1991.

Sen, Amartya: Inequality reexamined. Oxford 1992.

Taylor, Charles: The nature and scope of distributive justice. In: Charles Taylor, Philosophy and the human science. Cambridge 1985, 289-317. Deutsch in: Charles Taylor: Negative Freiheit. Frankfurt/M. 1988, 145-187.

Tugendhat, Ernst: Gleichheit und Universalität in der Moral. In: Marcus Willaschek (Hrsg.): Ernst Tugendhat: Moralbegründung und Gerechtigkeit. Münster 1997a, 3-28.

Tugendhat, Ernst: Dialog in Leticia. Frankfurt/M. 1997b.

Unnerstall, Herwig: Rechte zukünftiger Generationen. Würzburg 1999.

Van Parijs, Philippe: Real freedom for all. Oxford 1995.

Van Parijs, Philippe: The disenfranchisement of the elderly, and other alternatives to secure intergenerational justice. Philosophy and Public Affairs 27 (1998), 292-333.

Velleman, David: Love as a moral emotion. Ethics 109 (1999), 338-374.

Vonnegut, Kurt: Harrison Bergeron. In: Louis Pojman/Robert Westmoreland (Hrsg.): Equality. Selected readings. New York/Oxford 1997, 315-318.

Walzer, Michael: Spheres of justice. Oxford 1983. Deutsch: Sphären der Gerechtigkeit. Frankfurt/M. 1992.

Weikard, Hans-Peter: Soziale Diskontrate, intergenerationelle Gerechtigkeit und Wahlmöglichkeiten für zukünftige Generationen. In: Hans Nutzinger (Hrsg.): Naturschutz – Ethik – Ökonomie. Marburg 1996, 55-170.

Weikard, Hans-Peter: Wahlfreiheit für zukünftige Generationen. Marburg 1999.

Westen, Peter: Speaking of equality. Princeton, N. J. 1990.

Williams, Bernard: The idea of equality. In: Bernard Williams, Problems of the self. Cambridge 1973, 230-250. Deutsch in: Bernard Williams, Probleme des Selbst. Stuttgart 1978, 363-379.

Williams, Bernard: Forward to basics. In: Jane Franklin (Hrsg.): Equality. London 1997, 49-58.

Christoph Lumer

Treibhauseffekt und Zukunftsverantwortung

1. Ziele dieser Untersuchung

Der (anthropogene) Treibhauseffekt droht, das in der näheren Zukunft mit Abstand größte Umweltproblem zu werden mit enormen negativen Auswirkungen für die Menschheit. Leider sind auch die ökonomischen Kosten zur Verhinderung dieser Folgen, zumindest nach traditionellen ökonomischen Schätzungen, sehr hoch bis gigantisch – aber durchaus bezahlbar. Moralisch brisant ist diese Konstellation zudem, weil die heutige Generation die Vorteile aus den Ursachen des anthropogenen Treibhauseffektes hat und ggf. einen erheblichen Teil der Kosten zu seiner Eindämmung tragen müßte, während die Nachteile größtenteils auf künftige Generationen abgewälzt werden.

Dieser Beitrag hat drei Ziele:

1. Zum einen sollen die für das Leben der Menschen relevanten Folgen des ungedämpften anthropogenen Treibhauseffektes (= Business as usual, BAU) und diverser Alternativen, bei denen der Treibhauseffekt durch Reduzierung der Treibhausgasemissionen gegenüber BAU abgeschwächt wird (= Reduzierungsoptionen), abgeschätzt werden (Abschn. 2-4). Diese Folgen werden in der politischen und wissenschaftlichen Öffentlichkeit meistens immer noch erheblich unterschätzt; und auch von den mit den sozialen Folgen befaßten Wissenschaftlern werden viele äußerst wichtige Schadenskategorien übersehen. Insofern hat dieser Teil auch einen eigenständigen Wert.

2. Zum anderen sollen die sozialen Folgen von BAU und der Reduzierungsoptionen mit diversen ethischen Kriterien moralisch bewertet werden: mit dem utilitaristischen Kriterium, mit dem Kriterium Utilex und mit einfacher anzuwendenden Kriterien wie dem Kategorischen Imperativ oder „Schädige niemanden!" (neminem laedere) (Abschn. 5). Es gibt bislang ein paar globale ökonomische Bewertungen des Treibhauseffekts (z.B. Fankhauser 1995; Tol 1995; Pearce et al. 1996); doch dies ist alles Kosten-Gewinn-Analysen, die sämtliche Vor- und Nachteile der betrachteten Alternativen zu monetarisieren versuchen und dabei Kriterien und Methoden anwenden, die für ethische Zwecke inakzeptabel sind.[1] Es gibt bislang jedoch keine Bewertung der Alternativen zum Treibhau-

---

[1] 1. Nichtmonetäre Wohlfahrtsverlust werden auf problematische Weise monetarisiert. Z.B. wird der Wert eines Lebens in der Ersten Welt typischerweise mit 1,5 Mio. US-Dollar angesetzt, der Wert eines Lebens in der Dritten Welt mit 150.000 Dollar. Auch die Kaufkraft-

seffekt aus utilitaristischer Sicht oder der Sicht einer anderen Wohlfahrtsethik (wie es übrigens auch keine wohlfahrtsethischen Kalküle zu anderen großen Problemen der Verteilungsgerechtigkeit gibt). Dieser Teil des Artikels betritt also auf einem wichtigen Anwendungsgebiet der Ethik Neuland. – Vorwegnehmend kann schon gesagt werden, daß nach allen einbezogenen Moralkriterien die (unter den betrachteten) schärfste Reduzierungsoption, d.i. die nachhaltige Reduzierung, moralisch optimal ist.

3. Schließlich soll im Anschluß an diese Bewertungen und angesichts der Frage, ob wir denn nun tatsächlich moralisch verpflichtet sind, die Treibhausgasemissionen nachhaltig zu reduzieren, allgemeiner diskutiert werden, wie zukunftsethische Pflichten begründet werden können und wie weit diese Pflichten gehen (Abschn. 6-7).

2. Vorgehen bei der Wohlfahrtsuntersuchung

Die Wohlfahrtsuntersuchung zum Treibhauseffekt erfolgt hier in drei Schritten:

1. Informationen von globalen Kosten-Gewinn-Analysen zum Treibhauseffekt werden herangezogen, z.T. korrigiert und erweitert, um die gesundheitlichen, ökonomischen und sozialen Folgen von vier Alternativen zu bestimmen: a_1: Business as usual (BAU); a_2: Stabilisierung der Treibhausgasemissionen auf dem Niveau von 1990; a_3: starke (25 %) CO_2-Reduzierung; und a_4: nachhaltige (60 %) CO_2-Reduzierung. Diese Schätzungen sind z.T. sehr spekulativ; in den ethischen Bewertungen wird aber so verfahren, als ob die angenommenen Werte sicher bekannt wären. Denn auf der gegenwärtigen Datenbasis sind differenzier-

unterschiede in verschiedenen Teilen der Welt werden üblicherweise vernachlässigt, so daß also der Verlust etwa von Landwirtschaftsfläche sehr unterschiedlich bewertet wird. Dies führt zu einer erheblich stärkeren Gewichtung der Schäden in der Ersten Welt, also einem ethischen Parochialismus. 2. Umgekehrt wird die Bedeutung monetärer Verluste für das Wohlsein verschiedener Personen völlig ignoriert. Dies widerspricht allen wohlfahrtsethischen Ansätzen, nach denen der Verlust von z.B. 1000 Dollar für einen Reichen und einen Armen völlig unterschiedliche Wünschbarkeiten haben. 3. Kosten-Gewinn-Analysen tendieren zum Geldfetischismus: Sie sind nicht besonders sensibel für das, was für das Wohlergehen wirklich wichtig ist und konzentrieren sich zu stark auf monetäre Verluste und Schäden, die leicht monetarisiert werden können. Auf diese Weise werden viele wichtige Schäden ignoriert, z.B. Hungerqualen oder Trauer über verlorene Freunde und Verwandte. 4. Geld hat Eigenschaften, die das Wohlsein nicht hat, und umgekehrt: Geld kann verliehen und verzinst, leicht verteilt, zu einigermaßen fixen Preisen in Güter umgetauscht werden etc. Die Monetarisierung von Wohlfahrtsschäden bedeutet, daß diese Eigenschaften fälschlich auch den Ereignissen im Bereich der Wohlfahrt zugeschrieben werden. Am deutlichsten ist dies bei der zeitlichen Diskontierung künftiger Schäden, die bei echten monetären Schäden angebracht ist (denn man könnte diese Schäden dadurch kompensieren, daß man heute schon Rücklagen bildet, die selbstverständlich bis zum Schadensfall Zinsen bringen), prima facie aber nicht bei echten Wohlfahrtsschäden. Eine zeitliche Diskontierung von künftigen echten Wohlfahrtsschäden müßte zumindest anders begründet werden.

tere Bewertungen (mit Wahrscheinlichkeitsverteilungen der Schätzwerte und Risikobewertung) nicht möglich oder den Aufwand nicht wert. Betrachtet werden die Folgen für 25-Jahreszeiträume (was ungefähr einer Generation entspricht): 2000-2025, 2025-2050 und 2050-2075. Bei BAU wird der Temperaturanstieg auch danach anhalten; aber dieser weitere Anstieg könnte durch Maßnahmen, die bis 2025 einzuleiten wären, verhindert werden. Spätere Folgen werden deshalb in dieser Untersuchung ignoriert.

2. Der nächste Schritt (in der Darstellung jeweils eng mit dem ersten verbunden) ist die individuelle Bewertung dieser Schäden. Als individuelles Nutzenkriterium wird ein rationaler Hedonismus verwendet.[2] Die Wahl dieser Nutzentheorie kann hier nicht verteidigt werden (s. aber Lumer 2000, Kap. 4-5; Lumer 1998; Lumer 1996). Aber selbst in anderen Nutzentheorien machen hedonische Veränderungen normalerweise den Hauptteil des Nutzens aus. Die Hauptaufgabe des zweiten Schritts ist deshalb, die Auswirkungen der sozialen Folgen, wie Krankheit, Verlust von Angehörigen, Migration, Arbeitslosigkeit, Vermögensverlust, absolute und relative Armut, auf das individuelle Wohlbefinden abzuschätzen. Der jeweilige Umfang dieser individuellen Wohlbefindensänderungen ist dann (nach hedonistischen Kriterien) einfach identisch mit der persönlichen Wünschbarkeit des Treibhauseffekts. – Leider sind die Informationen über solche Wohlbefindensänderungen noch schlechter als die über die sozialen Folgen des Treibhauseffektes, insbesondere weil kardinale Wohlbefindensmessungen erforderlich sind. Ich habe einiges Material aus der sehr verstreuten und – für den vorliegenden Zweck – sehr dünn gesäten psychologischen Literatur zusammengetragen und für den aktuellen Zweck aufbereitet. Bei einer Reihe weniger wichtiger Schadenskategorien mußte ich mich aber leider auf pure Schätzungen verlassen. (Die moralische Präferenzordnung der untersuchten Alternativen ist allerdings ziemlich stabil gegen Variationen dieser Schätzungen innerhalb plausibler Grenzen.) Daß die Wohlfahrtsuntersuchung hier trotz dieser Datenlücken vollständig durchgeführt wird, hat auch den Sinn, einen weiten Vorstoß in ungesichertes Neuland zu wagen und einen Anstoß für die weitere Forschung zum Füllen solcher Lücken zu geben.

3. Im letzten Schritt werden die Daten über die individuellen hedonischen Veränderungen (die mit den persönlichen Wünschbarkeiten gleichgesetzt werden) zur moralischen Bewertung der Alternativen vor allem anhand utilitaristischer Kriterien und des Kriteriums Utilex verwendet (Abschn. 5).

---

[2] Der hier zugrunde gelegte Hedonismus unterscheidet sich vom klassischen Hedonismus etwa Benthams u.a. dadurch, daß nicht nur Körpergefühle (Lüste und Schmerzen), sondern alle Arten von Gefühlen als intrinsisch relevant betrachtet werden, auch Emotionen (Affekte) und Stimmungen, und daß bei Gefühlsmanipulationen wie in der Nozickschen Erfahrungsmaschine die resultierenden positiven Gefühle mehr oder weniger diskontiert werden. Diese letztere Besonderheit spielt im Rahmen der vorliegenden Untersuchung allerdings keine Rolle.

3. Alternative a_1: Business as usual

3.1 Schadenskategorien

Für BAU schätzt das Intergovernmental Panel on Climate Change (=IPCC), daß sich die Konzentration der Treibhausgase, von denen das wichtigste CO_2 ist, bis ca. 2050-2060 gegenüber vorindustriellem Niveau verdoppelt haben wird (=2xCO_2). Dies führt zu einem mittleren weltweiten Anstieg der Temperatur um 2,5°C, aber mit sehr starken regionalen Unterschieden: Im Inneren der Kontinente mag die Erhöhung doppelt so hoch sein (IPCC 1996a). Der Meeresspiegel wird mit einiger Verzögerung ansteigen, bis 2100 um ca. 50 cm (Pearce et al. 1996, 189). Die meisten Studien betrachten die Folgen für das Jahr, in dem 2xCO_2 eintreten wird. Auch ich werde so verfahren und zusätzlich diese Folgen für den ganzen dritten Zeitraum (2050-2075) generalisieren, was eine gute Näherung sein mag. Im zweiten Zeitraum (2025-2050) könnten die Folgen vielleicht halb so stark sein; wegen der Trägheit des Klimas sind sie aber bei allen Alternativen ungefähr gleich, weshalb sie hier vernachlässigt werden.

Tabelle 1 versucht, alle größeren Effekte des Treibhauseffektes auf das menschliche Wohlbefinden zu erfassen. Zu einigen dieser Schadenkategorien habe ich leider keinerlei Grundlage auch nur für eine Schätzung gefunden, so daß ich sie hier nicht weiter betrachten werde: 1.1.3, 2.1.4, 2.2.2, 2.2.3, Teile von 2.3.1, 2.3.4, 2.6.1, 2.6.3, 3.2, 3.3. – Eine detaillierte Darstellung aller Annahmen und Begründungen zu den Schäden, die in den folgenden Berechnungen berücksichtigt werden, ist hier aus Platzgründen nicht möglich und muß einer umfassenderen Publikation vorbehalten bleiben. Die einzelnen Schadenskategorien sind deshalb nach ihrer Wichtigkeit mehr oder weniger ausführlich dargestellt.

Tabelle 1
Schäden und Nutzen aus dem anthropogenen Treibhauseffekt:

1.   *Direkte (oder einigermaßen direkte) Wohlbefindensveränderungen*:
      1.1 *Todesfälle, verringerte Lebensdauer oder deren Verhinderung durch*:
            1.1.1 *Katastrophen*: Meereshochwasser, Flußüberschwemmungen, tropische Stürme, nichttropische Stürme, Dürre (Hungersnöte), sonstige Mißernten, Seuchen.
            1.1.2 *Migration*: Strapazen der Migration.
            1.1.3. Soziale Auseinandersetzungen: Umweltkriege, Konflikte bei der Immigration.
            1.1.4 *Verschlechterte Lebensbedingungen*: Armut (Verteuerung Nahrungsmittel)[3], (allgemeiner) Wassermangel, endemische und Infektionskrankheiten, Luftverschmutzung, Hitzewellen; positiv: Verhinderung von Kältewellen.

---

[3] „Armut" in den Gruppen 1.1.4, 1.2.4 und 1.3.4 bezeichnet immer Armut durch Erhöhung der Konsumpreise (bei gleichem Einkommen). Ökonomische Schäden aus der Gruppe 2 können ebenfalls zu Armut führen, aber auf dem Wege einer Einkommensverringerung.

1.2 *Krankheiten, Verletzungen, Verkrüppelungen, körperliches Leid*: analog zu 1.1.1-1.1.4

1.3 *Psychisches Leid*: analog zu 1.1.1-1.1.4

2. *Echte ökonomische ("market"), monetäre Veränderungen*:

2.1 *Produktivitätsveränderungen im primären ökonomischen Sektor*:

    2.1.1 Landwirtschaft: Wachstumsveränderungen, Aridisierung.

    2.1.2 Forstwirtschaft: Waldsterben.

    2.1.3 Fischerei: Verlust küstennaher Fanggründe.

    2.1.4 Energieerzeugung: Verringerung Hydroenergie.

2.2 *Produktivitätsveränderungen in anderen ökonomischen Sektoren*:

    2.2.1 Wasserversorgung: Brauchwasserverringerung.

    2.2.2 Freizeitindustrie: Verlust Strände, Verkürzung Skisaison.

    2.2.3 Transport, Bauwirtschaft.

2.3 Besitzverlust:

    2.3.1 *Landverluste: durch Überflutung von Küstenland, Aridisierung*.

    2.3.2 *Wattverluste*.

    2.3.3 Schäden *durch extreme Ereignisse*: Hurrikanschäden, Schäden von Trockenheiten, nichttropische Stürme, Flußüberschwemmungen, Hitze-, Kältewellen, andere Katastrophen.

    2.3.4 *Gebäudeschäden*.

    2.3.5 *Waldverlust*: Waldsterben.

    2.3.6 *Verteuerung Lebenshaltung*: Anstieg Lebensmittelpreise.

    2.3.7 *(Vermögens-)Schäden durch Luftverschmutzung*.

2.4 Kosten *von Vorbeuge- und Kompensationsmaßnahmen*:

    2.4.1 *Küstenschutz*: Deichbau.

    2.4.2 *Energienachfrage*: weniger Heizung, mehr Kühlung.

2.5 *Ökonomische Auswirkungen von Ökosystemschäden*:

    2.5.1 *Artenverlust*: pharmazeutischer Wert.

2.6 *Ökonomische Schäden durch Krankheit, Tod und Migration*:

    2.6.1 *Tod*: Verlust *von* Humankapital.

    2.6.2 *Krankheit: Krankheitstage*.

    2.6.3 *Emigration*: Verlust an Humankapital.

    2.6.4 *Immigration*: Eingliederungskosten.

3. *Sonstige Veränderungen mit Einfluß auf die Wohlfahrt*:

3.1 *Schäden am Ökosystem und Naturräumen*: Erholungswert, Existenzwert.

    3.1.1 Verlust *an Wattland*.

    3.1.2 *Waldverlust*.

    3.1.3 *Artenverlust*.

    3.1.4 *Sonstige Ökosystemschäden*: Korallenriffe, geschützte Ökotope.

    3.1.5 *Verlust an Naturräumen*: Inseln, Küsten, Seen.

    3.1.6 *Tierdezimierung*.

3.2 *Politische und soziale Stabilität*: Diktaturen, Einschränkung Freiheitsrechte.

3.3 *Schäden an Kulturgütern*.

3.2 Direkte Wohlbefindenseinbußen: 1. Tote

1.1.1 Tote durch Naturkatastrophen

Todesfälle sind die wichtigste Schadenkategorie. Menschen können auf verschiedene Weisen durch 2xCO$_2$ umkommen. *Überflutungen und Stürme*: Ein Anstieg der mittleren globalen Temperatur um 2,5°C wird zu mehr und zerstörerischeren tropischen Zyklonen führen, wobei nicht nur das Landesinnere betroffen sein wird, sondern auch weite Küstengebiete überflutet werden werden (wie etwa im April 1991, als eine sechs Meter hohe Flutwelle weite Teile Bangladeshs überflutete und 200.000 Menschen tötete (Myers 1993, 753)). Die Monsune werden verstärkt werden, was zu Flußhochwassern führen wird (wie etwa im August 1998 in China). 1989-1992 starben weltweit 42.000 Menschen durch Unwetter (Pearce et al. 1996, 202). Fankhauser schätzt einen Anstieg um 42 % (Fankhauser 1995, 53), was zu 441.000 zusätzlichen Toten in den 25 Jahren der dritten Periode führen würde. – *Hungersnöte*: Die globale Erwärmung hat z.T. positive, z.T. negative Auswirkungen für die Landwirtschaft. Negative Folgen hat sie vor allem in niedrigen Breiten, wo die meisten Entwicklungsländer liegen. Hinzu kommt, daß die Weltbevölkerung auf ca. 10 Mrd. Menschen anwachsen wird (Myers 1993, 757; Pearce et al. 1996, 190; Fankhauser 1995, 35). In dieser angespannten Situation könnten Trockenheiten u.ä. die Lage drastisch verschärfen. Myers (1993, 757) zitiert Schätzungen von Daily / Ehrlich, nach denen dreimal in zehn Jahren die Welternte um 10% geringer ausfallen könnte, was zu riesigen Katastrophen in den Entwicklungsländern führen wird, weil internationale Hilfe sehr viel weniger verfügbar sein wird als heute. Obwohl ihre Schätzung, daß dies jedesmal zu 50-400 Mio. Toten führen wird, übertrieben erscheint, mag ein Zehntel ihrer unteren Grenze (5 Mio. Tote dreimal in zehn Jahren) eine brauchbare Schätzung sein, was 37,5 Mio. Tote in 25 Jahren bedeutet.

1.1.2 Todesfälle durch Migration

Flut- und Hungerkatastrophen, Verlust an Küstenland und Aridisierung werden viele Menschen aus ihrer Heimat vertreiben. Myers (1993, 757) schätzt, daß 2xCO$_2$ zu 150 Mio. zusätzlichen Umweltflüchtlingen führen wird, von denen ein großer Teil emigrieren wird. Nach Korrektur einiger Fehler wären dies immer noch 104,6 Mio. zusätzliche Umweltflüchtlinge in den 25 Jahren des dritten Zeitraums. Nach den Erfahrungen der jüngeren Vergangenheit kosten solche Massenmigrationen viele Tote durch: die Strapazen der Migration (Erschöpfung, Unterernährung während der Wanderung, Krankheiten, Erfrieren oder Verdursten etc.), das Durcheinander beim Aufbruch (Kinder und alte Menschen gehen verloren, Menschen werden zu Tode getrampelt, überfahren...), schlechte Transportmittel (Sinken von Flüchtlingsschiffen), Gefahren durch Menschenschmuggel (die Geschmuggelten werden hilflos verlassen, aus Habsucht getötet etc.),

Tötung durch Grenzschutz der Immigrationsländer, Überfälle durch Räuber etc. Daß 1 % aller Umweltflüchtlinge auf diese Weise umkommt, ist vermutlich eine recht konservative Schätzung. Nach ihr kommen weitere 1.046.000 Menschen um.

1.1.4 Tote durch verschlechterte Lebensbedingungen

Armut und Unterernährung: Die verschlechterte Nahrungsmittelsituation wird zu einem Anstieg der Lebensmittelpreise um 40% oder mehr führen (Pearce et al. 1996, 190). Dies erhöht die Zahl der unterernährten und vom Hungertod bedrohten absolut Armen von gegenwärtig 640 Mio. um ca. 10%, also 64 Mio. (ibid.; Fankhauser 1995, 36). Heutzutage sterben jährlich 14 Mio. Kinder unter fünf Jahren an Mangelkrankheiten und daraus resultierenden Infektionen (Singer 1994, 278). Wenn man vielleicht halb so viele ältere Kinder und Erwachsene hinzurechnet, bedeutet ein Anstieg der vom Hungertod Bedrohten um 10%, daß durch 2xCO$_2$ in den 25 Jahren des dritten Zeitraums zusätzlich 52,5 Mio. Menschen an absoluter Armut sterben. – *Infektionskrankheiten*: Durch die globale Erwärmung werden die Bedingungen für einige Krankheiten verbessert: Malaria, Cholera, Ruhr und durch Hakenwürmer übertragene Krankheiten. Leider habe ich globale Zahlen nur für die Malaria gefunden. Durch die globale Temperaturerhöhung dehnt sich das Verbreitungsgebiet der Malaria ca. 400 km in beide Richtungen vom Äquator aus aus, wodurch 200 Mio. Menschen zusätzlich der Malaria ausgesetzt werden (Hohmeyer/Gärtner 1992, 38). Hohmeyer und Gärtner schätzen, daß dies zu 10 Mio. zusätzlichen Infektionen pro Jahr führen wird mit 50.000 Toten jährlich (ibid.) oder 1,25 Mio. Tote im dritten Zeitraum. – *Hitzewellen*: Globale Erwärmung wird die Zahl der Kältetoten verringern, aber die Zahl der durch Hitzewellen Getöteten erhöhen. Fankhauser (1995, 46), der sich auf Schätzungen von Kalkstein für die USA stützt, schätzt einen Anstieg um 27 Tote/Mio. jährlich und nimmt deshalb für die Nicht-OECD (= NOECD) einen Anstieg um 114.804 Todesfälle/Jahr (davon 7.722 in der EX-SU) und 22.923 in der OECD an. Für die OECD ist das plausibel, für die Ex-SU vermutlich zu hoch und für die anderen NOECD-Länder zu niedrig, weil es dort verhältnismäßig wenig Klimaanlagen gibt. Wenn man diese Implausibilitäten korrigiert (0 zusätzliche Tote in der Ex-SU, doppelt so viele Tote in der restlichen NOECD), ergeben sich 5.927.175 zusätzliche Tote durch hitzebedingte Erkrankungen in der dritten Periode.

Als Vorgriff auf die Diskussion der ökonomisch verursachten Schäden (Kategorie 2) sei hinzugefügt, daß sich diese Liste von Todesfällen noch einmal um 59.000 Tote durch absolute Verarmung aufgrund von ökonomischem Ruin verlängert. Insgesamt verursacht BAU dann ca. 100 Mio. Todesfälle im Zeitraum 2050-2075 (s. Tabelle 2).

Tabelle 2
a_1: 2050-2075: zusätzliche Tote durch 2xCO$_2$ in 25 Jahren:

Fluten und Stürme	441.000
Hungersnöte durch Mißernten (Dürre)	37.500.000
Migranten bei der Migration	1.046.000
Armut, Unterernährung, Hunger	52.500.000
Malaria	1.250.000
Hitzewellen	5.927.175
absolute Armut durch ökonomischen Ruin	59.197
Summe	**98.723.372**

3.3 Einschub: Methoden zur hedonistischen Messung von persönlichen Gewinnen und Verlusten

Welche persönliche, vor allem hedonistische Wünschbarkeit hat der Tod? Ein unnatürlicher Tod bedeutet, daß der Betreffende die möglichen positiven und negativen des anderenfalls zu erwartenden Lebens verliert, hedonistisch also alle angenehmen und unangenehmen Gefühle: Körpergefühle, Emotionen und Stimmungen. Der Verlust ist dann identisch mit dem Umfang dieser Gefühle. Die mit einem positiven (für angenehme Gefühle) bzw. negativen (für unangenehme Gefühle) Vorzeichen versehene Intensität der Gefühle zu einem Zeitpunkt wird hier das *„Wohlbefinden"* zu diesem Zeitpunkt genannt. (Der Verlust ist dann identisch mit dem Integral des erwarteten Wohlbefindens über der (verlorenen) Lebenszeit.) Um den persönlichen Wünschbarkeitsverlust durch einen vorzeitigen Tod zu berechnen, muß man das erwartete mittlere Wohlbefinden dieser Person und den verlorenen Zeitraum kennen und beides multiplizieren. Wenn man annimmt, daß der vorzeitige Tod die Menschen mehr oder weniger zufällig ereilt, wäre die verlorene Zeit identisch mit der halben Lebenserwartung der jeweiligen Gruppe. Als mittlere Lebenserwartungen werden im folgenden verwendet: NOECD: 62,92 Jahre; OECD: 76,31 Jahre; Welt: 65,01 Jahre (eigene Berechnungen nach: UNO 1997, 93-100).

Wohlfahrtsethiken wie Utilex (s.u.), die – anders als der Utilitarismus – nicht annehmen, daß moralische Wünschbarkeiten proportional sind zu persönlichen Wünschbarkeiten, sondern Veränderungen für schlechter Gestellte stärker gewichten, brauchen zur moralischen Bewertung eines persönlichen Schadens, zusätzlich zu den Informationen über den Schaden selbst, Informationen über die Ausgangssituation des Betreffenden. Die folgenden Datensammlungen zu den Schäden durch die betrachteten Alternativen enthalten deshalb immer folgende Angaben: 1. Länge und 2. mittleres Wohlbefinden des ursprünglich erwarteten Lebens, 3. die Reduzierung des Wohlbefindens und 4. ihre Dauer sowie 5. die Zahl der betroffenen Personen (s. Tabellen 5 und 7). (Die Reduzierung durch den Tod ist eine Reduzierung auf 0.) (Die moralische Wünschbarkeit des Verlustes kann dann so berechnet werden, daß zunächst die moralische Wünschbarkeit des ursprünglich erwarteten Lebens ermittelt und davon dann die moralische Wünschbarkeit des verschlechterten Lebens subtrahiert wird. Für den Utilitarismus mit seiner linearen Bewertung der persönlichen Wünschbarkeiten führt dieses aufwendigere Verfahren zu demselben Ergebnis wie eine direkte moralische Bewertung des Schadens selbst. In Utilex hingegen ist eine direkte moralische Bewertung persönlicher Schäden nicht möglich.)

Wohlfahrtsethiken wie Utilex benötigen bei der Bewertung eines Schadens für eine Gruppe nicht nur Angaben zum mittleren Wohlbefinden dieser Gruppe, sondern auch Angaben über die soziale *Verteilung* der individuellen Mittel. Denn wenn die moralische Wünschbarkeit nicht proportional ist zur individuellen Wünschbarkeit, dann ist die moralische Wünschbarkeit etwa von zwei Leben mit einem mittleren Wohlbefinden von 0,1 bzw. 0,3 möglicherweise verschieden von der moralischen Wünschbarkeit zweier Leben mit einem mittleren Wohlbefinden von 0,2 (tatsächlich ist sie kleiner).

Wohlbefindensniveaus werden im folgenden in Einheiten aus dem Intervall −1 bis +1 angegeben und dann „Wohlbefindensintensitäten" oder kurz „wi" genannt. +1wi, das beste Wohlbefinden, ist ein Wert, den auch Glückskinder höchst selten erreichen, wenige Augenblicke im Jahr; -1wi ist noch viel seltener; 0wi ist ein neutraler Zustand mit einer Nullintensität aller Gefühle. Das (mittelfristige) mittlere normale Wohlbefinden, d.i. der soziale Durchschnitt der (mittelfristigen) individuellen Mittel ist $\mu=0{,}1420$wi; die (mittelfristigen) individuellen Mittel sind normalverteilt (d.h. die soziale Häufigkeit der individuellen Mittel bildet eine Gaußsche Glockenkurve); die Streuung beträgt $\sigma=0{,}1090$wi (errechnet aus Angaben von Wessman et al., s.u.). Letzteres bedeutet: 50% einer normalen Bevölkerung haben ein (mittelfristiges) mittleres Wohlbefinden über 0,1420wi, 50% liegen darunter; 68% haben ein (mittelfristiges) mittleres Wohlbefinden zwischen 0,0330wi und 0,2510wi (=$[\mu{-}\sigma;\mu{+}\sigma]$), und 95,45% haben ein mittleres Wohlbefinden zwischen -0,0760wi und 0,3600wi (=$[\mu{-}2\sigma;\mu{+}2\sigma]$). Dies ist die gewöhnliche Verteilung.[4] Im folgenden wird immer angenommen, daß in Gruppen mit geringerem oder höherem sozialen Wohlbefindensmittel die Streuung gleichwohl $\sigma=0{,}1090$wi beträgt. – Aus Daten von Campbell (1981) aus den USA, in denen das subjektive Wohlbefinden mit dem Familieneinkommen korreliert wird, konnten zudem die Wohlbefindenswerte für diverse Einkommensgruppen berechnet werden: Das soziale Mittel des Wohlbefindens des obersten, zweiten, dritten und untersten Einkommensquartils beträgt 0,1655wi, 0,1494wi, 0,1352wi bzw. 0,1145wi (s.u.). Das soziale Wohlbefindensmittel der Arbeitslosen beträgt hingegen nur 0,0643wi (Berechnung nach Campbells Daten, s.u.). Nach Campbells Angaben ist das Wohlbefinden der Arbeitslosen nahezu

---

[4] Aufgrund fehlender weiterer Informationen wird diese gewöhnliche Verteilung für alle Länder der Welt angenommen. Ob diese Annahme zutrifft, ist Gegenstand heftiger Debatten. Bislang fehlten aber nicht nur Informationen, um diese Frage entscheiden zu können; vielmehr fehlen noch Informationen, mit denen ein eventuell niedrigeres oder höheres soziales Wohlbefindensmittel in einzelnen Ländern quantifiziert werden könnte.

unabhängig von ihrem Einkommen (Campbell 1981, 122); es resultiert nicht aus dem geringen Einkommen oder finanziellen Problemen (ibid. 120), sondern geht auf das Gefühl zurück, vom Leben betrogen worden zu sein, ein besonders hartes Leben zu führen und das Leben nicht steuern zu können (ibid. 121 f.). – Die zuletzt genannten speziellen Wohlbefindenswerte werden im folgenden auch als Ankerwerte verwendet, um Wohlbefindensniveaus anderer Gruppen zu schätzen, über deren Wohlbefinden keinerlei Angaben vorliegen. Z.B. mögen Menschen, die ihren gesamten Besitz durch eine Naturkatastrophe verlieren, ähnliche Gefühle haben wie die Arbeitslosen, so daß für sie für eine gewisse Zeit das gleiche Wohlbefindensniveau angenommen werden kann.

Für die Berechnung der Wohlbefindenseinbußen durch die vier betrachteten Alternativen werden soziale Verteilungen langfristiger (am besten lebenslanger) individueller Mittel des kardinal gemessenen Wohlbefindens für die entsprechenden Gruppen benötigt. Die beste Annäherung an diese Anforderungen, die ich finden konnte, sind Daten von Wessman et al. (1960). Wessman et al. haben Studenten gebeten, sechs Wochen lang jeden Abend ihre beste, ihre schlechteste und ihre Durchschnittsstimmung des Tages auf einer Skala mit zehn Stimmungsbeschreibungen anzugeben. Diese Beschreibungen wurden später von 1 bis 10 numeriert, wobei 5 die beste negative und 6 die schlechteste positive Stimmung war, so daß also 5,5 Neutralität bedeutet. Die Stimmungsbeschreibungen waren so gewählt, daß zwischen den Einheiten ungefähr gleiche Abstände bestehen und daß die Enden der Skala so extrem waren, daß nur wenige Personen sie erreichen würden, und das auch nur zu wenigen Gelegenheiten (Wessman et al. 1960, 118). Wegen dieser Skalenkonstruktion wurden die Ratingwerte hier als kardinale Werte interpretiert und durch positiv-lineare Transformation in das Intervall [-1;1] übersetzt. Das Minimum der individuellen (über den Zeitraum von 42 Tagen gemittelten) Mittel war dann -0,016wi, das Maximum 0,416wi und das soziale Mittel sowie der soziale Median 0,142wi. Weil die individuellen Werte der Gruppenmitglieder schon (zeitlich mittelfristige) Mittel von (Tages-)Mitteln sind, ist es unwahrscheinlich, daß sie exotische Ausreißer enthalten, weil zudem das Mittel gleich dem Median ist, sind die Verteilungen vermutlich Normalverteilungen. Wessman et al. berichten leider nicht die Standardabweichung dieser individuellen Mittel. Sie wurde hier aufgrund der Annahme geschätzt, daß bei Daten von 21 Personen (N=21) die Wahrscheinlichkeit, extremere Werte als die beiden genannten Extremwerte zu erhalten, jeweils 1/2N, also 1/42, ist. D.h. es wird angenommen, daß die Integrale der Wahrscheinlichkeitsdichtefunktion von -1wi bis -0,016wi und von 0,416wi bis 1wi jeweils 1/42 betragen. Aus diesen Annahmen, dem Mittelwert μ=0,142wi und der Vorgabe, daß es sich um eine Normalverteilung handelt, können dann zwei Schätzwerte für die Streuung errechnet werden (σ=0,080wi bzw. σ=0,138wi). Als korrekter Schätzwert wurde hier das arithmetische Mittel dieser beiden Werte angenommen: σ=0,109wi.

Diese Annahmen implizieren, daß 9,6% der Bevölkerung ein mittelfristiges mittleres Wohlbefindensniveau unter 0 hat. Die *langfristige*, vor allem die lebenslange Streuung des mittleren Wohlbefindens, ist vermutlich kleiner als die gerade berechnete Streuung des *mittelfristigen* mittleren Wohlbefindens (d.h. Versuchspersonen mit während der 42 Tage ziemlich extremen Werten haben langfristig ein moderateres Mittel); denn anderenfalls müßte es für 9,6% der Bevölkerung rational sein, sich umzubringen – was sicherlich viel zu hoch ist. In den hier beabsichtigten Wohlfahrtsberechnungen die mittelfristige Streuung einfach mit der langfristigen gleichzusetzen würde zu bizarren Implikationen führen, so daß man diesen Fehler nicht einfach ignorieren kann. (Eine Implikation wäre z.B., daß es für 9,6% der Bevölkerung gut wäre, durch die Folgen des Treibhauseffektes umzukommen; dieser Prozentsatz würde sich noch bei Gruppen erhöhen, die im Schnitt schlechter dran sind als das gesellschaftliche Mittel; dadurch würde der Effekt, den man von Ethiken wie Utilex erwartet, nämlich Verluste der schlechter Gestellen stärker zu gewichten, genau umgekehrt.) Deshalb wird die soziale Streuung des mittelfristigen Wohlbefindens im folgenden zwar als Näherung der Streuung des langfristigen Wohlbefindens verwendet, aber nur in Verbindung mit einer *Abbruchhypothese*: Es gibt kein lebenslanges mittleres Wohlbefinden schlechter als null, weil Menschen, die befürchten müssen, durch einen erheblichen Abfall ihres Wohlbefindens unter null während ihres weiteren Lebens auf ein solches lebenslanges Niveau zu geraten, sich umbringen würden; die (nach den oben angegebenen Wohlbefindensverteilungen) virtuellen Anteile von lebenslangen Wohlbefindensmittel unter null werden der Gruppe mit dem lebenslangen Wohlbefindensniveau null zugeordnet. Die Abbruchhypothese erscheint auch unabhängig vom gegenwärtigen Kontext plausibel. Das einzige verbleibende Problem ist, daß sie eine virtuelle Wohlbefindensverteilung korrigieren muß, die nur eine grobe Annäherung an die lebenslangen Wohlbefindensverteilungen ist.

Die oben berichteten Angaben zum mittleren Wohlbefinden der verschiedenen Einkommensgruppen stützen sich auf nationale repräsentative Erhebungen in den USA 1957, 1971, 1972, 1976 und 1978 mit jeweils mindestens 2164 Teilnehmern (Campbell 1981, 241), in denen u.a. nach dem Familieneinkommen und folgendes gefragt wurde: „Taking all things together, how would you say things are these days – would you say you're very happy, pretty happy, or not too happy these days?" (ibid.). Kumulation der Resultate ergibt die in Tabelle 3 dargestellten Werte. Wenn man die im Anschluß an Wessman et al. ermittelten mittelfristigen Wohlbefindensverteilungen zugrunde legt, können anhand der gesamtgesellschaftlichen Anteile der einzelnen Selbsteinschätzungen (letzte Zeile von Tabelle 3) die Bedeutungen der Ratingkategorien „very happy", „pretty happy", „not too happy" ermittelt werden. („Very happy" beispielsweise stellt Wohlbefindenswerte zwischen x wi und 1wi dar; x wird dann so gewählt, daß das Integral der Normalverteilung mit $\mu=0,1420$wi und $\sigma=0,1090$wi von x bis 1 0,2991 (= der von Campbell gemessene Anteil der Gruppe „very happy") beträgt.) „Very happy" bedeutet dann ein Wohlbefinden aus dem Intervall [0,1995wi; 1wi]; „pretty happy" bedeutet ein Wohlbefinden aus dem Intervall [-0,002wi; 0,1995wi]; und „not too happy" eines auf dem Intervall [-1wi; -0,002wi].

Das umgekehrte Verfahren kann dann verwendet werden, um – bei festgelegter Streuung σ=0,1090wi – aus den Wohlbefindensratings der einzelnen Einkommensgruppen den sozialen Mittelwert des Wohlbefindens dieser Einkommensgruppe zu berechnen. (Für das oberste Quartil beispielsweise muß der Mittelwert μ=x so gewählt werden, daß das Integral der Normalverteilung mit μ=x und σ=0,1090wi von 0,1995wi bis 1wi 0,3777 (= der von Campbell ermittelte Anteil mit dem Rating „very happy") ist. Analoges gilt für die Integrale von - 0,002wi bis 0,1995wi und von -1wi bis -0,002wi. Dieses Verfahren führt jeweils zu drei leicht verschiedenen Werten für μ, bei denen jeweils nur eines der drei Integrale genau mit den Vorgaben übereinstimmt. Der endgültige Wert für μ wurde so bestimmt, daß die Summe dieser Fehler minimiert wurde.) – Das gleiche Verfahren wurde verwendet, um aus Campbells Angaben, daß unter den Arbeitslosen 1971 und 1978 nur 12 % bzw. 10 % sich als „very happy" einstuften (Campbell 1981, 120) (gemittelt: 10,74 %), das mittlere Wohlbefinden der Arbeitslosen zu berechnen.

Tabelle 3
Wohlbefinden in Abhängigkeit vom Familieneinkommen:

Familieneinkommen	Einschätzungen in %			
	very happy	pretty	not too	Summe
oberstes Quartil	37,77	57,77	4,47	100,01
zweites Quartil	32,28	61,48	6,24	100,00
drittes Quartil	27,77	62,40	9,83	
unterstes Quartil	21,80	61,26	16,95	100,01
Mittel	29,91	60,73	9,37	100,01

(Eigene Berechnungen im Anschluß an: Campbell 1981, 241)

Übel, die eine bestimmte Gruppe betreffen, führen – wie angenommen – zu einer (meist zeitlich begrenzten) Reduzierung des sozialen Wohlbefindensmittel, ohne aber die Streuung des Wohlbefindens (stark) zu verändern. Solche Reduzierungen des sozialen mittleren Wohlbefindens von einem ursprünglichen Niveau μ=x auf das Niveau μ=y bei Erhaltung der Streuung (σ=0,1090wi) werden hier auch einfach „*Reduzierungen des Wohlbefindens von x auf y*" oder „*Reduzierungen des Wohlbefindens um x-y*" genannt.

Diese methodischen Überlegungen müssen nun auf die Resultate des vorigen Unterabschnitts angewendet werden: Überflutungen, Stürme und Hitzewellen mit Todesfolgen können NOECD- und OECD-Länder gleichermaßen betreffen, so daß als Ausgangsniveau die mittlere Weltlebenserwartung (65,01 Jahre) und das gewöhnliche Wohlbefinden anzusetzen ist (0,1420wi). Die anderen Todesursachen (Hungersnöte, Migration, absolute Armut, Malaria) treten fast nur in NOECD-Ländern auf mit einer mittleren Lebenserwartung von 62,92 Jahren. Daß jemand durch Teuerungen in die absolute, tödliche Armut getrieben wird, trifft nur Menschen, die schon arm waren, die also vielleicht das Wohlbefindensniveau des niedrigsten Einkommensquartils hatten ($\mu=0{,}1145$wi), während alle anderen genannten Todesursachen alle sozialen Gruppen treffen können, so daß in diesen Fällen die gewöhnliche Wohlbefindensverteilung als Ausgangspunkt anzunehmen ist ($\mu=0{,}1420$wi).

3.4 Direkte Wohlbefindenseinbußen:
2. Krankheiten, körperliches Leid, direkt verursachtes psychisches Leid

1.2.1-4 Verletzungen und Krankheiten

Die obigen Annahmen über Todesfälle können auch als Basis für eine Schätzung der durch die Folgen des Treibhauseffektes verursachten körperlichen Leiden durch Krankheiten und Verletzungen herangezogen werden. Die Todesfälle werden dabei gewissermaßen als Spitze eines Eisberges von physischen Stress-Situationen betrachtet, von der aus auf die nichttödlichen Stress-Situationen zurückgerechnet werden kann. Die Ergebnisse dieser Schätzung finden sich in Tabelle 5.

1.2.4 Absolute Armut und Hunger

Unterernährung wegen absoluter Armut beeinträchtigt das Wohlbefinden immens, auch wenn sie nicht zum Tode führt. Viele dieser Menschen leiden unter dauernden Hungerqualen, andere an Mangelkrankheiten und Infektionen, die durch bessere Ernährung hätten verhindert werden können, z.B. Kropf oder Blindheit aufgrund von Vitamin A-Mangel. Unterernährung beeinträchtigt die psychische und physische Entwicklung von Kindern (Singer 1994, 278-280). Der Einfluß auf das Wohlbefinden ist schwer zu schätzen, insbesondere weil subjektives Wohlbefinden vor allem in den reicheren Ländern erforscht wird. Deshalb habe ich diese Wohlbefindensniveaus nur geschätzt. Die betroffene Gruppe sind die Armen der NOECD-Länder mit einer Ausgangsposition von 62,92 Jahren Lebenserwartung und einem mittleren Wohlbefinden von 0,1145wi. Der schlimmste Effekt sind vermutlich dauernde Hungerqualen. Sie drücken das mittlere Wohlbefinden nicht auf das Niveau 0wi, vielleicht aber auf eine Wohlbefindensniveau, das halb so hoch ist wie das der Arbeitslosen, nämlich ca. 0,03wi. Diese Reduzierung mag 10 % der zusätzlichen 64 Mio. Menschen betreffen, die an Unterernährung leiden, und zwar für die 25 Jahre des dritten Zeitraums. Weitere 40 % (=25,6 Mio. Menschen) mögen an Mangelkrankheiten mit etwas weniger krassen Folgen für das Wohlbefinden leiden, so daß ihr Wohlbefinden vielleicht etwas höher ist als das der Arbeitslosen: 0,08wi (Reduzierung um 0,0345wi).

1.3.1 Durch Katastrophen direkt erzeugtes psychisches Leid

Katastrophentote werden auch von ihren Verwandten und Freunden betrauert und hinterlassen bei ihren engsten Angehörigen psychische Lücken, die nicht so einfach durch andere Personen gefüllt werden können. Die Katastrophentoten wären zwar später ohnehin gestorben; für die Angehörigen ist es jedoch ein großer Unterschied, ob jemand mitten aus dem Leben gerissen wird oder nach einem erfüllten Leben stirbt. Die Annahmen über die dadurch erzeugten Wohlbefindenseinbußen finden sich in Tabelle 5.

1.3.2 Migrantenelend

Flüchtlinge leiden meist sehr lange unter ihrem Schicksal: Sie verlieren nicht nur einen Großteil ihres Eigentums, sondern oft auch ihre Verwandten, ihre Heimat, ihre vertraute kulturelle und sprachliche Umgebung, und sie geraten in eine feindliche Umgebung, in der sie schwer Arbeit und Wohnung finden und sich erst langsam wieder hocharbeiten müssen. Das Wohlbefinden der 103,6 Mio. überlebenden Migranten wird deshalb langfristig sinken – am Anfang stärker mit allmählicher Besserung: In den ersten 30 Tagen mag ihr Wohlbefinden von der gewöhnlichen Verteilung um 0,1wi sinken, während des Rests des ersten Jahres nach der Migration um 0,0777wi (was der Reduzierung bei den Arbeitslosen entspricht) und für weitere zehn Jahre um 0,0340wi (was dem Abstieg um zwei Einkommensquartile entspricht). Bei einem Zehntel dieser Gruppe sind zudem (gemäß der obigen Eisberghypothese) noch Wohlbefindensabsenkungen durch migrationsbedingte Krankheiten und Verletzungen hinzuzufügen.

1.3.3 Verschlechtertes soziales Klima

Große Flüchtlingszahlen können soziale Probleme in den Immigrationsländern hervorrufen. Angst vor den Immigranten, ein verschärftes soziales Klima, erhöhte Kriminalitätsraten, Angst vor Kriegen werden bei einer Vielzahl von Menschen zu gewissen Wohlbefindensverringerungen führen (s. Tabelle 5).

1.3.4 Psychisches Leid durch verschlechterte Lebensbedingungen

Die Wohlbefindensbeeinträchtigungen durch erhöhte Lebensmittelpreise, verringerte Wasserzufuhr etc. werden zusammen mit den Unannehmlichkeiten aus den ökonomischen Verlusten behandelt werden (Gruppe 2).

3.5 Ökonomische Verluste und ihr Einfluß auf das Wohlsein

3.5.1 Ökonomische Verluste

Echte ökonomische Schäden durch $2xCO_2$ sind die Hauptsorge der Kosten-Gewinn-Analysen. Deshalb gibt es viel Literatur, wenn auch nur wenige globale Studien, zu diesem Thema. Aus wohlfahrtsethischer Sicht sind diese Schäden im Vergleich zu den bisher schon behandelten jedoch weniger wichtig (ca. 5 % aller Schäden). Die in Tabelle 4, Spalten 2 und 5, zusammengefaßten ökonomischen Verluste beruhen großenteils auf Berechnungen Fankhausers (1995), sind aber z.T. korrigiert. (Für die Begründung dieser Korrekturen ist hier leider nicht genügend Platz.) Die Schadenskategorien bedeuten: Die Produktivität der Landwirtschaft wird sich durch Hitzestress, verringerte Bodenfeuchtigkeit und vermehrte Schädlinge verringern. Die Waldflächen werden sich vor allem in den gemäßigten und in den borealen Zonen verringern. Der Anstieg des Meeresspiegels wird das Fischaufkommen und damit auch die Fangzahlen in den Mündungsgebieten der Flüsse reduzieren. In niedrigen Breiten werden sich die Wasservorräte

Tabelle 4

a_1: *2050-2075: Jährliche ökonomische Schäden durch $2xCO_2$ in Mrd. US-Dollar$_{1990}$ im Jahr 2050 und sozialisierte Anteile dieser Kosten:*

1 Schadensursache	2 NOECD Gesamt- kosten MrdD	3 NOECD soz. Anteil %	4 NOECD soz. Anteil MrdD	5 OECD Gesamt- kosten MrdD	6 OECD soz. Anteil %	7 OECD soz. Anteil MrdD
Landwirtschaft	16,011	0	0,000	23,130	90	20,817
Waldsterben	1,932	0	0,000	7,204	90	6,484
Flußmündungs-fischerei	1,298	0	0,000	5,006	90	4,505
Brauch und Trink-wasser	11,900	0	0,000	34,849	0	0,000
Verlorenes Küsten-land	10,621	0	0,000	8,084	90	7,276
Verlorenes Wattland	7,346	0	0,000	8,466	90	7,619
Naturkatastrophen	0,300	0	0,000	1,100	90	0,990
Luftverschmutzung	1,752	0	0,000	5,949	0	0,000
Küstenschutz	1,037	100	1,037	0,994	100	0,994
Artensterben	3,000	100	3,000	4,000	100	4,000
Krankheit & Verletzung	2,331	0	0,000	2,619	90	2,357
Eingliederung Immigranten	3,453	100	3,453	3,103	100	3,103
Summe	60,981	12,3	7,490	104,504	55,6	58,145

durch erhöhte Verdunstung und verringerte Niederschläge verringern. Durch den Anstieg des Meeresspiegels gehen sowohl Land als auch Wattgebiete verloren. Wirbelstürme und Überschwemmungen werden vermehrt Sachgüter zerstören. Der globale Temperaturanstieg wird zu einer vermehrten Emission von HC, NO_x und SO_x und zu einer Erhöhung der Ozonkonzentration führen, was z.T. wieder Sachschäden insbesondere an Gebäuden verursachen wird. Um die Landverluste durch den Anstieg des Meeresspiegels in Grenzen zu halten, müssen neue Deiche gebaut und alte erhöht und verstärkt werden. $2xCO_2$ verschärft das Artensterben; ein Teil der ausgerotteten Arten hat pharmazeutischen Wert. Krankheiten und Verletzungen führen auch zu Arbeits- und Verdienstausfall. Regierungen müssen soziale Programme auflegen, um Immigranten zuerst am Leben zu erhalten und dann zu integrieren. Alle diese ökonomischen Schäden zusammen belaufen sich auf ca. 165 Mrd. Dollar/Jahr im dritten Zeitraum.

3.5.2 Welfarisierung individuell getragener ökonomischer Verluste

Für wohlfahrtsethische Zwecke sagen die gerade aufgelisteten ökonomischen Schadensummen noch wenig, weil aus ihnen nicht hervorgeht, wer diese Verluste trägt – was aber für den wohlfahrtsethischen Ansatz entscheidend ist. Der in dieser Hinsicht wichtigste Unterschied besteht schon darin, ob anfänglich große individuelle Verluste später sozialisiert werden, etwa durch Versicherungsleistungen oder nationale Hilfsprogramme, oder ob sie auch schlußendlich von den ursprünglich betroffenen Personen getragen werden. Letzteres wird in NOECD-Ländern viel häufiger der Fall sein als in OECD-Ländern. Derselbe Anfangsverlust kann dann zu einem vernachlässigbaren Endverlust führen und das Wohlbefinden recht wenig beeinflussen oder zu ökonomischem Ruin führen und Menschen in absolute Armut stürzen. Solche Verteilungs- und Wohlbefindensfragen zu ignorieren ist eines der Hauptprobleme der Kosten-Gewinn-Analysen. Über die zu erwartende Verteilung der ökonomischen Verluste und deren Auswirkungen habe ich keinerlei Angaben gefunden; ich kann sie hier nur sehr grob schätzen.

Der erste Schritt besteht darin zu schätzen, welche Anteile der Kosten sozialisiert werden und welche von den ursprünglich betroffenen Individuen getragen werden. Das Ergebnis dieser Schätzung ist in den Spalten 3 und 6 von Tabelle 4 dokumentiert.

Als nächstes werden die Verteilung und die Wohlbefindenseinflüsse der individuell getragenen Verluste geschätzt: *1. Ökonomischer Ruin*: Individuell getragene Verluste durch Aridisierung landwirtschaftlicher Nutzfläche, Überflutung von Küstenland, Fangeinbußen in der Flußmündungsfischerei, Zerstörung von Häusern etc. durch Naturkatastrophen, verlorene Arbeitstage aufgrund von Krankheiten und Verletzungen werden einen großen Teil der Betroffenen ökonomisch ruinieren. Der größere Teil dieser Menschen, vor allem diejenigen, die ihr Nutzland verloren haben, wird migrieren (weil meist der ganzen Region die

Lebensgrundlage entzogen wird) und ist schon oben erfaßt. Die übrigen ökonomisch Ruinierten (14,6 Mio. Menschen) fallen in absolute oder relative Armut, werden sozial deklassiert oder erlangen einen vergleichbaren Wohlstand wie früher zurück – wobei aber neben den langfristigen Einflüssen auf das Wohlbefinden jeweils mit kurzfristig extremeren Wohlbefindenseinbußen zu rechnen ist. Die Annahmen über die Verteilung dieser Schicksale und ihre Wohlbefindensauswirkungen folgen weitgehend den Annahmen zu den Auswirkungen der direkt erzeugten Armut und sind in Tabelle 5 zusammengefaßt (Zeilen 2a-f, 2h-i). 2. *Erschwerung des Alltags*: Steigende Lebensmittel- und Wasserpreise oder verringerte Verfügbarkeit von Wasser (deren Diskussion oben verschoben wurde), Verlust von Feuerholz und anderen frei verfügbaren Ressourcen führen für den ärmsten Teil der Bevölkerung zu spürbaren Verzichten und Unbequemlichkeiten, die in einem kleinen Teil der Zeit das Wohlbefinden etwas reduzieren (Tabelle 5, Zeile 2g). Vom Rest der Bevölkerung wird angenommen, daß er solche Teuerungen etc. ohne nennenswerte Wohlbefindenseinbußen tragen kann. 3. *Trauer über verlorenen Besitz*: Auch von denen, die ihren verlorenen Besitz erstattet bekommen, wird ein Teil verlorenem Besitz, einem aufgegebenem Beruf oder ähnlichem nachtrauern und dadurch vorübergehende Wohlbefindensminderungen haben (Tabelle 5, Zeilen 2j).

3.5.3 Welfarisierung sozialer ökonomischer Kosten

Soziale ökonomische Verluste bestehen aus von der öffentlichen Hand getätigten Ausgaben (wie öffentlich bezahltem Deichbau), aus Verlust an öffentlichem Eigentum (wie Verlust an öffentlichen Wäldern) oder aus sozialisierten individuellen Kosten (wie öffentliche Entschädigungen für verlorenen Besitz). Solche Kosten zu welfarisieren ist ein schwieriges Unterfangen. Es setzt Informationen darüber voraus, was anderenfalls mit diesem Geld gemacht worden wäre; und dies hängt wieder von den politischen Zielen und Vorstellungen der jeweils Regierenden ab – was für 50 und mehr Jahre im voraus nur schwer prognostiziert werden kann. Im ungünstigsten Fall wäre das Geld für eine Wohlfahrts*reduzierung*, z.B. durch Kriege, verausgabt worden, im zweitungünstigsten, aber wahrscheinlicheren Fall, ohne Nettoeffekte für die soziale Wohlfahrt, etwa zur Einkommenssteigerung der Reichsten. Aus wohlfahrtsethischer Sicht würde das gesparte Geld am besten etwa für Programme zur Lebensverlängerung oder zur Einkommenssteigerung der Armen u.ä. verwendet. Die Perspektiven der Lebensverlängerung sind schwer vorauszusagen, so daß sich die folgenden Überlegungen auf Investitionen in Steigerungen niedriger Einkommen beschränken werden. Als Schätzung für die tatsächliche Verwendung des gesparten Geldes wird die Mitte zwischen den beiden Extremen angenommen. (Die möglichen Gewinne durch eine reine Wohlfahrtspolitik werden also halbiert.) In den OECD-Ländern besteht das größte Potential zur Wohlfahrtsvermehrung durch Einkommenssteigerungen darin, Menschen, die unter der Armutsgrenze leben, auf ein Niveau zwischen der Armutsgrenze und der doppelten Armutsgrenze zu heben. Die Kosten dafür entsprechen im Schnitt der Armutsgrenze, die 1990 in den USA, über alle Familiengrößen gemittelt, 3707 Dollar$_{1990}$/Person·Jahr betrug (eigene Berechnungen nach: Statistical Abstract USA 1992, 427; 446). Der Wohlfahrtsgewinn wäre eine durchschnittliche Steigerung des Wohlbefindens vom Niveau 0,1145wi um 0,0163wi auf 0,1308wi (zur Berechnung dieses Wertes s. den folgenden Einschub). Wenn die fraglichen Summen nun nicht für die Wohlbefindenssteigerungen verwendet werden können, weil sie durch die Folgen des Treibhauseffektes aufgezehrt werden, bedeutet dies eine Wohlbefindensminderung der potentiellen Nutznießer der Wohlfahrtspolitik von 0,1308wi um 0,0163wi während 25 Jahren. Dieser Schaden würde in der OECD – gemäß den bisherigen Annahmen – 7,8 Mio. Menschen betreffen (= (0,5·58,145 Mrd. Dollar)/(3707 Dollar/Person)) (vgl. Tabelle 5, Zeile 2l). Für die NOECD gelten ähnliche Überlegungen. Der Hauptunterschied zur OECD besteht darin, daß die Kaufkraft des Dollar in diesen Ländern viel größer ist und daß es viel ärmere Personen gibt, bei denen die Wohlbefindenssteigerung noch steiler ist.

Zur Berechnung der Wohlbefindensverbesserungen durch bestimmte Einkommenssteigerungen wurde eine grobe Nutzenfunktion des Geldes ermittelt. Ausgangspunkt dafür waren Einkommensstatistiken aus den USA von 1990, in denen die Anteile bestimmter Einkommensklassen an der Gesamtbevölkerung angegeben werden (z.B. bis 4999 Dollar/Jahr: 5,2 %; 5000-9999 Dollar/Jahr: 9,7%) (Statistical Abstract US 1992, 446). Diese Statistiken implizieren Informationen über das Einkommen bestimmter Einkommenspositionen – wobei unter „*Einkommensposition*" das von unten gezählte Einkommensperzentil verstanden wird. Das Einkommen der Position 5,2 ist beispielsweise 4999 Dollar/Jahr, das der Position 14,9: 9999 Dollar/Jahr. Aus diesen Angaben wurde dann das Einkommen solcher Positionen berechnet, für die das soziale Mittel des Wohlbefindens bekannt ist, nämlich – wenn man das Mittel jeweils mit dem Median gleichsetzt – die Mitten der vier Einkommensquartile (s.o., Abschn. 3.3, die Berechnungen aus Campbells Angaben), also die Positionen 12,5, 37,5, 62,5, 87,5. Da es sich immer um Familieneinkommen handelt, müssen die so ermittelten Einkommen noch nach der Familiengröße korrigiert werden. Die resultierenden individuellen Einkommen der vier Einkommenspositionen sind: Position 12,5 (Wohlbefindensmittel 0,1145wi): mittleres individuelles Einkommen 4510 Dollar/Jahr; Position 37,5 (Wohlbefindensmittel 0,1352wi): mittleres individuelles Einkommen 9222 Dollar/Jahr; Position 62,5 (Wohlbefindensmittel 0,1494wi): mittleres individuelles Einkommen 13717 Dollar/Jahr; Position 87,5 (Wohlbefindensmittel 0,1655wi): mittleres individuelles Einkommen 22149 Dollar/Jahr. Diese Ankerwerte bilden dann die Basis für weitere Interpolationen.

3.6 Andere Schäden und Zusammenfassung der Wohlbefindensverluste

3.1 Schäden an Ökosystemen und Naturräumen

Erosion oder Überflutung von Stränden und Küstenland, Sterben von Korallenriffen, Waldsterben, Verwüstung der Savannen stellen nicht nur ökonomische Schäden dar, sondern verringern auch die Erholungs- und Erlebnismöglichkeiten der Menschen. Allerdings werden sich die meisten Menschen einfach alternative Erholungsmöglichkeiten suchen. Der verbleibende Restschaden besteht dann hauptsächlich in verlorenem Existenzwert, d.h. Trauer über den Verlust solcher Naturräume. Die Annahmen zu dieser Schadenskategorie sind in Tabelle 5 (Zeile 3a) enthalten.

Alle Wohlfahrtsverluste durch BAU (= a_1) sind in Tabelle 5 zusammengefaßt.

Tabelle 5

a_1: *2050-2075: Wohlfahrtsminderungen in Wohlbefindensintensitäten wi einer bestimmten Dauer von einem Ausgangspunkt aus durch bestimmte Ursachen:*

1 Ursache		2 Ausgangsposition	3	4 Reduzierung	5	6 Personen in 1000
		LE Jahre	WB in wi	Dauer Jahre	WB in wi	
1.1	**Direkte Tote:**					
a	Fluten und Stürme	65,01	0,1420	32,505	v0,1420	441
b	Hungersmöte (Mißernten, Dürre)	62,92	0,1420	31,460	v0,1420	37.500
c	Migranten bei der Migration	62,92	0,1420	31,460	v0,1420	1.046
d	Armut, Unterernährung, Hunger	62,92	0,1145	31,460	v0,1145	52.500
e	Malaria	62,92	0,1420	31,460	v0,1420	1.250
f	Hitzewellen	65,01	0,1420	32,505	v0,1420	5.927
1.2	**Direkt erzeugtes körperliches Leid:**					
a	Naturkatastrophen: Verletzte	65,01	0,1420	0,027	0,1420	4.410
b	Hungersnöte: Krankheiten, Leid	62,92	0,1420	0,027	0,1420	375.000
c	Malariaerkrankungen	62,92	0,1420	0,026	0,1420	248.750
d	Luftverschutzung: Krankheiten	65,01	0,1420	0,013	0,1420	447.179
e	hitzebedingte Krankheiten	65,01	0,1420	0,027	0,1420	59.272
f	chronisches Hungergefühl	62,92	0,1145	25,000	0,0845	6.400
g	Mangelkrankheiten, körp. Leid	62,92	0,1145	25,000	0,0345	25.600
1.3	**Direkt erzeugtes psychisches Leid:**					
a	verstärkte Trauer über Tote	65,01	0,1420	0,164	0,0350	303.528
b1	verstärkte Trauer über Tote	65,01	0,1420	0,164	0,0350	75.882
b2	psychische Lücken durch Tote		+	2,000	0,0350	

c1	Migranten: Krankheiten, Verletzungen	62,92	0,1420	0,027	0,1420	10.460
c2	Migrantenelend		+	0,082	0,1000	
c3			+	0,918	0,0777	
c4			+	10,000	0,0340	
d1	Migrantenelend	62,92	0,1420	0,082	0,1000	93.090
d2			+	0,918	0,0777	
d3			+	10,000	0,0340	
e	verschlechtertes soziales Klima	65,01	0,1420	0,112	0,0170	1.500.000

2. *Wohlbefindensreduzierungen durch ökonomische Verluste:*

a	NOECD ök. Ruin: Verhungern	62,92	0,1420	31,460	v0,1420	59
b	NOECD ök. Ruin: Hungergefühl	62,92	0,1420	31,460	0,1120	180
c	NOECD ök. Ruin Mangelkrankheiten	62,92	0,1420	31,460	0,0620	722
d	NOECD ök. Ruin: sonstige Pauperisierung	62,92	0,1420	31,460	0,0275	843
e1	NOECD ök. Ruin: später Vorniveau	62,92	0,1420	0,250	0,0777	6.148
e2			+	0,750	0,0170	
f1	NOECD ök. Ruin: Verarmung	62,92	0,1420	0,500	0,0777	6.148
f2			+	30,960	0,0275	
g	NOECD härterer Alltag, Teuerungen	62,92	0,1145	0,781	0,0170	1.000.000
h1	OECD ök. Ruin: später Vorniveau	76,31	0,1420	0,250	0,0777	250
h2			+	0,750	0,0170	
i1	OECD ök. Ruin: Deklassierung	76,31	0,1420	0,250	0,0777	250
i2			+	37,904	0,0170	
j1	OECD ök. Ruin: Erstattung	76,31	0,1420	0,250	0,0777	2.250
j2			+	0,750	0,0170	
k	NOECD soziale monetäre Verluste	62,92	0,1163	25,000	0,0163	8.915
l	OECD soziale monetäre Verluste	76,31	0,1308	25,000	0,0163	7.843

3. *Andere Einflüsse auf das Wohlbefinden:*

a	Ökosystemverlust Trauer etc.	65,01	0,1420	0,017	0,0170	1.500.000

Erläuterungen: Spalte 1 gibt die Ursachen der Wohlbefindensreduzierungen an. Wenn mehrere Reduzierungen sicher dieselben Personen treffen werden, so sind diese Schäden hintereinander plaziert und durch Ziffern hinter dem Buchstaben für die Gruppe differenziert. – *Spalten 2 und 3* beschreiben die Ausgangsposition der Gruppe, ihre Lebenserwartung in Jahren und ihr langfristiges soziales Wohlbefindensmittel in wi. – *Spalten 4 und 5* stellen die Wohlbefindensminderungen dar: ihre Dauer in Jahren und die Niveauminderung in wi. Diese Reduzierungen werden meistens für alle Mitglieder der Gruppe als gleich angenommen. Ein „v" (bei Todesfällen) bedeutet aber, daß die angegebene Reduzierung eine durchschnittliche Reduzierung ist, wobei die individuellen Reduzierungen gleich dem Ausgangsniveau sind: Alle Gruppenmitglieder werden auf das Wohlbefindensniveau 0 gedrückt. – *Spalte 6* gibt die Gruppengröße in 1000 Personen an.

4. Alternativen a_2-a_4

4.1 Darstellung der Alternativen

Ähnlich wie BAU werden im folgenden drei Reduzierungsoptionen untersucht:

a_2, *Stabilisierung*, Einfrieren der Treibhausgasemissionen auf dem Niveau von 1990;

a_3, *starke CO_2-Reduzierung*, Reduzierung der Emissionen um 25 % (bis 2015) gegenüber dem Niveau von 1990;

a_4, *nachhaltige CO_2-Reduzierung*, Reduzierung der Emissionen um 60 % (bis 2035) gegenüber dem Niveau von 1990.

4.2 Monetäre Reduzierungskosten

Der Kern aller Gegenmaßnahmen gegen den anthropogenen Treibhauseffekt ist die Reduzierung der CO_2-Emissionen. Dieses Ziel kann z.B. durch hohe Steuern auf CO_2-Emissionen (C-Steuern) erreicht werden, was dann einen Anreiz für einen sparsameren Verbrauch und die Entwicklung alternativer Energiequellen gibt. Dies wird mindestens kurzfristig zu Preissteigerungen führen und Arbeitslosigkeit in den energieintensiven Industrien. Einige dieser negativen Effekte, vor allem die Arbeitslosigkeit, können erheblich verringert werden, wenn die Einkünfte aus der C-Steuer ökonomisch sinnvoll verwendet werden, z.B. zur Verringerung der Lohnnebenkosten und der Einkommensteuer, wodurch Produktionskosten gesenkt und neue Arbeitsplätze geschaffen werden könnten (Hourcade et al. 1996, 309; Mabey et al. 1997, 403). Erhebliche Kostenreduzierungen können zudem durch ökonomisch effiziente Reduzierung erreicht werden, daß Emissionsreduzierungen zunächst da vorgenommen werden, wo sie am billigsten sind. Dies kann z.B. durch die Ausgabe von handelbaren Emissionserlaubnissen erreicht werden. Solche ökonomisierenden Maßnahmen sind in den hier vorgenommenen Kostenberechnungen vorausgesetzt. Diese Kosten sind in Tabelle 6 zusammengefaßt.

Die ökonomischen Kosten der Treibhausgasreduzierung sind unter Wirtschaftswissenschaftlern sehr umstritten. Aus Gründen der Konservativität habe ich mich im folgenden auf Top-down-Modelle gestützt, die in der Regel zu sehr viel ungünstigeren Prognosen gelangen als Bottom-up-Modelle. Hourcade et al. (1996, 335) listen eine Reihe globaler Reduzierungsstudien auf mit sehr unterschiedlichen Reduzierungsvorgaben. Aus den Ergebnissen dieser Studien wurden jeweils die angenommenen Reduzierungskosten pro Prozent Reduzierung berechnet. Diese fraktionierten Reduzierungskosten aus allen Studien wurden dann gemittelt und dieses Mittel zur Berechnung der Kosten aus den hier vorgegebenen Reduzierungszielen verwendet.

Tabelle 6

a2-a4: 2000-2075: Kumulierte ökonomische Kosten für die OECD, NOECD und weltweit durch CO$_2$-Reduzierungen, undiskontiert und diskontiert (mit 3 %/Jahr) in Mrd. US-Dollar$_{1990}$:

1	2	3	4	5	6	7
Alternative & Zeitraum	NOECD	OECD	Welt	NOECD diskont.	OECD diskont.	Welt diskont.
a$_2$: 2000-2025:	2371	4768	7139	1506	3075	4581
2025-2050:	6739	10680	17419	2054	3307	5361
2050-2075:	14430	17940	32370	2076	2622	4698
Summe a$_2$	23540	33388	56928	5636	9004	14640
a$_3$: 2000-2025:	3318	6634	9952	2066	4186	6252
2025-2050:	8476	13470	21946	2606	4208	6814
2050-2075:	16430	20460	36890	2374	3003	5377
Summe a$_3$	28224	40564	68788	7046	11397	18443
a$_4$: 2000-2025:	3665	7288	10953	2244	4522	6766
2025-2050:	10783	17170	27953	3333	5389	8722
2050-2075:	19250	24000	43250	2794	3539	6333
Summe a$_4$	33698	48458	82156	8371	13450	21821

Die moralisch entscheidende Fragen ist, wie diese Kosten verteilt werden sollen. Bei Annahme von handelbaren Emissionszertifikaten ist die Kostenverteilung völlig unabhängig von der Allokation der Emissionen (vgl. Kverndokk 1995, 130-132; Hourcade et al. 1996, 339): Die Gesamtmenge der Emissionen wird durch die Gesamtmenge der Emissionszertifikate limitiert; die Kostenverteilung wird durch die Anfangszuteilung von Zertifikaten gesteuert; und die Allokation der Emissionen erfolgt durch Handel mit diesen Zertifikaten. Wenn man die Reduzierungskosten einigermaßen kennt, können dann die Zertifikatzuteilungen für die einzelnen Länder genau so berechnet werden, daß diese Länder im Endeffekt bestimmte vorher festgelegte Summen zur globalen CO$_2$-Reduzierung beitragen; im Prinzip können einigen Ländern sogar negative Zertifikate gegeben werden, was bedeutet, daß bevor sie eine Einheit Kohlenstoff emittieren, zunächst ein viel größeres Kontingent an Zertifikaten kaufen müssen. Diverse Kostenverteilungen sind diskutiert worden. Die beiden Extreme sind das Großvaterprinzip, daß die Emissionsrechte proportional zu den heutigen Emissionen verteilt werden, und das Prinzip ‚Kein Schaden für Entwicklungsländer‘, daß Entwicklungsländer nichts für die Reduzierung bezahlen sollten. Das Großvaterprinzip ist in mehreren Hinsichten ungerecht: Entwicklungsländer bekommen viel weniger Emissionsrechte pro Kopf, was egalitären Überlegungen widerspricht; sie brauchen viel mehr Emissionsrechte für ihre künftige Entwicklung, was aus wohlfahrtsethischer Sicht wichtig ist; und sie haben nur wenig bis gar nichts zum anthropogenen Treibhauseffekt beigetragen, was nach dem liberalen Verursacherprinzip wichtig ist. Unabhängig von solchen Überlegungen ist aus wohlfahrtsethischer Sicht die beste Kostenverteilung, daß die OECD-Länder die

Reduzierungen komplett bezahlen, weil sie dadurch die geringsten Wohlfahrts-
einbußen haben werden. Diese Annahme paßt auch zur konservativen Vorgehensweise dieser Untersuchung, weil sie ein Handicap für die Reduzierungsoptionen bedeutet (die durch diese Annahme besonders negativ eingeschätzt werden). Wenn die OECD für alle zahlt, betragen ihre Reduzierungskosten bei a_2 im
Jahr 2050 pro Jahr 3,75 % (= 946 Mrd. Dollar$_{1990}$) ihres virtuellen BSP, bei a_3
4,47 % (= 1127 Mrd. Dollar$_{1990}$) ihres BSP und bei a_4 5,47 % (= 1379 Mrd. Dol-
lar$_{1990}$) ihres BSP – durch direkte Transferzahlungen an NOECD-Länder, höhere
Energiepreise und verringertes Wachstum. Diese Zahlen klingen gigantisch. Aber
selbst bei nachhaltiger Reduzierung wäre deshalb niemand in der OECD ärmer
als heute; das BSP wäre 2050 immer noch 72 % über dem von 1990, vielmehr
wird das BSP, das sonst schon 2050 erreicht worden wäre, erst 2056 erreicht.
    Die in Tabelle 6 aufgelisteten Kosten, die nach den gerade dargestellten An-
nahmen vollständig von der OECD bezahlt werden, müssen nach dem in Abschnitt 3.5.3 beschriebenen Verfahren welfarisiert werden. Das Ergebnis ist in
Tabelle 7 festgehalten.

4.3 Nichtmonetäre Reduzierungskosten

Außer den im vorigen Unterabschnitt behandelten ökonomischen Reduzierungskosten sind noch nichtmonetäre Reduzierungskosten zu berücksichtigen.
Vor allem Arbeitslosigkeit bringt Wohlbefindenseinschränkungen auch unabhängig von den monetären Verlusten mit sich (Campbell 1981, 120-122; s.o.,
Abschn. 3.3). Bei Stabilisierung (a_2) werden zunächst hauptsächlich Beschäftigte
in energieintensiven Industrien arbeitslos werden, bei nachhaltiger Reduzierung
aber auch in vielen Wirtschaftsbereichen darüber hinaus. Wegen der angenommenen Verwendung der C-Steuern für investitionsfördernde Maßnahmen werden die Arbeitslosen aber alle mittelfristig wieder neue Beschäftigungen finden,
so daß ihr Wohlbefinden auf das ursprüngliche Niveau zurückkehrt. Weiterhin
wird angenommen, daß die reibungsvolle Umstellung der Wirtschaft auf geringe-
re Treibhausgasemissionen vollständig im ersten Zeitraum stattfindet; ökonomische Kosten werden auch danach anfallen, es wird aber keine zusätzliche Arbeitslosigkeit mehr geben. Die vor diesem allgemeinen Hintergrund angenommenen Wohlfahrtsverluste durch Arbeitslosigkeit sind in Tabelle 7 aufgelistet. –
Ein weiterer durch die Reduzierungsoptionen erzeugter nichtmonetärer Wohlfahrtsverlust ist, daß sich die Bewohner der OECD-Ländern über die hohen Ab-
gaben und die Subventionen an NOECD-Länder aufregen werden. Die Annahmen hierzu sind wieder in Tabelle 7 aufgeführt.

4.4 Schäden durch den eingedämmten Treibhauseffekt

Der Nutzen der Alternativen a_2, a_3 und a_4 liegt selbstverständlich in der Eindämmung des anthropogenen Treibhauseffekts. Die völlige Verhinderung der für BAU prognostizierten Schäden aus dem Treibhauseffekt im dritten Zeitraum erfordert allerdings eine Verringerung der Emissionen um 50-70 % (Mabey et al. 1997, 380), also Alternative a_4, die deshalb „nachhaltige Reduzierung" heißt. Leider gibt es keine präzisen Schätzungen über die Schadensreduzierungen durch weniger strikte Reduzierungsoptionen. Aber eine gute Schätzung mag sein, daß die Stabilisierung (a_2) die Schäden von $2xCO_2$ halbiert und daß die starke Reduzierung (a_3) sie viertelt.

4.5 Zusammenfassung der Schäden durch die Reduzierungsoptionen

Die Schätzungen über die durch a_2, a_3 und a_4 hervorgerufenen Wohlfahrtsschäden sind in Tabelle 7 zusammengefaßt.

Tabelle 7
a_2-a_4: *2000-2075: Wohlfahrtsschäden durch Reduzierungen der Treibhausgasemissionen: Verringerungen des Wohlbefindens (in wi) in bestimmten Zeiträumen von bestimmten Ausgangsniveaus aus durch diverse Ursachen:*

1 Ursache		2 Augangsposition LE Jahre	3 WB in wi	4 Reduzierung Dauer Jahre	5 WB in wi	6 Personen in 1000
a_2:	*Stabilisierung der Treibhausgasemissinen:*					
a_2:	*2000-2025*					
a	OECD welfarisierte soziale ök. Verluste	76,31	0,1308	25,000	0,0163	38.516
b	politische Aufregung	76,31	0,1420	0,026	0,0170	200.000
c	Arbeitslosigkeit	76,31	0,1420	0,500	0,0777	100.000
a_2:	*2025-2050:*					
d	OECD welfarisierte soziale ök. Verluste	76,31	0,1308	25,000	0,0163	93.979
e	politische Aufregung	76,31	0,1420	0,026	0,0170	200.000
a_2:	*2050-2075:*					
f	OECD welfarisierte soziale ök. Verluste	76,31	0,1308	25,000	0,0163	125.000
g	OECD welfarisierte soziale ök. Verluste	76,31	0,1412	25,000	0,0163	49.643
h	politische Aufregung	76,31	0,1420	0,026	0,0170	200.000
i	halbierter Treibhauseffekt:	s. Tabelle 5				

a₃:	*starke Treibhausgasreduzierung*					
a₃:	*2000-2025:*					
a	OECD welfarisierte soziale ök. Verluste	76,31	0,1308	25,000	0,0163	53.693
b	politische Aufregung	76,31	0,1420	0,026	0,0170	200.000
c	Arbeitslosigkeit	76,31	0,1420	0,750	0,0777	200.000
a₃:	*2025-2050:*					
d	OECD welfarisierte soziale ök. Verluste	76,31	0,1308	25,000	0,0163	118.403
e	politische Aufregung	76,31	0,1420	0,026	0,0170	200.000
a₃:	*2050-2075:*					
f	OECD welfarisierte soziale ök. Verluste	76,31	0,1308	25,000	0,0163	125.000
g	OECD welfarisierte soziale ök. Verluste	76,31	0,1412	25,000	0,0163	74.029
h	politische Aufregung	76,31	0,1420	0,026	0,0170	200.000
i	geviertelter Treibhauseffekt: s. Tabelle 5					
a₄:	*nachhaltige Treibhausgasreduzierung:*					
a₄:	*2000-2025:*					
a	OECD welfarisierte soziale ök. Verluste	76,31	0,1308	25,000	0,0163	59.094
b	politische Aufregung	76,31	0,1420	0,026	0,0170	200.000
c	Arbeitslosigkeit	76,31	0,1420	1,000	0,0777	300.000
a₄:	*2025-2050:*					
d	OECD welfarisierte soziale ök. Verluste	76,31	0,1308	25,000	0,0163	125.000
e	OECD welfarisierte soziale ök. Verluste	76,31	0,1412	25,000	0,0163	25.812
f	politische Aufregung	76,31	0,1420	0,026	0,0170	200.000
a₄:	*2050-2075:*					
g	OECD welfarisierte soziale ök. Verluste	76,31	0,1308	25,000	0,0163	125.000
h	OECD welfarisierte soziale ök. Verluste	76,31	0,1412	25,000	0,0163	108.342
i	politische Aufregung	76,31	0,1420	0,026	0,0170	200.000

Keine Schäden durch den anthropogenen Treibhauseffekt.

5. Moralische Bewertungen der Alternativen

Die obigen Annahmen sind z.T. ziemlich spekulativ. Aber einige Ethiken erfordern solche Annahmen, um die Alternativen moralisch bewerten zu können. Der Gewinn ist natürlich, daß diese moralischen Bewertungen relativ leicht durchgeführt werden können. Zunächst wird der hedonistisch-utilitaristische Wert der

Alternativen und der Wert gemäß dem von mir entwickelten, gerechtigkeitsorientierten Kriterium Utilex berechnet.[5]

Utilex funktioniert ähnlich wie der Utilitarismus. Aber anstatt wie im Utilitarismus einfach persönliche Wünschbarkeiten der Alternative für die von ihr betroffenen Individuen zu addieren, werden diese persönlichen Wünschbarkeiten zuerst moralisch gewichtet. Diese Gewichte sind so bemessen, daß persönliche Wünschbarkeitsgewinne zwar immer auch einen moralischen Gewinn darstellen, daß aber Gewinne für schlechter Gestellte (Unglückliche, Menschen mit geringer Lebenserwartung) sehr viel stärker gewichtet werden als persönliche Gewinne gleichen Umfangs für besser Gestellte. (Die Gewichtungskurve steigt monoton und ist konkav.) Wenn beispielsweise durch medizinische Behandlung das Leben von zwei Menschen mit gleichem, gewöhnlichem Wohlbefinden (0,1420wi), die sonst mit 40 bzw. 80 Jahren sterben würden, um ein Jahr verlängert werden kann (in dem sie ebenfalls das Wohlbefinden 0,1420wi haben), dann würde das zusätzliche Jahr für den 40-Jährigen 88 % höher bewertet als das für den 80-Jährigen. Utilex ist eine Synthese aus dem Utilitarismus, der alle persönlichen Wohlfahrtsverbesserungen gleich bewertet, und Leximin oder Maximin, die den Wohlfahrtsverbesserungen für schlechter Gestellte immer den Vorrang geben, egal wie winzig diese sind und wie groß die alternativen Vorteile für besser Gestellte wären. Utilex ist wie Leximin gerechter als der Utilitarismus, indem es den Verbesserungen der schlechter Gestellten mehr Gewicht gibt. Utilex ist aber ökonomischer als Leximin, indem es sich auch für Wohlfahrtsverbesserungen für besser Gestellte ausspricht, wenn diese leicht erreichbar sind.

Die Gewichtungsfunktion von Utilex ist:

$U_{ul}(x) = (19/18) \cdot (1 - 19^{-x})$, wobei x die (normalisierte, s.u.) persönliche Wünschbarkeit eines Lebens ist. Einige Werte dieser Funktion sind:

x:	0	0,1	0,2	0,3	0,4	0,5	0,6	0,7	0,8	0,9	1
U_{ul}:	0,000	0,269	0,470	0,619	0,730	0,813	0,875	0,921	0,955	0,981	1,000

Utilex ist ursprünglich zur Bewertung von Leben entwickelt worden, die sich nur im mittleren Wohlbefindensniveau, aber nicht in der Dauer unterscheiden. Der Anwendungsbereich von Utilex ist für die vorliegenden Zwecke auf folgende Weise erweitert worden: 1. Leben mit derselben persönlichen Wünschbarkeit (hedonistisch verstanden: das Integral des Wohlbefindens über der Zeit) haben auch dieselbe moralische Utilex-Wünschbarkeit. 2. Die oben erwähnte Utilex-Gewichtungsfunktion wird auch auf beliebige persönliche Wünschbarkeiten von Leben angewendet, sofern diese Wünschbarkeiten nur für die spezifischen Be-

---

[5] Lumer 2000, Kap. 7; Lumer 1997. Eine informelle Verteidigung der Idee dieses Kriteriums findet sich bei: Nagel 1991, Kap. 7. Gaertner (1992; 1995) hat empirisch festgestellt, daß intuitive moralische Urteile zur Verteilungsgerechtigkeit häufig nach Prinzipien ähnlich wie Utilex gefällt werden.

lange von Utilex normalisiert sind. Weil persönliche Wünschbarkeiten einen natürlichen Nullpunkt haben (ein Leben, das 0 Jahre dauert, oder ein Leben mit
dem mittleren Wohlbefinden 0wi), der auch nach Utilex mit 0 bewertet werden
soll, muß dann nur noch der Einheitswert der normalisierten Gewichtungsfunktion bestimmt werden. Diese Bestimmung erfolgte hier intuitionistisch auf der
Basis von Antworten auf die folgende Frage: „Zwei Personen, eine 40 Jahre alt,
die andere 80 Jahre alt, beide mit demselben gesellschaftlich durchschnittlichen
Wohlbefinden, leiden an einer bösartigen Krankheit, an der sie nach einer Woche
sterben werden, wenn sie nicht sofort operiert werden. Mit der Operation kann
der Tod für den 40-Jährigen um 8 (=y; Varianten: y=4; 1) Jahre hinausgeschoben werden, während derer er weiterhin ein normales Wohlbefinden haben wird.
Ähnliches gilt für den 80-Jährigen, dessen Tod durch die Operation um x Jahre
hinausgeschoben werden kann. Leider kann nur einer von beiden operiert werden. Bei welchem Wert für x wären Sie moralisch indifferent zwischen den beiden Operationen?" Antworten auf diese Frage, die sich nach völlig anderen
Prinzipien als Utilex richteten (x≤y oder x=∞), wurden nicht weiter berücksichtigt, weil ja eine Variable für das Prinzip Utilex gesucht wurde, das nur eines unter vielen Moralprinzipien ist. Das Medium der verbleibenden Antworten war
x=2y, was als die *Utilex*-Bewertung des Beispiels angenommen wurde. Daraus
kann dann der Einheitswert der normalisierten persönlichen Wünschbarkeitsfunktion berechnet werden (d.h. dasjenige Leben, das die normalisierte persönliche Wünschbarkeit 1 hat): Ein 80-jähriges Leben mit dem mittleren Wohlbefinden von 0,3308wi (und alle persönlichen Äquivalente, z.B. ein 90-jähriges Leben
mit dem mittleren Wohlbefinden von 0,2941wi) hat die normalisierte persönliche
Wünschbarkeit 1. – Ein wichtiger technischer Unterschied zwischen dem Utilitarismus und Utilex ist, daß mit Utilex direkt nur die Wünschbarkeiten ganzer
Leben bewertet werden können. Um die moralische Wünschbarkeit einzelner
Maßnahmen, Handlungen etc. zu bestimmen, müssen die Lebenswünschbarkei-
ten des Leben mit der Maßnahme und ohne sie bestimmt und die Differenz berechnet werden.

Zur Vereinfachung der folgenden Beschreibungen sind einige Maßeinheiten
nützlich: Die persönliche Wünschbarkeit eines Jahres mit dem Wohlbefinden
1wi ist „*1 util*" oder kurz: „*1u*". (100 Jahre mit dem durchschnittlichen Wohlbefinden 0,142wi haben dann die persönliche Wünschbarkeit von 14,2u.) Utilex-
Bewertungen können nur von bestimmten normalisierten persönlichen
Wünschbarkeiten aus vorgenommen werden. Diejenige normalisierte persönliche
Wünschbarkeit, die auch den Utilex-Wert 1 erhält, wird „*1 Lebens-util*" oder
kurz „*1lu*" genannt; 1lu = 26,464828u. Im Utilitarismus können die genannten
persönlichen Wünschbarkeitseinheiten auch für die moralische Bewertung verwendet werden, weil sie dazu ja einfach addiert werden. Dies gilt nicht für Utilex,
für das neue Einheiten benötigt werden: *1 Lebens-lexi* oder *1ll* ist die Utilex-
Wünschbarkeit eines Lebens mit der persönlichen Wünschbarkeit von 1lu; andere Utilex-Wünschbarkeiten ganzer Leben sind definiert als Anwendungen der

Utilex-Gewichtungsfunktion $U_{ul}(x)$ (s. letzten Einschub) auf in Lebens-utils gemessene persönliche Wünschbarkeiten dieser Leben.

Die utilitaristischen und die Utilex-Wünschbarkeitsverluste der vier betrachteten Alternativen sind in Tabelle 8 festgehalten. Eine Alternative ist um so besser, je weniger „Minuspunkte" sie erzeugt. Die ersten beiden Zeilen enthalten die einfachen Bewertungen, die Zeilen drei und vier Bewertungen, bei denen künftige Schäden mit 3%/Jahr diskontiert werden. – Sowohl utilitaristisch als auch nach Utilex, ob mit oder ohne Diskontierung, ist also die stärkste Reduzierungsoption (a_4) immer die moralisch beste Alternative, gefolgt von den moderateren Reduzierungen; am schlechtesten ist immer BAU. Die moralische Reihenfolge ist also in allen vier Fällen: $a_4 > a_3 > a_2 > a_1$.

Tabelle 8
Moralische Wünschbarkeiten der Schäden durch die Alternativen a_1-a_4 nach diversen moralischen Bewertungskriterien:

Kriterium	Einheit	a_1	a_2	a_3	a_4
Utilitarismus einfach	lu	19.737.291	14.099.559	10.283.519	6.719.215
Utilex einfach	ll	23.674.352	16.419.452	11.672.941	7.145.483
Utilitarismus 3% disk.	lu	2.901.382	2.620.001	2.356.007	2.148.647
Utilex 3% diskontiert	ll	3.480.130	3.008.364	2.622.212	2.277.150
Utilitarismus gen. disk.	lu	1.973.729	2.114.492	2.180.847	2.284.462
Utilex gen. disk.	ll	2.367.435	2.404.037	2.396.269	2.407.855

Die kumulierten moralischen Wünschbarkeitsverluste wurden folgendermaßen berechnet: Die in Abschnitt 3.3. angenommene soziale Wohlbefindensverteilung, d.h. die Wahrscheinlichkeitsdichte PDW bei einem mittleren persönlichen Wohlbefinden von w (gemessen in wi), war:

$$PDW(w) = \frac{1}{\sigma \cdot \sqrt{2\pi}} \, e^{-\frac{(w-\mu)2}{2\sigma^2}}$$

mit $\sigma = 0{,}109$ und μ gleich den in den Spalten 3 der Tabellen 5 und 7 spezifizierten Mittelwerten. Die Abbruchhypothese ist nicht in diese Formel eingearbeitet, sondern in die für die moralischen Wünschbarkeiten. So ändert sich die utilitaristische Bewertungsformel zu:

$U_{ut}(x) = x \cdot \Phi(x)$, wobei $\Phi(x)$ die Funktion ist: $\Phi(x)=1$ für $x \geq 0$, $\Phi(x)=0$ für $x<0$.
Die Formel für die Utilex-Wünschbarkeiten ändert sich zu:
$U_{ul}(x) = (19/18) \cdot (1-19^{-x \cdot \Phi(x)})$.
Die durchschnittlichen moralischen Wünschbarkeiten der Leben einer bestimmten Gruppe wurden dann angenommen als:
$_{-1}\int^{1}[PDW(w) \cdot U(c \cdot m \cdot w)]dw$,
wobei U gleich U_{ut} oder U_{ul} ist, c (=0,037786) ist die Konstante für die Umrechnung von utils in Lebens-utils, und m ist die mittlere Lebenserwartung dieser Gruppe in Jahren (also die Werte der Spalten 2 der Tabellen 5 und 7). Die Wünschbarkeiten der geschädigten Leben wurden nach der Formel berechnet:

$_{-1}\int^1[PDW(w)\cdot U(c\cdot((m-t)\cdot w+t(w-r)))]dw,$
wobei t die Dauer der Wohlbefindensreduzierung ist und r deren Betrag in wi.

Auch ganz andere Moralkriterien gelangen zu einer Bevorzugung bzw. zu einem Gebot der nachhaltigen CO_2-Einsparung: Ein (mittelstarkes) *Nachhaltigkeitskriterium*, das von vielen Umweltethikern akzeptiert wird (z.B. Barry, Birnbacher, Höffe, Kavka, Koller, Leist, Rawls), fordert: Eine Generation muß der nächsten Generation so viel an Ressourcen hinterlassen, wie sie selbst vorgefunden hat; dabei ist eine Substituierung vorhandener Ressourcen zulässig, allerdings nur durch Ressourcen, die den gleichen Gebrauchswert haben. Speziell müssen wir nach diesem Kriterium gleich viel von den Ressourcen landwirtschaftlich nutzbares und bewohnbares Land hinterlassen – sofern wir dafür nicht Substitute beschaffen, was in dem erforderlichen Umfang aber kaum möglich ist. Dieses Kriterium verlangt also auch die nachhaltige CO_2-Einsparung: a_4. – Trotz aller Unklarheit der *Kantischen Moralkriterien* gilt vermutlich schon nach dem Kategorischen Imperativ i.e.S. (GMS, BA 17; 52; 81), daß ich nicht wollen kann, daß andere, nämlich unsere Vorfahren vor drei Generationen, in ähnlich exzessiver Weise CO_2 freigesetzt hätten, wodurch es heute zu den bei den Alternativen a_1, a_2 und a_3 beschriebenen Folgen des Treibhauseffektes käme. Also wäre in dieser Situation bei den genannten Alternativen die nachhaltige CO_2-Einsparung geboten. – Auch nach dem von Schopenhauer und Zeitgenossen wie Lenzen und Leist vertretenen (Teil-)Kriterium ‚*Schädige niemanden!*‘ wäre der Ersten Welt die nachhaltige CO_2-Einsparung geboten. Denn mit den Alternativen a_1 bis a_3 schädigt die heutige Generation der Ersten Welt vor allem die übernächste Generation in allen Küsten- und Dürregebieten.

Die Einhelligkeit dieser sehr unterschiedlichen Moralkriterien in der Beurteilung des Treibhauseffekts entsteht durch zwei gemeinsame Merkmale aller Alternativen, in denen es zum Treibhauseffekt kommt: 1. das sehr ungünstige Kosten-Nutzen-Verhältnis und 2. die Schadensabwälzung auf andere Personen durch die Nutznießer. Ersteres ist für Nutzenaggregationsethiken wie den Utilitarismus und Utilex relevant, letzteres für eher rechtlich und verursachungsorientierte Ethiken.

6. Skizze einer Zukunftsethik

6.1 Probleme herkömmlicher Ethiken und rigoroser moralischer Postulate

Die Einhelligkeit der untersuchten Ethiken bei der Beurteilung des Treibhauseffekts ist für Bewohner der Ersten Welt erschreckend, wenn man daran denkt, was durch die Einhaltung der angenommenen moralischen Pflicht auf sie zukommt. Haben wir die moralische Pflicht zur nachhaltigen Treibhausgasreduzierung?

Aus mehreren Gründen wird die Pflicht zur nachhaltigen Reduzierung als Zumutung empfunden: 1. Die Anforderungen aus dieser Pflicht sind ziemlich hoch. 2. Kaum jemand anderes wird sich an diese Pflicht halten, man wäre also isoliert, mit allen Verunsicherungen, die dies mit sich bringt, und hätte kein Umfeld, das einen mit Rat und Tat unterstützen würde. 3. Statt Anerkennung zu finden, würde man eher als Moralist, Fundamentalist oder Öko-Spinner verdächtigt. 4. Frustrierend wäre die Tatsache, daß man alleine oder mit der winzigen Minderheit Gleichgesinnter wenig gegen den Treibhauseffekt ausrichten würde; die eigenen Bemühungen hätten ja nur einen marginalen Effekt. 5. Empörend wäre die Tatsache, daß kaum jemand sonst seiner Pflicht folgte, daß aber die positiven Effekte, die man erreichte, dem allgemeinen Wohl zugute kämen. 6. Möglicherweise hätte die Deklarierung einer derartigen Pflicht sogar den kontraintuitiven Effekt, daß sie Menschen, die zu einem geringeren Engagement bereit wären, abschreckte. – Ein Rigorist wird sich selbstverständlich auf den Standpunkt stellen, daß alle diese Gründe nichts an der moralischen Pflicht ändern können. Umgekehrt kann man aber gegen den Rigorismus einwenden, daß eine Pflicht, die nur von einer verschwindenden Minderheit praktisch akzeptiert wird, selbst obsolet ist.

Hinter den angesprochenen Schwierigkeiten sehe ich folgende grundsätzlicheren Probleme herkömmlicher Ethik:

1. Verbindlichkeit von Normen: Was soll es bedeuten, wenn Ethiker behaupten: „A zu tun ist moralisch geboten."? Normalerweise impliziert diese Behauptung, daß das A-Tun in irgendeiner Weise allgemeinverbindlich ist. Die naheliegendste Konzeption dieser Verbindlichkeit ist, daß sie aus Sanktionen erwächst, aus inneren Sanktionen, wie dem Gewissen, oder aus äußeren: aus formalen, d.h. rechtlichen Sanktionen oder aus informellen, vom tadelnden Stirnrunzeln bis hin zur Lynchjustiz. Diese Art von Verbindlichkeit fehlt zumindest den rigoroseren ethischen Forderungen zum Treibhauseffekt (a_3, a_4). Ohne diese Verbindlichkeit fehlt wiederum der Druck, die rigorose Norm zu befolgen, und u.a. deshalb wird sie bislang quasi auch nicht befolgt. Dies hat für diejenigen, die sie befolgen, die (ungerechte und mindestens ärgerliche) Konsequenz, daß sie die moralische Arbeit für alle anderen miterledigen.

2. Überforderung und moralische Ideale versus moralische Pflichten: Zu unterscheiden ist zwischen moralischen Idealen (oder moralisch optimalen Verläufen) und moralischen Pflichten; was moralisch optimal ist, ist deswegen noch lange nicht moralisch geboten. Diese Einschränkung gilt vor allem aus motivationalen Gründen: Die permanente Pflicht zu moralisch optimalem Handeln würde die Menschen motivational überfordern. Moralische Normen sind nur unter Berücksichtigung solcher motivationalen Beschränkungen begründbar. Diese Rücksichtnahme fehlt aber in den meisten Ethiken.[6] Vielleicht ist die nachhaltige CO_2-Reduzierung nur ein moralisches Ideal, aber keine moralische Pflicht.

---

[6] Eine Ausnahme ist z. B. Birnbachers Zukunftsethik. Birnbacher unterscheidet zwischen *idealen Normen* und demgegenüber aus motivationalen Gründen abgeschwächten *Praxisnor-*

3. Sinn des Universalismus: Moderne Ethiken sind in der Regel universalistisch – und dies ist sicherlich ein historischer Fortschritt, insofern der Universalismus Friedensbemühungen unterstützt hat. Problematisch wird dieser Universalismus aber nicht nur durch eine immer stärkere Tendenz weg von rein negativen (Verbotsethiken) zu positiven Ethiken (mit positiven Hilfegeboten), sondern auch durch die immer größere (mögliche) räumliche (u.a. Einbeziehung der Dritten Welt) und zeitliche Reichweite (s. Treibhauseffekt) unserer Handlungen sowie die Besinnung auf die ontologische Dimension der Universalität, daß wir auch das Leiden der leidensfähigen Tiere berücksichtigen müssen. Solche empirisch bedingten Ausdehnungen der Implikationen moralischer Universalität sind unabsehbar, mindestens aber nicht ohne empirische Kenntnisse der Welt abschätzbar und u.U. untragbar. Angesichts dessen können unbegrenzte universalistische moralische Gebote nicht apriorisch, unabhängig von den empirischen Konstellationen begründet sein (wie dies heutzutage meist angenommen wird, von der Diskursethik bis zum Utilitarismus): Die Welt könnte so schlecht sein, daß die Universalität (sowohl in Verbindung mit starken, positiven Geboten als auch in Verbindung mit „schwachen" Verbotsethiken (wie neminem laedere)) zu untragbaren Pflichten führen würde: Die Welt könnte voll von Armen sein, deren Überleben von unserer dauernden und massiven Hilfe abhinge (in gewisser Weise ist die Welt ja tatsächlich so); oder unser Überleben könnte davon abhängen, daß wir andere Menschen äßen. Wenn der Universalismus aber nicht unbedingt gilt, wie ist er dann begründet, was ist überhaupt sein Sinn? Und wie ist der Universalismus ggf. begründet einzuschränken?

4. Motivationale Begründung moralischer Wertmaßstäbe: In der Ethik gibt es bekanntermaßen viele konkurrierende Wertmaßstäbe nebst entsprechenden Begründungsversuchen und -ansprüchen. Damit ein solcher Wertmaßstab aber in praktisch relevanter Weise akzeptiert wird, nämlich so, daß man bereit ist, ihn in seinen Handlungsentscheidungen als den eigenen moralischen Wertmaßstab zu berücksichtigen (was gewisse Einflüsse auf das eigene Handeln hat, ohne daß man deswegen immer das moralisch Beste tun muß), muß es motivierende Gründe für ihn geben. Diese motivierenden Gründe sind dann auch die Anfangsgründe für die Befolgung von Normen. Die meisten Ethiken sind nicht in dieser Weise motivierend begründet; entsprechend fehlen auch diese Anfangsgründe zur Normbefolgung.

Auf diese Probleme werde ich nun in umgekehrter Reihenfolge eingehen.

---

men (Birnbacher 1988, 16-20). Die Praxisnormen werden gerade eingeführt, um dem Ideal möglichst nahezukommen (ibid. 20; 147; 199). Die Bezeichnung „ideale *Norm*" ist allerdings irreführend: Wenn es nicht geboten sein soll, der idealen „Norm" zu folgen, sondern nur der Praxisnorm, dann ist die ideale „Norm" eben keine Norm (im Sinne von „moralisch geltender Norm"), sondern nur die Beschreibung eines Ideals, des Ideals der *moralisch besten* Handlungsweise.

6.2 Empathie als moralbegründendes Motiv und ihre Reichweite

Wie eine Moralbegründung genau aussehen muß, kann ich hier nicht darlegen (s. aber: Lumer, 2001a; Lumer, 2000, 30-46). Der Kern der Moralbegründung ist m.E. aber, aufklärungsstabile und von der Geltung vorhandener Moralen unabhängige Motive zu so etwas wie moralischem Handeln zu finden, die zudem noch intersubjektiv einigermaßen gleich sind. Aus solchen Motiven können dann moralische Wertmaßstäbe nach der Maßgabe entwickelt werden, daß die Befolgung dieser Wertmaßstäbe die maximale Realisierung der in den Motiven angestrebten Ziele bedeutet. Das wichtigste Motiv, das diese Bedingungen erfüllt, ist die Empathie, das Mitgefühl (Lumer 1999; Lumer 2001b). Von den beiden Formen der Empathie, dem Mitleid und der Mitfreude, ist das Mitleid das stärkere Motiv. Wenn man aus der Empathie in der angedeuteten Weise moralische Wertmaßstäbe entwickelt, führt dies zu einer stärkeren Berücksichtigung von Verbesserungen für Schlechtgestellte als für besser Gestellte oder genau zu dem oben erläuterten Kriterium Utilex (Lumer 1997; Lumer 2000, Kap. 7).

Genauer muß man allerdings mehrere Wege unterscheiden, wie Empathie zu moralischem Handeln motivieren kann, die auch unterschiedliche Implikationen bezüglich der Universalität der Moral haben (s. Lumer 1999):

1. Handeln aus Empathie: empathieinduzierte Wünsche: Empathie ist zunächst einmal nur ein Affekt: Wir freuen uns, weil es einem anderen gutgeht; wir sind betrübt, erschrocken, bestürzt, weil es ihm schlechtgeht. Solche Empathie hat zum einen motivationale Wirkungen: Wie alle Affekte verändert auch Empathie unsere intrinsischen Bewertungen, in diesem Falle so, daß wir die Konsolidierung und Steigerung bzw. Verbesserung der Lage des anderen intrinsisch wünschen. Diese empathieinduzierten Motive sind allerdings nicht zeitlich stabil – eben weil sie vom aktuellen Mitgefühl abhängen – und deshalb nicht als Grundlage einer rationalen Planung und einer rationalen Ethik geeignet.

2. Handeln zur Empathieoptimierung: Empathieerwartungsmotiv: Zum anderen kann man seine Empathie hedonistisch optimieren: Mitleid ist ja ein unangenehmes, Mitfreude ein angenehmes Gefühl. Und eine Konsequenz unserer allgemeinen hedonistischen Motive ist, daß wir auch diese Art von Emotionen zu optimieren wünschen. Wir können diesen Wunsch dadurch realisieren, daß wir zur Verbesserung der Lage anderer beitragen. Dieses Empathieerwartungsmotiv ist zeitlich stabil und zur Moralbegründung geeignet. – Empathie entsteht immer dadurch, daß wir in irgendeiner Weise mit dem Schicksal eines anderen i.w.S. konfrontiert werden. Nach der Art dieser Konfrontationen, also der Genese der Empathie können mehrere Unterarten des Empathieerwartungsmotivs differenziert werden.

2.1 Empathieerwartung aus kausaler Konfrontation: Bei kausaler Konfrontation mit dem Wohl des Empathieobjekts verläuft eine Kausalkette von dessen Wohl bis zur Empathie: Man erlebt unmittelbar, wie es einem anderen geht, man erfährt durch Erzählungen anderer davon, man stößt auf Indizien, die entsprechende Schlüsse erlauben, man erfährt in den Medien davon, oder man erinnert sich an die gerade genannten Formen der Konfrontation oder malt sie sich aus. Empathieerwartung aus kausaler Konfrontation kann sich auf Zeitgenossen beziehen und auf Vergangene, ist im letzten Fall aber praktisch irrelevant, weil wir deren Schicksal nicht mehr ändern können. Sie kann sich aber nicht auf Künftige beziehen. Empathieerwartung aus kausaler Konfrontation alleine führt deshalb nicht zu einem intuitiv akzeptablen Moralkriterium.

2.2 *Empathieerwartung aus schließender Konfrontation*: Unter „schließender Konfrontation" wird hier eine Konfrontation verstanden, bei der keine Kausalkette vom Wohl des Empathieobjekts zur Empathie verläuft, sondern das Schicksal des Empathieobjekts anderweitig erschlossen und dann ausgemalt wird: Man erfährt in medialen Hintergrundberichten oder Zukunftsprognosen vom Schicksal des anderen, malt sich das Schicksal anhand dieser Art von medialen Konfrontation aus oder stellt sich das Schicksal unabhängig von solchen äußeren Anlässen vor, etwa beim Bedenken eigener Handlungen. Schließend können wir mit dem Schicksal von Wesen aus beliebigen Zeiten konfrontiert werden. Allerdings ist die schließende Konfrontation mit dem Schicksal Vergangener wieder zeitlich irrelevant; und die Häufigkeit der Konfrontation mit dem Wohl aller anderen Wesen wird mit deren zeitlichen Abstand vom Subjekt abnehmen, vermutlich exponentiell. Wenn man die Moralbegründung auf die Empathieerwartung aus schließender Konfrontation stützt, ergibt sich daraus im Idealfall als Moralkriterium Utilex mit rein zeitlicher Diskontierung; dabei könnte jede nachfolgende Generation (von 25 Jahren) vielleicht halb so viel moralisches Gewicht bekommen. Dies entspricht einer jährlichen Diskontierung von ca. 3%. Das Schicksal aller künftigen Generationen zusammen bekommt dann gleich viel Gewicht wie das der eigenen (denn $0,5 + 0,25 + 0,125 + 0,0625 + ... \approx 1$).

2.3 *Empathieerwartung aus handlungsverursachter schließender Konfrontation*: Bislang habe ich nur eine sehr spezielle Form der Konfrontation mit dem Wohl anderer gefunden, die zu einer zeitlich universellen Empathie führt: die handlungsverursachte schließende Konfrontation: Im Anschluß an unsere Entschlüsse (auch nach deren Ausführung) überdenken wir diese und stellen uns dabei auch vor, wie andere wohl davon betroffen sein mögen. Bei der Empathieerwartung aus handlungsverursachter schließender Konfrontation geht es darum, die bei diesem Überdenken entstehende Empathie zu optimieren. Idealiter ist nun das Ausmaß, in dem wir auf diese Weise mit dem Schicksal eines fremden von der Handlung Betroffenen konfrontiert werden, proportional zum subjektiv angenommenen Ausmaß seiner Betroffenheit. Das Ausmaß der Empathie hängt dann nur noch von den Eigenschaften der *Handlung* ab und nicht mehr zusätzlich (sondern nur indirekt) von der historischen oder regionalen Position des Subjekts. Genau dies führt zur Universalität der auf der Basis dieser Empathie konstruierten Bewertungsfunktion. – Dieses Motiv ist sehr speziell, aber sein Zustandekommen ähnelt dem Procedere des in vielen Ethiken angenommenen idealen Beobachters.

Auf welche Form der Empathie soll sich nun ein Moralkriterium stützen? Oben wurden schon die empathieinduzierten Wünsche wegen ihrer zeitlichen Instabilität verworfen und die isolierte Empathieerwartung aus kausaler Konfrontation alleine, weil sie intuitiv zu inakzeptabel ist. Aber auch in Kombination (Summe) mit der Empathieerwartung aus schließender Konfrontation führt die Empathieerwartung aus kausaler Konfrontation zu intuitiv inakzeptablen Ergebnissen. Diese Kombination, d.h. die Empathieerwartung insgesamt, führt zu einem Moralkriterium, das man „Utilex mit generationeller Diskontierung" bezeichnen könnte: Das Schicksal der eigenen Generation wird mit 1 gewichtet, das der nächsten Generation z.B. mit 0,2, das der übernächsten mit 0,1, das der drittnächsten mit 0,05 etc. Das Schicksal aller künftigen Generationen zusammen zählt in diesem Fall nur 40 % von dem der eigenen Generation. In Tabelle 8 (die letzten beiden Zeilen) sind die Alternativen zum Treibhauseffekt auch nach diesem Kriterium bewertet. Es ist bislang das einzige Kriterium, nach dem die nachhaltige Reduzierung nicht optimal ist; die Präferenzreihenfolge ist vielmehr: Utilex mit generationeller Diskontierung: $a_1 > a_3 > a_2 > a_4$.[7] (Utilitarismus mit generationeller Diskontierung führt sogar zu einer genauen Umkehrung der üblichen Präferenzordnung: $a_1 > a_2 > a_3 > a_4$.) Diese Präferenzordnung ist wesentlich umweltfeindlicher als die offiziellen politischen Programme, die ja (wenigstens grob) auf die Stabilisierung (a_2) zielen. Offensichtlich ist also ein großer Teil der Menschen in zukunftsethischer Hinsicht deutlich universalistischer als Utilex (oder Utilitarismus) mit generationeller Diskontierung. Als moralbegründendes Motiv scheinen also bisher nur die Empathieerwartung aus schließender Konfrontation und (ein kleiner Ausschnitt davon) die aus handlungsverursachter schließender Konfrontation geeignet zu sein, woraus sich Utilex mit zeitlicher Diskontierung bzw. ein einfaches Utilex ohne Diskontierung als Moralkriterien ergeben würden.

6.3 Der Sinn und die Reichweite der Universalität der Moral

Im Rahmen der Ethik kann man zwei Grundarten von Universalität unterscheiden. Unter *„Subjektuniversalität"* wird hier verstanden, daß alle moralischen Subjekte dieselbe Moral haben; genauer: Für alle Moralsubjekte gilt (oder ist begründet) genau eine Moral derart, daß (innerhalb gewisser Grenzen) beliebige Gegenstände für alle Moralsubjekte jeweils denselben moralischen Wert haben. *„Benefiziaruniversalität"* hingegen soll bedeuten, daß alle potentiellen Benefiziare der Moral gleich behandelt werden; genauer: Wenn für zwei Benefiziare die gleichen Sachverhalte erfüllt sind und diese Sachverhalte bestimmten Bedingungen genügen, dann haben diese beiden Sachverhalte denselben moralischen Wert.

---

[7] Allerdings sind die Alternativen nun nahezu gleichwertig (die schlechteste erzeugt nur 1,7 % mehr Schäden als die beste), und die Präferenzfolge ist nicht mehr stabil gegen Annahmeänderungen.

Subjekt- und Benefiziaruniversalität sind analytisch voneinander unabhängig. Beispielsweise könnte es eine Moral geben, die allen Lebewesen oder allen Menschen die gleichen Rechte gibt, aber nicht für alle Subjekte rational akzeptabel ist (etwa eine christliche oder eine islamische Moral). Und umgekehrt ist es analytisch möglich, daß eine Moral subjektuniversell ist, ohne benefiziaruniversell zu sein; beispielsweise könnte das Leben der Sklaven weniger wert sein als das der Freien; aber dies müßte wegen der Subjektuniversalität sowohl für die Freien als auch für die Sklaven akzeptabel sein. Empirisch ist die letztere Kombination aber nicht möglich; die Subjektuniversalität impliziert also empirisch die Benefiziaruniversalität – Benefiziaruniversalität aber nicht die Subjektuniversalität.

Der Sinn einer bestimmten Form der moralischen Universalität, nämlich der Subjektuniversalität, ergibt sich m.E. aus dem *prudentiell konsensualistischen* Sinn einer durch soziale Sanktionen normativ verbindlichen Moral: Der Sinn der sozial verbindlichen Moral ist, eine intersubjektiv einheitliche und verbindliche Wertordnung (Wünschbarkeitsfunktion) zu liefern und auf dieser Grundlage Freiheitskonflikte und Kooperationen zu regeln, insbesondere auch Kooperationen zur Befriedigung empathischer Neigungen, oder allgemeiner: kooperativ eine nach dieser Wertordnung bessere Welt zu realisieren.[8] Implikationen dieser Zielbestimmung sind: Die sozial verbindliche Moral ist notwendig ein Kollektivprojekt der Moraladressaten; und die moralische Wertordnung und die moralischen Normen müssen für alle Moraladressaten akzeptabel sein oder sich aus dem ergeben, was für sie wünschbar ist.

Empathie gegenüber Fremden ist in gewissen Grenzen und unter idealisierenden Annahmen prinzipiell ein subjektuniverselles (und benefiziaruniverselles) Motiv: Verschiedene Personen entwickeln in der gleichen Situation, wenn nicht gleiches, so doch ungefähr zueinander proportionales Mitgefühl. Empathie ist also grundsätzlich zur rationalen Begründung einer Moral geeignet. Allerdings ist die Empathieerwartung aus schließender Konfrontation nur (halbwegs) universell, wenn die Wahrscheinlichkeiten, mit dem Schicksal desselben Empathieobjekts konfrontiert zu werden, für beliebige Subjekte gleich sind. Wie oben schon andiskutiert, gilt dies – selbst mit Idealisierungen – jedoch nur für Angehörige derselben Generation und Gesellschaft. Die Empathieerwartung aus schließender Konfrontation führt deshalb zu einer zeitlichen und räumlichen Diskontierung. Diese Beschränkung widerspricht noch nicht grundsätzlich der prudentiell konsensualistischen Zielsetzung der Moral: Man braucht nur anzunehmen, daß die Gesellschaft, das „Universum", in der die gewünschte friedensstiftende und kooperationssichernde Wirkung erreicht werden soll, entsprechend klein ist. In einer Zeit der Globalisierung ist dies allerdings ein etwas antiquiertes und wenig anspruchsvolles, wenn auch deswegen nicht inakzeptables Selbstverständnis.

Das Problem der Einschränkung der Subjektuniversalität stellt sich nicht bei der Empathieerwartung aus handlungsverursachter schließender Konfrontation:

---

[8] Eine Begründung dieser Zielbestimmung würde an dieser Stelle zu weit führen (s. aber: Lumer 2001a, Abschn. 3).

Eine Moralbegründung auf dieser Basis führt zu echtem Universalismus, zum einfachen, undiskontierten Utilex. Dieses Moralkriterium scheint aber gerade wegen des Universalismus den Nachteil zu haben, daß es die Moralsubjekte überfordert und ihnen nur ein sehr schwaches Motiv zu moralischem Handeln liefert.

6.4 Soziale Geltung und Historisierung der Moral

Die ersten zwei Probleme – Verbindlichkeit von Normen und Überforderung – können hier zusammen diskutiert werden. Der Ansatz zur Lösung dieser Probleme ist ein sozialer Begriff von moralischer Normgeltung:[9] *Normen i.w.S.* sind nur allgemeine Verhaltensweisen; *Normen i.e.S.* hingegen sind *geltende* Normen, und zwar juristisch oder *sozial geltende Normen*. Dabei sind die *sozial geltenden Normen* Verhaltensweisen, die weitgehend allgemein befolgt werden und deren Befolgung durch Sanktionen geschützt ist, woraus ihre Verbindlichkeit erwächst (Lumer 1990). *Moralische Normen i.e.S.* sind dann solche sozial geltenden Normen – insbesondere auch juristisch geltenden Normen –, die durch Rekurs auf ein moralisches Wünschbarkeitskriterium begründet werden können. Mit dieser Konzeption kann das Verbindlichkeitsproblem und ein Stück weit auch das Motivationsproblem gelöst werden: Die zu sozial geltenden Normen gehörenden Sanktionen sind immerhin ein wichtiges Motiv, diese Normen zu befolgen. Einfach die Befolgung moralisch optimaler Normen i.w.S. (also auch ohne soziale Geltung) als moralische Pflicht anzusehen führt demgegenüber zum Verbindlichkeits- und Überforderungsproblem.

Die soziale Geltung von Normen fällt nicht vom Himmel, sondern muß erst durchgesetzt werden; dies gilt auch für moralische Normen. Die soziale Durchsetzung moralischer Normen ist ein historischer Prozeß, in dem die moralischen Standards der sozial geltenden Normen langfristig erhöht werden. Anders gesagt: Ziel dieses Durchsetzungsprozesses ist es, den Bestand geltender Normen moralisch zu verbessern. Eine Aufgabe der angewandten Ethik dabei ist, neue tatsächliche oder mögliche Normgeltungen mit Hilfe des moralischen Wünschbarkeitskriteriums daraufhin zu bewerten, ob sie eine moralische Verbesserung darstellen. Das Kriterium, an dem sich die angewandte Ethik dabei orientieren sollte, ist: Die Geltung der Norm x ist aktuell sozial durchsetzbar und moralisch besser als die Geltung aller anderen aktuell sozial durchsetzbaren Regelungen. Nach dieser Konzeption gäbe es dann drei Arten moralischer Pflichten: 1. die *formale moralische Pflicht*, moralisch fortschrittliche juristische Normen zu befolgen; 2. die *informelle moralische Pflicht*, moralisch fortschrittliche nichtjuristische soziale Normen zu befolgen; und 3. die *unvollkommene moralische Pflicht*, an der Aufrechterhaltung schon geltender moralisch guter Normen und an der

---

[9] Ausführlichere Darstellung und Diskussion der skizzierten historischen Konzeption der Moral: Lumer 2001a, Abschn. 5-6.

sozialen Durchsetzung noch nicht geltender moralisch besserer Normen mitzuwirken durch Befolgung dieser Normen, Werbung für sie, Sanktionshandlungen zugunsten dieser Normgeltung etc.

Diese Konzeption löst insbesondere auch das Problem der moralischen Überforderung: Wozu man moralisch verpflichtet ist, ist in der Hauptsache (bis auf die unvollkommenen Pflichten) durch die sozial geltenden moralischen Normen geregelt. Diese Pflichten sind ein je historischer Kompromiß aus moralisch anspruchsvollen Idealen und diesen entgegenlaufenden amoralischen Partikularinteressen. Der Kompromiß gibt insbesondere den Umfang des moralischen Engagements an, der jeweils durchsetzbar ist und den – als Ursache für diese Durchsetzbarkeit – die Subjekte jeweils für sich für zumutbar halten. Die eine Seite dieses Kompromisses ist, daß das Ideal nicht erreicht wird (was aber auch den positiven Aspekt hat, daß niemand überfordert wird); die andere Seite ist, daß die Normen nun durchsetzbar sind und daß insbesondere genügend Motivation zur Erfüllung der Pflichten besteht. Der Umfang dieses gebotenen Engagements wird immer unterhalb des möglichen Maximums, der völligen Hingabe an die moralischen Aufgaben, bleiben, weil die moralische Motivation nur einen Teil der Gesamtmotivation ausmacht. Die normative Verbindlichkeit liefert aber zugleich die Voraussetzungen für eine fortwährende Annäherung an das Ideal; denn die normative Verbindlichkeit garantiert auch eine gewisse Reziprozität, daß man eben selbst auch in den Genuß immer höherer Leistungen kommt.

Was sind die Konsequenzen dieser Überlegungen speziell für die Zukunftsethik? Häufig wird zur Lösung des Überforderungsproblems eine Abschwächung moralischer Pflichten durch zeitliche Diskontierung vorgeschlagen. Dieser Weg ist zwar prinzipiell gangbar, führt beim Treibhauseffekt allerdings nicht zu einer Reduzierung der Pflichten (auch diskontierte Utilex- und utilitaristische Bewertungen führten ja zur Präferenzordnung: $a_4 > a_3 > a_2 > a_1$). Es ist allerdings nicht der einzige Weg und moralisch intuitiv kein befriedigender: Wenn man weit in die Zukunft geht, wird u.U. der Tod vieler Menschen für einen winzigen aktuellen Vorteil in Kauf genommen, was vielen ethisch intuitiv inakzeptabel erscheint; zudem würden die meisten wohl, wenn sie vor der Wahl stünden, gemäß ihren moralischen Intuitionen eher eine riesige Katastrophe in der fernen Zukunft verhindern als eine kleine in der nahen, nicht mehr erlebten Zukunft (Cowen/Parfit 1992, 149). Vor allem ist dieser Weg aber widersinnig: Dadurch daß uns der Aufwand für bestimmte moralische Handlungen zu hoch ist, wird die moralische Wünschbarkeit dieser Handlung (und ihrer Unterlassung) ja nicht verändert; der Tod etwa durch Folgen des Treibhauseffekts wird dadurch nicht weniger schlimm. Wenn das Ziel ist, eine Überforderung zu vermeiden, dann sollte auch dieses Ziel zum Prinzip erhoben werden (ibid.). D.h. die Pflichtenbegrenzung sollte aufwandsorientiert erfolgen (historisch festgelegte Obergrenzen des Engagements in bestimmten Situationen u.ä.); aber das verbleibende Kontingent an Pflichten sollte Maximen der moralischen Effizienz folgen: Das moralische Engagement sollte da eingesetzt werden, wo es am dringendsten und wirkungsvollsten ist, genauer: wo die Kosten-Wohlfahrts-Relationen am geringsten sind. Die Wohlfahrtsberechnungen selbst sollten dabei aber nicht verzerrt werden. Wenn künftige Schäden groß sind und der Aufwand zu ihrer Verhinderung klein ist, dann sollten sie verhindert werden.

Diese Überlegungen bedeuten nicht, daß zeitliche Diskontierung nicht aus anderen Gründen das korrekte Bewertungsverfahren ist. In den letzten beiden Unterabschnitten war ja noch offengeblieben, ob die Empathieerwartung aus schließender Konfrontation oder die Empathieerwartung aus handlungsverursachter schließender Konfrontation die Grundlage der Moral sein sollen, entsprechend ob einfaches Utilex oder Utilex mit Diskontierung das richtige moralische Wünschbarkeitskriterium ist – allerdings mit einem gewissen Vorsprung für das einfache Utilex, nachdem nun das Überforderungsproblem als für beide Konzeptionen lösbar erwiesen wurde. Eine endgültige Entscheidung zwischen beiden Kriterien ergibt sich hier also nicht.

7. Moralische Pflichten zum Treibhauseffekt

Oben ist zwar die moralische Wünschbarkeit von BAU wie diverser Reduzierungsoptionen ermittelt worden. Um Pflichten zum Treibhauseffekt bestimmen zu können, wäre nach der Lösungsskizze für das Überforderungsproblem aber noch ein Vergleich der Kosten-Wohlfahrts-Relationen der Reduzierungsoptionen mit den Kosten-Wohlfahrts-Relationen anderer möglicher Felder unseres moralischen Engagements vorzunehmen – etwa der Entwicklungshilfe, sozialer Programme in den OECD-Ländern oder medizinischer Programme zur Lebensverlängerung. Diesen Vergleich habe ich bislang nicht vorgenommen; er würde voraussetzen, andere soziale Probleme mindestens ähnlich intensiv zu untersuchen wie hier den Treibhauseffekt. Deshalb stehen die folgenden Überlegungen zu moralischen Pflichten beim Treibhauseffekt unter dem Vorbehalt, daß die Kosten-Wohlfahrts-Relationen der Reduzierungsoptionen im Verhältnis zu anderen möglichen Feldern unseres moralischen Engagements relativ günstig sind.

Nach allen relevanten moralischen Bewertungen ergab sich die Präferenzfolge: $a_4 > a_3 > a_2 > a_1$, nach der also die nachhaltige Treibhausgasreduzierung moralisch am besten ist. Wir sind aber selbst von der Stabilisierung (a_2) noch weit entfernt. Nach der historisierenden Konzeption moralischer Pflichten muß es deshalb das Ziel sein, die sozialen Normen, so weit es geht, dem Ideal der nachhaltigen Reduzierung anzunähern. Daraus resultieren im einzelnen folgende Pflichten: Es besteht die *formelle moralische Pflicht*, die geltenden rechtlichen Normen zur CO_2-Reduzierung einzuhalten: Vorschriften zur Wärmedämmung, zur sauberen Verbrennung bei Heizungen und Motoren u.ä. Für die Regierungen und die sonstige Exekutive besteht außerdem die formelle moralische Pflicht, für die rechtliche und faktische Umsetzung der eingegangenen internationalen Verpflichtungen zur CO_2-Reduzierung zu sorgen. Darüber hinaus besteht die *informelle moralische Pflicht*, den CO_2-Ausstoß zu minimieren, soweit dies ohne größere subjektive Kosten möglich ist, durch Benutzung schadstoffarmer Verkehrsmittel, Umstellung der Heizung auf nichtfossile Energie u.ä. Schließlich besteht für beliebige Individuen die *unvollkommene moralische Pflicht*, an der Durchsetzung schärferer informeller Normen mitzuwirken, indem man z.B. andere auf ihren hohen CO_2-Ausstoß anspricht, und politisch für eine Verschärfung der geltenden rechtlichen Normen zur CO_2-Einsparung einzutreten, z.B. für eine hohe CO_2-Steuer. Für die Exekutive besteht die unvollkommene moralische Pflicht, sich auf internationaler Ebene für Verschärfungen der Reduzierungsziele einzusetzen und mit gutem Beispiel voranzugehen. Für die Legislative besteht die unvollkommene moralische Pflicht, die rechtlichen Normen zur Treibhausgasreduzierung im Rahmen des politisch Machbaren zu verschärfen.[10]

Zitierte Literatur

Birnbacher, Dieter: Verantwortung für zukünftige Generationen. Stuttgart 1988.

Campbell, Angus: The sense of well-being in America. Recent patterns and trends. New York 1981.

Cowen, Tyler/Derek Parfit: Against the Social Discount Rate. In: Peter Laslett/James S. Fishkin (Hrsg.): Justice between age groups and generations. New Haven 1992, 144-161.

Fankhauser, Samuel: Valuing climate change. The economics of the greenhouse. London 1995.

Gaertner, Wulf: Distributive judgements. In: Wulf Gaertner/Marlies Klemisch-Ahlert: Social choice and bargaining perspectives on distributive justice. Berlin 1992, 17-59.

Gaertner, Wulf: Distributive justice. Theoretical foundations and empirical findings. Greek Economic Review 17 (1995), 97-114.

Hohmeyer, Olav/Michael Gärtner: The costs of climate change. Karlsruhe 1992.

Hourcade, J. C. et al.: A review of mitigation cost studies. In: J. P. Bruce/Hoesung Lee/E. F. Haites (Hrsg.): Climate change 1995. Cambridge 1996, 297-366.

Intergovernmental Panel on Climate Change: Climate change. The science of climate change. Contribution of Working Group I to the Second Assessment Report of the Intergovernmental Panel on Climate Change. Cambridge 1996a.

Intergovernmental Panel on Climate Change: Climate change. Impacts, adaptations, and mitigation of climate change. Scientific-technical analyses. Con-

---

[10] Ich danke Dieter Birnbacher, Stefan Guhe und Reinhard Suck für wervolle Hilfen und Diskussion!

tribution of Working Group II to the Second Assessment Report of the Intergovernmental Panel on Climate Change. Cambridge 1996b.

Intergovernmental Panel on Climate Change: Climate change. Economic and social dimensions of climate change. Contribution of Working Group III to the Second Assessment Report of the Intergovernmental Panel on Climate Change. Cambridge 1996c.

Kverndokk, Snorre: Tradeable CO_2 emission permits. Initial distribution as a justice problem. Environmental Values 4 (1995), 129-148.

Lumer, Christoph: Geltung – Gültigkeit. In: Hans Jörg Sandkühler (Hrsg.): Europäische Enzyklopädie zu Philosophie und Wissenschaften. Hamburg 1990 Bd. 2, 258-262. – Überarbeitete Fassung in: Hans Jörg Sandkühler (Hrsg.): Enzyklopädie Philosophie. Bd. 1. Hamburg 1999, 450-455

Lumer, Christoph: Persönlichkeitstheoretisch korrigierter Hedonismus. In: Christoph Hubig/Hans Poser (Hrsg.): Cognitio humana – Dynamik des Wissens und der Werte. XVII. Deutscher Kongreß für Philosophie Leipzig 1996. Workshop-Beiträge Band 1. Berlin 1996, 132-139.

Lumer, Christoph: Utilex – Verteilungsgerechtigkeit auf Empathiebasis. In: Peter Koller/Klaus Puhl (Hrsg.): Current issues in political philosophy. Wien 1997, 99-110.

Lumer, Christoph: Which preferences shall be the basis of rational decision? In: Christoph Fehige/Ulla Wessels (Hrsg.): Preferences. Berlin 1998, 33-56.

Lumer, Christoph: Intergenerationelle Gerechtigkeit. Eine Herausforderung für den ethischen Universalismus und die moralische Motivation. In: Reinhold Mokrosch/ Arnim Regenbogen (Hrsg.): Was heißt Gerechtigkeit? Donauwörth 1999. 82-95.

Lumer, Christoph: Rationaler Altruismus. Osnabrück 2000.

Lumer, Christoph: Quellen der Moral – Plädoyer für einen prudentiellen Altruismus. Erscheint in: Conceptus 2001a.

Lumer, Christoph: Motive zu moralischem Handeln. Erscheint in: Analyse & Kritik 2001b.

Mabey, Nick/Stephen Hall/Clare Smith/Sujata Gupta: Argument in the greenhouse. London 1997.

Myers, Norman Environmental refugees in a globally warmer world. BioScience 43 (1993), 752-761.

Nagel, Thomas: Equality and partiality. New York 1991. Deutsch: Eine Abhandlung über Gleichheit und Parteilichkeit und andere Schriften zur politischen Philosophie. Paderborn 1994.

Pearce, D. W./W. R. Cline et al.: The social costs of climate change. In: James P. Bruce/Hoesung Lee/Erik F. Haites (Hrsg.): Climate change 1995. Cambridge 1996, 179-224.

Singer, Peter: Praktische Ethik. Stuttgart ²1994.

Statistical Abstract US 1992. Washington 1992.

Tol, Richard S. J.: The damage costs of climate change. Toward more comprehensive calculations. Environmental and Resource Economics 5 (1995), 353-374.

UNO Statistical Yearbook 1997. New York 1997.

Wessmann, Alden E./David F. Ricks/Mary McIlvaine Tyl: Characteristics and concomitants of mood fluctuation in college women. Journal of Abnormal and Social Psychology 60 (1960), 117-126.

Gerd Brudermüller

Elternunterhalt und Generationensolidarität[*]

Das Problem der intergenerationellen Gerechtigkeit ist beim Unterhalt von den erwachsenen Kindern gegenüber ihren Eltern (kurz. Elternunterhalt) nur in beschränktem Rahmen, nämlich in der Beziehung zwischen zwei Generationen relevant. Die Generationenbeziehung stellt auf den ersten Blick lediglich einen besonderen Anwendungsfall einer herkömmlichen Theorie der (vertikalen) Gerechtigkeit dar. Die Generationen leben zumindest für eine gewisse Zeitspanne, die in etwa ein Lebensalter ausmachen kann, gleichzeitig. Insofern handelt es sich um eine die traditionellen Verteilungfragen zwischen zeitlich miteinander kommunizierenden und interagierenden Personen lediglich modifizierende Konstellation. So unterscheidet sich das Verhältnis kaum von den allgemeinen Beziehungen zwischen Personen und den hieraus resultierenden Verteilungsfragen. Erst bei fehlender zeitlicher Synchronität im Verhältnis künftiger zu gegenwärtigen Generationen stellt sich das Problem fundamentaler.

Ein wichtiger Anwendungsbereich der intergenerationellen Gerechtigkeit betrifft das Funktionieren der sozialen Sicherungssysteme. Der sog. Generationen-Vertrag charakterisiert ein Umlageverfahren, bei dem die ausgezahlten Renten nicht aus individuell angesparten Beiträgen im Rahmen der Eigenvorsorge, sondern durch die aktive Erwerbsgeneration für die Elterngeneration eingezahlt werden. Diese wiederum erhält ihre Rentenbeiträge aus den Beiträgen der nachfolgenden Generation der Kinder. Ohne ein rationales Kalkül des Eigennutzes ist die Akzeptanz, für eine andere Generation die Rentenbeiträge zu erbringen, allerdings nicht denkbar; schließlich will man im Alter selbst davon profitieren, daß die Nachkommen die Rentenbeiträge zahlen. Der Begriff des Generationenvertrags hat insoweit seine Berechtigung, als es um eine ökonomische Absicherung des letzten Lebensabschnitts geht. Die idealisierte naturrechtliche Annahme einer Generationenvorsorge, die im modernen Vorsorgestaat *regelmäßig* durch die arbeitende Generation übernommen wird, überfordert indes die Bereitschaft zur Lastentragung. Die Vergreisung der Bevölkerung, die Frühverrentung, die Finanzierung versicherungsfremder Leistungen und vor allem eine hohe Arbeitslosigkeit führen dazu, daß immer weniger Einzahlende für immer mehr

---

[*] Überarbeitete und aktualisierte Fassung des vor der Wissenschaftlichen Vereinigung für Familienrecht e.V. am 17.6.1995 in Würzburg gehaltenen Vortrags „Solidarität und Subsidiarität im Verwandtenunterhalt – Überlegungen aus rechtsethischer Sicht", veröffentlicht in FamRZ 1996, 129.

Rentner aufkommen müssen. Die Aussicht auf Beitragserhöhung bei Heraufsetzung der Lebensarbeitszeit und gleichzeitiger Absenkung des Rentenniveaus wirkt lähmend auf die Bereitschaft zur intergenerationellen Solidarität. Künftigen Generationen wird faktisch die Last einer nicht mehr funktionierenden Altersversorgung aufgebürdet. Im Rahmen der gesetzlichen Rentenversicherung erfolgt eine Umschichtung des Vermögens in Richtung Vergangenheit.

Mein Beitrag befaßt sich mit den zukunftsethischen Dimensionen der gegenwärtigen rechtspolitischen Debatte um das Unterhaltsrecht: Wieweit kann von den Eltern oder Kindern unterhaltsbedürftiger Personen erwartet werden, daß sie für die staatlichen Unterhaltszahlungen dieser Personen aufkommen? Kann Generationensolidarität in aufsteigender Linie als Rechtspflicht eingefordert werden, oder kann sie angesichts der „Unfreiwilligkeit der Geburt" grundsätzlich gewährt werden?

Nach einem Überblick über die Rechtslage im Zivil- und Sozialrecht (I) will ich das Problem aus unterhaltsrechtlicher Sicht aufbereiten (II) und Wege skizzieren, die in der Praxis zur Problemlösung entwickelt wurden (III) sowie typische Argumentationsstrukturen analysieren (IV). Daran werde ich abschließend die Frage knüpfen, ob der Gesetzgeber spezielle Regelungen für den Elternunterhalt trefen muß (V).

I. Rechtslage

1. Bürgerliches Recht

Das BGB statuiert in § 1601 BGB uneingeschränkt, daß Verwandte in gerader Linie gegenseitig zur Gewährung von Unterhalt verpflichtet sind, so daß nicht nur Kinder gegenüber ihren Eltern eine grundsätzlich lebenslange Unterhaltspflicht haben. Die Unterhaltsansprüche im Generationenverhältnis beruhen nach dem Gesetzeswortlaut allein auf Verwandtschaft. Beim Verwandtenunterhalt geht es in erster Linie um Leistungen, welche die Angehörigen einer Generation für die einer anderen – sei es Verwandte in aufsteigender Linie (Aszendenten) oder der absteigenden Linie (Deszendenten) – erbringen.[1]

Die Bestimmungen zum Verwandtenunterhalt der §§ 1601 ff. BGB gehen auf die römischrechtliche Vorstellung zurück, wonach eheliche Verwandte in gerader Linie einander unterhaltspflichtig sind.[2] Diese Konzeption wurde im Gemeinen Recht übernommen und hat Eingang in die Zivilgesetzbücher des 19.

---

[1] Vgl. D. Schwab, Familiäre Solidarität, FamRZ 1977, 522 f.; ders. in: D. Schwab/D. Henrich (Hrsg.), Familiäre Solidarität. Die Begründung und die Grenzen der Unterhaltspflicht unter Verwandten im europäischen Vergleich, Beiträge zum europäischen Familienrecht, Band 5, Bielefeld 1997, S. 38.

[2] Näher dazu E. Koch, Unterhaltspflichten in rechtshistorischer Sicht, in: Schwab/Henrich (Fn. 1) S. 9, 10 ff.

Jahrhunderts gefunden.[3] Das Allgemeine Landrecht und der Code Civil enthielten eine vergleichbare Regelung. Der Gesetzgeber des BGB sah keinen Anlaß für eine Innovation. Planck, der Redaktor des Familienrechts des BGB, formulierte allgemeine Regeln des Verwandtenunterhalts (§§ 289 ff.), die vor allem die Bildung größerer Unterhaltsverbände in absteigender und aufsteigender Linie im Sinne einer Solidarität der Generationen[4] ermöglichte. Die Unterhaltpflicht unter Verwandten wurde „mit den durch die Einheit des Blutes und die Bande der Familie hervorgerufenen natürlichen und sittlichen Verhältnissen" begründet.[5] Zeitlich versetzte und von Unterhaltsbedürftigkeit bzw. Leistungsfähigkeit ausgelöste Ansprüche sollten jedenfalls im Grundsatz dem Prinzip der Gegenseitigkeit im Sinne eines umfassenden privatrechtlichen „Tauschverhältnisses"[6] entsprechen.[7]

Die Motive zu dem Entwurf eines BGB für das deutsche Reich geben Aufschluß über die Gründe für die aus der „Einheit des Blutes und der Bande der Familie"[8] resultierende Unterhaltpflicht unter Verwandten: Im Zusammenhang mit der Rangfolge wird darauf hingewiesen, daß es die Anforderung der Pietät und des Kindesverhältnisses sei, daß die Kinder ihre bedürftigen Eltern unterhalten.[9] Als Grund für die Unterhaltpflicht der Deszendenten wurden „Liebe, Ehrfurcht und Dankbarkeit gegen die Aszendenten".[10] genannt.

Der Aszendentenunterhalt findet sich verbreitet auch im europäischen Ausland, namentlich im schweizerischen,[11] österreichischen,[12] französischen,[13]

---

[3] Vgl. H. Coing, Europäisches Privatrecht, Band II, München 1989, § 56 I.

[4] So ausdrücklich D. Martiny, Wie regeln und diskutieren andere Länder den Verwandtenunterhalt?, in: Generationensolidarität in den Familien: Ideologie oder Realität? Anstöße zur Reform des Verwandtenunterhalts, Dokumentation der Tagung der Evangelischen Akademie Bad Boll vom 24.-26.4.1998, S. 73 (Protokolldienst Nr. 9/98). Zur Rechtsvergleichung vgl. ausführlich ders., Unterhaltsrang und -rückgriff, Bd. I und II. Mehrpersonenverhältnisse und Rückgrifsansprüche im Unterhaltsrecht Deutschlands, Österreichs, der Schweiz, Frankreichs, Englands und der Vereinigten Staaten von Amerika, Tübingen 2000.

[5] B. Mugdan, Die gesamten Materialien zum Bürgerlichen Gesetzbuch für das deutsche Reich, Bd. IV: Familienrecht, Berlin 1899, S. 677.

[6] J. Münder (Die Bedeutung des Verwandtenunterhalts für die Familie, in: D. Posser/R. Wassermann, Von der bürgerlichen zur sozialen Rechtsordnung, Heidelberg 1981, S. 133, 134 f.) kritisiert, daß bereits bei Schaffung des BGB diese Konzeption nicht mehr der sozialen Realität entsprach.

[7] Vgl. U. Diederichsen, „Richtiges" Familienrecht, in: Festschrift für K. Larenz, 1983, S. 127, 151 ff.

[8] Materialien (Fn. 5), S. 677.

[9] Materialien (Fn. 5), S. 690.

[10] Glück, Pandekten Band 28, T. 1 § 1290 (S. 233).

[11] Vgl. Art. 328 Abs. 1 ZGB. Dazu C. Hegnauer, Familiäre Solidarität – Begründung und Grenzen der Unterhaltpflicht unter Verwandten im schweizerischen Recht, in: Schwab/Henrich (Fn. 1) S. 90 f. – Die „Verwandtenunterstützungspflicht" wurde von sozialdemokratischer Seite als „alter Zopf" bezeichnet (vgl. von Felten, Civil Suisse. Révision vom 17. Décembre 1997, 2740).

niederländischen,[14] belgischen,[15] italienischen,[16] spanischen,[17] polnischen[18] und tschechischen[19] Recht.

Das römischrechtlichen Konzept des Verwandtenunterhalts, wonach sich der Kreis der Unterhaltspflichtigen auf Verwandte in gerader Linie erstreckt, hat sich jedoch nicht allgemein durchgesetzt. Insbesondere das englische Recht ist eigene Wege gegangen.[20] Skandinavische Rechtsordnungen lassen es beim Kindesunterhalt bewenden.[21] In Schweden war der Ausbau der sozialrechtlichen Absicherung der Grund für die Abschaffung des Elternunterhalts im Jahr 1979.[22]

Zurück zum deutschen Recht: Danach ist also allen Verwandten in auf- und absteigender Linie wechselseitig undifferenziert eine umfassende Unterhaltspflicht auferlegt. Die Unterhaltspflicht besteht grundsätzlich lebenslang.[23] Als Regulative wirken einerseits die Bedürftigkeit des Unterhalt Begehrenden und andererseits die Leistungsfähigkeit des in Anspruch genommenen Verwandten.

---

[12] Vgl. § 143 ABGB. Nach österreichischem Recht mindert sich der Anspruch der Eltern insoweit, als ihnen die Heranziehung des Stammes ihres Vermögens zumutbar ist. Das Kind hat nur insoweit Unterhalt zu leisten, als es dadurch bei Berücksichtigung seiner sonstigen Sorgepflichten den eigenen Unterhalt nicht gefährdet (§ 143 Abs. 3 AGBGB).

[13] Vgl. F. Ferrand, Familiäre Solidarität, in: Schwab/Henrich (Fn. 1), S. 90 f.

[14] Vgl. Art. 1:392 Abs. 1 BW (Bürgerliches Gesetzbuch, Niederlande). Dazu W. Breemhaar, Familiäre Solidarität in den Niederlanden. Einige Bemerkungen zum Unterhaltsrecht und seinem Verhältnis zum Sozialhilferecht, in: Schwab/Henrich (Fn. 1), S. 139 f.

[15] Vgl. Art. 205 BW (Bürgerliches Gesetzbuch, Belgien). Dazu W. Pintens, Familiäre Solidarität – Die Begründung und die Grenzen der Unterhaltspflicht unter Verwandten im Belgischen Recht, in: Schwab/Henrich (Fn. 1), S. 29.

[16] Vgl. Art. 433 Codice civile (Bürgerliches Gesetzbuch, Italien). Dazu G. Gabrielli, Die Unterhaltspflicht im italienischen Recht, in: Schwab/Henrich (Fn. 1), S. 112.

[17] Vgl. Art. 143 Abs. 1 Nr. 2 Cod.c. (Bürgerliches Gesetzbuch, Spanien).

[18] Vgl. Art. 128, 133 § 2 Familien- und Vormundschaftsgesetzbuch (kodeks rodzinny). Dazu P. Salustowicz in: P. Dopffel/B. Buchhofer, Unterhaltsrecht in Europa. Eine Zwölf-Länder-Studie, Tübingen 1983, S. 149.

[19] Vgl. § 87 Familiengesetz. Dazu P. Kalenský in: Dopffel/Buchhofer (Fn. 18), S. 202; M. Hrusáková in: Schwab/Henrich (Fn. 1), S. 239.

[20] Näher dazu J. Eekelaar in: Schwab/Henrich (Fn. 1), S. 63 f., 68.

[21] Vgl. P. Dopffel, Child Support in Europe – A comparative Overview, in: Kahn/Kamerman (Hrsg.), Child Support – Form Debt Collection to Social Policy, Beverly Hills 1988, S. 176, 177 ff.

[22] Vgl. A. Agell in: Schwab/Henrich (Fn. 1), S. 165.

[23] BGH FamRZ 1984, 682, 683.

2. Sozialhilferecht

Mit dieser bürgerlichrechtlichen Unterhaltspflicht korreliert das Sozialhilferecht (wobei allerdings das Unterhalts- und das Sozialrecht nicht aufeinander abgestimmt sind). Der Sozialhilfeträger greift im Rahmen des Refinanzierungsgebots (§ 2 BSHG) auf die unterhaltspflichtigen Verwandten, insbesondere die Kinder, zurück. Wird eine Sozialhilfeleistung erbracht, so versucht der Sozialhilfeträger, den Nachrang der Sozialhilfe wiederherzustellen, vor allem über § 91 BSHG.[24] Bis zum Inkrafttreten der Neufassung dieser Vorschrift durch das Gesetz von 1993[25] stand die Überleitung im Ermessen des Sozialhilfeträgers; nunmehr gehen Unterhaltsansprüche kraft Gesetzes auf den Sozialhilfeträger über. Der Gesetzgeber erhoffte sich damit, dem Refinanzierungsgebot für Sozialhilfeträger bei Vergabe von Sozialleistungen Nachdruck zu geben.[26]

Voraussetzung für den Anspruchsübergang nach § 91 Abs. 1 BSHG ist die Existenz eines bürgerlichrechtlichen Unterhaltsanspruchs. Die Höhe des übergegangenen Unterhaltsanspruchs ist begrenzt durch die Höhe der gewährten Sozialhilfe[27] oder des Unterhalts (je nachdem, was niedriger ist).[28] Dabei darf die bestehende Unterhaltsverpflichtung[29] den angemessenen Unterhalt des Pflichti-

---

[24] Zu den komplexen materiellrechtlichen und prozessualen Problemen und zu den Schwierigkeiten des Regresses eingehend J. Münder, Der Übergang von Unterhaltsansprüchen nach § 91 BSHG, FuR 1997, 281 und 330. Vgl. auch P. Derleder/K. Bartels, Die Neuordnung des Unterhaltsprozesses bei Sozialhilfebezug, FamRZ 1995, 1111; B. Künkel, Unterhaltsrecht und Sozialrecht aus der Sicht des Familienrichters, FamRZ 1991, 14; ders., Unterhalt und Sozialhilfe, FamRZ 1994, 540; ders., Erneute Änderung des § 91 BSHG, FamRZ 1996, 1309; G. Brudermüller, Aktuelle Anwendungsprobleme des § 91 BSHG im Unterhaltsrecht, FuR 1995, 17; ders., § 91 BSHG im Schnittpunkt von Unterhaltsrecht und Sozialhilferecht, FamRZ 1995, 1033.

[25] Neufassung durch Art. 7 Nr. 19 des Gesetzes zur Umsetzung des Föderalen Konsolidierungsprogramms (FKPG) vom 23.6.1993 (BGBl. I 944, 952), in Kraft getreten am 27.6.1993.

[26] Vgl. dazu BT-Drucks. 12/4401 (hierauf verweist BT-Drucks. 12/4748). Vgl. auch BT-Drucks. 350/93.

[27] Zur Beschränkung des Anspruchsübergangs bei Hilfen in besonderen Lebenslagen (§§ 27 ff. BSHG), insbesondere bei Heimunterbringung, vgl. näher H. Hampel, Unterhalt und Sozialhilfe – Zur Problematik des § 91 II S. 1 BSHG, FamRZ 1996, 513 ff.; Wendl/Scholz, Das Unterhaltsrecht in der familienrichterlichen Praxis, 5. Auflage 2000, § 6 Rdnr. 515.

[28] Zur Aufteilung der Sozialhilfeleistungen bei einer aus mehreren Personen bestehenden Bedarfsgemeinschaft vgl. Wendl/Scholz (Fn. 27), § 6 Rdnr. 538.

[29] Als Berechnungsgrundlage zur Feststellung einer Unterhaltsverpflichtung bedienen sich die Sozialämter spezieller Sozialhilferichtlinien und Ausführungsbestimmungen (vgl. z.B. die Sozialhilferichtlinien Baden-Württemberg, die Empfehlungen des Landschaftsverbandes Westfalen Lippe, die Leitlinien des OLG Hamm sowie die Düsseldorfer Tabelle; dazu Duderstadt, Erwachsenenunterhalt. Unterhaltsansprüche volljähriger Kinder gegen ihre Eltern und umgekehrt, 2. Aufl., Neuwied 1998, S. 137). Zur Orientierung dienen etwa die Berechnungsschlüssel des Deutschen Vereins für öffentliche und private Fürsorge (vgl. FamRZ 1995, 1327, aktualisiert in FamRZ 2000, 788 ff.).

gen nicht gefährden. Weiter eingeschränkt wird eine Unterhaltsverpflichtung, wenn diese eine unbillige Härte darstellen würde.

Während aber nach bürgerlichem Recht eine grundsätzlich uneingeschränkte Solidaritätsverpflichtung gegenüber den Eltern besteht, sind die Regreßmöglichkeiten des Sozialhilfeträgers eingeschränkt, und zwar zum einen in den Fällen des § 91 Abs. 1 S. 3 BSHG, nämlich dann, wenn der Unterhaltspflichtige selbst sozialhilfebedürftig würde, wenn der Unterhaltspflichtige mit dem Hilfeempfänger im zweiten oder entfernteren Grad verwandt ist und bei Schwangeren und Müttern, die ihr leibliches Kind bis zum 6. Lebensjahr betreuen; zum anderen in den Fällen des § 91 Abs. 2 BSHG, wenn nämlich nach sozialhilferechtlicher Vergleichsberechnung nicht zu zahlen wäre (S. 1)[30] oder wenn der Übergang eine unbillige Härte bedeuten würde (S. 2).[31]

II. Problemlage

Problematisch wird diese Rechtslage vor allem bei den Unterhaltsansprüchen von Eltern gegen ihre Kinder. Beim Elternunterhalt geht es überwiegend um eine Absicherung des sog. Pflegefallrisikos. Decken – wie häufig – die Leistungen der Pflegeversicherung nur einen Teil der Kosten, die durch die stationäre Pflege der Eltern enstehen, so muß der Pflegebedürftige den Restbetrag selbst zahlen; kann er dies nicht, müssen ergänzend sozialstaatliche Leistungen in Anspruch genommen werde. Der Sozialhilfeträger versucht dann wiederum, bei den unterhaltpflichtigen Kindern Regreß zu nehmen.[32]

Da sich das Pflegefallrisiko aufgrund der Steigerung des durchschnittlichen Lebensalters erhöht, ist angesichts knapper Haushaltsmittel mit einer Zunahme dieser Fälle zu rechnen. Unterhaltsforderungen von Eltern gegen ihre Kinder gewinnen in der Praxis daher immer mehr an Bedeutung. Dabei geht es weniger darum, daß verarmte Eltern von ihren inzwischen gut situierten Kindern um einen Beitrag zum Lebensunterhalt bitten. Hauptfall ist vielmehr, daß die Eltern pflegebedürftig werden und die Rente für den Pflegesatz nicht ausreicht. Das Problem ist durch die Einführung der Pflegeversicherung[33] nicht obsolet geworden, denn wegen der Ausgestaltung als (bloßer) Grundsicherung, insbesondere

---

[30] Seit 1.8.1996 ist bei der Vergleichsberechnung § 76 Abs. 2 a BSHG nicht anzuwenden.

[31] Vgl. OLG Köln OLG-Report 1996, 242.

[32] Vgl. F. Günther, Unterhaltsansprüche der Eltern und ihre Berechnung, FuR 1995, 1. Vgl. auch ders., Probleme des Elternunterhalts, Forum Familien- und Erbrecht (FF), 1999, 172.

[33] Gesetz zur sozialen Absicherung des Risikos der Pflegebedürftigkeit vom 26.5.1994 (BGBl. I 1014). Vgl. besonders Art. 68 Abs. 2 PflegeVG und die VO nach Art. 68 Abs. 2 PflegeVG.

wegen der absoluten betragsmäßigen Begrenzung und der pauschalen Bemessung,[34] kann häufig noch ein ungedeckter Bedarf verbleiben.

Die familiäre Solidaritätspflicht wurde durch dieses neue wohlfahrtsstaatliche Versicherungssystem zwar gedämpft und die konsequente Anwendung des bürgerlichen Unterhaltsrechts durch die Einführung der zweiten Stufe der Pflegeversicherung weiter abgefedert,[35] angesichts knapper öffentlicher Ressourcen ist aber andererseits davon auszugehen, daß die Intensität der Regreßversuche seitens der Sozialhilfeträger zunimmt und das Refinanzierungsgebot ernster genommen wird.[36] Angesichts der präkeren Haushaltslage und leerer Kassen für die Sozialhilfeträger liegt die für die öffentliche Hand Versuchung nahe, die Unterhaltspflichtigen stärker in Anspruch zu nehmen.

Gegen eine Unterhaltspflicht von Kindern gegenüber ihren Eltern wird vor allem eingewandt, daß diese Pflicht die Deszendenten gerade zu einer Zeit trifft, in der sie ohnehin die Hauptlast der allgemeinen Rentenfinanzierung tragen.[37] Die mittlere Generation, die ihrerseits Kinder erzieht, werde auch noch gravierend durch die altersbedingte Bedürftigkeit der Eltern belastet und gerate dadurch (bildhaft beschrieben) in eine sog. Sandwich-Situation. Als besonders ungerecht empfunden wird, daß die mittlere Generation nicht nur ihre Familie unterhalten muß, sondern neben den Beiträgen zur Rentenversicherung (zur Unterstützung der älteren Menschen) auch noch Barunterhalt für ihre Eltern leisten sollen. Diese zunehmende Belastung der mittleren Generation resultiert auch aus der Erhöhung der Lebenserwartung,[38] aufgrund deren die ältere Generation länger auf Fürsorge und Pflege der jüngeren Generation angewiesen ist;[39] zusätzlich

---

[34] W. Schellhorn, Der Übergang von Unterhaltsansprüchen nach § 91 BSHG, FuR 1994, 317, 321.

[35] Die Hoffnung A. Hänleins (Die Heranziehung Unterhaltspflichtiger bei langwährender Pflegebedürftigkeit Volljähriger nach BSHG und BGB, Bielefeld 1992, S. 183), daß hierdurch die unterhaltsrechtlichen Fragen – und damit zusammenhängend die Regreßproblematik – zukünftig entfallen wird, erscheint zumindest verfrüht.

[36] Viele Sozialämter haben in letzter Zeit ihre Regulierungsabteilungen spezialisiert, qualifiziert und bis hin zu professionellen Heranziehungsabteilungen mit interner oder externer Rechtsberatung ausgebaut. Dem steht die Tendenz gegenüber, daß auch die Unterhaltspflichtigen selbst zunehmend anwaltliche Hilfe in Anspruch nehmen, um ihre Interessen geltend zu machen. Vgl. dazu H. J. Hoch, Wie regulieren Sozialämter und Gerichte familiale Generationenbeziehungen? Die Anwendung einschlägigen Sozialhilfe- und Unterhaltsrechts bei der Regulation des Elternunterhalts, in: Generationensolidarität in den Familien: Ideologie oder Realität? (Fn. 4), S. 59, 63 ff.

[37] Der Tendenz nach auch BGH NJW 1992, 1393, 1394. Vgl. auch A. Kohleiss, Sozialrecht und Unterhaltsrecht, FamRZ 1991, 8, 13.

[38] Ausführlich W. Lauterbach, Gemeinsame Lebenszeit von Familiengenerationen, in: Zeitschrift für Soziologie 1995, 22; ders., Die Multilokalität späterer Familienphasen, Zur räumlichen Nähe und Ferne der Generationen, Zeitschrift für Soziologie 1998, 113.

[39] Zur demographischen Entwicklung vgl. R. Nave-Herz, Die Menschen werden älter und immer älter..., FuR 1994, 328; dies., Familie heute. Wandel der Familienstruktur und Folgen für die Erziehung, Darmstadt 1997; dies., Die These über den „Zerfall der Familie", in:

steigen die Beiträge für die Altersversorgung der mittleren Generation.[40] Wegen des immer größer werdenden Anteils älterer Menschen muß die jüngere Generation immer größere finanzielle Anstrengungen zum Funktionieren des sog. Generationenvertrages erbringen. Dabei kann sich die paradoxe Situation ergeben, daß die älteren Menschen, die keine Kinder und damit keine Unterhaltsverpflichteten haben, von der Allgemeinheit im Wege der Sozialhilfe finanziell unterstützt werden müssen, soweit ihre eigenen Renteneinkünfte zur Bestreitung ihres Unterhalts nicht ausreichen, während die Eltern mit Kindern, die zum Funktionieren des sog. Generationenvertrages grundsätzlich beigetragen haben, ihre Kinder noch zusätzlich über die ohnehin schon durch die Sozialversicherungsabgaben zu erbringenden Leistungen in Anspruch nehmen müssen, weil die Renten in der Regel zur Finanzierung der erheblichen Pflegekosten in professionellen Altenheimen nicht mehr ausreichen.[41]

Mit Rücksicht auf diese durch die Pression aus zwei Richtungen doppelt eingeschränkte Leistungsfähigkeit sind Vorschläge verständlich, die Unterhaltspflicht der Kinder gegenüber ihren Eltern künftig ersatzlos zu streichen.[42] Dem wird entgegengehalten, daß eine Abkehr von der gesetzlich anerkannten familiären Solidarität erhebliche Auswirkungen auf das gesamte Rechtssystem, insbesondere das Erb- und Pflichtteilsrecht sowie die Privilegien bei der Schenkungs- und Erbschaftssteuer haben würde.[43] Zudem ist zu bedenken, daß die Kosten, die nicht von der Familie getragen werden, von der nichtfamilialen Solidargemeinschaft, also vom Staat, getragen werden müssen, der seine Ressourcen aus dem Steueraufkommen zieht. Steigen die Kosten, ist absehbar, daß die Auseinandersetzung um eine angemessene Lastenverteilung umso heftiger wird. Bei alledem ist zu bedenken, daß die sozialamtliche und in streitigen Fällen auch gerichtliche Regulation des Elternunterhalts einen prekären Eingriff in Familienverhältnisse darstellt.[44]

J. Friedrichs/M. R. Lepsius/K. U. Mayer (Hrsg.), Die Diagnosefähigkeit der Soziologie, Opladen 1998, S. 286.

[40] Hänlein (Fn. 35) weist auf die dadurch in vielen Fällen entstehenden familialen Spannungen, seelischen Nöte und materiellen Belastungen hin, die wiederum Fragen nach der Adäquanz des bürgerlichen Rechts aufwerfen (S. 1).

[41] Vgl. LG Münster FamRZ 1994, 843 f.

[42] Dafür etwa I. Schwenzer, Vom Status zur Realbeziehung. Familienrecht im Wandel, Baden-Baden 1987, S. 43 f.; dies., Verwandtenunterhalt und soziodemographische Entwicklung, FamRZ 1989, 685, 690; dies., Reform des Verwandtenunterhalts – eine rechtspolitische Notwendigkeit oder übereilte Aufgabe der Familiensolidarität?, in: 10. Deutscher Familiengerichtstag (DFGT), Brühler Schriften zum Familienrecht, Band 8, Bielefeld 1994, S. 59.

[43] Schwab, FamRZ 1997, 521, 527.

[44] Vgl. dazu das Forschungsprojekt mit dem Schwerpunkt „Gesellschaft und Familie" an der Universität Konstanz unter der Leitung von K. Lüscher. Dazu K. Lüscher/B. Pajung-Bilger/F. Lettke/S. Böhmer, Generationenambivalenzen operationalisieren: Konzeptuelle, methodische und forschungspraktische Grundlagen, Arbeitspapier Nr. 34.1, Konstanz 2000, sowie die Arbeitspapiere 34.2, 34.3, 34.4. Vgl. auch K. Lüscher, Handeln die Generationen

Was die Alters- und Pflegeversorgung betrifft, so kann die persönliche Vorsorge für den Pflegefall insbesondere durch eine entsprechende Versicherung getroffen werden.[45] Das erscheint indes ohne eine Aktivierung und Intensivierung des Beistands in der Familie nicht ausreichend. Versuche einer Problemlösung sehen sich mit einer zirkulären Argumentation konfrontiert: Nehmen die Kinder – aus welchen Gründen auch immer – ihre pflegebedürftigen Eltern nicht auf, müssen die Eltern von Dritten, etwa in einem Alters- oder Pflegeheim, versorgt werden. Können die Eltern die hieraus resultierenden erheblichen Kosten aus eigenen Mitteln häufig nicht selbst tragen, müssen subsidiär Sozialleistungen in Anspruch genommen werden. Übernimmt aber der Sozialhilfeträger Unterhaltsleistungen, geht der Unterhaltsanspruch der Pflegebedürftigen gegen ihre Angehörigen kraft Gesetzes auf das Sozialamt über, das zur Refinanzierung verpflichtet ist (§ 2 BSHG). Dazu versucht es, die Kinder des Pflegebedürftigen in Regreß zu nehmen. Macht der Sozialhilfeträger in Erfüllung eben dieses Refinanzierungsgebots den übergegangenen Unterhaltsanspruch für nicht gedeckte Heimkosten geltend, sinkt die Leistungsbereitschaft, Opfer zu erbringen, weil die Kinder nicht kraft familiärer Solidarität an den Staat zahlen. Ist die Versorgungsleistung nun nicht mehr eine Angelegenheit der Familie, sondern der Sozialhilfeträger, wird aus der unmittelbaren familiären Solidarverpflichtung eine nur mittelbare Unterhaltsverpflichtung, weil es – aus der Sicht der Familie – nicht mehr um Forderungen der (alten oder kranken) Eltern gegen ihre Kinder geht, sondern um Forderungen des Staates. Gegen ihn rebelliert die in Anspruch genommene Solidargemeinschaft Familie und verweist auf die kollektive Solidargemeinschaft aller Bürger.

Die Problematik wird in der Öffentlichkeit meist nur im Pflegebereich und im Bereich des damit verbundenen Regresses der Sozialhilfeträger wahrgenommen. Ein weiterer – nicht minder brisanter – Aspekt des Elternunterhalts betrifft die Fälle, in denen es um den Unterhalt älterer geschiedener Ehefrauen geht, die während der Ehe Mann und Kinder versorgt haben und im Alter (wenn überhaupt) nur über eine Minimalrente verfügen, die ihren Lebensbedarf nicht abdeckt. Dann müssen entweder die Kinder in Anspruch genommen werden oder

wirklich solidarisch?, in: Generationensolidarität in den Familien: Ideologie oder Realität? (Fn. 4), S. 7. Für eine ausführliche Darstellung des Konzeptes der Ambivalenz, seine Rezeption in der Soziologie und seinen Bezug zu aktuellen Überlegungen kann auf K. Lüscher/K. Pillemer, Die Ambivalenz familialer Generationenbeziehungen. Forschungsschwerpunkt Gesellschaft und Familie, Arbeitspapier Nr. 22, Konstanz 1996; K. Lüscher, Solidarische Beziehungen: das „neue" Problem der Generationen, in: K. Gabriel/A. Herlth/K. P. Strohmeier (Hrsg.), Modernität und Solidarität. Konsequenzen gesellschaftlicher Modernisierung, Festschrift für F.-X. Kaufmann, Freiburg i.Br./Basel/Wien 1997, S. 59, und K. Lüscher/B. Pajung-Bilger: Forcierte Ambivalenzen. Ehescheidung als Herausforderung an die Generationenbeziehungen unter Erwachsenen, Konstanz 1998, verwiesen werden.

[45] Die Pflegeversicherung zahlt für Personen, die wegen der Pflege eines Angehörigen nicht mehr als 30 Stunden wöchentlich erwerbstätig sind, die Beiträge zur gesetzlichen Rentenversicherung (§ 44 Abs. 1 SGB XI).

subsidiär der Sozialhilfeträger, der sich dann wieder im Regreßweg an die Kinder hält. Die Situation dieses Personenkreises wird zwar als prekär empfunden, gleichwohl wird auf Forderungen nach einer Reform eher ausweichend reagiert unter Hinweis auf die gesellschaftlichen Bedingungen der Bedürftigkeit: die mangelnde gesellschaftliche Anerkennung der Hausarbeit.

Mit dem Ausbau der sozialen Sicherheit und den veränderten Verhältnissen wird die Grundlage für den Aszendentenunterhalt zweifelhafter. Die Unterhaltsverpflichtung der Kinder erscheint eher als Folge mangelnder sozialer Absicherung der Eltern, mit der Funktion, Lücken im sozialen Netz zu schließen. Der Aszendentenunterhalt wirkt zumal dort, wo die Kinder ihrerseits schon Familien gegründet haben oder bereits Rentenbezieher sind, fast schon als „Schicksalsschlag".[46]

Gerade weil mit dem Ausbau der sozialen Sicherungssysteme die Bedeutung der familienrechtlichen Absicherung tendenziell sinkt,[47] ist problematisch, wieweit es noch sinnvoll ist, an bestimmte Familienbeziehungen rechtliche Pflichten zu knüpfen und diese auch bei knappen Mitteln durchzusetzen. Alle Lösungsversuche müssen sich daran messen lassen, ob sie eine gerechtere und einleuchtendere Verteilung der Unterhaltslast bewirken. Für die Begründung von Unterhaltpflichten lassen sich neben den fiskalischen Interessen vor allem Gesichtspunkte der Gegenseitigkeit (des Austauschs) anführen, wobei auch die Zusammenhänge mit der Erbberechtigung[48] und die Verbundenheit durch gemeinsame Abstammung zu berücksichtigen sind. Dies erschwert es, bei einer grundlegenden Änderung des Normengefüges die möglicherweise daraus resultierenden Folgen für das Zusammenleben und die gegenseitige Verantwortung der Generationen abzuschätzen.

Die folgende Darstellung soll einen Überblick vermitteln, welche Regulative die Praxis zur Problemlösung auf der Grundlage des geltenden Rechts entwickelt hat.

III. Regulative in der Rechtspraxis

Die Verwaltungspraxis reduziert die Inanspruchnahme auf eine Beteiligung an den durch das Einkommen aus Altersversicherung oder Versorgung, Kranken- und Pflegeversicherung sowie Vorsorge oder Vermögen nicht gedeckten Kosten bei schwerer Pflegebedürftigkeit. Diese eingeschränkte oder ergänzende Unterhaltspflicht wird über § 91 BSHG in der Regel durch die Sozialhilfeträger – also

---

[46] Martiny (Fn. 4), S. 73, 77.

[47] Eine Stärkung der familienrechtlicher Absicherung ist allgemein nur beim Unterhaltsanspruch des minderjährigen Kindes und bei dessen Durchsetzung erkennbar.

[48] Nach englischem Recht trifft Kinder zwar keine Unterhaltspflicht, sie sind aber auch nicht pflichtteilsberechtigt; ein etwaiger Ausbildungsanspruch ist eng begrenzt.

mittels staatlicher Intervention in den zivilrechtlich geregelten Bereich – durchgesetzt.

Gerichtsentscheidungen, in denen Unterhaltsansprüche der Eltern gegenüber ihren Kindern von den Eltern selbst geltend gemacht werden, sind eher selten.[49] Den zum Elternunterhalt ergangenen veröffentlichten Gerichtsentscheidungen lagen meist Klagen der Sozialhilfeträger zugrunde, die Eltern Hilfe zum Lebensunterhalt oder Hilfe in besonderen Lebenslagen geleistet haben.[50]

Das Problem der Inanspruchnahme aller Verwandten in auf- und absteigender Linie auch über die Generationen hinweg wird in der zivilrechtlichen Praxis zu entschärfen versucht, indem bei Unterhaltspflichten außerhalb der Eltern-Kind-Beziehung der Selbstbehalt großzügig bemessen wird, so daß in der Regel nur gut situierte Leistungsfähige in relativ moderater Weise herangezogen werden. Die Praxis der Gerichte ist uneinheitlich, wie noch darzustellen sein wird.

Das Regulativ bilden beim Elternunterhalt – wie beim Kindesunterhalt – die Bedürftigkeit (§ 1602 Abs. 1 BGB) und die Leistungsfähigkeit (§ 1603 Abs. 1 BGB). Über den Tatbestand der Verwirkung können letzte Billigkeitskorrekturen vorgenommen werden.[51]

Folgender Fall hat den BGH vor einigen Jahren beschäftigt und zu dem grundlegenden Urteil vom 26.2.1992[52] geführt: Ein hochbetagter Fahrradhändler und seine Ehefrau hatten Sozialhilfeleistungen bezogen. Daraufhin nahm später das Sozialamt aufgrund übergegangener Unterhaltsansprüche Rückgriff bei den drei erwachsenen Söhnen, die ihrerseits verheiratet waren, gemeinsame Kinder hatten und inzwischen zum Teil selbst Rente bezogen. Zu entscheiden war, wie weit die Verpflichtung der Kinder reichte und was für sie selbst und ihre eigenen Verpflichtungen übrig blieb.

Mehrere Problemkreise sind hierbei zu unterscheiden: Welche Unterhaltsansprüche hätten die Eltern selbst gegen ihre Kinder? Müssen Kinder überhaupt ihre Eltern unterhalten oder dürfen sie die Eltern auf den Bezug von Sozialleistungen verweisen? In diesem Zusammenhang geht es vor allem um die Bedürftigkeit und die Leistungsfähigkeit, wobei gerade dem Selbstbehalt des Verpflichteten besonderes Gewicht zukommt. Die Problematik geht allerdings über das Unterhaltsrecht hinaus: Unterhaltsansprüche Erwachsener werden häufig nicht direkt eingeklagt, sondern mittelbar im Regreßweg durch den Sozialleistungsträger, wenn Sozialleistungen empfangen wurden. Wie wirkt sich das auf die Generationensolidarität aus? Zuvor ist freilich aus sozialrechtlicher Sicht zu klären, ob

---

[49] Zur Auskunftspflicht im Rahmen des Elternunterhalts gegenüber Geschwistern vgl. LG Braunschweig FamRZ 1999, 457.

[50] Vgl. den Rechtsprechungsüberblick bei J. Duderstadt (Fn. 29), S. 134; R. Schibel, Einsatz des Vermögens beim Elternunterhalt, NJW 1998, 3449. Vgl auch die Nachweise bei G. Brudermüller, Solidarität und Subsidiarität im Verwandtenunterhalt – Überlegungen aus rechtsethischer Sicht, FamRZ 1996, 129, 133 in Fn. 26.

[51] Vgl. auch LG Bielefeld FamRZ 1999, 399.

[52] Vgl. BGH FamRZ 1992, 795 = NJW 1992, 1393.

der potentielle Empfänger öffentlicher Leistungen überhaupt hilfebedürftig ist
oder auf Ansprüche gegen den (privaten) Unterhaltspflichtigen verwiesen werden kann.

Der unterhaltsrechtliche Aspekt soll zunächst im Vordergrund stehen. Wo
die Zumutbarkeitsgrenze ist, bis zu der die Kinder pflegebedürftiger Eltern für
die nicht gedeckten Pflegekosten oder für auf den Sozialhilfeträger übergegange-
ne Unterhaltsansprüche unterhaltsrechtlich aufzukommen haben, ist eine Frage
der Leistungsfähigkeit. Hier gilt der Grundsatz des § 1603 Abs. 1 BGB, wonach
Verwandte in gerader Linie einander nicht unterhaltspflichtig sind, soweit sie –
unter Berücksichtigung ihrer sonstigen Verpflichtungen – durch die Unterhaltsleistungen ihren eigenen angemessen Unterhalt gefährden würden.

Die Intention, die mittlere Generation nicht übermäßig mit Unterhaltspflichten zu belasten, ist weit verbeitet und stößt auf allgemeinen Konsens.[53]
Deutlich ist die Tendenz, die Kinder als Angehörige der sog. „Sandwichgeneration" bei der Inanspruchnahme wegen des Unterhalts ihrer Eltern eher zu schonen, jedenfalls nicht allzu hart in Anspruch zu nehmen. Rechtstechnisch sind
hierfür verschiedene Lösungsansätze denkbar. Kern dieser Versuche ist, daß den
Kindern – meist mit eigener Familie – ein über dem sog. großen Selbstbehalt lie-
gender Eigenbedarf (Selbstbehalt) zugebilligt wird, Aufwendungen in größerem
Umfang Berücksichtigung finden können und überhaupt nur auf einen Teil des
den Selbstbehalt übersteigenden Einkommens zugegriffen werden kann.

Bereits nach geltendem Recht versuchen Rechtsprechung und Lehre, die
Unterhaltsbelastung von Eltern gegenüber ihren volljährigen Kindern in der Praxis zu limitieren.[54] Einigkeit besteht im Ansatz darüber, daß der (in Orientierung
an die Unterhaltstabellen ermittelte) große Selbstbehalt – der für den Unterhalt
gegenüber volljährigen Kindern gilt und derzeit mit 1.800 DM angesetzt wird –
nur der Mindestbetrag ist, der je nach den Umständen des Einzelfalles auch
deutlich höher angenommen werden kann. In der gerichtlichen Praxis zeigt sich
bei der Beurteilung der Leistungsfähigkeit der Deszendenten ein Bestreben, dem
unterhaltpflichtigen Kind entgegenzukommen und „Zuschläge" zum Selbstbehalt – eine Art „Super-Selbstbehalt"[55] – zu gewähren, und zwar offensichtlich
deshalb, weil der pauschale Ansatz des „großen Selbstbehalts" als unzureichend
angesehen wird.

---

[53] Vgl Duderstadt (Fn. 29), S. 140 mwN.

[54] Vgl. dazu I. Schwenzer (Fn. 42), in: 10. DFGT S. 59, 62 f.; Günther (Fn. 31), FuR
1995, 1, 3 ff.; P. Menter, Der Elternunterhalt, FamRZ 1997, 919, und dies., Diskussion:
Selbstbehalt gegenüber Eltern, FamRZ 1997, 1522. Vgl. auch E. Kalthoener/H. Büttner, Die
Rechtsprechung zur Höhe des Unterhalts, 7. Auflage, München 2000, Rdnr. 48; Palandt/
Diederichsen, BGB, 59. Auflage 2000, § 1610 BGB Rdnr. 24.

[55] Schwab (Fn. 1), Familiäre Solidarität, S. 54.

Für die Frage, in welchem Umfang volljährige Kinder gegenüber ihren Eltern unterhaltsrechtlich haften, hat der BGH[56] einen Zuschlag von 20% zu dem angemessenen Eigenbedarf nach der Düsseldorfer Tabelle gebilligt. Der Betrag, der über dem Selbstbehalt noch zur Verfügung steht, soll zur Erhaltung des Arbeitsanreizes nur als teilweise einsatzpflichtig angesehen werden. Nach den Empfehlungen des Deutschen Vereins für öffentliche und private Fürsorge für die Heranziehung Unterhaltspflichtiger in der Sozialhilfe (DV)[57] und des 11.Deutschen Familiengerichtstages e.V. (DFGT)[58] sind 50 % als einsatzpflichtig anzusetzen.[59]

Der BGH[60] rechtfertigt für die Unterhaltspflicht der Deszendenten einen „maßvollen Zuschlag" auf den großen Selbstbehalt mit dem Hinweis auf die unterschiedlichen Lebenssituationen, in denen sich aus unterhaltsrechtlicher Sicht Eltern und Kinder jeweils befinden: Die Verantwortung für die eigenen – auch volljährigen – Kinder sei etwas anderes als die Verantwortung eben dieser Kinder gegenüber ihren Eltern etwa für deren Heim- und Pflegekosten. Auf diese Weise hat der BGH die Verpflichtung der Deszendenten durch einen erhöhten Selbstbehalt abgemildert, so daß auch in dem eingangs genannten Fall die Söhne des Fahrradhändlers nicht hafteten.

In der Rechtsprechung[61] und Literatur[62] hat sich dieser Lösungsansatz, den Selbstbehalt maßvoll[63] zu erhöhen, tendenziell durchgesetzt.[64]

Bei der Bildung des sog. bereinigten Nettoeinkommens[65] – also des unterhaltsrechtlich relevanten Einkommens – sind nicht nur vorrangige Unterhaltsla-

---

[56] FamRZ 1992, 795, 797 zur damaligen Fassung von 1987; vgl. auch OVG Lüneburg FamRZ 1994, 1430.

[57] B VIII Rdnr. 114, 117. In der nunmehr aktualisierten Fassung (veröffentlicht z.B. in FamRZ 2000, 788 ff.) Rdnr. 121.

[58] FamRZ 1996, 337, 338.

[59] Die Rechtsprechung ist insoweit zum Teil großzügiger. Vgl. OVG Lüneburg FamRZ 1994, 1430: Einsatzpflichtig sei nur 1/3 des Mehrbetrags.

[60] BGH FamRZ 1992, 795, 797. Vgl. auch BGH NJW 1992, 1393 (für den Ausbildungsunterhalt).

[61] Der angemessene Selbstbehalt gegenüber unterhaltsberechtigten Eltern ist in der Düsseldorfer Tabelle, Stand 1.7.1998 (FamRZ 1998, 534), nunmehr unter D.1. ausdrücklich beziffert (2.250 DM einschließlich 800 DM Warmmiete); unverändert Stand 1.7.1999. Ebenso Leitlinien der Oberlandesgerichte Bremen (V.1.), Frankfurt a.M. (VI.1.), Hamburg (Nr. 7), Hamm (Nr. 49). Vgl. auch Schleswig (F.1.: über dem großen Selbstbehalt). Der DV (Fn. 57) hat sich in seinen Empfehlungen angeschlossen (B VIII Rdnr. 118 i.V.m. dortiger Fn. 1, FamRZ 2000, 788, 796).

[62] Vgl. Hänlein (Fn. 35), S. 126; Schwenzer (Fn. 42), FamRZ 1989, 685, 688.

[63] Eine Entscheidung des AG Hagen vom 14.12.1987 (FamRZ 1988, 755, 756), in der dieser Weg gewählt worden war, ist vom LG Hagen (FamRZ 1989, 1330) nur deshalb aufgehoben worden, weil ein um 70 % erhöhter Selbstbehalt im konkreten Fall überzogen schien.

[64] Vgl. LG Paderborn FamRZ 1999, 457: Erhöhung um 20%. Weitergehend LG Bielefeld FamRZ 1999, 399, 400: 30%.

sten, sondern in weitergehendem Umfang[66] als beim Kindes- und Ehegattenunterhalt auch alle Verbindlichkeiten zu berücksichtigen.[67] Dem Unterhaltspflichtigen wird gestattet, sich gegenüber dem bedürftigen Elternteil auf jede nach objektiven Maßstäben vernünftige Aufwendung für den eigenen Lebensunterhalt zu berufen. So kann er etwa Kredite zum Kauf eines Pkw, Aufwendungen für eine angemessene Altersvorsorge und vermögensbildende Aufwendungen (z.B. für den Erwerb eines Eigenheimes) oder die Beiträge zu einer Lebensversicherung abziehen.[68] Er kann sogar Verpflichtungen geltend machen, die noch nicht konkret entstanden sind, sondern der angemessenen Bildung von Rücklagen dienen,[69] etwa für Hausreparaturen oder für den Erhaltungsaufwand des gemeinsamen Wohneigentums, für die Wiederbeschaffung eines Kraftfahrzeugs sowie die ohnehin weitgehend üblichen Versicherungen in angemessenem Umfang unterhaltsmindernd anerkannt.

Dem Unterhaltsschuldner ist es lediglich verwehrt, sich für sog. Luxusausgaben seiner Unterhaltspflicht zu entledigen. Im übrigen bedarf es einer Interessenabwägung, wobei unter Anlegung eines großzügigen Maßstabs insbesondere Zweck der Verbindlichkeit, Zeitpunkt und Art der Entstehung sowie Grund und Höhe der Unterhaltsschuld zu berücksichtigen sind.[70] Von Bedeutung wird dabei sein, ob bei Begründung der Verbindlichkeit die Unterhaltsschuld bekannt war und ob vermögensbildende Ausgaben (auch) dem eigenen Wohnbedarf dienen.[71] Der Verpflichtete muß sich nämlich, wie der BGH hervorhebt, nicht von vornherein auf eine solche Belastung einstellen.

---

[65] Zu berufsbedingten Aufwendungen vgl. LG Bielefeld FamRZ 1999, 399, 400. Vgl. auch LG Bielefeld FamRZ 1998, 49, 50 zur Nichtberücksichtigung eines sog. Erwerbstätigenbonus bei intakter Ehe (anders D. W. Weychardt, FamRZ 1998, 279, 280: Auch beim Elternunterhalt sei im Rahmen der Angemessenheitskontrolle ein Erwerbstätigenbonus zu berücksichtigen).

[66] Vgl. LG Duisburg FamRZ 1991, 1086 (nach Maßgabe der Einschränkungen der §§ 76 ff. BSHG); LG Berlin FamRZ 1992, 1214 (allerdings wurde die Berücksichtigung von Aufwendungen für die Lebensgefährtin abgelehnt). Zur Berücksichtigung von Wohnkosten und von Naturalunterhalt vgl. LG Düsseldorf FamRZ 1998, 50, 51 f.

[67] Näher H. Büttner, Belastungsgrenzen beim Elternunterhalt, Festschrift für D. Henrich, 2000, S. 51 f.

[68] Vgl. OLG Oldenburg FamRZ 1991, 1347, 1348; LG Münster FamRZ 1994, 843, 844; LG Bochum FamRZ 1994, 841; LG Osnabrück FamRZ 1996, 960, 961 (Vorsorge und Bildung von Rücklagen) und 1494; LG Paderborn FamRZ 1996, 1497 f. und FamRZ 1999, 457, 458; LG Kiel FamRZ 1996, 753; LG Lübeck FamRZ 1996, 961; AG Höxter FamRZ 1996, 752 m. Anm. D. Zieroth; H.-B. Meyer FamRZ 1997, 225 (Anm. zu LG Lübeck und AG Höxter); LG Bielefeld FamRZ 1999, 399 (Aufwendungen für Wohnhaus; u.U. sogar Kosten für Hundehaltung).

[69] BGH FamRZ 1986, 48.

[70] Vgl. OLG Oldenburg FamRZ 1991, 1347, 1348.

[71] Insoweit kann an die vom BGH (FamRZ 1992, 254, 257) entwickelten Grundsätze zur Berücksichtigung von Schulden beim Kindesunterhalt angeknüpft werden.

IV. Argumentationstopoi zur Begründung des Elternunterhalts

Die Schwierigkeit der Begründung von rechtlich sanktionierten Pflichten, insbesondere Unterhaltspflichten im familialen Generationenverbund resultiert vor allem daraus, daß Recht – streng genommen – nur an Handlungsverantwortung anknüpfen darf. Nach traditionellem Verständnis kann man eben nur dann einer Rechtspflicht unterliegen, wenn man sich willentlich zu etwas verpflichtet hat. Pflichten der Eltern gegenüber den Kindern lassen sich als Handlungsverantwortung begründen, Unterhaltspflichten der Kinder gegenüber den Eltern dagegen müssen anders begründet werden, denn hier fehlt es offensichtlich an der willentlichen (kontraktualistischen) Pflichtbegründung.

a) „Dankesschuld"-Argument

Verschiedene Argumentationsschemata wären hier denkbar, die freilich alle den Nachteil haben, daß sie aus einem traditionellen Rechtsbegründungsschema herausfallen. Ein Gesichtspunkt könnte die *Dankbarkeit* sein: Wer, auch ohne darum gebeten zu haben, von anderen etwas zugewendet bekommt, könnte eine moralische „Dankespflicht" dahingehend haben, dem Zuwender in Not beizustehen. Man könnte auch an den Gedanken allgemeiner mitmenschlicher Solidarität denken, der dem sozialstaatlichen Recht insgesamt zugrunde liegt; er würde allerdings nicht hinreichend erklären können, warum es gerade die Kinder sind, die für ihre Eltern Unterhalt zu erbringen haben.

Damit sind schon zwei moralische Kategorien genannt, die möglicherweise auch miteinander in Kollision geraten können: Spricht die „Dankesschuld"-These mehr dafür, den Unterhalt für ihre Eltern (und darüber hinausgehend möglicherweise alle Vorfahren) den Kindern aufzuerlegen, so spricht der allgemeine Solidaritätsgedanke dafür, alle, die leistungsfähig sind, für verpflichtet zu halten, Menschen in Not zu unterstützen. Da die Solidaritätspflichten alle treffen, die Kinder aber zusätzlich noch aus der „Dankesschuld" als speziellem Solidaritätsgrund verpflichtet sind, scheint es auf den ersten Blick naheliegend, die in dieser Weise doppelt Verpflichteten primär haften zu lassen. Indessen zeigt ein weiterer Blick, daß die Angelegenheit doch etwas komplizierter ist. Zum Solidaritätsgedanken zählt in der modernen Ethik auch der Gedanke der „natürlichen Lotterie". Damit ist gemeint, daß eine Pflicht aller besteht, zufällige (und unverschuldete) Unterschiede in den Grundanlagen der Menschen (Krankheit/Gesundheit, Armut/Reichtum, mehr oder weniger entwickelte Intelligenz) nach Kräften auszugleichen.[72]

---

[72] Vgl. etwa J. Rawls, A Theory of Justice, Oxford 1972 – dt. Übers.: Eine Theorie der Gerechtigkeit, Frankfurt a.M. 1975, insbesondere S. 12 und 15.

Auf dieser Basis wäre es ungerecht, armen Kindern gerade die Unterhaltsverpflichtung gegenüber ihren armen Eltern aufzuerlegen, während reiche Kinder
von reichen Eltern von jeder Unterhaltspflicht faktisch befreit sind. Ebenso wäre
es ungerecht, die Unterhaltsverpflichtung von dem Zufall abhängig sein zu lassen,
ob jemandes Eltern krank und infolgedessen unterhaltsbedürftig sind, während
ein anderer gesunde Eltern hat. Auch können die Eltern des einen ein langes Leben führen und deswegen lange Zeit Unterstützung brauchen, während die Eltern
eines anderen schon frühzeitig sterben und so statt der Unterhaltsbedürftigkeit
sogar ein frühes Erbe zurücklassen. So gesehen gibt es also gute Gründe, nicht jeden gerade für seine Eltern haften zu lassen, sondern das Risiko als allgemeines
Risiko sozialer Solidarität zu begreifen. Von daher liegt es prinzipiell nahe, für die
Frage des Unterhalts für die Kindern gegenüber den Eltern ein Mischmodell zu
entwickeln: Sowohl der Gedanke, daß die jeweils eigenen Kinder „näher dran"
sind aufgrund ihrer „Dankesschuld" als auch der Gedanke, daß rechtliche Pflichten nicht von Zufälligkeiten abhängen dürfen, ist zu berücksichtigen.

Zu denken ist weiter an eine Kombination beider Elemente im Sinne einer
wechselseitigen Begrenzung. Dafür, die familiäre Solidarität stärker zu belasten,
könnte sprechen, daß jedes Familienmitglied – das ja zugleich Mitglied der Gesellschaft ist – auch soziale Solidarität zu leisten hat. Unter diesem Gesichtspunkt würde primär die Familie haften, die Inanspruchnahme sozialer Solidarität
wäre subsidiär. Zu lösen bliebe dann freilich noch das Problem, Ungerechtig-
keitsspitzen zu kappen, nämlich die Belastung der familiären Solidarität zu begrenzen.

Aus sozialethischer Perspektive ist anzumerken: Mit Hilfe des Dankbar-
keitsarguments wird die personale und materielle Versorgung der alten Eltern als
sittliche Pflicht (Sonderfall der Gehorsamspflicht), als individuelle Christen-
pflicht[73] der Kinder angesehen. Danach verpflichtet das universale Gebot der
Nächstenliebe zu Gerechtigkeit und Solidarität, und zwar in dem Sinne, daß zum
einen gleiche Chancen für alle eröffnet werden sollen, zum anderen, daß diejenigen, die dessen besonders bedürfen, solidarisch unterstützt werden.[74] Aus sozialethischer Perspektive bedeutet dies, daß die Tendenz christlich-sozialer Ethik,
allen Menschen entsprechend ihrer von Gott zukommenden Würde ein menschenwürdiges Dasein zu ermöglichen, hinsichtlich der Generationensolidarität

---

[73] Für Luther ist die Unterhaltspflicht gegenüber den nicht mehr erwerbstätigen Eltern
selbstverständlicher Teil der Gehorsamspflicht und entspringt „natürlich" der Dankbarkeit gegenüber den Eltern. Luther überträgt damit den normativen Gehalt der Gehorsamspflicht vom
familialen Bereich auf den öffentlichen und setzt damit die christliche Norm als politische, all-
gemeingültige ein. Darin vollzieht er den *usus civilis vel politicus legis*, den politischen oder
bürgerlichen Gebrauch des Gesetzes, der den Dekalog gleichsam als göttliches Naturrecht ansieht. Vgl. dazu eingehend Johannes Heckel, Lex charitatis. Eine juristische Untersuchung
über das Recht in der Theologie Martin Luthers, München 1953.

[74] Vgl. dazu M. Haspel, „Du sollst Deinen Vater und Deine Mutter ehren." Generationensolidarität in familialen Lebensformen der Spätmoderne in sozialethischer Perspektive, in:
Generationensolidarität in den Familien: Ideologie oder Realität? (Fn. 4), S. 33 ff.

und des Verwandtenunterhalts als die Aufgabe konkretisiert wird, alten, nichterwerbstätigen Menschen personale Anerkennung und Zuwendung, soziale Integration und materiell-ökonomische Versorgung zu ermöglichen und zu sichern. Das Elterngebot zielt dabei speziell darauf, Freiheit im Alter zu gewährleisten, und zwar auch und gerade als ökonomische und materielle Absicherung.

b) Freiheitspostulat und Eigenverantwortung

Ein grundlegend anderer Ansatz wäre, ausgehend von der (in ihrer Entwicklung oben nachgezeichneten) Verrechtlichung und Individualisierung die Bedingungen zu beschreiben, unter denen das individualisierte Recht gleichsam „familiarisiert" wird. Was ist aber das notwendige Korrelat des Individualrechts? Das Pendant zum Freiheitspostulat ist der Grundsatz der Eigenverantwortung.

Zur Begründung kann an die oben festgestellte Individualisierungstendenz in der Familie angeknüpft werden, und zwar unter dem Aspekt, daß im Zusammenhang insbesondere mit der Auflösung patriarchalischer Strukturen, aber auch in Verbindung mit einer Anerkennung gleicher Rechte der Frau und des Kindes, der Persönlichkeitsbereich der Familienmitglieder ausgeweitet und ein individuelles Reservat zur Selbstbestimmung („Selbstverwirklichung") anerkannt wurde. In dieser primär individualrechtlichen Sicht ist die Entwicklung der bürgerlichrechtlichen Gesetzgebung als konsequente Verwirklichung von Individualrechten aus einem allgemeinen Prinzip der Selbstbestimmung des Menschen zu verstehen. Nun ist aber nicht nur der Gedanke der Solidarität notwendiges Korrelat der Selbstbestimmung des Menschen; von einem bestimmten Zeitpunkt an schlägt vielmehr das Individual*recht* in eine Selbst*verpflichtung* um, nämlich die Pflicht zur Wahrnehmung der *in* der Familie (Gemeinschaft) gewonnenen Individualität *für* die Gesellschaft. Die Focussierung auf die Individualrechte hat also eine Kehrseite: Ist das Individuum in die Lage versetzt worden, seine Selbstbestimmung potentiell wahrzunehmen, ist es zur Partizipation in und für die Solidargemeinschaft auch verpflichtet. Die Gesellschaft, die die Rahmenbedingungen dafür geschaffen hat, daß der Einzelne Individualrechte überhaupt geltend machen kann, hat danach ihrerseits das Recht, von dem Individuum zu fordern, daß es nunmehr seinen Anteil in der Gesellschaft leistet.[75]

Darin zeigt sich ein Paradox: Die Individualisierung führt gerade dadurch, daß Belastungen (vor allem im Unterhaltsrecht) auf die Gesellschaft abgewälzt werden können, in ihrer Konsequenz letztlich wieder zu einer Ent-Individualisierung.

---

[75] Zu diesem bereits von G. W. F. Hegel (Grundlinien der Philosophie des Rechts, § 238) gesehenen Zusammenhang eingehend U. Steinvorth, Ein Beitrag Hegels zur aktuellen Gerechtigkeitsdiskussion, Rechtsphilosophische Hefte Bd. IV (1995), S. 111, bes. S. 120 ff.

c) „Anerkennungs"-Argument

In der Einräumung von Individualrechten manifestiert sich Freiheit. Freiheit läßt sich nach neuzeitlichem Verständnis nur gemeinsam mit dem anderen in wechselseitiger Anerkennung erreichen. Nicht in der Verwirklichung der eigenen Interessen gegen den anderen, sondern in der wechselseitigen Respektierung als Rechtssubjekte liegt Freiheit. Als Konsequenz bedeutet dieser Ansatz für die *ausgleichende* Gerechtigkeit, daß sich die staatliche Zuständigkeit auf die Gewährleistung autonomer Anerkennungsbeziehungen beschränken muß, diese aber auch zu gewährleisten hat. Im Austausch der Bürger hat der Staat also nicht etwa einen „gerechten Preis" zu garantieren (so noch die Vorstellung des frühneuzeitlichen Rechts), sondern sich auf den Schutz des „Schwächeren" zu beschränken. Schwieriger ist die Situation im Bereich der *austeilenden* Gerechtigkeit, auch Verteilungsgerechtigkeit genannt: Auch hier muß die reale Möglichkeit wechselseitiger Anerkennung als Rechtssubjekte maßgeblich sein, d.h. die reale Chance, im Sinne eines „Freiheits-Gleichgewichts" gleichberechtigtes Mitglied in der Gesellschaft, aber auch in der Familie, zu sein. Für den Bereich der Abwehrrechte bedeutet dies, daß der Staat in die Freiheit des einzelnen nur in dem Maße eingreifen darf, wie zum Erhalt gleicher Freiheit des anderen erforderlich ist. Die Frage der Verteilungsgerechtigkeit bei Leistungsrechten ist komplexer: Welche soziale Grundausstattung ist für den einzelnen unabdingbar, damit er reale (Zugangs-) Chancen zu einem System wechselseitiger Anerkennung als Rechtssubjekt erhält? Konkret für die familiäre Solidarität gefragt: Wie weit kann die Familie ökonomisch belastet werden, ohne ihre Funktionsfähigkeit einzubüßen? Wie weit kann und darf der Unterhaltsschuldner in die Pflicht genommen werden, ohne Leistungsanreize zu verlieren? Die Schwelle, ab der soziale Zuwendung der öffentlichen Hand (die ja immer auch von anderen erwirtschaftet werden müssen) liegt jedenfalls dort, wo Leistungsbereitschaft und Übernahme von Verantwortung geschwächt werden, wo die Interdependenz von Freiheit *und* Verantwortung gestört wird. Es geht darum, eine Beeinträchtigung der Freiheit zu verhindern, die nicht durch den Schutz gleicher Freiheit beim anderen legitimiert ist. Sonst könnte der Sozialstaat in einen bloß paternalistischen Fürsorgestaat abgleiten.

V. Reformbedarf?

Die rechtspolitische Diskussion zum Elternunterhalt wurde vor allem durch den 59. Deutschen Juristentag (1992) in die Öffentlichkeit gebracht. Für eine völlige Abschaffung des Aszendentenunterhalts plädierte die Gutachterin Irmgard Schwenzer.[76] Siegfried Willutzki, Vorsitzender des Deutschen Familiengerichts-

---

[76] Gutachten A zum 59. Deutschen Juristentag (1992), S. 43 f. (unter C.I.3.), S. 108 (These unter III.1a); dies., in: 10. DFGT (1994), S. 64 f.

tages, unterstützte diese Forderung in seiner Stellungnahme[77] und hob hervor, daß Familienbeziehungen gefährdet werden könnten, wenn Unterhaltsansprüche „erzwungen werden müssen, weil das Unterhaltsrecht als Refinanzierungsquelle öffentlicher Leistungsträger gebraucht wird". Obwohl die Regelungen „fast ein Jahrhundert gültig waren und das Rechtsbewußtsein geformt haben", müßten sie „einschneidend umgestaltet werden". Der 59. Deutsche Juristentag hat diese Empfehlungen teilweise aufgegriffen und eine Beschränkung auf Billigkeitsunterhalt in außergewöhnlichen Härtefällen gefordert.[78]

Andere haben sich gegen eine Änderung des Aszendentenunterhalts ausgesprochen.[79] Gegen eine Reform werden vor allem ökonomische Aspekte angeführt: Eine zeitliche Beschränkung der Unterhaltspflicht hätte erhebliche Rückwirkungen auf die Zahlung bedürftigkeitsabhängiger Sozialleistungen, insbesondere die Sozialhilfe. Die Oktroyierung von Sparmaßnahmen der öffentlichen Haushalte verbiete derzeit unterhaltsrechtliche Änderungen, die zu höheren Sozialhilfeausgaben führen. Es wird aber auch davor gewarnt, daß eine Reduzierung oder gar Abschaffung von Unterhaltsansprüchen im Eltern-Kind-/Kind-Eltern-Verhältnis ein Klima der „sozialen Fernwärme" schaffen würde, in der die „entpersonalisierte" Familie nur noch eine „leere Hülse" darstelle.[80] Die Frage, ob etwa auch überdurchschnittlich gut verdienende und vermögende Eltern gegenüber ihren Kindern und entsprechend Kinder gegenüber ihren alt gewordenen Eltern ihre Verantwortung für den Elternunterhalt gänzlich auf die Allgemeinheit abwälzen dürfen, wird als Aspekt sozialer Gerechtigkeit problematisiert.

Eine Abschaffung des gesetzlichen Unterhaltsanspruchs von Eltern gegen ihre Kinder scheint auf den ersten Blick konsequent, wenn daran gedacht wird, daß im Generationenverhältnis von Eltern und Kindern der Unterhalt regelmäßig nicht mehr individuell zwischen leiblichem Kind und leiblichen Eltern, sondern (als Folge der Rentenreform von 1957, mit der das Finanzierungssystem der Rentenversicherung auf ein Umlageverfahren umgestellt wurde), pauschal durch die Sozialversicherungsbeiträge von der erwerbstätigen Generation der Kinder für die rentenbeziehende Generation der Eltern erbracht wird.[81] Eine Belastung der Kindergeneration zusätzlich mit individuellem Elternunterhalt würde die Zumutbarkeitsgrenze überschreiten, denn die von den Erwerbstätigen entrichteten Beiträge werden seit dieser Umstellung nicht mehr zugunsten ihrer eigenen späteren Rente angespart, sondern alsbald zur Finanzierung der laufenden Renten der Elterngeneration wieder ausgegeben. Diese Beiträge, mit denen pauschal

---

[77] 59. DJT (Fn. 76), Band 2, S. 33 ff.; ders. bereits in: Posser/Wassermann (Fn. 6), S. 165, 167 ff.

[78] Beschluß C II 3 b, FamRZ 1992, 1275.

[79] E. M. von Münch, in: 10. DFGT (1994), S. 55 ff.; G. Richter, Rechtspolitische Erwägungen zur Reform des Unterhaltsrechts nach §§ 1601 ff. BGB, FamRZ 1996, 1248; G. Brudermüller (Fn. 50) FamRZ 1996, 134 f.

[80] E. M. von Münch (Fn. 79), S. 56.

[81] Vgl. dazu Kohleiss (Fn. 37), FamRZ 1991, 8 ff.

der „Unterhalt" der Elterngeneration sichergestellt werden soll, machen immerhin – mit steigender Tendenz – rund 20% des Bruttoeinkommens aus. Das Problem ist insoweit jedoch nicht im Bereich des Unterhaltsrechts, sondern des Sozialversicherungsrechts zu lösen. Das BVerfG hat in seiner Entscheidung vom 7.7.1992[82] den Weg hierfür gewiesen.

Es ist auch nicht zu verkennen, daß die guten Beziehungen in der Familie dadurch beeinträchtigt werden können, daß wegen des Ausfalls sozialer Sicherungssysteme Unterhaltsansprüche zwischen Verwandten erzwungen werden müssen, um mit Hilfe von Unterhaltszahlungen öffentliche Sozialleistungsträger zu refinanzieren. Hilfebedürftige in der Familie sehen häufig davon ab, Sozialhilfe in Anspruch zu nehmen, um das Risiko nicht einzugehen, daß durch einen Rückgriff auf die privatrechtlichen Unterhaltsansprüche Familienbeziehungen gestört oder gar zerstört werden.

All diese Argumente sprechen zunächst für eine Abschaffung des Elternunterhalts. Bei dieser Sichtweise bliebe aber nicht ausreichend berücksichtigt, daß altersbedingt eine Entwicklung einsetzen kann, die – gegenläufig zur Entwicklung beim Kind – aus der Selbständigkeit in die Abhängigkeit führt. Im Alter kann wiederum eine Unselbständigkeit eintreten, die es nach dem Gegenseitigkeitsprinzip erfordert, daß Kinder ihre Eltern unterhalten, so wie die Eltern für ihre Kinder bis zum Eintritt der Selbstständigkeit verantwortlich waren.

Eine Überbelastung der im Erwerbsleben stehenden Generation mit familienrechtlichen Unterhaltspflichten gegenüber der eigenen Elterngeneration und zugleich auch gegenüber der nachwachsenden Generation der eigenen Kinder ist vermeidbar: Die dargestellten abgestuften Regulative ermöglichen es schon nach geltendem Recht, durch differenzierte, mehrfach gestaffelte Kauteln im Rahmen der Bemessung der Leistungsfähigkeit ausgewogene Lösungen zu finden. Allein die Befürchtung, die „Sandwich-"Generation können von Unterhaltslasten erdrückt werden, rechtfertigt keine Eliminierung des Elternunterhalts. Diese (durchaus ernst zu nehmende) Gefahr ist mit dem zur Verfügung stehenden unterhaltsrechtlichen Instrumentarium handhabbar, wie der Hinweis auf die Rechtsprechung verdeutlicht hat.

Angesichts der besonderen Belastung der Alterssicherungssysteme bis weit ins nächste Jahrhundert erscheint die Annahme gerechtfertigt, daß der Gesetzgeber den Verwandtenunterhalt in absehbarer Zeit nicht reformieren wird. Bleibt es danach voraussichtlich bei der (partiellen) Heranziehung von Verwandten in der Generationenfolge, sind folgende Maßgaben – auch zur Stärkung der symbolischen Wirkung des Rechts und seiner Akzeptanz – erforderlich:

Die bürgerlichrechtliche Unterhaltspflicht hat im Hinblick auf eigenes Eigenkommen der Bedürftigen und Versicherungsleistungen subsidiären Charakter. Die Höhe einer solchen Beteiligung an den nicht gedeckten Kosten im Pflegefall ist zivilrechtlich (nicht sozialrechtlich) entsprechend der Leistungsfähigkeit festzulegen, wobei von einem hohen Selbstbehalt der Mitglieder der Familie

---

[82] NJW 1992, 2213.

des Leistungspflichtigen auszugehen ist.[83] Eine völlige Eliminierung des Elternunterhalts könnte vermieden werden, wenn das Unterhaltsrecht stärker darauf sensibilisiert würde, ob und inwieweit erzwungene familiale Solidaritätsverpflichtungen die Belastbarkeit der Familie (über)strapazieren, letztlich also kontraproduktiv wirken.

Die Versorgung der nicht oder nicht mehr erwerbstätigen Bevölkerung sollte durch Vorsorge und Versicherung geleistet werden, wobei die individuelle Verantwortung der späteren Leistungsempfänger – und eben nicht ihrer Nachkommen – gestärkt werden muß, damit nicht die Deckungslücken auf die Allgemeinheit abgewälzt werden. Die bestehenden Instrumente der institutionalisierten Alterssicherung in Form staatlich geregelter und beaufsichtigter Renten- und Pflegeversicherungen könnten hierbei durch eine Kombination von Umlageverfahren und Kapitaldeckung (private Vermögensbildung) ausgebaut werden. Die individuelle Solidarität in der Altersversorgung durch aktive Betreuung und persönliche Pflege – meist durch Frauen (Töchter) geleistet – bedarf über die Strukturen des Pflegeversicherungsgesetzes hinaus weiterer Unterstützung, etwa durch steuerliche Anreize oder durch die Schaffung entsprechender Möglichkeiten, das eigene Leben im Interesse der Angehörigenpflege zu gestalten, ohne daß dadurch (mangels rentenversicherter Erwerbstätigkeit) die eigene Altersversorgung leidet.

Wenn auch dieser Bereich familiärer Solidarität nicht erzwingbar ist, so sollte der Staat durch Förderungsmaßnahmen die Funktion der Familie als Beistandsgemeinschaft stärken. Dies ist von Verfassungs wegen sogar geboten, denn die familiäre Beistandsgemeinschaft hat aus Art. 6 Abs. 1 GG Anspruch auf Förderung.[84]

Für eine rechts- und sozialethisch ausgewogene Generationen-Solidarität ist zu bedenken, daß die aus der demographischen Alterung entstehenden Belastungen nicht überproportional zu Lasten der mittleren Generation („Sandwichgeneration") gehen dürfen, zumal wenn bereits die Versorgung der eigenen Kinder die ökonomischen Ressourcen angreift.[85]

---

[83] Schwab (Fn. 1), FamRZ 1997, 526 f.

[84] Henrich (Fn. 1), S. 7 unter Hinweis auf eine Entscheidung des VGH Baden-Württemberg in einem Fall der drohenden Abschiebung eines Albaners, der – erfolgreich – geltend gemacht hatte, daß er seine in Deutschland lebende kranke Mutter, die auf seine Hilfe angewiesen sei, persönlich betreue und versorge.

[85] Zwar werden die Anrechnung der Erziehungszeiten und andere sozialpolitische Maßnahmen wohl über den Bundeszuschuß zur Rentenversicherung finanziert, bei der derzeitigen fiskalischen Lage ist der Bundeszuschuß jedoch nichts anderes als ein „Wechsel auf die Zukunft", der von den Nachkommen der Leistungsempfänger beglichen werden muß, weil sie selbst nur noch wenig zur Finanzierung dieser sozialpolitischen Maßnahmen beitragen, von denen ihre Altersgruppe profitiert.

Folgende Risiken, die zu einem „Krieg der Generationen"[86] führen könnten, sollen nur stichwortartig angesprochen werden:

Die Absicherung des Pflegefallrisikos über die beitragsfinanzierte Pflegeversicherung nach dem Umlageverfahren belastet die jüngere Generation erheblich mehr als die ältere, weil die Seniorengeneration zwar hieraus Leistungen erhält, selbst aber kaum noch Beiträge einzahlen kann. Daß diese Generation ihren Erben, aufs Ganze gesehen, erhebliche private Vermögen hinterläßt – so daß an eine Finanzierung der Altervorsorgung über eine Vermögensabgabe zu denken wäre[87] –, ändert im Ergebnis nichts daran, daß die Schulden der Öffentlichen Hand unverringert sind.[88]

Absehbar ist auch, daß Rentenempfänger heute und in naher Zukunft mehr vom Rentensystem auf der Basis der Reform von 1957 profitieren werden als die nachkommenden Generationen. Dies beruht vor allem darauf, daß aufgrund der Steigerungen der Nettolöhne seit den fünfziger Jahren heutigen Rentenempfänger auch die „doppelte Dynamisierung" der Renten zugutekommt, nämlich durch Partizipation sowohl des „aktuellen Rentenwerts" als auch der „persönlichen Entgeltpunkte" an der Lohndynamik. Von den nachkommenden Beitragszahlern werden – neben der größeren Zahl der Rentenempfänger – auch deren Einkommenszuwächse finanziert werden müssen, da in Zukunft mit erheblichen Steigerungen der durchschnittlichen Nettoeinkommen nicht mehr zu rechnen ist.[89]

Bei dieser diachronen Betrachtung darf nicht außer acht gelassen werden, daß die Aufwendungen für alte Menschen signifikant mehr zunehmen als für junge. Bezogen auf das Jahr 1980 waren die Aufwendungen für einen alten Menschen bereits dreimal so hoch wie für einen jungen; das Verhältnis verschlechtert sich eher noch.[90]

---

[86] Mohl, Die Altersexplosion. Droht uns ein Krieg der Generationen?, Stuttgart 1993. Vgl. auch Evangelische Akademie Bad Boll (Hrsg.): Droht ein Krieg der Jungen gegen die Alten? (Un)absehbare Probleme eines neuartigen Generationenkonflikts, Bad Boll 1991 (Protokolldienst 13/91).

[87] Hierbei wäre freilich zu gewährleisten, daß private Altersvorsorge nicht „bestraft" oder Verkonsumierung des Lebenseinkommens „belohnt" würde.

[88] Auf ein Gerechtigkeitsproblem, das sich im Hinblick auf das Generationenverhältnis daraus ergibt, daß von den Defiziten der öffentlichen Haushalte alle betroffen sind, die privaten Vermögen aber keineswegs als gleichmäßig verteilt sind, kann hier nur hingewiesen werden.

[89] Vgl. H. Lampert, Familienlastenausgleich und Sozialversicherung, Vierteljahreszeitschrift für Sozialrecht (VSSR) 1995, 75.

[90] Vgl. zu den aus dieser Tendenz resultierenden Problemen näher F.-X. Kaufmann, Generationenbeziehungen und Generationenverhältnisse im Wohlfahrtsstaat, in: J. Mansel (Hrsg), Generationen-Beziehungen, Austausch und Tradierung, Opladen 1997, S. 17, 25. Vgl. auch ders., Die Familie braucht Hilfe, aber es ist schwer, ihr zu helfen, FamRZ 1995, 129 ff.; ders., Zukunft der Familie im vereinten Deutschland. Gesellschaftliche und politische Rahmenbedingungen, München 1995; ders., Zur Lage der Familie und Familienpolitik in

Das Konfliktpotential zwischen den Generationen erscheint reduzierbar, wenn die Lebenschancen der unterschiedlichen Generationen nicht durch die Belastungen durch Solidaritätsbeiträge für die jeweils andere erdrückt zu werden drohen. Ein ausgewogener „Generationenvertrag" erfordert, daß die zu tragenden Belastungen einerseits institutionell-strukturell und andererseits familial-individuell ausbalanciert sind.

Dazu sind rechts- und sozialpolitisch Lösungen zu mehreren Fragen zu finden:

(1) Wie läßt sich Generationensolidarität (zurück)gewinnen? Angesichts der Umkehrung der quantitativen Relation von jüngerer zu älterer Generation kann die partielle Ersetzung der Generationensolidarität durch Leistungen der Sozialversicherung nicht aufrecht erhalten werden, zumal bereits jetzt ein Absenken des Rentenniveaus absehbar ist, die eine Ergänzung der Rentenanwartschaften durch private Vorsorge und/oder die Stärkung der Generationensolidarität unvermeidbar macht. Soll das Postulat der Rückgewinnung von Generationensolidarität aber unter dem Druck leerer Rentenkassen stehen?

(2) Wie kann Generationensolidarität entlastet werden? Die Belastung der Generationensolidarität durch die Finanzierung über privates Arbeitseinkommen zugunsten der öffentlichen Sozialkassen wird angesichts der quantitativen Entwicklung der Generationenverhältnisse eher noch zunehmen. Wenn aber die Generationensolidarität aus diesem Grund gestärkt werden muß, ist es einleuchtend, daß eine Entlastung der Arbeitseinkommen erfolgen muß, damit diese Leistungen im Generationenverhältnis frei werden. Es muß vermieden werden, daß sich die Schere zwischen der steigenden Belastung der Arbeitseinkommen mit Soziallasten und dem steigenden Bedarf nach Unterstützung im Generationenverhältnis angesichts sinkender Lohnersatzleistungen weiter öffnet.

(3) Läßt sich eine Lösung durch Umschichtung der Regelleistungen aus der Sozialversicherung finden? Die Entwicklung der Generationenverhältnisse zeigt ein Ansteigen prekärer Generationenbeziehungen, der Vereinzelung der Elternschaft (Alleinerziehende), der Probleme von Familien mit vielen Kindern, des Zusammenlebens mit immer älter werdenden Kindern, der Pflege der immer älter werdenden älteren Generation usw. Sollten die Regelleistungen aus der Sozialversicherung daher nicht stärker zugunsten dieser Generationenverhältnisse umgeschichtet werden? Da Mehrgenerationenfamilien inzwischen zugunsten der Eingenerationenfamilien stark zurückgedrängt sind, liegt in diesem Zusammenhang nahe, die aus dem allgemeinen Steueraufkommen finanzierten Beiträge der Allgemeinheit verstärkt zur Finanzierung der in Mehrgenerationenfamilien erbrachten Leistungen einzusetzen. Als flankierende Maßnahme ist an eine Stärkung der Sozialförderungsleistungen zugunsten der jungen Generation zu denken, da die Leistungen aus dem sog. Generationenvertrag zur Zeit einseitig der älteren Generation zugute kommen, eine Finanzierung eines „Generationenver-

Deutschland, in: F. W. Busch/R. Nave-Herz (Hrsg.), Ehe und Familie in Krisensituation, Oldenburg 1996, S. 13 ff.

trages" für die junge Generation aus den Leistungen des „Generationenvertrages" für die ältere Generation aber nicht in Betracht kommt.

In ihrer Tiefendimension führt dieser Fragenkomplex wieder zurück zu der Grundfrage, ob das Recht, sei es Familien- oder Sozialrecht, überhaupt zur Solidarität der Generationenbeziehungen in der Familie beitragen kann. Familiäre Generationensolidarität bedeutet, daß es eine Gemeinsamkeit, eine persönliche und soziale Nähe, eine wechselseitige Unterstützung sowie eine alters- und statusübergreifende Kontinuität des familiären Zusammenlebens i.S.e. „familiären Identität" gibt. Generationensolidarität in diesem Sinn findet ihre Grundlage nicht, jedenfalls nicht primär im Recht – das allerdings einzelne Elemente dieser Generationenbeziehung regelt und sichert –, sondern vor allem im Bereich der wechselseitigen Unterstützung. Grundlage der so verstandenen (gelebten) Generationensolidarität sind psychisch-soziale Bindungen, die in der Regel auf Abstammung beruhen, in Vertrautheit und Gewohnheit ihren Ausdruck finden, durch ethisch-moralische Grundsätze begründet sind und deren Verletzung gesellschaftlich sanktioniert wird.[91]

Die Frage, wieweit insbesondere die verwandtschaftliche Solidarität vom *Recht* gefordert werden kann, hängt mithin von dem jeweiligen Verständnis familiärer Solidarität ab und letztlich von der Frage, welche sozialen Funktionen die Familie heute noch erfüllt – und zumutbar erfüllen kann. Im europäischen Vergleich zeigt sich, daß das jeweilige Recht an Ehe und Verwandtschaft Beistands- und Unterstützungspflichten von höchst unterschiedlicher Intensität knüpft: Unterschiede, die sowohl den Kreis der Unterhaltspflichtigen als auch die Höhe des zu leistenden Unterhalts betreffen. Auffällig ist eine *Tendenz* im europäischen Rechtskreis, traditionell begründete Unterhaltsverpflichtungen abzubauen und den Kreis der unterhaltspflichtigen Personen zu verengen.

In dem Maß, wie der Zusammenhalt in der Familie verloren geht, wächst für den Gesetzgeber der Druck, traditionell bestehende Unterhaltspflichten möglichst weit einzudämmen. Die Konzentration auf die Kernfamilie und hohe Anspruchserwartungen an den Staat einerseits, Finanzmisere der öffentlichen Haushalte und Pflegenotstand andererseits – was allerdings kein Argument sein sollte – sind nur Stichworte, unter denen die skizzierte Diskussion um das hergebrachte System der Unterhaltspflichten unter Verwandten geführt wird. Deutlich ist die Tendenz, den Erwachsenenunterhalt – wenn schon nicht völlig abzuschaffen (und dann konsequenterweise auch den Pflichtteilsanspruch) – zu begrenzen und dazu den Maßstab der Leistungsunfähigkeit heraufzusetzen. Das

---

[91] Vgl. I. Richter, Inwieweit kann das Sozialrecht Generationensolidarität ersetzen oder ermöglichen?, in: Generationensolidarität in den Familien: Ideologie oder Realität? (Fn. 4), S. 53, 54, der sich in diesem Kontext gegen Versuche wendet, die Generationensolidarität auf die Prinzipien von rational choice („do ut des"), also auf marktförmige Austauschbeziehungen zu gründen. Die tagtäglich erbrachte familiäre Solidarität sei die Basis für Leistungen, welche die Familie insgesamt für die Bildung, Erhaltung und Mehrung des Humanvermögens erbringt.

Problem wird sich verstärkt stellen, da mit einer Zunahme der eingangs dargestellten Regreßfälle zu rechnen ist.

Für die rechtliche Regelung des Verwandtenunterhalts sind mehrere Optionen denkbar:

(1) Als Radikallösung kommt in Betracht, den Verwandtenunterhalt mit
Ausnahme der Ansprüche der Kinder gegen ihre Eltern zu beseitigen. Die
Rechtsordnung kennt eine solche Lösung im Sozialrecht: Ein Unterhaltsregreß
für Sozialhilfeleistungen ist bereits bei der zweiten Generation ausgeschlossen (§
91 Abs. 1 S. 3 BSHG). Diese sozialrechtliche Lösung auf das Privatrecht zu er-
strecken und auf die erste Generation auszudehnen, würde allerdings eine zentrale Veränderung des Unterhaltsrechts bedeuten.

(2) Eine rein sozialrechtliche Erleichterung könnte etwa darin bestehen, den
Regreß des Sozialleistungsträgers, wie er bereits gegen die Eltern behinderter
Kinder besteht (§ 91 Abs. 2 S. 2 BSHG),[92] zu erweitern und den Regreßweg zu
verengen.[93] Würde lediglich der Rückgriff ausgeschlossen, könnte dies jedoch als
Signal für eine Beseitigung der Subsidiarität der Sozialleistung mißverstanden
werden, so daß die privatrechtliche Verpflichtung durch die weitgehende Abdek-
kung des Risikos durch öffentliche Leistungen an praktischer Bedeutung verloren hat.

(3) Ohne Änderung des geltenden Unterhaltsrechts käme die Lösung aus,
durch weitere Versicherungsleistungen einzelne Risiken sozialrechtlich abzudek-
ken, denn mit der Abdeckung durch frei zugängliche Sozialleistungen würde
auch die unterhaltsrechtliche Bedürftigkeit entfallen. Dieser Lösungsansatz findet sich tendenziell bei der Pflegeversicherung, denn Leistungen der Pflegeversicherung mindern die Bedürftigkeit des Unterhaltsberechtigten und reduzieren
damit die bürgerlichrechtliche Unterhaltslast. Ein Ausbau dieses Konzepts erscheint derzeit angesichts der Schwierigkeiten bei der Finanzierung der Pflegeversicherung und der Sozialversicherung im allgemeinen indes kaum realisierbar.

(4) Als eine aus der Sicht des Unterhaltsrechts systemimmanente Lösung ist
vorstellbar, den von der Praxis beim Elternunterhalt dem Verpflichteten bereits
eingeräumten „Super-Selbstbehalt" noch weiter zu erhöhen und damit eine Inanspruchnahme der Kinder im Ergebnis weitgehend auszuschließen. Auch wenn
die Einkommensgrenzen der Verpflichteten nur sozialrechtlich erhöht würden,
hätte dies für den bürgerlichrechtlichen Unterhaltsanspruch zur Folge, daß ein
Rückgriff des Sozialleistungsträgers gegen den Verpflichteten erschwert würde.
Auch diese zunächst naheliegende – weil ohne Änderung des Unterhaltsrechts

---

[92] Die bürgerlichrechtliche Unterhaltsverpflichtung ist vom Sozialrecht zwar nicht beseitigt worden, soweit nach Vollendung des 21. Lebensjahres aber Eingliederungshilfe für Be-
hinderte oder Hilfe zur Pflege gewährt wird, nimmt die Praxis bei den unterhaltspflichtigen
Eltern regelmäßig eine unbillige Härte an.

[93] Diese Lösung setzt freilich voraus, daß entsprechende Sozialleistungen tatsächlich gewährleistet sind. Es bedürfte auch einer weiteren Klarstellung des Verhältnisses zwischen den
Sozialleistungen und den privatrechtlichen Unterhaltsansprüchen.

mögliche – Lösung setzt voraus, daß die Mittel woanders beschafft werden können. Bei Unterhaltsansprüchen Volljähriger gegen ihre Eltern können die Kinder auf eigene Anstrengungen zur Eigenverantwortlichkeit verwiesen werden; bei betagten Eltern wird gerade bei dem Unterhalt und der Pflege ein Hinweis auf Selbstvorsorge regelmäßig ins Leere laufen.

Patentrezepte für eine Lösung des Grundproblems der Generationensolidarität beim Elternunterhalt sind nicht zu erwarten. Eine Reform wäre nur dann aussichtsreich, wenn eine Änderung der Verteilung der Unterhaltslast, also eine Umlage auf die Solidargemeinschaft über das Steueraufkommen, plausibel zu begründen wäre. Wie schwierig eine solche Begründung ist, konnte nur angedeutet werden.

Abkürzungen:

AG	Amtsgericht
BGB	Bürgerliches Gesetzbuch
BGBl	Bundesgesetzblatt
BGH	Bundesgerichtshof
BSHG	Bundessozialhilfegesetz
DFGT	Deutscher Familiengerichtstag e.V.
DJT	Deutscher Juristentag e.V.
1.EheRG	Erstes Gesetz zur Reform des Ehe- und Familienrechts vom 14.6.1976, BGBl. I 1421
FamRZ	Zeitschrift für das gesamte Familienrecht
FuR	Familie und Recht
KindRG	Kindschaftsreformgesetz vom 16.12.1997, BGBl I 2942
LG	Landgericht
NJW	Neue Juristische Wochenzeitschrift
OLG	Oberlandesgericht
OVG	Oberverwaltungsgericht
SGB	Sozialgesetzbuch
VGH	Verwaltungsgerichtshof

Wilhelm Beermann

Staatsverschuldung als Instrument intergenerationell gerechten Ausgleichs

Das Thema Staatsverschuldung erzeugt in gleichem Maße Faszination und Verbluffung. *Faszinierend* sind die Zugänge zu ökonomischen Ressourcen, die dieses Finanzierungsinstrument eröffnet: Staatsverschuldung bedeutet, daß sich der Staat – das Kollektivsubjekt – durch Kontrakte, d.h. ohne Zwangsmittel anzuwenden, die Verfügung über einen erheblichen Teil der gesellschaftlichen Ersparnis verschafft und damit umfangreiche Möglichkeiten zur Beeinflussung des wirtschaftlichen Geschehens gewinnt. *Verblüffend* ist andererseits, daß dieses so chancenreiche Instrument vorrangig für eine als schwierig empfundene Finanzlage des Staates verantwortlich gemacht wird. Der amerikanische Ökonom J. Cavanaugh identifiziert sogar eine Art *Haß*, ja die Frage, „Do we know why we hate the deficit?", sei mit Nein zu beantworten. Das Thema Staatsverschuldung zeigt also ein Problem*syndrom* an, ‚Syndrom' nicht nur im ursprünglichen Sinne des Wortes, sondern tendenziell auch im pathologischen Sinne. Eine Entwirrung des Problemkomplexes mit rational-argumentativen Mitteln ist dringend geboten.

Ich möchte nun darauf verzichten, Zahlen und andere Belege für die bedeutsame Stellung der Staatsverschuldung anzuführen. Was die offizielle *Wahrnehmung* des Verschuldungsproblems betrifft, beschränke ich mich auf ein Zitat aus dem Koalitionsvertrag der gegenwärtigen Regierung. Dort ist unter der Überschrift ‚Ziele und Grundsätze der Wirtschafts- und Finanzpolitik' folgendes zu lesen:

„Die Sanierung der Staatsfinanzen ist eine Hauptaufgabe der neuen Bundesregierung. Wir wollen die Schuldenanhäufung zu Lasten künftiger Generationen verringern. (...) Der Schlüssel zur Konsolidierung der Staatsfinanzen ist die erfolgreiche Bekämpfung der Arbeitslosigkeit sowie eine sparsame Haushaltspolitik, die Spielräume für Zukunftinvestitionen *erst eröffnet.*"

Das Zitat dokumentiert nicht nur die politische Bedeutung der Verschuldung, sondern formuliert zugleich eine Priorität: Der Abbau der Verschuldung hat Vorrang vor dem Tätigen von Zukunftsinvestitionen. Diese Priorität zu setzen, weckt allerdings Zweifel, denn offenkundig verringern auch *Zukunftsinvestitionen* – zumindest geeignete – die Lasten künftiger Generationen (man denke nur an ökologische Investitionen). In der Tat ist ein solcher absoluter Spar-Imperativ nicht rechtfertigbar, wenn wir Möglichkeiten einer ethisch-normativ begründeten Verwendung des Verschuldungsinstruments in Betracht ziehen. Aber damit greife ich meinen Ergebnissen vor.

Die ethische Relevanz der Staatsverschuldung ist im Prinzipiellen leicht einzusehen. Finanziert man eine Ausgabe mit Verschuldung, dann werden zukünftig Lebende an den Kosten des so finanzierten Projekts beteiligt, indem sie für die Zins- und Tilgungszahlungen aufkommen müssen. Kreditfinanzierung bedeutet also, im Unterschied etwa zur Steuerfinanzierung, eine Reallokation von Lasten und Vorteilen in der Zeit. Von ethischer Seite sind es demnach vor allem Kriterien *intergenerationeller* Gerechtigkeit, die bei der Beurteilung der Staatsverschuldung zum Zuge kommen.

Bevor ich mit der ethischen Analyse der Verschuldung beginne, noch zwei Vorbemerkungen – (a) eine Problemabgrenzung und (b) eine Art Vorwarnung. Zu (a): Ich schränke die Analyse auf den Rahmen *nationaler* Verschuldung ein und lasse dabei auch Besonderheiten, wie sie etwa im Zusammenhang kommunaler Verschuldung auftreten, außer Acht. Damit sind insbesondere die Probleme *internationaler* Verschuldung (inklusive ihrer supranationalen Aspekte, siehe zum Beispiel die 3%-Regel des Maastricht-Vertrages) aus der Betrachtung ausgeschlossen. Dies geschieht allein aus Gründen der Darstellungsweise: Die Darstellung muß, wie schon Marx gesehen hat, mit den *einfachen* Verhältnissen beginnen. *Sachlich* verhält es sich in der Tat umgekehrt: Nationale Verschuldung wird zunehmend in der internationalen Dimension determiniert, und zwar auf eine Weise, die die normative Kritik umfassender und radikaler herausfordert als die Vorgänge nationaler Verschuldung selber.

Zu (b): Das Verschuldungsproblem ist als ein ethisches nicht ernsthaft formulierbar, wenn man die in der ökonomischen Theorie und Praxis übliche Diskontierung, d.h. im Zeitablauf fortschreitende Abwertung zukünftiger Zahlungsströme, mitmacht. Denn dann erscheinen alle Schulden als getilgt, wenn man nur weit genug in die Zukunft blickt, und das Verschuldungsproblem ist in letzter Instanz *kalkulatorisch* gelöst. Es muß daher betont werden, daß Diskontierung unter ethisch-normativer Perspektive *nicht* gerechtfertigt ist: Sie widerspricht dem Gleichbehandlungsgebot, das mit dem *universalen* Geltungsbezug moralisch-ethischer Normen verbunden ist. Ein zukünftiger Schuldenstand mag aus *unserer, subjektiven* Sicht etwas Vernachlässigbares sein, ist aber *für die Zukünftigen* eine ebensolche Belastung wie ein entsprechender Schuldenstand *für uns*. Gleichbehandlung bedeutet, daß wir von der subjektiven zu einer intersubjektiven – oder wenn man will: objektiven Perspektive – wechseln und die künftig Verschuldeten ebenso, d.h. mit der gleichen Gewichtung wie uns selbst behandeln, mithin auf eine Diskontierung verzichten.

I.

Ich teile meinen Vortrag in zwei Hauptabschnitte, entsprechend den beiden wichtigsten Problembereichen der Verschuldung, nämlich zum einen dem Problem des *gegenwärtigen* Gesamtschuldenstandes: wie gehen wir gerechterweise damit um?, zum anderen dem Problem der *künftigen* Neuverschuldung: wie kann eine gerechte Neuverschuldung aussehen?

Ich behandle das erste Problem – den Umgang mit dem gegenwärtigen Schuldenstand –, indem ich die Verschuldungspraxis bzw. die Verschuldungsregeln, die diese Praxis verkörpern, untersuche. Es wird sich zeigen, daß diese Regeln ethisch-normativ *nicht* zu rechtfertigen sind, d.h. die eingangs erwähnte *aversive* Haltung gegenüber der Staatsverschuldung wird insoweit als stimmig rekonstruiert, wenn auch mit etwas anderer Begründung als üblich und mit dem Ergebnis, daß die Aversion eigentlich die praktizierte Verschuldungsregel selber treffen müßte.

Die jährliche Verschuldung des Bundes gemäß Grundgesetz funktioniert nach einer denkbar einfachen Regel. Die Gesamtheit der vom Staat jährlich aufgenommenen Kredite (Bruttoneuverschuldung) zerfällt in zwei Teile. Der erste Teil – das ist die Hälfte, in den letzten Jahren ein Drittel – stellt den Betrag dar, der den bisherigen Gesamtschuldenstand *erhöht* (Nettoneuverschuldung). Die Verschuldungsregel für diesen Teilbetrag lautet: Verschuldung ist in Höhe der staatlichen Investitionen erlaubt; was dabei als Investition gilt, ist in einer Verwaltungsvorschrift festgelegt (dem sog. Gruppierungsplan), nämlich überwiegend Bauten und Subventionen. Der zweite Teil der gesamten Neuverschuldung dient der Tilgung der in dem Rechnungsjahr fällig werdenden Kredite gemäß der folgenden Regel: *Alle* fällig werdenden Kredite werden durch neu aufgenommene Kredite bezahlt bzw. refinanziert (manchmal abzüglich eines Bundesbankgewinns, was aber für die folgenden Überlegungen vernachlässigbar ist). Die auslaufenden Kredite werden also nicht durch Steuern – oder wie man sagt: netto – getilgt, sondern durch Weiterverschiebung der Kreditlast in die Zukunft; es handelt sich um Bruttotilgung. (Nebenbei gesagt, verdankt sich der sogenannte Schuldenberg im wesentlichen dieser Verschiebungstechnik). Da der Zeitpunkt einer künftigen Nettotilgung durch die Verschuldungsregel nicht bestimmt ist, spricht man von den Staatsschulden auch als *ewigen* Schulden. Die Verschuldungsregel impliziert, daß die Bürger Zinsen in Verbindung mit der Kreditfinanzierung eines Objekts *auch dann* bezahlen, wenn dessen Nutzbarkeit mit Fortschreiten der Zeit gegen Null gegangen ist; staatliche Schuldscheine werden mehr und mehr, wie Marx sagte, zu ‚papiernen Duplikaten von vernichtetem Kapital‘. Dieser Sachverhalt ist nicht mit dem ganz anderen Vorgang zu verwechseln, daß die Geldbeträge, die durch die neu aufgenommenen Schulden zurückgezahlt werden, sehr wohl privat zu produktiven Zwecken verwendet werden.

Gehen wir also davon aus, daß einem erheblichen Teil der Gesamtverschuldung in diesem Sinne auf der Benefit-Seite ‚*nichts*‘ mehr entspricht. Eine Refinanzierung durch Neuverschuldung bedeutet dann, daß Kapitalgeber in der Folgezeit Zinsen erhalten, ohne ihr Kapital produktiv einzusetzen, und daß die Steuerzahler Zinsen zahlen, ohne daß den Zinsen eine Faktorleistung (eben des Faktors Kapital) entspräche. Vom Standpunkt der Steuerzahler handelt es sich hier also um eine Art Transferzahlung, der allerdings der vertraglich gesicherte Rückzahlungsanspruch seitens der Vermögensbesitzer gegenübersteht. Wäre ein zur Refinanzierung verwendeter Geldbetrag stattdessen privat investiv verwendet worden, hätten die Wirtschaftssubjekte ebenfalls Kreditzinsen zahlen müssen, dann aber nicht in ihrer Rolle als Steuerzahler, sondern als private Käufer bzw. Konsumenten, mit dem wesentlichen Unterschied zum ersten Fall, daß diesen Zinsen eine *Gegenleistung*, eben die Nutzung des privat investierten Kapitals, entsprochen hätte. – Soweit also die Beschreibung der gegenwärtigen Verschuldungsregeln bzw. der Situation, die ihre Anwendung im Laufe der Zeit hervorbringt.

Meine nächste Frage lautet: Ist die dargestellte Verschuldungsregel gemäß Kriterien intergenerationeller Gerechtigkeit legitim, genauer gesagt: bewirkt die Anwendung dieser Regel Situationen intergenerationell gerechter Verteilung? (Ich nenne die Verschuldungsregel im folgenden u-Regel („u" von „unbestimmt")). Um diese Frage zu beantworten, ziehe ich drei ethische Ansätze heran, nämlich die unter Ökonomen gebräuchliche Theorie intertemporaler Äquivalenz (von J. M. Buchanan, R. Musgrave und anderen), ferner das Konzept einer gerechten Sparrate (von A. Sen, J. Rawls und anderen), sowie Rawls' Differenzprinzip in seiner intertemporalen Anwendung. Diese Ansätze kann ich hier leider nur kurz benennen, wobei das Prinzip intertemporaler Äquivalenz, mit dem ich beginne, im Vordergrund steht.

Dieses Prinzip besagt in Kürze: Verschuldung ist gerechtfertigt, wenn die Steuerzahler, die für den Kredit aufkommen müssen, an der Nutzung des kreditfinanzierten Objekts teilhaben, also in diesem Sinne eine intertemporale Äquivalenz von Zahlung und Nutzung besteht. Gemäß diesem Prinzip ist die Verwendung der u-Regel offenkundig nicht legitim, denn diese Regel bringt, wie ich oben dargelegt habe, eine Situation der vollständigen Nicht-Äquivalenz von Zahlung und Nutzung hervor. Hinzuzufügen ist, daß dieser Situation bereits mit der Nutzungsperiode selber eine Phase systematisch verzerrter 'Äquivalenz' vorausgeht, ganz abgesehen von den fehlenden Zahlungen zur nutzungsbezogenen Nettotilgung; denn die Regel der Bruttotilgung impliziert eben, daß während der Nutzungsperiode durchgehend Zins- bzw. Steuerzahlungen in Höhe der Verzinsung des *gesamten* Kreditbetrags zu leisten sind (im Gegensatz zu einer *geringeren* Zinszahlung im Falle der Nettotilgung).

Allerdings wird man wohl zögern, das Prinzip intertemporaler Äquivalenz ohne weiteres einer Beurteilung fiskalischer Maßnahmen zugrundezulegen. Bereits *intra*temporale Effekte staatlicher Aktivität lassen sich nicht ohne weiteres im Schema einer Äquivalenz von Zahlung und Benefit kategorisieren; warum sollte es sich dann mit intertemporalen Effekten wesentlich anders verhalten? Für unsere Zwecke können jedoch die damit angedeuteten Probleme offenbleiben. Denn im Falle der u-Regel tritt eine *zweite* Nicht-Äquivalenz hinzu. Wie oben ausgeführt wurde, stellt sich die Zinszahlung der Steuerzahler ab einem gewissen Zeitpunkt im Refinanzierungsprozeß als eine Transferzahlung, d.h. eine Zahlung ohne Gegenleistung, an die Vermögensbesitzer dar, also insofern als eine Einkommensumverteilung. Erst die zuvor beschriebene *inter*temporale Nicht-Äquivalenz in Kopplung mit dieser *intra*temporalen, zugunsten der Vermögensbesitzer umverteilenden Nicht-Äquivalenz, macht die u-Regel normativ fragwürdig. Denn es ist nicht zu sehen, wie ein solcher – zugegeben komplexer – Umverteilungsmechanismus gerechtfertigt werden könnte.

Dieses Ergebnis möchte ich nun in drei Punkten kommentieren. – *Erster Kommentar*: Die Anwendung der u-Regel ist nicht unter *allen* Umständen ihrer Anwendung fragwürdig. Wären die Staatspapiere unter den Bürgern gleichmäßig verteilt, dann würde der geschilderte *intra*temporale Umverteilungseffekt nicht eintreten; fortgesetzte Verschuldung würde stattdessen eine moderate und möglicherweise gerechte Umverteilung nach sich ziehen. Insofern hängt die normative Beurteilung vom Vorliegen bestimmter Fakten, eben die Vermögensverteilung betreffend, ab.

Zweiter Kommentar: Es mag eingewandt werden, daß die von mir als normativ problematisch beschriebene Situation zwar für manchen Steuerzahler etwas Unbefriedigendes habe, aber letztlich nicht angreifbar sei, denn schließlich hätte der Staat, und das heiße letztlich: die Steuerzahler, dem vorangehenden Kreditkontrakt zugestimmt, ja überhaupt müsse der Staat seinen Rückzahlungsverpflichtungen ohne Wenn und Aber nachkommen. Als Antwort auf diesen Einwand muß noch einmal hervorgehoben werden, daß der diagnostizierte Verteilungskonflikt ein Konflikt zwischen zwei Klassen ist, nämlich der eher vermögenden Klasse der Staatspapier-Besitzer und den übrigen Bürgern. Diese Klassenteilung spiegelt sich als eine Teilung innerhalb der Gesamtheit der Steuerzahler: Die vermögenderen Steuerzahler (und natürlich auch deren Kinder) werden, unangesehen der beschriebenen Nicht-Äquivalenzen, die staatlichen Zinszahlungen mit dem Hinweis auf die formale Rückzahlungsverpflichtung sicherlich verteidigen (eventuell noch gestützt durch Argumentationsmittel wie den Begriff der unendlichen Nutzungsdauer). Die nicht-vermögenden Steuerzahler hingegen könnten zu der Überzeugung kommen, daß das Eingehen von Rückzahlungsverpflichtungen seitens des Staates im Widerspruch zu ihrem Interesse steht (bzw. die Rede von unendlicher Nutzungsdauer ein Konstrukt im Dienste eines einseitigen Interesses darstellt). Was sich hier als brüchig erweist, ist die allzu selbstverständliche Annahme eines Allgemeininteresses, die durch die Unterstellung eines organischen Staatsbegriffs womöglich noch unterstützt wird. Kurzum, die Situationen, in die man mit der u-Regel gerät, werden zunehmend instabiler. Die Ansprüche der beiden Seiten oder Klassen sind jeweils in ihrer Weise *anzuerkennen, schließen* sich aber *wechselseitig aus*.

Dritter Kommentar: Um die Bindung der Nettoneuverschuldung an die Höhe der Investitionsausgaben zu rechtfertigen, wird häufig argumentiert, daß die Schuldenaufnahme den Kapitalstock der Volkswirtschaft reduziere. In Anbetracht dieser Argumentation möchte ich betonen, daß die staatliche Refinanzierung gemäß der u-Regel cet. par. *keine* Reduktion des Kapitalstocks bedeutet. Denn wie bereits gesagt, werden die zurückgezahlten Kredite ihrerseits im allgemeinen produktiv verwendet. Vielmehr liegt das Problem im Zusammenhang mit der u-Regel darin, daß der Staat als eine Art *Sammelstelle* zur Weiterleitung von Kapital fungiert, die aber zur Bezahlung dieses Sammel- und Weiterleitungsdienstes *eine Kapitalverzinsung* eintreibt. *Diese* Zinszahlung ist es, um die sich der beschriebene Klassenkonflikt dreht.

Die nächste Frage ist, ob diese Diagnose korrigiert werden muß, wenn wir die beiden anderen ethischen Ansätze, die wir oben erwähnt haben, hinzuziehen. *Rawls' Ansatz* bestätigt, wie sofort klar ist, unsere Beurteilung. Denn wir können davon ausgehen, daß die dargestellte Umverteilung zugunsten der Vermögenderen das Gegenteil dessen ist, was nach Rawls' Differenzprinzip (Maximierung des Wohlfahrtsniveaus der Schlechtestgestellten) zu geschehen hätte.

Als dritten ethischen Ansatz hatte ich das Konzept der gerechten Sparrate genannt. Dieses Konzept betreffend war jedoch bereits klar geworden, daß es nicht die Höhe der Sparrate für sich genommen ist, die das normativ Problematische der Verschuldungssituation ausmacht. Sondern es sind Umverteilungsprobleme auf der Basis der *Verteilung* einer gegebenen gesellschaftlichen Ersparnis oder Sparrate, sei diese nun höher oder niedriger.

Die Analyse der u-Regel hat also ergeben, daß die Fortgeltung dieser Regel auf eine zunehmend konflikthafte, instabile Situation führt, die man vom Standpunkt zumindest *einer Klasse* von Steuerzahlern auch als Situation drohender Steuerrevolte – eben Verweigerung der Steuerfinanzierung von Zinszahlungen – bezeichnen kann. Eine *tatsächliche* Steuerrevolte wäre allerdings insofern keine gerechte Lösung des Konflikts, als dieser dann *auf Kosten der einen* Seite, eben der Kapitaleigner, aufgelöst wäre. Als Alternative bietet sich an, einen Abbau *der* Belastungen, die den Konflikt *generieren*, in Aussicht zu stellen, also eine sukzessive Reduktion der Gesamtverschuldung, insoweit diese durch Refinanzierungsvorgänge bedingt ist. Hand in Hand damit muß die u-Regel durch eine Regel ersetzt werden, derzufolge aufgenommene Kredite *netto* zu tilgen sind, möglichst gemäß Kriterien intergenerationeller Gerechtigkeit (ich nenne eine solche Regel, die im Gegensatz zur u-Regel einen Zeitpunkt der Nettotilgung bestimmt, eine b-Regel („b" von „bestimmt")). Wie solche b-Regeln beschaffen sein können, soll im folgenden Teil II Thema sein.

Zum Abschluß des ersten Teils frage ich noch, wie eine gerechte Reduktion der Gesamtverschuldung (kurz: eine gerechte Reduktions-Regel) aussehen könnte. Nehmen wir einmal an, daß es nicht möglich ist, die komparativen Vorteile, die einzelnen Wirtschaftssubjekten durch kreditfinanzierte Benefits zugekommen sind, hinreichend genau zu beziffern. Dann sind als Beispiele für Reduktions-Regeln etwa die beiden folgenden denkbar. *Zum einen* könnte man, in entfernter Analogie zum Lastenausgleichsgesetz von 1952, argumentieren, daß sich die Benefits aus der vergangenen Verschuldung in den gegenwärtig bestehenden Vermögen niedergeschlagen haben. Die Reduktions-Regel wäre dann:

Nettotilgung der Schulden aus einer einmaligen Vermögensabgabe, die wie beim damaligen Lastenausgleich über einen längeren Zeitraum hinweg in Raten zu zahlen ist. Diese Regel hat natürlich ihre Schattenseiten; auch ist nicht klar, ob die Beträge, die dabei zusammenkämen, für die Tilgung ausreichten; falls nicht, könnte eine solche Abgabe immerhin *Teil* einer Reduktions-Regel sein. Eine Reduktions-Regel *anderer* Art erhielte man, wenn man davon ausginge, daß die Benefits aus vergangener Verschuldung *gleichermaßen die Möglichkeiten gegenwärtiger Wertschöpfung* mitbedingen. Die Reduktions-Regel würde dann besagen, daß die aufgelaufenen Schulden durch eine beispielsweise einprozentige Wertschöpfungsabgabe zu tilgen sind.

II.

Ich komme zum zweiten Hauptteil, zur Frage nach intergenerationell gerechten Verschuldungsregeln. Um diese Frage systematisch zu behandeln, müßte man die wichtigsten Effekte der Staatsverschuldung zu Theorien und Kriterien intergenerationeller Gerechtigkeit im einzelnen in Beziehung setzen. Das ist m. W. in der Literatur noch kaum geschehen und ich kann das hier auch nicht tun. Anstatt also die Frage nach gerechten Verschuldungsregeln in abstracto oder allgemeinethisch anzugehen, untersuche ich sie von vornherein in dem besonderen Kontext der sogenannten ,*Herausforderungen des Sozialstaats*‘ (so der Titel eines Buches des Soziologen F.-X. Kaufmann (Frankfurt/M. 1997)). Diese Probleme sind bekanntlich weitläufig und Lösungen kontrovers; ich greife hier nur wenige Probleme heraus, ohne auf die Kontroversen eingehen zu können.

Ich beschreibe als erstes drei verschiedene Funktionen, die die Staatsverschuldung als Instrument intergenerationell gerechten Ausgleichs übernehmen kann, und diskutiere dann die Realisierung dieser Funktionen im Kontext der Sozialstaatsproblematik. Dabei ist, gemäß dem Hauptergebnis aus Teil I, den Verschuldungsregeln, die diesen Funktionen entsprechen, *eines* gemeinsam: Sie dürfen nicht, wie Hegel einmal sagte, ein ,*Schlecht-Unendliches*‘ produzieren, dürfen also nicht *u*-Regeln sein. Die Alternative dazu ist, um bei Hegel zu bleiben, nicht ein ,*Wahrhaft*-Unendliches‘, sondern ein Wahrhaft-*Endliches*, eben die oben so genannten *b*-Regeln. Um Mißverständnisse zu vermeiden, betone ich nochmals: B-Regeln sagen, wer welchen Beitrag in welchem Zeitraum zur Nettotilgung eines staatlichen Kredits aufzubringen hat; diese allgemeine Charakterisierung von b-Regeln enthält noch keinerlei Bezüge auf Nutzungen oder Investitionen; solche Bezüge finden sich erst in spezifisch ausgeprägten b-Regeln.

Staatsverschuldung kann nun drei Funktionen ausfüllen, die ich die *Überbrückungsfunktion*, die *produktive* Funktion und die *Austausch*funktion nenne. Verschuldung übernimmt eine *Überbrückungsfunktion*, wenn spätere Generationen Lasten, die die Gegenwärtigen auf sich nehmen, mitzutragen haben (soweit dies nicht produktiv oder austauschmäßig begründet ist, dazu s.u.). Verschul-

dung übernimmt *produktive* Funktion, wenn sie zur Finanzierung des Einsatzes
von Produktionsfaktoren, vor allem Arbeit, verwendet wird. Wenn ich drittens
von *Austauschfunktion* spreche, dann geschieht dies in Anlehnung an Rawls'
'*Austausch*'-Abteilung. Rawls beschreibt diese Abteilung als „special representati-
ve body taking note of the various social interests and their preferences for public goods" (*A Theory of Justice*, Oxford 1971, S. 282). Verschuldung übernimmt
eine Austauschfunktion, wenn sie den Konsum öffentlicher Güter, soweit er sich
als ein soziales Interesse artikuliert, ermöglicht; der hier thematische Konsum ist
ein Konsum *dauerhafter* Güter, d.h. in dieser Austauschfunktion kommt der
Nutzungsbezug bzw. der Äquivalenzaspekt der Kreditfinanzierung spezifisch
zum Tragen (ich erinnere an das Prinzip intertemporaler Äquivalenz von Buchanan und Musgrave).

Bei der folgenden Diskussion von Verschuldungsregeln im Kontext der Sozialstaatsproblematik lege ich drei unterschiedliche Szenarien zugrunde. Das *erste*
Szenarium stellt den gegenwärtigen Status quo dar: Ich frage, ob es möglich ist,
durch Verschuldung zu Lösungen von Sozialstaatsproblemen beizutragen, unter
Beibehaltung des gegenwärtigen sozialstaatlichen Arrangements. Als *zweites* Szenarium nehme ich an, daß das System sozialer Sicherheit selber, als Reaktion auf
Sozialstaatsprobleme, umzugestalten ist und frage, wie eine solche Umgestaltung
durch Formen von Verschuldung gerechter vonstatten gehen könnte. Mit dem
dritten Szenarium unterstelle ich, daß Staat und Politik dem gegenwärtigen sozialstaatlichen Zentralproblem gewissermaßen ins Auge sehen: Kernursache der
Verengungserscheinungen im sozialstaatlichen Bereich sind m.E. die gegenwärtigen Revolutionierungen in der Produktionsweise. F.-X. Kaufmann deutet das
beispielsweise an, wenn er als den Konflikt, der den Sozialstaatsproblemen zugrundeliegt, den 'allgemein schärfer werdenden Verteilungskampf um ein langsamer wachsendes (...) Sozialprodukt' nennt, das 'von einer sinkenden Zahl Be-
schäftigter produziert' wird (vgl. *Herausforderungen des Sozialstaats*, S. 17). Als
drittes Szenarium nehme ich dann an, daß der Staat in die Veränderungen der
Produktionsweise selber zielbewußt eingreift. Meine Frage lautet, welche Rolle
die Staatsverschuldung jeweils im Kontext dieser Szenarien spielen kann. (*Rand-
bemerkung.* Institutionell ließen sich die im folgenden diskutierten Verschuldungen über Fonds im Sinne von GG Art. 115 (2) realisieren, eben Überbrückungs-,
Austausch- und produktive Fonds. Demnach kann eine Vorschrift, daß solche
Verschuldungen den 3%-Wert des Maastricht-Vertrages nicht überschreiten
dürften, jedenfalls für alle diejenigen, die auf dem Boden des Grundgesetzes stehen, nicht verbindlich sein).

Ich komme zum ersten Szenarium, dem gegenwärtigen Status quo, und illu-
striere die drei beschriebenen Verschuldungsfunktionen an drei bekannten Sozialstaatsproblemen aus den Risikobereichen Altersarmut, Arbeitslosigkeit und
Krankheit.

(1) Ein Beispiel für eine Verschuldung mit Überbrückungsfunktion: Mit
dem scharfen Anstieg des Altersquotienten zwischen 2010 und 2030 wird auf die
künftigen Generationen eine höhere Belastung zur Finanzierung der Altersver-

sorgung zukommen. Bestimmte Generationen werden also als Anpassung an veränderte demographische Bedingungen Einbußen, d.h. höhere Rentenbeiträge hinnehmen müssen. Angenommen nun, daß nach 2030 der Altersquotient wieder sinkt, dann könnte man durch teilweise Schuldfinanzierung der Renten zwischen 2010 und 2030 und Tilgung nach 2030 dafür sorgen, daß die Lasten der Anpassung an veränderte Bedingungen intergenerationell gleichmäßiger, d.h. mit geringeren Brüchen zum gegenwärtigen Status quo, verteilt werden.

(2) Ein Beispiel für eine Verschuldung mit produktiver Funktion: Nehmen wir an, daß es gegenwärtig eine Art *potentieller* Nachfrage nach Arbeit gibt, d.h. eine effektive Nachfrage unter der Voraussetzung, daß der Nachfrager die (teilweise) Ausstattung eines zusätzlichen Arbeitsplatzes nicht selbst finanzieren muß. (Diese Annahme muß jeder machen, der glaubt, daß die Arbeitslosigkeit anders als durch das Angebot sogenannter ‚junk-jobs' (Hilfsdienste aller Art) zurückgedrängt werden kann (wer das nicht glaubt, sei auf das dritte Szenarium verwiesen)). Arbeitslose könnten eine Stelle finden, indem Arbeitsplätze aus Kreditmitteln finanziert werden. Die Verschuldungsregel würde lauten: Rückzahlung des Kredits aus den Erträgen, die mit der zusätzlichen Arbeitskraft erwirtschaftet werden.

(3) Ein Beispiel für eine Verschuldung mit Austauschfunktion: Einer der Faktoren, die für die finanzielle Anspannung im Gesundheitsbereich verantwortlich sind, sind die Kosten des medizintechnischen Fortschritts. Vergegenwärtigt man sich jedoch den Zweck einer Rawlsschen Austausch-Abteilung, dann müßte sich die Spannungslage in der medizinischen Versorgung durchaus lösen lassen, indem nämlich die Solidargemeinschaft der Versicherten festlegt, bis zu welchem Punkt der Leistungserbringung sie den Kauf medizinischer Güter dem Kauf privater Güter vorzieht. Dabei könnte die Beschaffung oder auch Nutzung medizintechnischer Güter durch Kredite finanziert werden, die – das wäre die Verschuldungsregel – entsprechend der Nutzungsabgabe zu tilgen sind. – Soweit Verschuldungsregeln im Kontext des ersten Szenariums.

Zur Konkretisierung des zweiten Szenariums nehme ich an, daß ein zukünftiges System sozialer Sicherheit – gegenwärtigen Tendenzen zum Trotz – universalistisch bzw. inklusionell angelegt sein wird, mit einer Tendenz zur Grundsicherung ohne Vorbedingungen (was jedoch Formen optimaler sozialer Versorgung, wie die soeben geschilderte Austauschbeziehung im medizinischen Bereich, nicht ausschließt). Der Übergang zu einem solchen System ist dadurch gekennzeichnet, daß einige soziale Gruppen Einbußen gegenüber dem bisherigen System hinnehmen müssen. Solche Einbußen könnten durch kreditfinanzierte Mittel zumindest gemindert werden, was vor allem den Vorteil hätte, daß der Übergang zum neuen System – von dem wir ja annehmen, daß es das im ganzen gerechtere ist – weniger von egoistischen Interessen blockiert wird. Ein Beispiel wäre die Beteiligung der Beamten an Zahlungen zur Arbeitslosenversicherung. (In Klammern gesagt: Man kann – gewissermaßen korporatistisch – argumentieren, daß eine solche Beteiligung jeglicher Grundlage entbehre, da Beamte nicht arbeitslos werden *könnten*; man kann aber ebensogut umgekehrt universalistisch

argumentieren, daß Beamte, insofern sie *kein* Arbeitslosigkeitsrisiko tragen, sogar *überproportional* an der Absicherung des Risikos *Anderer* beteiligt werden
sollten). Wie dem auch sei, Verschuldung könnte in diesem Fall eine Überbrük-
kungsfunktion übernehmen, die wie gesagt zugleich einer erhöhten Akzeptanz
des Systemwechsels diente: Mit Einnahmen aus öffentlichem Kredit könnten die
Einbußen gegenwärtiger Beamten gemildert werden. Für zukünftige Beamte, d.h.
Personen, die erst *nach* dem Systemwechsel in eine Beamtenposition gelangen,
sind solche Einbußen dagegen nicht mehr existent, so daß es keiner überbrük-
kenden Kompensationszahlung mehr bedarf. Die Verschuldungsregel besagt in
diesem Fall, daß die betreffenden Kredite anschließend an die Etablierung des
neuen Systems sozialer Sicherung aus Steuermitteln, etwa aus proportionaler Besteuerung, zurückzuzahlen sind.

Ich komme zum dritten Szenarium , über das ich nur noch andeutungsweise
Ausführungen machen werde. Ich nehme an, daß der Staat die Strategie verfolgt,
den kontraktiven und rehierarchisierenden Umgestaltungsprozessen in der Produktionsweise, die wir gegenwärtig beobachten, entgegenzuarbeiten, mit dem
Ziel, daß alle Bürger an Arbeitsprozessen teilhaben, die ihnen nicht nur Geld,
sondern auch Möglichkeiten der Entwicklung und Selbstverwirklichung bieten.
Dabei eröffnet sich für die Verwendung öffentlicher Kredite – primär in ihrer
produktiven Funktion – ein weites Feld. Solche Kreditverwendungen funktionieren im Prinzip so wie das bereits geschilderte Beispiel einer Verschuldung mit
produktiver Funktion, nur in umfassenderen Dimensionen. Die Verschuldungsregeln verlangen in diesen Fällen, daß geliehenen Geldbeträge aus den produzierten Werten zurückgezahlt werden. Auf den Einwand, daß eine solche Ver-
wertung staatlich geförderter oder produzierter Werte heutzutage gerade *das
Schwierige* sei, ist zu antworten: Ein solcher Einwand verharrt noch in einer gewissen Stillhalte-Position gegenüber den Tatsachen, die unser Marktsystem nun
einmal hervorbringt und die in der Tat den Sozialstaat, und zwar in seinen Ba-
sisprinzipien, herausfordern. Die Grundfrage, an der sich das Schicksal des Sozialstaats entscheidet, scheint mir genau die zu sein, ob wir die durch das Marktsystem gesetzten Tatsachen endgültig hinnehmen oder aber im Sinne des Ziels, mit
dem das dritte Szenarium charakterisiert wurde, gestaltend eingreifen. Daß wir
die Markttatsachen hinnehmen *müssen*, hat jedenfalls bisher noch niemand be-
wiesen.

Ich darf zum Schluß meines Vortrags zum Zwecke eines Resümees noch
einmal auf die einleitend zitierten Aussagen des Koalitionsvertrages zurückkommen. Diese Aussagen sind – aus einer ökonomisch-ethischen Perspektive –
in vier wesentlichen Punkten zu kritisieren. 1.) Sie bewegen sie sich im Rahmen
der grundgesetzlich abgesicherten u-Regel (Stichwort ‚schlechte Unendlich-
keit0145), deren Anwendung unter ethisch-normativen Gesichtspunkten nicht
zu rechtfertigen, ja abzulehnen ist. 2.) Indem sie sich in diesem Rahmen bewegen, bekommen Vertreter des Koalitionsvertrages *die* Form der Verschuldung, die
allein ethisch legitimierbar ist, nämlich Verschuldung gemäß b-Regeln, gar nicht
erst in den Blick. 3.) Zugleich setzt der Koalitionsvertrag mit dem Vorrang von

Schuldenabbau *vor* Zukunftsinvestitionen eine verfehlte Priorität: Wie wir dargelegt haben, ist es das ethisch Richtige, Schuldenabbau und Neuverschuldung bzw. Zukunftsinvestition *parallel* zu verfolgen. 4.) Der Koalitionsvertrag schreibt noch eine andere Priorität fest: Der ‚Schlüssel zur Konsolidierung der Staatsfinanzen‘ sei ‚die erfolgreiche Bekämpfung der Arbeitslosigkeit‘. Denkt man an die *produktive* Funktion der Verschuldung, besonders im Kontext des dritten Szenariums, dann ist das Prioritätsverhältnis eher umzukehren.

Autorenverzeichnis

Wilhelm Beermann

geb. 1953. Studium der Volkswirtschaftslehre und der Philosophie in Heidelberg und Essen, Dipl.-Ökonom 1981, Promotion 1995 (Essen), Tätigkeit als Dozent in den Fächern Philosophie und Kommunikationswissenschaft an der Merz Akadamie Stuttgart (Fachhochschule für Gestaltung) und als Wiss. Mitarbeiter an der Universität Düsseldorf. Hauptveröffentlichung: Die Radikalisierung der Sprachspiel-Philosophie, Würzburg 1999.

Dieter Birnbacher

geb. 1946. Studium der Philosophie, der Anglistik und der Allgemeinen Sprachwissenschaft in Düsseldorf, Cambridge und Hamburg. B. A. 1969 (Cambridge), Promotion 1973 (Hamburg), Habilitation 1988 (Essen). Tätigkeit als Wiss. Assistent an der Pädagogischen Hochschule Hannover und als Akademischer Rat an der Universität Gesamthochschule Essen. Seit 1993 Professor für Philosophie an der Universität Dortmund, ab 1996 an der Heinrich-Heine-Universität Düsseldorf. 1. Vizepräsident der Schopenhauer-Gesellschaft e. V., Frankfurt/M. Hauptveröffentlichungen: Die Logik der Kriterien. Analysen zur Spätphilosophie Wittgensteins, Hamburg 1974. Verantwortung für zukünftige Generationen, Stuttgart 1988 (frz. 1994, poln. 1999). Tun und Unterlassen, Stuttgart 1995.

Gerd Brudermüller

geb. 1949. Studium der Rechtswissenschaft und der Philosophie in Mannheim, Heidelberg und München. 1. juristisches Staatsexamen 1973, 2. juristisches Staatsexamen 1976, Promotion zum Dr. iur. 1982 (Mannheim). Von 1976-1979 Rechtsanwalt und Wiss. Mitarbeiter an der Universität Heidelberg. Seit 1980 Richter, von 1989-1994 abgeordnet an das Bundesministerium der Justiz, seit 1995 Richter am Oberlandesgericht Karlsruhe (stellv. Vorsitzender eines Familiensenats). Mitglied des Vorstands des Familiengerichtstags e.V. und des Beirats der Wissenschaftlichen Vereinigung für Familienrecht e.V. Veröffentlichungen zum Zivil-, insbesondere Familien-, und Prozeßrecht sowie zur Medizin- und Rechtsethik.

Johannes Caspar

geb. 1962. Studium der Rechtswissenschaft in Göttingen. 1. juristisches Staatsexamen 1989, Promotion 1992 (Göttingen), 2. juristisches Staatsexamen 1994. Habilitation 1999 (Hamburg). Tätigkeit als Wiss. Referent und Lehrbeauftragter an der Universität Hamburg. Seit 1999 Tätigkeit als Privatdozent an der Universität Hamburg und Mitarbeiter am Deutschen Institut für Internationale Pädagogische Forschung, Frankfurt/M. Hauptveröffentlichungen: Wille und Norm. Die zivilisationskritische Rechts- und Staatskonzeption J.-J. Rousseaus, Baden-Baden 1993. Tierschutz im Recht der modernen Industriegesellschaft. Eine rechtliche Neukonstruktion auf philosophischer und historischer Grundlage, Baden-Baden 1999.

Malte Faber

geb. 1938. Studium der Volkswirtschaftslehre, Statistik und Mathematik in Berlin und Minneapolis. Promotion 1969 (Berlin), Habilitation 1973 (Berlin). Tätigkeit als Wiss. Assistent in Berlin. Seit 1973 Professor für Wirtschaftstheorie an der Universität Heidelberg. Hauptveröffentlichungen: Introduction to modern Austrian capital theory, Berlin 1979. Entropie, Umweltschutz und Rohstoffverbrauch: eine naturwissenschaftlich-ökonomische Untersuchung (zusammen mit Horst Niemes und Gunter Stephan), Berlin 1983. Umdenken in der Abfallwirtschaft: Vermeiden, Verwerten, Beseitigen (zusammen mit G. Stephan und P. Michaelis), Berlin 1988. Evolution, time, production and the environment (zusammen mit J. Proops), Berlin 1990. Ecological economics (zusammen mit R. Manstetten und J. L. R. Proops), Cheltenham, UK/Northampton, USA 1998. Capital and time in ecological economics. A Neo-Austrian modelling (zusammen mit J. L. R. Proops und S. Speck), Cheltenham, UK/Northampton, USA 1999.

Carl Friedrich Gethmann

geb. 1944. Studium der Philosophie in Bonn, Innsbruck und Bochum. Lic. phil. 1968 (Innsbruck), Promotion 1971 (Bochum), Habilitation 1978 (Konstanz). Tätigkeit als Wiss. Assistent und Universitätsdozent an der Universität Essen. Seit 1979 Professor für Philosophie an der Universität Essen. Seit 1996 zusätzlich Direktor der Europäischen Akademie zur Erforschung von Folgen wissenschaftlich-technischer Entwicklungen in Bad Neuenahr-Ahrweiler GmbH. Hauptveröffentlichungen: Verstehen und Auslegung, Bonn 1974. Protologik, Frankfurt/M. 1979. Handeln unter Risiko im Umweltstaat (zusammen mit M. Kloepfer), Berlin 1993. Dasein, Erkennen und Handeln. Heidegger im phänomenologischen Kontext, Berlin 1993.

Wolfram Höfling

geb. 1954. Studium der Rechtswissenschaft, der Politikwissenschaft und der Ägyptologie. M. A. 1978, 1. juristisches Staatsexamen 1981, 2. juristisches Staatsexamen 1987, Promotion 1987, Habilitation 1992. 1992 Professor für öffentliches Recht an der Universität Heidelberg, 1993 Professor für Staats- und Verwaltungsrecht an der Universität Gießen, seit 1998 Professor für Staats-, Verwaltungs- und Finanzrecht an der Universität Köln und Direktor des Instituts für Staatsrecht. Hauptveröffentlichungen: Offene Grundrechtsinterpretation. Grundrechtsauslegung zwischen amtlichem Interpretationsmonopol und privater Konkretisierungskompetenz, Berlin 1987. Vertragsfreiheit. Eine grundrechtsdogmatische Studie, Heidelberg 1991. Staatsschuldenrecht. Rechtsgrundlagen und Rechtsmaßstäbe für die Staatsschuldenpolitik in der Bundesrepublik Deutschland, Heidelberg 1993. Verfassungsfragen der Transplantationsmedizin (zusammen mit S. Rixen), Tübingen 1996.

Georg Kamp

geb. 1960. Studium der Philosophie und Germanistik in Essen, Bochum und Duisburg. Promotion 1999 (Essen). Tätigkeit als Wiss. Angestellter an der Universität Essen. Seit 1999 Wiss. Mitarbeiter an der Europäischen Akademie zur Erforschung von Folgen wissenschaftlich-technischer Entwicklungen Bad Neuenahr-Ahrweiler GmbH.

Angelika Krebs

geb. 1961. Studium der Philosophie und deutschen Literatur in Freiburg, Oxford, Konstanz und Berkeley. Promotion 1993 (Frankfurt/M.), Habilitation 2001 (Frankfurt/M.). Tätigkeit als Wiss. Mitarbeiterin an der Universität Konstanz. 1992-1993 Research Fellow am Stockholm Environment Institute. Seit 1993 Wiss. Assistentin an der Universität Frankfurt/M. Hauptveröffentlichungen: Ethics of Nature. A Map, Berlin 1999. Gerechtigkeit, Arbeit und Liebe, Frankfurt/M. 2002.

Christoph Lumer

geb. 1956. Studium der Philosophie, Soziologie und Geschichte in Münster, Bologna und Berlin. Promotion 1986 (Münster), Habilitation 1993 (Osnabrück), apl. Prof. 1995. Tätigkeit als Hochschulassistent, seit 1993 als Hochschuldozent an der Universität Osnabrück. Seit 1999 Gastprofessor für Philosophie an der

Universität Siena. Hauptveröffentlichungen: Praktische Argumentationstheorie, Braunschweig 1990. Rationaler Altruismus, Osnabrück 2000.

Thomas Petersen

geb. 1953. Studium der Philosophie, Mathematik und Germanistik in Heidelberg und Berlin. Promotion 1988 (Heidelberg), Habilitation 1995 (Heidelberg). Tätigkeit als Wiss. Mitarbeiter und Privatdozent am Institut für Wirtschaftstheorie der Universität Heidelberg. Hauptveröffentlichungen: Subjektivität und Politik. Hegels' Grundlinien der Philosophie des Rechts' als Reformulierung des ‚Contrat social' Rousseaus, Frankfurt/M. 1992. Individuelle Freiheit und allgemeiner Wille. James Buchanans politische Ökonomie und die politische Philosophie, Tübingen 1996. Die ökonomische Theorie der Politik und die Verfassung der Freiheit, Köln 1998.

Christian Schicha

geb. 1964. Studium der Kommunikationswissenschaft, der Germanistik und der Philosophie in Essen. Promotion 1995 (Essen). Tätigkeit als Wiss. Mitarbeiter an den Universitäten Essen, Dortmund und Düsseldorf. Vorstandssprecher des Instituts für Informations- und Kommunikationsökologie e. V., Duisburg. Hauptveröffentlichungen: Lebenszusammenhänge kinderreicher Mütter. Individualisierungsprozesse und Partnerschaftsverläufe in großen Familien, Frankfurt/M. 1996. Medien, Moral und Kommunikation. Handlungsoptionen zwischen normativen Ansprüchen und praktischen Umsetzungsmöglichkeiten, Duisburg 2000. Kriterien einer „nachhaltigen" Wirtschaftsethik, Duisburg 2000. Die Inszenierung des Politischen. Zur Theatralität von Mediendiskursen, Opladen 2000 (zusammen mit Th. Meyer und R. Ontrup).

Hans-Peter Weikard

geb. 1961. Studium der Agrarwissenschaften und der Philosophie in Göttingen. Promotion 1991 (Witten/Herdecke), Habilitation 1999 (Potsdam). Seit 2000 Universitätsdozent an der Fakultät für Gesellschaftswissenschaften der Universität Wageningen, Niederlande. Hauptveröffentlichungen: Der Beitrag der Ökonomik zur Begründung von Normen des Tier- und Artenschutzes, Berlin 1992. Wahlfreiheit für zukünftige Generationen. Neue Grundlagen für eine Ressourcenökonomik, Marburg 1999.